D1665728

DOUGLAS SPALTHOFF

WENN FLUGZEUGE
VOM HIMMEL FALLEN

Wenn Flugzeuge vom Himmel fallen
Douglas Spalthoff
1. Auflage 2002

Die Deutsche Bibliothek – CIP-Einheitsaufnahme
Spalthoff, Douglas: Wenn Flugzeuge vom Himmel fallen
Argo-Verlag 2002, 1. Aufl.
ISBN 3-9808206-0-2

©   Argo-Verlag
       Ingrid Schlotterbeck
       Sternstr. 3, D-87616 Marktoberdorf
       Tel: (08349) 920 44 0
       Fax: (08349) 920 44 49
       E-Mail: Mail@magazin2000plus.de
       Internet: www.magazin2000plus.de
Printed in Germany

DOUGLAS SPALTHOFF

WENN FLUGZEUGE
VOM HIMMEL FALLEN

INHALT

Teil 3: Das 21. Jahrhundert wird die Welt auf den Kopf stellen!

Teil 4: UFO-Glaube - zwischen Phantasie und Wirklichkeit

Teil 5: Irdische Verbrechen an der Menschheit

ANHANG

Geleitwort

Sehr verehrte Leserinnen und Leser,

gerade als ich diese nachfolgenden Zeilen zu Papier bringen wollte, erreicht mich die Nachricht, daß eine Verkehrsmaschine der Fluggesellschaft Luxair beim Landeanflug auf den Luxemburger Airport abgestürzt sei. Ein geradezu makabrer "Zufall", ist man hier versucht zu sagen, doch habe ich mir in meinem Leben gründlich abgewöhnt, an so etwas wie "Zufälle" zu glauben. Denn das hier vorliegende Buch handelt von Flugzeugkatastrophen. Es beleuchtet die - oftmals haarsträubenden – Fakten und Hintergründe, die dafür verantwortlich sind, wenn Flugzeuge vom Himmel fallen.

In einer Komplexität und Detailliertheit, die wirklich keine Wünsche offen läßt, versteht es Douglas Spalthoff, uns eine ganz eigene Welt begreiflich zu machen, die tagtäglich hoch über unseren Köpfen existiert. Die eigentlich ganz reibungslos funktionieren sollte und uns erst in jenem Augenblick bewußt wird, wenn etwas schiefgelaufen ist.

Blitzsauber recherchiert, macht er uns klar, welche unglaubliche Diskrepanzen oft bestehen zwischen offiziellen "Erklärungen", welche keinen anderen Zweck erfüllen sollen, als eine mehr oder weniger lethargische Öffentlichkeit zu beruhen, und jenen Fakten, die Erklärungen in einer gänzlich anderen Richtung erzwingen müßten.

Normalerweise sollten die Medien aufwachen, die Journalisten von Rundfunk, Fernsehen und Printmedien offen rebellieren. Denn die gezielte Desinformationspolitik gewisser staatlicher und militärischer Stellen vermag noch immer die weitaus meisten unter uns zu täuschen. Sie enthält uns Fakten vor, die so manche Flugzeugkatastrophe in einem völlig anderen Licht erscheinen lassen würde.

Douglas Spalthoff scheut sich dabei auch nicht, heiße Eisen anzufassen. Dabei stellt sich heraus, daß weit mehr Flugzeugabstürze auf das Konto von Ursachen gehen, die im ersten Augenblick mehr als exotisch klingen.

Beispielsweise:

- Neu entwickelte elektronische Waffen der Militärs
- Tests neuer, "exotischer" Technologien
- Begegnungen mit unidentifizierten Flugobjekten

Wer aber nun glaubt, zu weit ins Reich der Spekulationen geführt zu werden, dem gebe ich folgendes zu bedenken: Die im vorliegenden Buch gesammelten Berichte besitzen einen extrem hohen Grad an Glaubwürdigkeit. Und diese wiederum resultiert aus der Qualität all jener Informanten, die den Autor im Verlauf seiner umfassenden Recherchen unterstützt haben: Piloten, Flugpersonal, Sprecher des Militärs, Regierungsbeamte, Physiker und andere Wissenschaftler.

Dieses Buch zu schreiben, war eine längst überfällige Aufgabe. Denn was Douglas Spalthoff hier mitzuteilen hat, ist bislang noch nicht geschrieben worden.

Ich wünsche Ihnen spannende Stunden bei der Lektüre dieses Buches – danach werden Sie viele Dinge mit vollkommen anderen Augen sehen!

Hartwig Hausdorf

Vorwort

Sehr verehrte Leserin, sehr geehrter Leser,
wie der Buchtitel schon erkennen läßt, werde ich in erster Linie
über verschiedene mysteriöse Flugzeugkatastrophen und deren
Hintergründe berichten, die im Zusammenhang mit teilweise unbekannten Unfallursachen stehen. Wundern Sie sich bitte nicht
darüber, daß auch sogenannte unbekannte Flugobjekte irdischer
und außerirdischer Art sowie Zukunftstechnologie, Verschwörungen, Vertuschungsfälle, bisher verheimlichte elektronische Waffen der Militärs und grausame Menschenrechtsverletzungen der
Geheimdienste im Zusammenhang mit B- und C-Waffen Thema
dieses Buches sein werden. Außerdem gibt es einen Überblick
über erschreckende Experimente, die seit Jahrzehnten von
„Unbekannten" an Tieren vorgenommen werden, wobei deren
Auswirkungen auch die Menschheit betreffen könnten. Die Qualität dieser Berichte findet seine Glaubwürdigkeit durch Berichte
von Piloten, Flugpersonal, Sprecher des Militärs, Regierungsbeamte, Mitarbeiter von Geheimdiensten, Physikern, Wissenschaftlern, Forschern, Organisationen, seriöse Zeugen und Veröffentlichungen aus den Medien, die mich bei meinen Recherchen aktiv
unterstützt haben. Wenn Sie dieses Buch gelesen haben, werden
Sie verstehen, warum ich diese Kombination der Berichterstattung
gewählt habe.

Ihr Autor *Douglas Spalthoff*

Sollten Sie kein gefestigter Mensch sein, empfehle ich Ihnen,
dieses Buch *nicht* zu lesen...

Vorbemerkungen zu Flugzeugkatastrophen und Hintergründen

Für Millionen von Passagieren ist das Flugzeug heute ein selbstverständliches und nicht mehr wegzudenkendes Transportmittel. Der Gedanke über Flugsicherheit wird von den meisten Passagieren verdrängt, da das Flugzeug als eines der sichersten Transportmittel gilt. Nur durch die fast wöchentlichen Schlagzeilen in der Presse über Flugzeugkatastrophen oder Notlandungen wird uns die Realität immer wieder vor Augen gehalten. Kaum hat man die Nachricht eines Flugzeugunglücks verdaut, gibt es schon eine neue Hiobsbotschaft. Oft werden die Absturzursachen erst viel später festgestellt, ja sogar in der Öffentlichkeit gar nicht bekannt. Wenn das Flugzeug durch Luftturbulenzen fliegt und rüttelt und schaukelt, fühlen sich die Passagiere oft besonders mulmig. Aber das Gefühl täuscht: Ist der Flieger erst einmal auf Reiseflughöhe, passiert statistisch am wenigsten. Kritisch wird es dann eher im Landeanflug und bei der Landung. Eine Vielzahl aller Brüche tritt in der letzten Flugphase auf, weitere Unfälle geschehen auch bei Start und Steigflug. Wichtigster Garant für einen sicheren Flug ist eigentlich immer noch der Pilot. Ein großer Teil der Flugzeugunglücke lassen sich auf "menschliches Versagen" zurückführen, sind also durch Pilotenfehler (oder Fehler der Fluglotsen) verursacht oder stehen im Zusammenhang mit technischen Mängeln, wetterbedingten Einflüssen oder werden durch Fremdeinwirkung ausgelöst.

Der Zusammenstoß zweier Flugzeuge, wie beispielsweise am 01.07.2002 über dem Bodensee, deren Absturzursache eine unglückliche Verkettung von menschlichen und technischen Verfehlungen zu Grunde liegt, zeigt deutlich, daß es trotz aller Gesetzgebung im Luftverkehr, zu Verwirrungen zwischen Piloten und Fluglosen kommen kann. Daß der Luftraum, teilweise überlastet ist und es jährlich zu diversen Fastzusammenstößen gekommen wäre, wird in der Öffentlichkeit nur selten bekannt.

Alarmierend ist auch, daß im ersten Halbjahr 2002 die schlimmste Absturz-Bilanz weltweit mit 19 Flugzeugabstürzen und 828 Todesopfern seit 1992 gibt.

Auf die terroristischen Anschläge, wie am 11.9.2001 in USA, werde ich in meinen Berichten nicht eingehen, da diese den meisten Lesern hinreichend bekannt sind. Hingegen gibt es Vertuschungsfälle, die im Zusammenhang mit einer Verschwörung stehen und Sabotage auf die eigentliche Absturzursache zurückgeführt werden kann. Auch Irrtümer und Experimente der Militärs haben in der Vergangenheit schreckliche Flugkatastrophen ausgelöst. Indessen haben bekannte Wissenschaftler die Vermutung, daß bestimmte Flugzeugkatastrophen eindeutig durch elektromagnetische Einwirkung ausgelöst wurden, die das Militär mit dem HAARP System in Alaska erzeugen kann. Deutsche Physiker sind bei der Flugunfallforschung zu überraschenden Ergebnissen gekommen. Die recherchierten Flugzeugabstürze zeigten, daß Übereinstimmung in einem rätselhaften örtlichen und zeitlichen Muster exakt vorausberechenbar sind. Welche Einwirkungen aus dem Universum das Magnetsystem der Erde beeinflussen und wie dadurch eine Störung bei Satelliten-Systemen und der Bordelektronik von Flugzeuge möglich ist, sind Themen, die den normalen Passagier bisher nicht beeindruckt haben. Darum werde ich in diesem Buch versuchen eine Bandbreite von Beispielen tragischer und teilweise nicht geklärter Flugkatastrophen und deren Hintergründe darzustellen. Ich möchte dazu anmerken, daß dieses kein „Fachbuch für Piloten ist", sondern daß einer breiten Leserschaft mit verständlichen Worten der Sachverhalt nahegebracht werden soll.

Gefahr bei Start und Landung

Statistisch wurde festgestellt, daß Start und Landung höhere Risiken mit sich bringen als, der Reiseflug: Die Geschwindigkeit ist relativ gering, Gegenstände in Bodennähe oder am Boden können behindern, der Verkehr ist dichter, die Arbeitsbelastung der Piloten ist erheblich höher als im Reiseflug, Pistenzustand und Windeinflüsse sind zusätzliche Gefahrenquellen. Deshalb sind die Flugplätze für diese Fälle mit sehr gut ausgebauten Notfall- und Rettungsdiensten ausgerüstet.

Einen anderen, relativ hohen Anteil an den Flugunfällen stellen Kollisionen mit dem Gelände dar, wobei das Flugzeug bis zur Kollision normal steuerbar war. In diesen Fällen flog das Flugzeug – vereinfacht gesagt – nicht dort, wo es hätte fliegen sollen. Solche Unfälle ereignen sich vor allem in bergigem Gelände und bei Anflügen, bei denen die Piloten zu früh oder zu tief absinken. Diese Unfälle können vor allem durch den Einsatz technischer Hilfsmittel verhindert werden, etwa mit Kollisionswarngeräten sowie mit verbesserten Navigationshilfen und Flugführungsgeräten.

Flugunfälle geschehen am häufigsten auf dem Flugplatzgelände. Mit zunehmender Distanz zum Flugplatz nimmt die Unfallhäufigkeit denn auch rasch ab. Wird zudem zwischen Anflug- und Abflugsektoren unterschieden, so ereignen sich deutlich mehr Aufschläge im Anflugbereich. Grund dafür sind Kollisionen mit dem Gelände unter schlechten Sichtverhältnissen, ohne vorherigen Verlust der Steuerbarkeit des Flugzeuges. Dementsprechend liegen die Kollisionen meist in der Nähe der Anflugachse, also in der verlängerten Pistenachse. Unfälle im Abflugsektor kommen seltener vor. Und wenn, dann meist auf dem Flugplatz selbst, wenn ein Flugzeug aus irgendeinem Grund nicht steigen kann. Ist das Flugzeug indes nicht steuerbar, läßt sich der Aufschlagpunkt nicht voraussagen. Die Lage von Abflugrouten hat aus diesen Gründen keine Bedeutung für die Beurteilung eines Aufschlagrisikos.

Piloten werden in allen Ausbildungsgängen speziell auf Notlande-verfahren hin trainiert. In einem Notfall ist deshalb jeder Pilot bestrebt, auf die bestgeeignete Art den nächstgelegenen Flugplatz zu erreichen und dort so sicher wie möglich zu landen. Ist dies nicht machbar, wird er möglichst flaches und hindernisfreies Gelände für eine Notlandung suchen.

Auszug aus dem Jahresbericht 2001
der Bundesstelle für Flugunfalluntersuchung (Bfu)

Auszug V161 April 2002: Unfälle und schwere Störungen beim Betrieb ziviler Flugzeuge, zwischen 2.0 bis 5.7 t. die in Deutsch-land zugelassen sind. Dazu die Statistik der Bfu (- mit Sitz in Braunschweig -) der Untersuchungen im In und Ausland.

<u>Legende:</u> A: Gesamtzahl der Unfälle und schwere Störungen
B: Davon schwere Störungen
C: Davon Unfälle
D: Davon Unfälle mit Schwerverletzten
E: Anzahl der Schwerverletzten
F: Unfälle mit Todesopfern
G: Anzahl der tödlich verletzten Personen

JAHR	A	B	C	D	E	F	G
1990	6	0	6	0	0	2	4
1991	16	0	16	0	1	3	17
1992	18	0	18	1	1	5	19
1993	27	0	27	1	1	7	18
1994	18	0	18	0	0	5	14
1995	23	0	23	1	2	2	7
1996	10	0	10	1	2	2	2
1997	9	0	9	0	0	2	5
1998	8	2	6	0	3	2	5
1999	12	3	9	0	0	3	4
2000	22	3	19	2	2	6	15
2001	19	6	13	3	11	3	127

FLUGZEUGKATASTROPHEN INTERNATIONAL: 01.01.2000 BIS 31.08.2002

ABSTURZ-DATUM	FLUG-GESELLSCHAFT	FLUGZEUG-TYP
05.01.2000	Skypower Express Airways	Embraer EMB-110
10.01.2000	Crossair	Saab SF340
13.01.2000	Avisto	Shorts 360-300
15.01.2000	Taxi Aero Centroamericano	LET 410
30.01.2000	Kenya Airways	Airbus A310-304
31.01.2000	Alaska Airlines	MD-83
02.02.2000	Iran Air	Airbus A300B2-203
03.02.2000	Trans Arabian Air	Boeing 707-351C
08.02.2000	Sabinair	LET 410UVP
11.02.2000	Air Afrique	Airbus A300B4-203
16.02.2000	Emery Worldwide	DC-8-71F
23.02.2000	Egypt Air	Boeing 767-366ER
27.02.2000	Trans Brasil	B737-400
05.03.2000	Southwest Airlines	B737-300
09.03.2000	Vologda	Jakowlew 40
17.03.2000	Points North Air	DC-3
17.03.2000	Aeroperlas	DHC-6 Twin Otter
20.03.2000	Air Wisconsin	Dornier 328
21.03.2000	American Eagle	Saab 340
21.03.2000	Custom Air Transport	ATL98 Carvair
24.03.2000	SkyCabs	Antonow 12BP
25.03.2000	UralEx	Antonow 32
25.03.2000	Uralex	Antonov AN-32
26.03.2000	Pakistan International	B747-200
30.03.2000	Avialinii AAR	Antonow 26
30.03.2000	Sri Lanka - Luftwaffe	Antonow AN-26

19.04.2000	Centrafricain Airlines	Antonow 8
19.04.2000	Air Philippines	B737-200
22.04.2000	Qantas	B747-338
22.04.2000	Turkish Airlines	RJ-70
30.04.2000	Das Air Cargo	DC-10
21.05.2000	Executive Airlines	British Aerospace J-31
25.05.2000	Stream Line Cargo	Shorts 330F
05.06.2000	Ghana Air Link	Fokker F-27 Friendship
14.06.2000	Continental Airlines	Douglas MD-82
22.06.2000	Wuhan Airlines	Xian Yunshuji Y7-100C
08.07.2000	Aerocaribe	Jetstream 32
09.07.2000	Coral	Curtiss C-46
12.07.2000	Hapag-Lloyd	A310
17.07.2000	Alliance Air	B737-200
19.07.2000	Airwave	Gulfstream 1
20.07.2000	Allied Air Freight	DC-3
25.07.2000	Air France	Concorde
26.07.2000	Royal Nepal	DHC-6 Twin-Otter
31.07.2000	Win Aviation	DHC-6 Twin-Otter
22.08.2000	Northwest Airlink	Saab SF340B
23.08.2000	Gulf Air	Airbus A320-212
26.08.2000	SAN – SANSA	Cessna 208B G. Caravan I
06.09.2000	Intern. Air Response	Lockheed Hercules
06.09.2000	Aero Perlas	DHC-6
06.10.2000	Aeromexico	DC 9
08.10.2000	Summit Air Charter	Shorts Skyvan
10.10.2000	Britannia	B767-300ER
16.10.2000	Northwest Cargo	B747-200F
20.10.2000	Lao Aviation	Harbin Yunshuji Y12
20.10.2000	United Express	Jetstream 31
25.10.2000	Russisches Militär	Iljuschin IL-18
31.10.2000	Aca-Ancargo	Antonov AN-26
31.10.2000	Singapore Airlines	Boeing 747-400
02.11.2000	West Coast Air	DHC-6
05.11.2000	Cameroon Airlines	B747-2H7B

13.11.2000	Ghana Airways	DC 9
15.11.2000	Asa Pesada	Antonov AN-24
30.11.2000	Futura	Boeing 737-800
07.12.2000	Ethiopian Airlines	Boeing 757-200
21.12.2000	Everts Air Fuel	Curtiss C-46
Jahr 2001		
05.01.2001	Air Gemini Cargo	Boeing 727-46F
09.01.2001	LAB Airlines	Boeing 727-287
23.01.2001	Majestic Air Cargo	DC-3
25.01.2001	Rutaca Airlines	DC-3
27.01.2001	Privat	Beech King Air 200
31.01.2001	Lineas Aereas Suramericanas	Caravelle 10B
01.02.2001	Angolaisches Militär	Antonov AN-26
08.02.2001	Northern Illinois Flight Center	Swearingen 226 Merlin IVC
27.02.2001	Loganair	Shorts 360-300
03.03.2001	US Nationalgarde	C-23 Sherpa
03.03.2001	Thai Airways	Boeing 737-400
07.03.2001	Skymaster Airlines	Boeing 707-331C
14.03.2001	Express One Airlines	Boeing 727-223F
17.03.2001	Sociedade de Aviacao Ligeira	Beechcraft 1900C
23.03.2001	Luxor Air Egypt	Boeing 707-3B4C
24.03.2001	Air Caraibes	DHC-6 Twin Otter
25.03.2001	Amer. West Airlines	Boeing 757-2G7
26.03.2001	Merpati Nusan-tara Airlines	Fokker F-27
29.03.2001	Privat	Gulfstream III
04.04.2001	Roblex Aviation	Douglas DC-3A
10.04.2001	SriLankan Airlines	Airbus A330
18.04.2001	Dart	Ilyushin IL-76MD
16.05.2001	Türkisches Militär	Casa DN-235
17.05.2001	Fuerza Aerea Argent.	Fokker F-27Friendship
17.05.2001	Faraz Qeshm Airlines	Yak-40

18.05.2001	Türkisch. Militär	CASA CN-235
22.05.2001	Russisch. Militär	Antonov AN-12MGA
15.06.2001	Manunggal Air	Transall C-160
03.07.2001	Wladiwostokawia	Tupolew 154
14.07.2001	Russisches Militär	Iljuschin Il-76
23.08.2001	Saudi Arab. Airlines	Boeing 747-368
24.08.2001	Air Transat	Airbus A330-243
29.08.2001	Binter Mediterraneo	CASA CN-235
11.09.2001	Am./United Airlines	Boeing 767-200/200
11.09.2001	United Airlines	Boeing 757-222
11.09.2001	American Airlines	Boeing 757-223
12.09.2001	Aero Ferinco Charter	Let 410UVP
16.09.2001	Varig	Boeing 737-2C3
18.09.2001	Atlantic Airlines	Let 410UVP-E
04.10.2001	Sibir Airlines	Tupolev TU-154
08.10.2001	Scandin. Air System	MD-87
10.10.2001	Penair	Cessna 208 Caravan 1
10.10.2001	Flight Line	Fairchild Swearingen 226 Merlin IVA
11.10.2001	Perimeter Airlines	Fairchild Swearingen 226 Metroliner II
17.10.2001	Pakistan Intern. Airl.	Airbus A300B4-203
12.11.2001	American Airlines	Airbus A300
19.11.2001	IRS Aero	Iljuschin-18
23.11.2001	Enimex	Antonov AN-28
24.11.2001	Crossair	RJ-100 Jumbolino
27.11.2001	M.K. Airlines	Boeing 747-200
28.11.2001	Sansa	Cessna 208
01.12.2001	Air Carriers, Inc	Cessna 208B Caravan
02.12.2001	Russisches Militär	Ilyushin-76
06.12.2001	Trans Air Link	Convair CV-580
Jahr 2002		
05.01.2002	Flugschule	Cessna 172
14.01.2002	Ibertrans Aérea	Embraer EMB-120RT Brasilia

15.01.2002	Procuraduría General de la República	DHC-6 Twin Otter
16.01.2002	Garuda Indonesia	Boeing 737-3Q8
17.01.2002	Petroproduccion	Fairchild FH-227E
28.01.2002	Transportes Aéreos Militares Ecuator.	Boeing 727-134
07.02.2002	Volare Aviation Enterprise	Antonov 12BK
12.02.2002	Iran Air Tours	Tupolew-154
14.03.2002	Aerotaxi	Antonov AN-2
28.03.2002	Smithsonian Institution	Boeing 307 Stratoliner
12.04.2002	Tadair	Swearingen 226 Metroliner III
15.04.2002	Air China	Boeing 767-200
19.04.2002	SELVA Colombia	Antonov AN-32A
04.05.2002	EAS Airlines	BAe 1-11-500
07.05.2002	EgyptAir	Boeing 737-500
07.05.2002	China North. Airline	MD-82
25.05.2002	China Airlines	Boeing 747-200
02.07.2002	DHL Paketdienst	Boeing 757
02.07.2002	Bashkirian Airlines	& Tupolew Tu-154
04.07.2002	NewGomair	Boeing 707
17.07.2002	Skyline Airways	DHC-6 Twin Otter
26.07.2002	Federal Express	Boeing 727-232AF
28.07.2002	Pulkovo	Iljuschin Il-86
22.08.2002	Schangri-La Air	DHC-6 Twin Otter
30.08.2002	RICO Linhas Aereas	Embraer Brasilien
30.08.2002		Typs Antonow-28

Flugzeugkatastrophen durch menschliches Versagen

Unter diesem Oberbegriff berichte ich über Absturzursachen und Flugunfälle, die auch im Zusammenhang mit einer Verkettung verschiedener unglücklicher Umstände zu menschlichem Versagen führten. Gibt es widersprüchliche Gesetzgebungen, die zu Meinungsverschiedenheiten zwischen Piloten und Losen führen? Ist unser Luftraum überfüllt? Führen fehlende technische Ausrüstungen zu Flugunfällen?

Verschiedene deutsche Flughäfen ohne Bodenradar

Nach Mitteilung der Neuen Presse vom 5.8.2002, beklagen deutsche Lotsen sich wegen fehlenden Bodenradars auf den Flughäfen: Bremen, Erfurt, Leipzig, Dresden, Frankfurt – Hahn und Münster-Osnabrück und der daraus resultierenden Kollisionsgefahr. Der „Spiegel" berichtet unter Berufung auf den Verband Deutscher Flugleiter (VDF). Die Fluglosen könnten bei Nebel den rollenden Verkehr nicht optimal überwachen. Der Vorwurf wird allerdings von der Deutschen Flugsicherung des Bundesministeriums sowie den Sprechern der sechs Flughäfen mit der Aussage, daß es sich nicht um eine erhöhte Gefahr handelt, zurückgewiesen. Der Sprecher der Deutschen Flugsicherung (DFS), Axel Raab, sieht die Aussage des VDF als völlig überzogen an. Es gäbe nur wenig Flugbewegungen auf diesen Flughäfen und man könne sich trotz fehlenden Bodenradars anderer zuverlässiger Mittel bedienen um eine Steuerung vorzunehmen. So äußerte ein Regierungssprecher, daß ein Bodenradar nur auf größeren Flughäfen „mit komplexeren Start und Landevorgängen" vorgeschrieben sei. Vollkommen unproblematisch sehe man an kleineren Flughäfen die Funk – Navigation. Der VDF Vorsitzende Olaf Glitsch hingegen kritisiert das Fehlen des Bodenradars, da die Arbeit der Fluglosen sich erschwere. Olaf Glitsch sagte:„Das ist ein ganz ungutes Gefühl, wenn man ohne ein Bodenradar bei Nebelwetterlage praktisch blind Luftfahrzeuge kontrollieren muß." Welche Auswirkungen ein fehlendes Bodenradar auslösen kann, sieht man an dem schweren Unfall auf dem Mailänder Flughafen Linate im Oktober 2001. Dort ist eine Cessna bei Nebel in die Bahn eines startenden schwedischen Airliners gerollt und 118 Todesopfer sind zu beklagen.

Eines der schwersten Flugzeugunglücke der Welt

Am 27.03.1977 ereignete sich der bislang schwerste Flugunfall in der Geschichte der Zivilluftfahrt. Die Boeing 747-121 (N736PA) der Pan American World Airways (Flugnummer 1736) mit dem Namen "Clipper Victor" war in Los Angeles gestartet. Während eines Zwischenstopps in New York wurde die neunköpfige Besatzung ausgewechselt, und weitere 103 Passagiere stiegen für den Flug nach Las Palmas zu. Die Boeing 747-206B (PH-BUF) der KLM (Flugnummer 4805) kam mit 248 Insassen aus Amsterdam und flog ebenfalls nach Las Palmas. Als sich beide Maschinen dem Ende ihrer Reise näherten wurde der Flughafen von Las Palmas aufgrund einer Bombendrohung geschlossen. Die Crews wurde angewiesen, das etwa 110 km nordwestlich gelegene Teneriffa anzusteuern. Die Clipper Victor landete um 14:15 Uhr nach der KLM auf dem Flughafen in Los Rodeos. Der Kapitän beschloß, seine Passagiere an Bord zu behalten. An diesem Tag kam es durch das Bombenattentat in Las Palmas zu einem erhöhten Verkehrsaufkommen auf dem Flughafen von Los Rodeos. Dazu kam noch der dichtgedrängte Wochenendflugplan. Die Flugzeuge wurden auf jeder verfügbaren Fläche abgestellt. Die Clipper Victor wurde genau neben der Landebahn 12 geparkt. In unmittelbarer Nähe der PanAm parkte die KLM. Der Kapitän der KLM ließ seine Passagiere zwischenzeitlich von Bord gehen.
Die niederländische Crew der KLM stand stark unter Druck, da die Höchstzahl an Dienststunden für die Crewmitglieder überschritten würde, wenn die Maschine den Flughafen nicht vor 19 Uhr verlassen würde. Nur 15 Minuten nach der Landung der PanAm wurde der Flughafen in Las Palmas wieder freigegeben.

20

Nach und nach machten sich die Flugzeuge wieder auf zur Nachbarinsel. Sehr zum Mißfallen der Crew der Clipper Victor war ihre Maschine hinter der niederländischen KLM geparkt worden. Die PanAm konnte demnach nicht eher abheben, bevor die Passagiere der KLM-Maschine wieder zugestiegen waren. Der Kapitän der KLM ließ die Maschine noch betanken, um die Abfertigung auf dem nun ebenfalls überlasteten Flughafen in Las Palmas zu beschleunigen. Der Kapitän der Clipper Victor war über diese Verzögerung sehr verärgert. Er war bereits über 10 Stunden im Dienst. Das Wetter verschlechterte sich im Laufe des Nachmittags. Regen und Nebel behinderten die Sicht zeitweise auf bis zu 300 Meter. Gegen 17 Uhr waren beide Maschinen bereit zum Abflug. Wegen der Windrichtung waren die Besatzungen aufgefordert worden, vom Wartebereich zum anderen Ende der 3,2 km langen Startbahn zu rollen. Zum Zeitpunkt verschlechterte sich das Wetter so stark, daß die Crews der Maschinen teilweise Probleme hatten, die Position beim Rollen zu halten. Die KLM erreichte das Ende der Startbahn, drehte sich um 180 Grad und meldete dem Tower die Startbereitschaft. Ohne die Startfreigabe bekommen zu haben oder vielleicht auch, weil sie fälschlicherweise glaubte, sie erteilt bekommen zu haben, begann die Flugbesatzung der KLM mit dem Start. Zu diesem Zeitpunkt rollte die PanAm noch entgegengesetzt zum Ende der Startbahn und beeilte sich, die Startbahn zu räumen. Kurz darauf sah die Besatzung der PanAm die bereits startende KLM-Maschine aus dem Nebel direkt auf sich zukommen. Der Pilot der PanAm versuchte verzweifelt, die Startbahn seitlich zu verlassen indem er stark einlenkte und vollen Schub gab. Der Pilot der KLM riß die Lenksäule nach hinten und schleifte beim Versuch hochzuziehen stark mit dem Heck seiner Maschine über dem Boden. Trotz aller Bemühungen beider Besatzungen trafen das Fahrwerk und das äußere Triebwerk der KLM den oberen Teil des Rumpfes der PanAm und riß ihn fast vollständig ab. Die KLM flog noch etwa 150 Meter, prallte dann zu Boden und verwandelte sich in einen riesigen Feuerball. Aus dem Wrack der PanAm konnten 70 Insassen befreit werden. Neun davon erlagen im Krankenhaus ihren Verletzungen. Bei der Kollision kamen insgesamt 583 Menschen ums Leben.

Fehlerhafte Reparatur für Absturz einer Boeing 747 verantwortlich

Die Boeing 747SR-46 (JA8119) der Japan Airlines startete am 12.08.1985 um 18:12 Uhr vom internationalen Tokioter Flughafen Haneda zu einem etwa einstündigen Flug nach Osaka. Die Maschine war gerade auf ihre Reisehöhe von 7300 Meter gestiegen, als am Heck eine starke Explosion zu vernehmen war. Daraufhin sank der Druck in der Kabine plötzlich ab. Als der Kapitän einen Notruf absendete, bemerkte die Crew, daß ein Teil des Achterrumpfes fehlte. Die Crew realisierte sehr bald, daß die Steuerung ausgefallen war. Die Besatzung versuchte die Maschine über den Triebwerkschub zu manövrieren. Es gelang der Crew, das Fahrwerk über das Notsystem auszufahren. Gegen 18:44 Uhr sank die Maschine bedrohlich tief über der Stadt Otsuki, konnte jedoch wieder abgefangen werden. Trotz der hervorragenden Arbeit der Crew prallte die Boeing 747 in einer Höhe von 1460 Meter gegen den Berg Osutaka. Von den insgesamt 524 Insassen überlebten nur 4 das Unglück. Zu den Überlebenden gehören eine Stewardess, ein zwölfjähriger Junge, ein achtjähriges Mädchen und ihre Mutter. Den Untersuchungen zufolge ist eine fehlerhafte Reparatur eines Druckschotts für die Explosion verantwortlich.

Versehen des Piloten führte zu tragischem Unfall

Der Airbus A300B4-622R (B-1816) der China Airlines startete am 26.04.1994 in Taipe zu einem Flug nach Nagoya. Als die Maschine sich dem Ende des Fluges näherte, leitete der Erste Offizier eine ILS-Landung auf der Landebahn 34 mit eingeschalteter automatischer Schubkontrolle ein. In einer Flughöhe von 1070 Fuß und einer Geschwindigkeit von 145 Knoten betätigte der Erste Offizier aus Versehen den TOGA-Knopf (Take Off Go Around), welcher sich gleich an der vorderen Kante der Schubkontrollhebel befindet. Der Autopilot erhöhte somit den Schub der Triebwerke und nahm die Nase stark nach oben um ein Durchstartmanöver durchzuführen. Da die Crew nicht wußte, daß der TOGA-Modus aktiviert war, deaktivierte der Erste Offizier die automatische Schubkontrolle und regelte den Schub manuell zurück um den Gleitpfad halten zu können. Der noch immer aktive Autopilot versuchte weiterhin die Nase bis zum Maximum nach oben zu ziehen. Durch den nun fehlenden Schub von den Triebwerken, kam es zu einem Strömungsabriß und die Maschine stürzte zu Boden. Bei dem Absturz kamen 264 der insgesamt 271 Insassen ums Leben. Wenn die Crew den Autopilot ausgeschaltet und die Maschine manuell gelandet hätte, wäre niemand zu Schaden gekommen. Dieser Vorfall ist auf einen Fehler der Crew zurückzuführen.

Mißverständnis zwischen Piloten und Tower

Am 25.10.2000: Die als Postflugzeug eingesetzte viermotorigen Turboprop-Maschine vom Typ Iljuschin Il-18 war beim Landeanflug auf Batumi am Schwarzen Meer unweit der türkischen Grenze in 1.300 Meter Höhe gegen einen Berg geprallt. In Batumi unterhält Russland einen großen Militärstützpunkt. An Bord der Maschine befanden sich neben der elfköpfigen Besatzung Mitglieder der Streitkräfte sowie ihre Familienangehörigen auf dem Rückflug vom Heimaturlaub. Der Funkkontakt riss nach Angaben der georgischen Behörden ab, als sich das Flugzeug in 1.600 Meter Höhe am Berg Tirawa befand. Wenig später zerschellte es am Berg. Bereits vor 25 Jahren war beinahe an der gleichen Stelle eine IL-18 der ehemaligen sowjetischen Luftwaffe zerschellt. Damals starben 38 Menschen. Grund für das Unglück war ein Mißverständnis zwischen den Piloten und dem Tower von Batumi.

Pilot hatte die Anweisungen des Towers nicht richtig befolgt

Am 31.10.2000: Der Pilot des verunglückten Jumbo-Jets von Tai-peh hat nach Angaben der Ermittler die Anweisungen des Towers nicht richtig befolgt und ist von der falschen Bahn gestartet. "Der Pilot benutzte die rechte Startbahn 05R, obwohl ihn der Kontroll-turm anwies, die linke Startbahn 05L zu benutzen", sagte der Chef- Ermittler der Flugsicherheitsbehörde, Jung Kai, am Freitag nach dem Absturz. Die Black Box sei ausgewertet. So habe das Flugzeug beim Abheben zwei Schaufellader gerammt und sei dann abgestürzt. Bei dem mißglückten Start der Boeing 747-400 der Singapore Airlines waren 81 Menschen ums Leben gekom-men, darunter drei Kleinkinder. "Der Pilot hat geflucht und nach der ersten Kollision 'Da ist etwas' gemurmelt, dann hat er bei weiteren Kollisionen wieder geflucht. Dann ist der Jet explodiert", sagte Jung Kai. Unklar blieb zunächst, wie es zu der Verwechs-lung der Startbahnen hatte kommen können. Nach taiwanesischen Zeitungsberichten dürfen der malaysische Kapitän sowie seine beiden Copiloten so lange nicht das Land verlassen, bis die Unter-suchungen abgeschlossen sind. Singapore Airlines (SIA) zeigte sich in einer ersten Reaktion tief betroffen über die jüngsten Er-kenntnisse. "Jetzt wollen wir wissen: Wie konnte das passieren?", sagte SIA-Sprecher Rick Clements in Singapur. "Die Familien der Opfer, all jene an Bord von Flug SQ006 und die breite Öffentlich-keit wollen Antworten", sagte er. "Seitens SIA möchte ich sagen, daß wir zutiefst über die gewonnenen Schlußfolgerungen schok-kiert sind." Er betonte, die Fluggesellschaft warte nun den voll-ständigen Bericht der Behörden ab. Clements sagte, daß man es vor zwei Tagen noch für unwahrscheinlich gehalten habe, daß ein erfahrener Kapitän seine Maschine auf eine unbeleuchtete Start-bahn steuern könnte, die nicht in Betrieb sei. "Aber das Flugzeug war auf der falschen Rollbahn." Die Maschine mit 159 Passieren und 20 Besatzungsmitgliedern an Bord sollte nach Los Angeles fliegen. Das Unglück geschah bei einem schweren Unwetter durch einen nahenden Taifun, der andere Airlines kurz zuvor noch ver-anlaßt hatte, Flüge zu streichen.

24

Skyguide-Panne: Beinahe Flugzeugkatastrophe auch im Mai 2001 über Bern

Schon vor dem Flugzeug-Zusammenstoß über dem Bodensee, bei dem 71 Menschen starben, kam es über Bern beinahe zu einer Katastrophe. Wie die Tageszeitung "Blick" berichtet, so rasten im Mai 2001 ein Siwssair-Airbus und eine Crossair-Maschine aufeinander zu und konnten den Crash um Haaresbreite verhindern. In den beiden Flugzeugen saßen 92 Menschen. Zum Crash hätten nur gerade 30 Meter gefehlt. Wieder steht die Flugsicherung "Skyguide" in der Kritik. Der Beinahe-Crash wurde vom Büro für Flugunfalluntersuchungen (BfU) untersucht. Wie beim Crash über dem Bodensee, war an diesem Tag nur ein Fluglotse am Bildschirm. Der andere soll sich wegen Magenproblemen auf der Toilette befunden haben. Der Lotse habe sehr spät reagiert. Erst 45 Sekunden vor einer möglichen Kollision habe er dem Crossair-Piloten die Weisung zum Absinken gegeben. Es habe ganz knapp ein Crash vermieden werden können. Die Crossair-Maschine habe die Swissair-Maschine nur gerade 30 Meter unterflogen.

Russisches Regierungsflugzeug Putins nach Start beinahe mit einer Militärmaschine zusammengestoßen – Vorwurf an Fluglotsen

Veröffentlicht wurde am 28.09.2001: Eine der voraus fliegenden Maschinen von Wladimir Putin ist in Berlin fast mit einem anderen Flugzeug kollidiert. Von der in letzter Sekunde verhinderten Katastrophe auf dem Militärteil des Flughafens berichteten gestern russische Medien. Die Zeitung «Kommersant», deren Korrespondent an Bord der Maschine war, sprach von einem groben Lotsenfehler, spekulierte aber auch über einen gescheiterten Anschlag auf Präsident Putin. Weder deutsche noch russische Nachrichtenagenturen hatten über das Vorkommnis berichtet. Der russische Informationsdienst «AiF» hatte unter Verweis auf seinen Korrespondenten, der ebenfalls an Bord der Delegationsmaschine vom Typ Iljuschin-86 war, schon vorher über den Zwischenfall berichtet. An Bord des Begleitflugzeuges, das üblicherweise 40 Minuten vor der Präsidentenmaschine startet, befanden sich neben einigen Offiziellen der russische Minister für Wirtschaftsentwicklung German Gref, Putins Leibwache sowie russische Journalisten und Dolmetscher. Als die Maschine zum Flug nach Düsseldorf auf der Startbahn beschleunigte, sei ihr ein landendes Flugzeug gefährlich nahe gekommen. Der Kommersant-Korrespondent schreibt, er habe durch das Bullauge ein anfliegendes Flugzeug gesehen, und sich noch gewundert, wie die beiden Maschinen aneinander vorbeikommen sollen. In diesem Moment habe der Pilot eine Notbremsung eingeleitet. Bei der anderen Maschine habe es sich um ein kleineres Verkehrsflugzeug von der Größe einer Tupolew-134 gehandelt. Sein Heck sei in den deutschen Nationalfarben lackiert gewesen. Nach dem Vorfall rollte das Delegationsflugzeug zur Startposition zurück. Die Feuerwehr sei angerückt und hätte die überhitzten Bremsen des Flugzeuges abgekühlt. Ein weiterer Startversuch scheiterte jedoch, da sich herausstellte, daß die Bremsen nicht mehr einsatzfähig waren und ein Rad ausgetauscht werden mußte. Die hochrangigen Delegationsmitglieder an Bord seien umgehend von Bundeswehrhubschraubern nach Düsseldorf geflogen worden. Nach Darstellung beider Quellen hätten die russischen Piloten nach dem Vorfall von einem groben Fehler des Fluglotsen in Tegel gesprochen. In der russischen Delegation wurde aber auch darüber spekuliert, ob es sich nicht um einen mißglückten Anschlag auf Präsident Putin gehandelt habe..

Dagegen berichtete FOCUS-Online am 29.09.2001: Ereignete sich der Beinahe-Zusammenstoß nach Angaben der Deutschen Flugsicherung (DFS) im September 2001 beim Abflug der Delegationsmaschine Putins, einer Iljuschin 62, auf dem Flughafen Tegel in Berlin. Der russische Pilot startete auf der Bahn 26 R die Maschine, während gleichzeitig ein Lufthansa Airbus 319 aus Stuttgart auf der parallelen 26 L zur Landung ansetzte. Durch „ungünstige Winde", so ein Sprecher der Lufthansa, habe die LH-Maschine den Aufsetzpunkt verfehlt und durchstarten müssen.

Beim Steigflug sei die Iljuschin dem wieder abhebenden Lufthansa-Flieger gefährlich nahe gekommen. Der russische Pilot konnte mit einer riskanten Notbremsung einen Crash verhindern.

22.06.2002: Beinahe-Zusammenstoß zweier Flugzeuge über Großbritannien

Der Fehler eines Fluglotsenschülers in Verbindung mit einem technischen Versagen hat zu einem Beinahezusammenstoß von zwei Flugzeugen über Großbritannien geführt. Der Schüler im Kontrollzentrum Swanwick in Hampshire leitete die beiden Maschinen der British Airways nach Angaben der Flugsicherheitsbehörde vom Freitag nach dem Vorfall, auf einen Kurs, der sie sich zu nahe kommen ließ. Als sein Lehrer eingreifen wollte, funktionierten die Geräte nicht. Dem Lotsenschüler gelang es dann, den Piloten der Boeing 777 aus Brasilien anzuweisen, oberhalb der aus Spanien kommenden Boeing 737 zu bleiben. Dennoch kamen sich die beiden Maschinen bis auf zwei Meilen (3,2 Kilometer) nahe; der Vorfall galt damit als Beinahezusammenstoß. Der vorgeschriebene Abstand beträgt drei Meilen. Der Zwischenfall wird von den zuständigen Behörden untersucht. Das Kontrollzentrum Swanwick wurde nach sechsjähriger Verzögerung im Januar 2002 eröffnet, seitdem kam es dort wiederholt zu Computerproblemen, die zu Flugstreichungen und Verspätungen führten.

Bodenseeabsturz am 01.07.2002: Fehler des Fluglosen und technische Schlamperei

Die Braunschweiger Bundesstelle für Flugunfalluntersuchung (BFU) meldete in einem Zwischenbericht zum Bodenseeabsturz über dpa: - Besatzungsmitglieder der über dem Bodensee zusammengestoßenen Flugzeuge haben vermutlich noch wenige Sekunden vor dem Unglück versucht, die Kollision zu vermeiden. Die Aufzeichnungen der Flugschreiber und der Stimmenrekorder beider Maschinen ließen diesen Rückschluß zu. Bei der Kollision am 1. Juli waren alle 71 Passagiere, darunter viele Kinder - und Besatzungsmitglieder ums Leben gekommen. Die vorläufigen Erkenntnisse bestätigten weitestgehend die bisherigen Feststellungen: . Danach hatten wenige Sekunden vor dem Zusammenstoß in einer Höhe von etwa 11 000 Metern die Besatzungen der russischen Tupolew 154 und der Boeing 757 das jeweils andere Flugzeug erkannt und versucht, die Kollision durch entsprechende Flugmanöver zu verhindern. 50 Sekunden vor der Kollision – das bordeigene Frühwarnsystem der Tupolew meldet: Verkehr! Flugzeug auf Kollisionskurs. Nur 45 Sekunden vor der Kollision hatte die zuständige Schweizer Flugsicherung Skyguide der russischen Maschine die Anweisung erteilt, schnell zu sinken. 40 Sekunden vor der Kollision bestätigte der Tupolew Pilot A. Gross den Sinkflug eingeleitet zu haben. 38 Sekunden – das Antikollisionssystem meldet der Boeing: Sinkflug einleiten." 35 Sekunden - von ihrem Kollisionswarngerät (TCAS) erhält die Tupolew ebenfalls Ausweichkommando „ Steigflug einleiten" .34 Sekunden – Der Pilot der Tupolew funkt verwundert: Das Gerät sagt, wir sollen steigen. 32 Sekunden – Pilot Gross flucht: Geh runter – scheiße noch mal. 20 Sekunden –Tower Zürich an die Tupolew: Wir haben anderes Flugzeug, von zwei Uhr. Verhängnisvoll – Dieser Funkspruch hätte der Boeing gegolten. 11 Sekunden - Tupolew Pilot Gross: „Scheiße, wo ist denn die Boeing". 5,3 Sekunden – Hieraus entstand für den russischen Piloten eine widersprüchliche Situation. Der Pilot schreit „ steigen". 3,8 Sekunden – Boeing Pilot P. Phillips sieht die Tupolew. Er schreit: „ verdammt, Kollision". 1,8 Sekunden - Fluch des Tupolew-Piloten Gross, als er die Boeing sieht. Genau um 23.35:55 Uhr, stießen die Flugzeuge rechtwinkelig zusammen. Erkenntnisse über mögliche technische Mängel an den Maschinen hätten die Flugdatenschreiber nicht ergeben.

Karlsruher Lotse hätte beinahe den Zusammenstoß über Bodensee verhindert

Informationen von der DFS Deutsche Flugsicherung GmbH, Niederlassung Karlsruhe: Die Annäherung der Luftfahrzeuge DHX 611 von Süden kommend und BTC 2937 von Osten kommend wurde als Short Term Conflict Alert (STCA) um 21:33:24 UTC auf dem Sichtgerät des Arbeitsplatzes SE/SC2 angezeigt. Ab 21:33:36 UTC versuchte der Lotse von Karlsruhe UAC, Arbeitsplatz SC2 vergeblich bis 21:35:34 UTC mit dem Arbeitsplatz bei Zürich ATC über SVS Verbindung aufzunehmen. Von 21:33:36 UTC bis 21:34:45 UTC war das Besetztsignal, danach das Freizeichen zu hören. Der Lotse versuchte nach seinen Aussagen mehrfach über die Prioritätstaste die Verbindung herstellen, was aber nicht gelang. Während dieser Anrufversuche beobachtete der Lotse eine Veränderung der Mode C Anzeige auf FL 361 was die Hoffnung auslöste, daß der Schweizer Lotse einen Höhenwechsel veranlaßt habe. Bereits bei der nächsten Bilderneuerung (5 sec) wurde aber wiederum FL 360 angezeigt. Nachdem der Lotse nach Erkennen der Konfliktsituation wie beschrieben versucht hatte, über die Direktverbindung den Lotsen in Zürich zu erreichen, war die Zeit für ihn für einen Anruf über Posttelefon nicht ausreichend."

Der Sprecher der Piloten-Vereinigung "Cockpit" Georg Fongern sorgt für Verwirrung – Was bedeutet "Flugsicherungsanweisungen haben Empfehlungscharakter"?

Das Fachjournal „Pilot & Zeitung" veröffentlichte im August 2002 einen Artikel der im Zusammenhang steht mit dem „Bodensee – Absturz vom 1.7.2002. Das Journal bezieht sich dabei auf die Aussagen des Sprechers, der Pilotenvereinigung Cockpit Herrn Georg Fongern gegenüber der dpa Frankfurt: Nach dieser Aussage hätte der Pilot einer Tupolev Maschine, die in der Nähe des Bodensees durch einen Zusammenstoß mit der DHL Frachtmaschine verunglückte in jedem Fall dem bordeigenen Warngerät folgen müssen. „Der Pilot muß dann sofort reagieren", sagte Georg Fongern, „Der Fluglose gebe lediglich Anweisung mit Empfehlungscharakter", so Georg Fongern.
Nach Auffassung des Fachjournals tritt das Versagen der Skyguide dabei in Hintergrund. Warum der russische Pilot den Anweisungen des Losen nachgekommen ist und nicht seines Frühwarn-

systems „TCAS" mündet in absurde Schuldzuweisung. Nach Auffassung des Journals zeigt diese Diskussion, wie unprofessionell die hiesige Fliegerei geregelt ist. Unverständnis herrscht darüber, wenn man seitens der Behörden „TCAS" als ein Notsystem der letzten Chance verschreibt, dann muß man auch die Rahmenbedingungen definieren. Unverständnis wird geäußert, was Priorität hat im Falle eines Falles. Die Verfügung des Fluglosen, oder das widersprüchliche Kommando des Computers? Das Journal berichtet dazu: Legt man den letzten Anweisungen des Lotsen das Deutsche Luftverkehrsgesetz zu Grunde, so handelt es sich um eine Verfügung im Sinne des § 29 LuftVG zum Abwenden von Gefahren. Nach Auffassung des Journals gibt es überhaupt keine Diskussion darüber, daß das keine Empfehlung ist, sondern eine Anweisung, deren Nichtbefolgung mit Gefängnis bis zu 5 Jahren geahndet werden kann, wie in § 59 LuftVG festgelegt ist. Das Journal stellt fest, daß wahrscheinlich alle Piloten wissen, daß der kontrollierte Luftverkehr nur dann funktioniert, wenn Piloten den Anweisungen und Verfügungen der Flugverkehrskontrolle nachkommen, dieses aber für Herrn Fongern nicht gelte. Daran würde auch „TCAS" nichts ändern.

Noch sind die Anweisungen der Flugsicherung Verfügungen im rechtlichem Sinne. Wenn das „TCAS II" für die Flugsicherungsanweisungen ausdrücklich dominiert, dann muß das in das Gesetz hineingeschrieben werden. Nach Auffassung des Journals ist, was Fongern da von sich gibt, gefährlich.

Und das ist international bis heute vermieden worden. Was Fongern reflektiert, sind betriebsinterne Anweisungen der Lufthansa an die angestellten Piloten, ein TCAS II-Signal umzusetzen. Ganz sicher hat bis zum 1. Juli niemand daran gedacht, daß jemals eine Situation entsteht, in der ein TCAS II-Signal durch die Anweisung, die Verfügung eines Lotsen Sekunden später konterkariert wird. Womit die Fülle des Versagens wieder dort liegt, wo sie zu suchen ist: Bei der Flugsicherung. Herr Fongern als Vertreter einer Pilotenvereinigung sollte eigentlich vor Scham im Boden versinken... Was bleibt, ist dieses: Wer nach einem TCAS II-Alarm die angewiesene Höhe verläßt, handelt auf der Basis der internationalen Übereinkunft, daß der Kapitän eines Flugzeugs die letzte Entscheidungsgewalt über die Flugführung hat, in Deutschland ist das nachzulesen in dem § 3 der Luftverkehrs-Ordnung. Analog dieser internationalen Vereinbarung hat der russische Pilot, dem eine Sekunde nur blieb, sich zu entscheiden, wohl für jeden Flugzeugführer nachvollziehbar der zuletzt erfolgten Anweisung/Verfügung des Lotsen Folge geleistet. Daß ein Realsatiriker wie Fongern hier nun das Luftrecht neu schreibt, ist überflüssig und kontraproduktiv, ist hochgefährlich: Juristen werden angesichts der Milliardenforderungen, die auf Skyguide nun zukommen, noch trefflich darüber streiten. Über Fongern aber muß man nicht streiten. der Mann ist nicht mehr ernst zu nehmen, die gute Nachricht der dpa lautet, diesen eigenartigen "Piloten" nicht mehr zu interviewen. Während Fongern eine Flugsicherungsanweisung laut dpa als eine "Empfehlung", also eine Unverbindlichkeit definiert, werden die übrigen Piloten sich sicher analog der Luftverkehrs-Ordnung verhalten und in der steht (§26,2 LuftVO: „Mit der Flugverkehrskontrollfreigabe erhält der Flugzeugführer die Erlaubnis, seinen Flug unter bestimmten Bedingungen durchzuführen. Die Flugverkehrskontrollstelle kann bei der Bewegungslenkung der ihrer Kontrolle unterliegenden Flüge den Flugverlauf, insbesondere den Flugweg und die Flughöhe, durch entsprechende Freigaben im einzelnen festlegen." Herr Fongern ist unter Ansatz seiner Äußerungen und der geltenden Regeln als Sicherheitsrisiko anzusehen, sein Arbeitgeber Lufthansa ist zum Handeln aufgefordert, Passagiere sollten sich fragen, ob sie bei Fongern einsteigen.

Meinung von „Flieger Revue", Ausgabe 8/2002:

Obwohl sich der DHL-Kapitän mit dem Befolgen der automatischen Ausweichempfehlung des TCAS völlig richtig verhalten hatte, entstand nun die brisante Situation durch die sehr späte Anweisung des Fluglosen. Unklar bleibt, warum die prekäre Lage im vergleichsweise leeren nächtlichen Luftraum überhaupt entstehen mußte. Schließlich war ausreichend Zeit, auch genügend Platz für eine rechtzeitige Staffelung gewesen. Von einem Flugzeugführer ohne Vorwarnung in so kurzer Zeit ein Sinken um 1000 Fuß (mehr als 300 m) zu fordern, ist ohnehin unangemessen. Die zeitliche Bedrängnis und die für den russischen Piloten widersprüchlichen Ausweichempfehlungen ließen eine Situation entstehen, die mit der höchst bedauerlichen Verkettung unglücklicher Umstände zu einer vermeidbaren Katastrophe führte.

"Pro Woche ein Crash, wenn nichts passiert"
ZDF-Interview am 04.07.2001 mit dem Lufthansa-Piloten Georg Fongern

Der Lufthansa-Pilot Georg Fongern hat sie im Cockpit mehrmals erlebt: Flugannäherungen von zwei Jets, Beinahe-Katastrophen über den Wolken. »Wir brauchen eine bessere Flugsicherheit, wenn nicht wöchentlich Unglücke passieren sollen«, so Fongern. Das ZDF fragte den Sprecher der Piloten-Vereinigung »Cockpit« nach den Grenzen der Luftfahrt und der Angst im Flieger.

ZDF: Herr Fongern, über den Wolken wird es eng: 1400 Starts und Landungen allein an einem Tag, am 15. September 1999, am Frankfurter Flughafen. 46 Millionen Reisende dort im vergangenen Jahr. 2,5 Millionen Passagierflugzeuge unterwegs im deutschen Luftraum 1999. Gewaltige Zahlen. Wo sind die Grenzen der Luftfahrt?

Georg Fongern: Die Zahlen werden noch gewaltiger werden: Wir rechnen in zehn Jahren mit 70 bis 80 Millionen Passagieren allein in Frankfurt. Luft ist allemal noch drin. Wir müssen nur die Strukturen entsprechend organisieren und anpassen. Wir müssen den Sicherheitsstandard noch verbessern, sonst werden wir die Situation haben, daß wir bald weltweit jede Woche einen Unfall beklagen müssen. Boeing und Airbus haben bereits vor Jahren gesagt: Wenn wir den hohen Sicherheitsstandard nicht um das doppelte verbessern, haben wir - bei diesen Wachstumsraten -, tatsächlich in Zukunft jede Woche einen Unfall.

ZDF: Sie fordern eine Verbesserung der Flugsicherheit. Wie sieht die im Detail aus?

Georg Fongern: Es beginnt beim Flugzeugdesign und bei der Ausrüstung unserer Flugzeuge. Das Beste und Neueste muß möglichst schnell eingebaut werden. Zum Beispiel das Kollisionswarngerät oder das Bodenannäherungswarngerät müssen mit geringer Zeitverschiebung eingebaut werden. Ein weiterer Punkt ist die Ausrüstung der Flughäfen am Boden. Es gibt Anflugarten, wie die so genannten Nicht-Präzisionsanflüge, die gehören in diese hoch technisierte Luftfahrtwelt nicht mehr rein. Dritter Punkt: die Piloten. Es gibt im Augenblick Warnstreiks bei der Deutschen BA. Da geht es nicht um mehr Geld, sondern um mehr Sicherheit und um die Flugdienst- und Ruhezeit-Bestimmungen. Die lassen es zu, daß wir 14 Stunden, in Notfällen sogar 16 Stunden, in der Röhre sitzen. Das ist unsicher. Das Management verweigert den BA-Piloten verbesserte Regelungen. Regelungen, die wir bei den großen Fluggesellschaften in Deutschland längst haben. Wir sagen zehn Stunden und, ganz restriktiv, darüber nur noch zwölf Stunden.

ZDF: Concorde-Tragödie, Boeing-Notlandung, Airbus-Absturz. Sie kommen gerade aus Japan, fliegen in zwei Tagen weiter nach Seoul. Wenn Sie nach solchen Vorfällen wieder ins Cockpit steigen, haben sie dann ein flaues Gefühl im Magen?

Georg Fongern: Nein. Morgen gehe ich zum Beispiel wieder in den Simulator und übe solche Situationen, wenn Technik versagt. Diese Übungen gibt es bei der Lufthansa viermal im Jahr. Der Gesetzgeber fordert zweimal, das ist zu wenig. Wir leben in dem Bewußtsein, daß solche Dinge passieren können, daß gleich etwas passieren kann. Du mußt drauf vorbereitet sein.

ZDF: Bei Ihren Passagieren dürfte die Unsicherheit nach den letzten Flugkatastrophen nicht gerade gesunken sein. Wie vermitteln Sie den Gästen an Bord ein Gefühl von Sicherheit?

Georg Fongern: Eigentlich sollte sich jeder Kapitän auch mal bei den Passagieren sehen lassen, wenn es die Zeit erlaubt. Ich persönlich mache das so, daß ich beim Einsteigen an der Tür stehe. Das macht die Sache nicht mehr so anonym. Zum zweiten sind die Ansagen des Kapitäns wichtig, auch bei kleineren technischen Problemen, die zu Verspätungen führen. Da haben die Leute schon schnell Angst, was ich verstehen kann. Als Kapitän muß man mit den Fluggästen ganz offen umgehen, das Problem möglichst einfach erklären.

ZDF: Bemerken Sie, daß die Flugangst größer geworden ist?

Georg Fongern: Wir stellen fest, daß die Passagiere viel öfter nachfragen und um Rat fragen. Da müssen die Fluggesellschaften ihre Aufklärungsarbeit verbessern. Die gehen das Thema »technisches Versagen«, und »Sicherheit« nur sehr ungern an, weil es wenig werbewirksam ist. Ein gemeinsames Konzept für eine Kommunikation nach Unfällen würde - wie nach dem Swiss-Air-Unglück in den USA und der Schweiz - zu positiver Resonanz führen.

ZDF: Gibt es Fluggesellschaften und Flughäfen, die sicherer sind als andere? Gibt es vielleicht sogar ein Ranking in Sachen Flugsicherheit?

Georg Fongern: Der Welt-Pilotenverband und auch die Vereinigung »Cockpit« verteilen ja Sterne, die im Zusammenhang mit der Ausrüstung und der Sicherheit der Flughäfen stehen. Wir haben in Deutschland bei den großen Flughäfen keine Sterne mehr zu vergeben. Gott sei Dank, das war vor 20 Jahren noch anders. Die großen Verkehrsflughäfen sind sicher. Wir untersuchen jetzt die Regionalflughäfen. Da ist noch einiges zu tun. Aber es gibt natürlich auch Gebiete in dieser Welt, die GUS-Staaten, Afrika und Südamerika, wo die Flugsicherheit erheblich beeinträchtigt wird durch fehlende Ausrüstung, fehlendes Training, schlechtes Management an Flughäfen, bei den Airlines und der Flugsicherung. Es gibt sogar Gebiete in Afrika, wo es keine Flugsicherung gibt.

ZDF: Wer dahin fliegt, lebt gefährlich?

Georg Fongern: Wir fliegen dorthin und wir sind uns dieser Gefahr bewußt und in solchen Fällen noch aufmerksamer, als wir es sonst schon sind. Wir unterhalten uns mit unserem Gegenüber nicht über den Tower am Boden sondern direkt in der Luft: Wir versuchen also, uns direkt abzusprechen, kontrollieren uns selber.

ZDF: Befanden Sie sich schon einmal in brenzligen Situationen während eines Fluges?

Georg Fongern: Ich selber habe so eine Situation schon zwei-, dreimal erlebt. Dank unseres Kollisionswarngerätes war es mir möglich, diese Situation noch in letzter Minute abzuwenden.

ZDF: Wie verarbeiten Sie solche »Beinahe-Katastrophen«, und wie erklären Sie es Ihren Passagieren?

Georg Fongern: Die Passagiere werden nur dann informiert, wenn es abrupte Flugmanöver gibt, die Angst machen. Schließlich will ich die Passagiere auch nicht unnötig beunruhigen. Wenn allerdings ein solches brüskes und hartes Ausweichmanöver geflogen werden muß, dann muß man die Passagiere im Nachhinein auch darüber aufklären, was passiert ist. Und das habe ich in den Fällen getan.

ENTSCHEIDUNG AUS BRÜSSEL:
Sicherheitsabstand um 50% verringert!

Unverständlich – so wurde entschieden: Flugzeuge über Europa fliegen nach Pressemitteilungen künftig mit geringerem Sicherheitsabstand. Die europäische Flugaufsicht Eurocontrol in Brüssel habe festgelegt, daß Flugzeuge ab 24. Dezember 2001 nur noch einen Höhenabstand von 1000 Fuß (300 Meter) statt bisher 2000 Fuß (600 Meter) einhalten müssen. Die "Kapazität" im Luftraum steigt dadurch um 20 Prozent, denn es können sechs weitere Fluglevels eingerichtet werden.

Das Fachjournal „ Pilot und Flugzeug " berichtete:

Wir bekommen regelmäßig digitale Post: Per Email und fast immer anonym, das ist ein Markenzeichen des Berufsstandes, kritisieren Fluglotsen in oft etwas unpassender Art unsere Statements. Hier nur ein Auszug aus einer anonymen E – Mail eines Fluglosen die von der Fachzeitschrift veröffentlicht wurde: „Bitte gehen Sie dieses an die Öffentlichkeit bekannt, denn, ehrlich gesagt, eine alleinige Veröffentlichung in Ihrem Blatt nimmt doch keiner richtig ernst." Fragen Sie die DFS, in welchen Abständen die Lotsen an den Radarsimulator geschickt werden, um Notfallsituationen zu trainieren! Bei Piloten gang und gebe, aber bei uns arbeitet ein Lotse nach der Ausbildung 30 Jahre ohne irgendwelche Referenzkurse, ohne daß er sein Fachwissen - oder Unwissen- nachweisen muß. Viele APP - Units sind nachts einfach besetzt. Fragen Sie, wann der Lotse seine (gesetzlich vorgeschriebene) Pause nimmt und wer dann den Luftraum überwacht. In München sind es dann Lotsen, die für diesen Luftraum niemals eine Lizenz erworben haben und auch die Verfahren nicht kennen. Würden Sie sich da gut aufgehoben fühlen, wenn Sie als emergency, mit nur einer engine oder auch nur wegen eines betrunkenen Pax landen müssen? Fragen Sie, wieviel technisches Überwachungspersonal eingespart wurde oder noch wird und wer deren Aufgaben übernimmt! Fragen Sie warum in der Schweiz jetzt IMMER zwei Lotsen an einem Radarschirm sitzen müssen!

Der tödliche Flugunfall am Abend des 25. Januar 2001 bei Augsburg beschäftigt die Justiz.

Nachdem die Bundesstelle für Flugunfalluntersuchung (BFU) in diesem Zusammenhang in einem Zwischenbericht auch schwere Vorwürfe gegen die Flugsicherung in München erhebt, hat die Staatsanwaltschaft Augsburg Ermittlungen gegen einen Mitarbeiter der Flugsicherung eingeleitet. Bei dem Absturz der zweimotorigen Piper-Maschine beim Landeanflug auf den Flugplatz Augsburg-Mühlhausen waren beide Piloten, der Vorstandsvorsitzende der Ulmer Software-Firma Openshop, Thomas Egner (38), und die Frau des Aufsichtsratsvorsitzenden, Nancy Kress (37), getötet worden, ein 27-jähriger Mitarbeiter überlebte, bleibt aber querschnittsgelähmt. Das Flugzeug mit der Openshop-Führungsmannschaft an Bord kehrte an jenem 25. Januar aus London zurück. Das Center Süd der Deutschen Flugsicherung (DFS) mit Sitz im Flughafen München übernahm die Radarführung der Maschine zum Flugplatz Augsburg- Mühlhausen, geht aus dem BFU-Zwischenbericht hervor. Der Fluglotse hatte die Maschine auf dem Radar-Bildschirm und hielt Funkkontakt, der Flug verlief völlig normal, bestätigte Klaus Büttner auf Anfrage der Südwest - Presse. Büttner führt in der in Braunschweig ansässigen BFU die Untersuchungen zu dem Absturz der Piper.
Die Recherchen der Flugunfallexperten ergeben folgendes Bild: Während des Fluges orientieren sich die Piloten mit Hilfe eines Satelliten-Navigationssystems. Für den Landeanflug in der Nacht oder bei schlechten Sichtbedingungen schalten sie in der Nähe des Flugplatzes auf das Instrumentenlandesystem um, ein Funkleitstrahl des Flugplatzes geleitet sie dann sicher zur Landebahn. Der Pilot der Piper nahm diese Umschaltung nicht vor, stellte Büttner in dem Bericht fest. Deshalb landete das Flugzeug nicht sicher auf dem Funkleitstrahl, sondern um einen Kilometer versetzt mitten in einem Waldstück. Hätte der Fluglotse in Mün-

chen seine Arbeit richtig gemacht, wäre der Pilotenfehler aufgefallen und rechtzeitig zu korrigieren gewesen, stellt Büttner fest. Denn der Lotse müsse die Maschine per Radarführung bis zum Flugplatz geleiten und sich von der ordnungsgemäßen Übergabe an das Flugplatz- Bodenpersonal überzeugen, bevor er die Radarführung beendet, sagt Büttner. Das sei nicht geschehen. "Er hat die Radarführung aufgehoben, ohne sich zu überzeugen", sagt Büttner. Darauf stützt die Augsburger Staatsanwaltschaft Ermittlungen gegen den Fluglotsen. Im Januar sollte entschieden werden, ob Anklage erhoben wird. Freilich habe auch der Pilot der Maschine einen weiteren verhängnisvollen Fehler begangen: Er hätte wegen des fehlenden Leitstrahls die Flughöhe von 2140 Fuß nicht unterschreiten dürfen. Hätte er sich daran gehalten, wäre es nicht zu dem Unfall gekommen, denn der Aufprall in die Bäume erfolgte in einer Höhe von rund 1700 Fuß, berichtet Büttner. "Der Pilot hätte durchstarten müssen". Es waren viele Fehler, die zu dem tödlichen Unfall führten, "eine Verkettung unglücklicher Umstände, wie so oft", sagt der Flugunfallexperte.

Aus dem Zwischenbericht geht auch hervor, daß das Flugsicherheitssystem auch nach dem Absturz der Piper versagt habe. In der ersten halben Stunde nach dem Absturz, als noch nicht klar war, ob die Unfallursache etwa bei einem Fehler im Instrumenten-Landesystem des Flugplatzes Augsburg-Mühlhausen liegen könnte, landeten noch drei Maschinen mit Hilfe dieses ILS. Wäre das System tatsächlich fehlerhaft gewesen, hätte dies zu weiteren Flugunfällen führen können, sagt Büttner.

Nach dem Unfall hätten die Mitarbeiter der Flugsicherung sofort ausgetauscht werden müssen, sagt Büttner. Weil diese häufig unter Schock stehen und deshalb ein zusätzliches Risiko darstellten, sei dies eine zwingende Vorschrift. Tatsächlich wurde der Mitarbeiter des Augsburger Flugplatzes etwa eine halbe Stunde später abgelöst. Der Fluglotse in München habe dagegen seinen Dienst völlig normal zu Ende gebracht. "Das gesamte Sicherheitsmanagement hat versagt", moniert Büttner. Dies werde auch im Abschlußbericht stehen, den die BFU voraussichtlich im Januar vorlegen werde, und sie werde dazu eine Empfehlung abgeben. Inzwischen liege die Stellungnahme der Münchner Flugsicherung zum Zwischenbericht vor. Diese erhebe Einsprüche gegen die Feststellung der BFU.

Das Europäische Parlament in Brüssel will die Schaffung einer Organisation ratifizieren, die zu mehr Flugsicherheit über Europa ab 2003 führen soll

Ab 2003 soll die Europäische Agentur für Flugsicherheit (EASA) ihre Arbeit aufnehmen und stellt sozusagen eine Art Gegenstück wie die US-Luftfahrtbehörde FAA (Federal Aviation Agency) da. Sitz der EASA wird wahrscheinlich Köln sein. Bisher werden die Belange der Flugsicherheit in Europa von der Vereinigung nationaler Flugsicherungsbehörden JAA wahrgenommen.

Die neue europäische Agentur soll nicht nur die Lufttüchtigkeit der Verkehrsmaschinen überwachen sowie für die entsprechenden Zulassungen zuständig sein. Sie soll auch dafür sorgen, daß die gegenwärtige Unfallrate in der Luftfahrt abgesenkt wird. Bei einem erwarteten Zuwachs des Luftverkehrs von etwa fünf Prozent jährlich über die nächsten 20 Jahre ist der gegenwärtig erreichte Sicherheitsstandard nicht hoch genug, warnen Experten.

Die Gründung der Agentur für Flugsicherheit ist ein Schritt zu einem einheitlichen Luftraum über Europa, den die EU seit langem plant. "Die Bürger Europas werden sich in einem europäischen Luftraum ohne Grenzen bewegen können, in dem ein Höchstmaß an Sicherheit gewährleistet ist", sagte Verkehrskommissarin Loyola de Palacio. Bereits im Oktober vergangenen Jahres hatte die Kommissarin ihre "Single-Sky" Initiative präsentiert - Vorschläge, nach denen ab 2004 ein sicherer europäischer Luftraum gewährleistet sein soll. Dazu gehören harmonisierte Vorschriften für Flugsicherungsdienste und eine Umstrukturierung des Luftraums in grenzüberschreitende Kontrollzonen. Doch derzeit weigern sich die Mitgliedsstaaten, Zuständigkeiten an die Gemeinschaft abzutreten. Grund ist vor allem der Widerstand des Militärs der einzelnen Staaten, welches große Teile des Luftraums kontrolliert. Aber auch die Fluglotsen in Frankreich stehen einer

Harmonisierung skeptisch gegenüber. Deutschland dagegen macht sich für die Schaffung eines europäischen Luftraums stark: "Gerade bei Überflügen muß die Kleinstaaterei durch ein einheitliches System abgelöst werden", forderte Bundesverkehrsminister Kurt Bodewig.

Flugzeugunfälle nur durch technische Probleme?

Wöchentlich erreichen uns Meldungen über Unfälle und Katastrophen im Luftverkehr, als Schlagzeile oder klein gedruckt in den Tageszeitungen. Nachdenklich wird man, wenn es gleich zu 2 – 3 Notlandungen an einem Flughafen kommt. So werden Ausfall der Bordelektronik, Kabelbrand, Rauchentwicklungen, Turbinenausfall, Turbinenbrand, Treibstoff, und andere Gründe angegeben, die zu Notlandungen oder Abstürzen führen. Können vielleicht auch wetterbedingte Einflüsse aus dem Universum Auslöser sein und ein technisches Problem auslösen? Dazu auch der Bericht „ wetterbedingte Einflüsse". Unsteuerbare Flugzeuge sind eine andere, seltenere Unfallursache. Grund dafür kann ein technisches Versagen oder eine Streifkollision mit einem anderen Luftfahrzeug sein. Wird ein Flugzeug nicht mehr oder nur noch teilweise steuerbar, kann es unter Umständen noch sehr lange in der Luft bleiben: Es ist schon vorgekommen, daß ein Großflugzeug mit blockiertem Steuer noch mehr als eine Stunde flog, bis es mit einem Berg kollidierte. In dieser Zeit legte es eine Strecke von mehreren hundert Kilometern zurück und flog Suchkurven, indem die Besatzung die Leistung der Triebwerke nur auf einer Seite veränderte. Der Ort, wo ein Flugzeug – wenn keine Notlandung gelingt – in einem solchen Fall mit dem Boden kollidiert, kann nicht vorausgesagt werden, weil er in keinem Zusammenhang mit vorgegebenen Flugwegen, Luftstrassen oder Flugverfahren steht. Deshalb können auch vorsorgliche Rettungs- oder Bergungsmaßnahmen kaum vorbereitet werden. Einige Beispiele von Flugunglücken in der Luftfahrt, hinter denen sich vielleicht auch bisher unbekannte Ursachen verbergen können.

Absturz eines Airbus A300 der China Airlines bei Nagoya / Japan am 26.04.1994 durch Strömungsabriß

Der Airbus A300 (Airbus A300B4-622R, Registrierung B-1816) einer taiwanesischen Fluggesellschaft befindet sich am 26. April 1994 von Taiwan kommend im Landeanflug auf den Flughafen der japanischen Stadt Nagoya. Es ist kurz nach 20 Uhr Ortszeit und die Wetterbedingungen sind gut. Das Flugzeug wird während dieser Phase vom ersten Offizier geflogen. Die Schubhebelautomatik (auto-throttle) und der Flight Director sind aktiviert, die Autopiloten sind ausgeschaltet. Wahrscheinlich mit der Absicht, die bevorstehende Landung manuell durchzuführen, will der erste Offizier auch die Schubhebelautomatik abschalten. Dabei betätigt er versehentlich den GO/AROUND-Hebel auf der Mittelkonsole und leitet damit ein automatisches Durchstartmanöver ein. Das Auslösen dieses Manövers hat zur Folge, daß das Gesamtsystem in den GO/AROUND-Mode wechselt. Sämtliche aktivierten automatischen Einrichtungen arbeiten nun ein für diesen Fall vorgegebenes Programm ab. Die aktive Schubhebelautomatik läßt die Triebwerke auf Maximalschub hochlaufen. Die Autopiloten sind

42

nicht aktiv und haben deshalb zu diesem Zeitpunkt keinen Einfluß auf die Steuerung. Durch die Schuberhöhung verläßt das Flugzeug den Gleitpfad nach oben. Der Kapitän übernimmt trotz dieses überraschenden Ereignisses nicht die Kontrolle und beläßt den ersten Offizier weiter in der Aufgabe des fliegenden Piloten. *"You have triggered the Go-Lever, retard a little and disengage"*, lauten die ersten Worte des Kapitäns. Diese Anweisung befolgend zieht der erste Offizier die Schubhebel manuell zurück und schaltet die Schubhebelautomatik aus, um zu verhindern, daß die Hebel erneut vorlaufen. Dieses Abschalten wirkt sich jedoch nur auf die automatische Schubsteuerung aus. Alle anderen Systeme bleiben im GO/AROUND-Mode.

Nachdem sich der Schub wieder reduziert hat, versucht der erste Offizier das Flugzeug mit Steuerhorn wieder auf den Gleitpfad zu drücken. Der Kapitän macht ihn dabei mehrmals darauf aufmerksam, daß sich das Flugzeug nach wie vor im Zustand des Durchstartens befindet. Wahrscheinlich in der Absicht, auf dem Gleitpfad zu bleiben, werden beide Autopiloten auf COMMAND-Mode geschaltet. Wegen des anliegenden Durchstartbefehls wechseln die Autopiloten sofort nach dem Einschalten ebenfalls in den GO/AROUND-Mode. Das System will das Durchstartmanöver weiter fortsetzen. Das Drücken des Steuerhorns durch den ersten Offizier wird vom System als äußere Störung gewertet und durch ein Verstellen der horizontalen Trimmflosse ausgeglichen. Hierzu bewegt sich die Höhenflosse automatisch nach unten. Das Flugzeug beginnt daraufhin wieder zu steigen. Die aerodynamische Wirkung der größeren horizontalen Trimmflosse ist wesentlich größer als die der Höhenruder. Da die Schubhebelautomatik abgeschaltet ist, fehlt dem System die Möglichkeit, die für das Durchstarten notwendige Triebwerksleistung einzustellen. Somit fliegt das Flugzeug auf konstanter Höhe, mit abnehmender Geschwindigkeit und ansteigendem Neigungswinkel. Nach etwa 30 Sekunden schalten die Piloten die Autopiloten wieder ab. Die horizontale Trimmflosse und die Höhenruder sind in entgegengesetzter Richtung maximal ausgeschlagen. In dieser Konfiguration gibt der Kapitän die Anweisung, die Schubhebelautomatik wieder einzuschalten. Sofort läuft der Schub entsprechend dem bisher unwider-rufenen Durchstartbefehl wieder hoch. Wieder werden die vorlau-fenden Schubhebel vom ersten Offizier zurückgezogen. Jetzt übernimmt der Kapitän die Kontrolle über das Flugzeug. Er er-kennt, daß er den Landeanflug nicht mehr durchführen kann und gibt von sich aus den Befehl zum Durchstarten.

Die Schubhebel werden in Maximalstellung gebracht und das Flugzeug beginnt steil zu steigen, weil sowohl die Trimmflosse als nunmehr auch die Höhenruder in Richtung 'Nase hoch' ausge-lenkt sind. Der Anstellwinkel steigt dadurch schnell an, während das Flugzeug weiter an Geschwindigkeit verliert. In dieser Konfi-guration werden nun die Klappen und Vorflügel zu weit eingefah-ren. Es kommt zu einem Strömungsabriß in niedriger Höhe. Das Flugzeug kann danach von den Piloten nicht mehr abgefangen werden und stürzt rund 110 Meter vor der Landebahn zu Boden. Bei dem Unfall sterben 271 Menschen, 7 weitere überlebten.In einem Projekt wird - zusammen mit der TU Berlin - versucht, Vorkehrungen gegen eine der häufigsten Absturzursachen zu ent-wickeln: den Strömungsabriß, der insbesondere in der Start- und Landephase auftreten kann. Studien des Vogelfluges lieferten da-bei den entscheidenden Hinweis: Bei zu steilem Anstellwinkel und langsamer Fluggeschwindigkeit verhindern aufgestellte Deck-federn, daß der Auftrieb zusammenbricht. Analog sollen nun am Flugzeug automatische Klappen einem Strömungsabriß vorbeu-gen.

Beinahezusammenstoß –
Fluglotse verhinderte Kollision

Weil eine griechische Boeing B-757 im April 1995 mit veralteter Navigationssoftware den Flughafen Kloten angeflogen war, wäre es über Kyburg beinahe zum Zusammenstoß mit einer startenden Fokker 100 der Swissair gekommen.

Das Büro für Flugunfalluntersuchung wertete das Kollisionsrisiko in seinem veröffentlichten Schlußbericht als "hoch". Der Beinahezusammenstoß ereignete sich am 24. April 1995 um die Mittagszeit. Eine Boeing 757 der griechischen Chartergesellschaft Venus Airlines befand sich von der Ostschweiz her im Landeanflug. Sie wurde vom Flugverkehrsleiter in Kloten angewiesen, das Funkfeuer Schaffhausen anzusteuern. Die Fokker 100 der Swissair war gerade erst in Kloten mit Ziel Budapest gestartet. Während sich die Swissair-Maschine ordnungsgemäß im Steigflug Richtung Osten befand, drehte die griechische Maschine unmotiviert um 45 Grad vom westlichen Sollkurs nach links ab und näherte sich dadurch der startenden Fokker.

45 Sekunden nach diesem Kurswechsel wurde die gefährliche Situation von den Flugverkehrsleitern erkannt. Die Swissair-Crew wurde sofort angewiesen, nach rechts abzudrehen. "Mit dieser Aktion konnte der Flugverkehrsleiter eine mögliche Kollision vermeiden", heißt es im Untersuchungsbericht. Gleichzeitig wurde auch die griechische Maschine gewarnt und angewiesen, nach rechts zu drehen. Die Auswertung der Radaraufzeichnungen ergab, daß sich die beiden Flugzeuge zwischen Kemptthal und Kyburg mit einem Abstand von 30 Metern vertikal und 1800 Metern horizontal gekreuzt hatten. Die Swissair-Crew konnte die griechische Maschine nach der Warnung sehen und kommentierte die Begegnung als "ziemlich nahe". Verursacht wurde der Fastzusammenstoß laut Untersuchungsbericht durch die Fehlnavigation der Besatzung der griechischen Maschine. Der Grund für die unmotivierte Linkskurve der Boeing dürfte laut Bericht beim veralteten Navigationsmaterial liegen. Der Datensatz im Flight Mana-

gement Computer war bereits einen Monat vor dem Zwischenfall abgelaufen, und die Daten des Flugfeuers Schaffhausen fehlten. Der englische Kapitän der Venus-Maschine gab an, daß der Copilot die Daten für Schaffhausen vor dem Sinkflug selber ausgerechnet und eingegeben habe, er selber habe sie dann noch überprüft. Laut Untersuchungsbericht hätte der Flugkapitän in diesem Fall mit Karten und Funkfeuern und nicht mit dem Navigationscomputer navigieren müssen.

Chronologie des Absturzes einer Boeing B 757
bei Puerto Plata, Dominikanische Republik
am 06.02.96 durch Strömungsabriß

Eine Boeing B757 stürzt wenige Minuten nach dem Start vom Flughafen Puerto Plata ins Meer. 176 Passagiere und 13 Besatzungsmitglieder sterben bei dem Unfall.

Unfallhergang:
Der Flug nach Frankfurt am Main beginnt um 23:42 Uhr Ortszeit auf dem Flughafen der Stadt Puerto Plata in der Dominikanischen Republik. Die Boeing B757 gehört einer türkischen Fluggesellschaft und wurde von einer dominikanischen Fluggesellschaft kurzfristig als Ersatz für eine anderes Flugzeug gechartert, das wegen technischer Probleme nicht eingesetzt werden kann.

[Zum besseren Verständnis des Unfallhergangs: Die späteren Untersuchungen lassen den Schluß zu, daß das Staurohr auf der Seite des Kapitäns verstopft war, somit im Prinzip wie ein Höhenmesser arbeitete und falsche Druckdaten an die Geschwindigkeitsanzeige des Kapitäns und an den aktiven Autopiloten lieferte. Beim Start ist der Kapitän fliegender Pilot. Als während des Beschleunigens der Copilot die Entscheidungsgeschwindigkeit ‚80 Knoten‘ ansagt, erkennt der Kapitän, daß sein Fahrtmesser nichts anzeigt. Er teilt dies seinem Kollegen mit und setzt den Start fort. Während des Steigens hat der Kapitän den Eindruck, daß seine Geschwindigkeitsanzeige wieder zu arbeiten beginnt. Für den weiteren Steigflug wird routinegemäß der Autopilot eingeschaltet. Die automatische Schubregelung ist seit dem Startbeginn aktiv. Etwa zwei Minuten nach dem Start erscheint am EICAS die Warnmeldung „Rudder Ratio/ Mach Speed Trim". Daraufhin äußert der Kapitän die Vermutung, daß ‚irgendetwas‘ nicht stimmt. Sein Copilot teilt ihm mit, daß auf seiner Seite die Geschwindigkeit 200 Knoten fallend angezeigt wird. Das Flugzeug befindet sich jetzt in 5344 Fuß Höhe und mit einem Neigungswinkel von 15 Grad nach oben. Der Kapitän äußert die Vermutung, daß beide Geschwindigkeitsanzeigen keine korrekten Werte anzeigen und läßt die Sicherungen überprüfen. Als sie eine Höhe von 6688 Fuß erreichen, signalisiert eine akustische Warnung das Erreichen der zulässigen Maximalgeschwindigkeit. Auf der Anzeige des Kapitäns nähert sich der Zeiger dieser Geschwindigkeit. Der aktivierte Autopilot, der mit den gleichen Daten wie die Geschwindigkeitsanzeige des Kapitäns arbeitet, reagiert auf die scheinbar zu hohe Geschwindigkeit mit einer Erhöhung der Längsneigung. Der Kapitän geht zwar davon aus, daß der Alarm durch falsche Geschwindigkeitsdaten ausgelöst wurde, versucht seinerseits aber trotzdem Geschwindigkeit abzubauen, indem er die automatische Schubregelung abschaltet und die Leistung von Hand auf Leerlauf reduziert. Trotz dieser Maßnahme steigt der Geschwindigkeit auf der Anzeige des Kapitäns weiter. Im Gegensatz dazu zeigen die vier übrigen Geschwindigkeitsanzeigen, einschließlich des Standby-Instruments, eine zu niedrige Fluggeschwindigkeit an, mit fallender Tendenz. Als auf diesen Anzeigen der Wert die zulässige Mindestgeschwindigkeit unterschreitet, setzt der Steuersäulenrüttler als Warnung vor einem drohenden Strömungsabriß ein. Die Piloten sind dadurch mit zwei widersprüchlichen Warnungen konfrontiert: vor zu hoher und gleichzeitig zu niedriger Fluggeschwindigkeit. Tatsächlich fliegt das Flugzeug jetzt mit hohem Neigungswinkel und einer Geschwindigkeit nahe der Grenze zum Strömungsabriß. Als die Strömung schließlich abreißt und das Flugzeug schnell an Höhe verliert, scheinen die Piloten diesen Sachverhalt zu erkennen.

Die Gegenmaßnahme des Copiloten, am Autopilot den Modus 'Höhe halten' einzustellen, hat keinen Erfolg, da sich der Autopilot wegen unlogischer Flugparameter selbst abgeschaltet hat. Gleichzeitig werden die Schubhebel auf Maximalschub gebracht. Die Triebwerke laufen hoch, allerdings mit asymmetrischer Schubverteilung. Dadurch beginnt das Flugzeug zu rollen und verliert weiter an Höhe. Im Cockpit ertönt die Bodenannäherungswarnung. Der Besatzung kann nicht mehr die Kontrolle über den Flug zu erlangen. Das Flugzeug stürzt fünf Minuten nach dem Start circa 20 km vor der Küste ins Meer.

Zeitlicher Ablauf:

Ortszeit   Δt[s]   h[ft]   Ereignis
23:42:11   0:00   0
Beginn des Startlaufs 80 Knoten-Check
23:42:27   0:16   576
Kapitän stellt fest, daß sein Fahrtmesser wieder funktioniere
23:44:07   1:56   3500
Autopilot wird eingeschaltet
23:44:25   2:14   -
Warnung „Rudder Ratio /Mach Airspeed Trim"
23:44:28   2:17   -
Kapitän stellt fest, daß etwas ungewöhnliches vor sich gehe
23:44:43   2:32 5344
F/O sagt, sein Fahrtmesser zeige 200 fallend
23:45:28   3:17   6688
Overspeed-Warnung
23:45:52   3:41   -
Stick Shaker - Schub manuell auf Leerlauf -
Schub manuell auf maximale Leistung -
Autopilot deaktiviert sich wegen unlogischer Eingabewerte
23:46:31   4:20 5984
Schub wieder reduziert auf fast Leerlauf -
Versuch am Autopilot „Altitude hold" einzuschalten
23:46:57   4:46   -
Schub auf maximaler Leistung - Schubreduktion am linken Triebwerk
23:46:59   4:48   -
Ungleiche Schubverteilung: EPR links 1.251, rechts 1.622
23:46:03   4:52   3520
Längsneigung –53.3°, Querlage –99.8°
23:47:09   4:58   2368
Bodenannäherungswarnung
23:47:11   5:00   0
Aufschlag auf dem Meer

Auswertung:
Dieser Unfall zeigt, wie sich eine kritische Situation aus einem relativ kleinen Problem zu einer Katastrophe entwickelt. "Das hätte nicht passieren dürfen" ist deshalb auch ein vielgesagter Kommentar zu diesem Unfall, mit folgenden Begründungen:

- Das Staurohr hätte während der Standzeit am Boden ordentlich abgedeckt gehört.
- Der Kapitän hätte den Start beim 80 Knoten-Check abbrechen sollen.
- Von fünf Geschwindigkeitsanzeigen war nur eine falsch.
- Ein alternativer Autopilot hätte gewählt werden sollen.
- Die Piloten hätten sich an die Grundregel „Pitch & Power" halten müssen.
- Der Kapitän hätte die Einwände seines Ersten Offiziers beachten sollen.

Der offizielle Untersuchungsbericht faßt das Verhalten der Piloten folgendermaßen zusammen:
"Die Besatzungsmitglieder waren entsprechend den internationalen Anforderungen für die B 757 ausgebildet, es wurde jedoch festgestellt, daß diese kein ausreichendes Training zum Erkennen, zur Analyse und zum korrekten Reagieren auf anormale Situationen, wie sie sich im besagten Flug darstellten, besaßen."
Durch hohe Sicherheitsstandards werden fast alle erdenklichen Unfallmöglichkeiten erfaßt, übrig bleiben Ereignisse, an die bisher noch niemand gedacht hat, oder die für unmöglich gehalten werden. Aber gerade mit diesen werden die Piloten dann in der Realität konfrontiert.
Auslöser der Unfallkette (nicht Ursache des Unfalls) war ein defektes Staurohr, daß falsche Luftdruckdaten an die Geschwindigkeitsanzeige des Kapitäns und an den damit gekoppelten aktiven Autopiloten lieferte. Wahrscheinlich war das Staurohr während einer längeren Standzeit nicht abgedeckt. Aber ein Staurohr, das während eines Fluges immer gegen die Luftströmung gehalten wird, läuft ohnehin fortwährend Gefahr, verstopft zu werden. Das

50

auslösende Ereignis kann somit als ein alltägliches und bekanntes Risiko, als eine Störung ersten Grades angesehen werden. Die Sicherheitsforderungen schreiben vor, daß Staurohre mehrfach vorhanden sind und unterschiedlich mit den Systemen im Cockpit verbunden sind. Bei einem Defekt kann jederzeit auf ein alternatives Staurohr umgeschaltet werden. Als einzige Schwierigkeit bleibt den Piloten hierbei, den Defekt zu erkennen.

Bei diesem Unfall zeigt sich der Ausfall schon in der Beschleunigungsphase. Bereits beim 80 Knoten Cross-Check sieht der Kapitän, daß sein Fahrtmesser keine Anzeige liefert und läßt sich die für den weiteren Startvorgang notwendigen Werte von seinem Copiloten ansagen. Daß er den Start nicht abbricht, liegt wahrscheinlich gerade an der Banalität dieser Störung. Als Pilot weiß er, daß wichtige Systeme in seinem Flugzeug mehrfach vorhanden sind. Fällt ein Geschwindigkeitsmesser aus, kann der Flug mit einem anderen sicher fortgesetzt werden.

Zum Verhängnis wird ihm, daß er während des Steigflugs den Eindruck hat, daß sein Geschwindigkeitsmesser wieder zu arbeiten beginnt. Ein verstopftes Staurohr arbeitet wie ein Höhenmesser. Mit zunehmender Höhe mißt ein verschlossenes Staurohr eine ansteigende Differenz zwischen Innen- und Außendruck, die zu einer scheinbaren Geschwindigkeitsanzeige führt. Das Cockpit der B757 ist mit fünf Geschwindigkeitsanzeigen ausgestattet, die von unterschiedlichen Staurohren mit Druckdaten versorgt werden. Besteht der Verdacht, daß ein Instrument falsche Werte anzeigt, kann dieses in den meisten Fällen durch einen Vergleich aller Anzeigen überprüft werden. Bei diesem Unfall deutete sich bereits beim Startrollen ein Fehler auf der Geschwindigkeitsanzeige des Cockpits an.

Die Schwierigkeit für den Kapitän war, daß seine Anzeige im Steigflug scheinbar wieder einwandfrei funktionierte. Systeme die ein solches Verhalten zeigen (Störung vierten Grades) stellen eine besondere Gefahr dar. Gerade bei modernen Flugzeugen, bei denen Piloten hohes Vertrauen in ihr Gerät beigebracht wird, steckt in solchen Störungen ein hohes Risikopotential.

Sicherlich besteht der Eindruck, daß der Pilot gegen jede fliegerische Logik gehandelt hat, und sich nicht an die Anweisungen des Bordhandbuchs gehalten hat. Doch wie war die tatsächliche Situation? Vom Beginn des Starts bis zum Aufprall auf der Meeresoberfläche vergehen exakt fünf Minuten (300 Sekunden). Der Start ist für die Piloten eine arbeitsintensive Flugphase, in der bereits durch die normalen Aufgaben ausgelastet sind. Bereits nach wenigen Sekunden deutet sich das Fehlverhalten an, aber kurz darauf kommt die Entwarnung, daß der Fahrmesser wieder funktioniert. 134 Sekunden nach dem Start kommt die EICAS-Warnung. Zwei Sekunden später stellt der Kapitän fest, daß etwas nicht stimmt. Ab jetzt läuft die Zeit. Den Piloten bleiben jetzt noch rund 100 Sekunden, bevor sie die Kontrolle verlieren werden. Sie wissen jetzt das etwas nicht stimmt und stehen vor dem Problem die Ursache zu finden. Nach fünfzehn Sekunden ist der Erste Offizier auf der richtigen Spur, er sagt, daß sein Fahrmesser eine fallende Geschwindigkeit anzeige. Auf der Anzeige des Kapitäns scheint alles normal zu sein. Erst als auf dieser die Maximalgeschwindigkeit überschritten wird, scheint der Kapitän zu erkennen, daß doch ein größeres Problem vorliegen mußte. Ab diesem Zeitpunkt, ab dem die Situation einen bedrohlichen Charakter annimmt, bleiben nur noch etwas mehr als eine halbe Minute. Noch ist die Fehlerursache unklar ist. Der Kapitän geht nach der Overspeed-Warnung davon aus, daß die Geschwindigkeit tatsächlich zu groß ist und unternimmt Maßnahmen diese zu verringern. Unterstützt wird er dabei vom aktiven Autopiloten, der ebenfalls mit zu hohen Geschwindigkeitswerten gespeist wird. Durch diese Maßnahmen fliegt das Flugzeug mit hoher Längsneigung, reduzierter Triebwerksleistung und dadurch sinkender Geschwindigkeit.

Selbst als 24 Sekunden nach der Overspeed-Warnung der Stick-Shaker vor einem Strömungsabriß warnt, ist den Piloten scheinbar noch nicht bewußt, ob sie mit zu hoher oder zu niedriger Geschwindigkeit fliegen, bzw. welche Anzeige die richtigen Werte liefert. Erst als die Strömung tatsächlich abreißt und das Flugzeug Höhe verliert scheinen die Piloten ihre Lage zu verstehen. Zu diesem Zeitpunkt ist aber bereits unwahrscheinlich, daß die Piloten das Flugzeug noch abfangen können.

Die Piloten verloren also die Kontrolle über den Flug, ohne daß ihnen das Problem bewußt war. Sie versuchten sich noch die ungewöhnlichen Vorgänge zu erklären und gingen noch nicht der Ursache für die unterschiedlichen Geschwindigkeitsanzeigen nach. Insofern konnten sie auch noch nicht im Handbuch nach einer Lösung suchen.

Und was passiert im Cockpit? Der Kapitän stellt gegen alle theoretische Logik fest, daß wahrscheinlich beide Geschwindigkeitsanzeigen (seine und die des Copiloten) nicht richtig funktionieren. Aber bereits die Vermutung, daß keine korrekten Geschwindigkeitsdaten vorliegen müsste an Bord eines Flugzeugs als kritische Situation angesehen werden.

Kurz zuvor erhielt die Besatzung die Warnung „Rudder Ratio/ Mach Speed Trim", in deren Folge der Kapitän den Eindruck äußert, daß etwas nicht stimmt. Diese Äußerung kann als der Zeitpunkt festgemacht werden, ab dem die eigentliche kritische Situation im Cockpit beginnt. Sobald Piloten Ereignisse nicht mehr verstehen, ist dies ein Zeichen, daß ihr Situationsbewußtsein abnimmt.

Bedingungen, die sich aus diesem Unfall für ein mögliches Notfall-Assistenz-System ergeben.

Aus diesem Unfall ergibt sich zunächst die Frage, zu welchem Zeitpunkt Piloten ein Notfall-Assistenz-System aktivieren können sollten. Da das hierdurch ein erheblicher Eingriff in den Flugablauf erfolgt, sollte eine solche Unterstützung nicht bei Problemen oder in Situationen erfolgen, die den üblichen Standardverfahren bewältigt werden können. In diesem Fall wäre ein solches Problem die defekte Geschwindigkeitsanzeige beim Start. Hier hat der Kapitän hat das Problem erkannt und die notwendige Entscheidung getroffen, den Start fortzusetzen. Erst als er zu einem späteren Zeitpunkt die Ursache des Defekts nicht ermitteln kann, und er schließlich erkennt, daß ‚etwas nicht stimmt‘, sollte ihm ein Notfall-Assistenz-System zur Verfügung stehen. Möglicherweise ist die Bezeichnung ‚Notfall-...' irreführend sein, da hier noch keine unmittelbare Bedrohung zu erkennen ist.

- Aktivierungszeitpunkt: Das Notfall-Assistenz-System sollte immer dann aktiviert werden, wenn entweder ein Problem eingetreten ist, die nicht eine unmittelbare Bedrohung darstellt, und das sich nicht mit einem Standardverfahren lösen läßt oder wenn Piloten erkennen, daß sie Ereignisse im Flugablauf nicht verstehen, bzw. nicht in miteinander in Zusammenhang bringen können. Für Piloten ist es deshalb wichtig, ihr eigenes Situationsbewußtsein selbst einschätzen zu können.

- Als Notfallart kann hier eindeutig ein ‚Notfall mit Luftpriorität' angenommen werden. Das heißt, daß zum momentanen Zeitpunkt keine Notlandung in Betracht kommt. Dies würde auch der Einschätzung der Besatzung entsprechen, die sich offensichtlich keiner unmittelbaren Bedrohung ausgesetzt sahen.

Die Piloten hatten während der kritischen Situation die Vermutung, daß ihre Anzeigen zumindest teilweise falsche Werte lieferten, sie wußten jedoch nicht welche.

Luftlöcher sind gefährliche Fallen für Flugzeuge

Wenn ein Jet in die gefährlichen Auf- und Abwinde gerät, kann er Hunderte von Metern in die Tiefe sausen. Verletzte können die Folge sein. Einer dieser Vorfalle ereignete sich im Dezember 1997, als ein US-Jumbo über der japanischen Küste durch heftige Turbulenzen 300 Meter tiefer stürzte. Eine Tote und zahlreiche Schwerverletzte waren zu beklagen. Der Grund für diese "Luftlöcher" ist ein meteorologisches Phänomen, das entsteht, wenn ein Flugzeug in Abwinde gerät. Diese bilden sich in der üblichen Flughöhe von 10 000 Metern am Rand der Jet- oder Strahlströme, die Fluggesellschaften gerne ausnutzen, um teures Kerosin zu sparen. Unterschiedliche Strömungen treffen aufeinander. In der Luft sprechen Experten von Windschärungen, also dem Zusammentreffen von Auf- und Abwinden. Strahlströme bestimmen vor allem die Atmosphäre über dem Atlantik und dem Pazifik, über die die meisten Fernstrecken führen. Sie erreichen Höchstgeschwindigkeiten bis zu 400 Stundenkilometern. Zu einer Häufung von Windschärungen kommt es im Frühjahr und Herbst, wenn Kalt- und Warmluftmassen vermehrt aufeinanderprallen und es häufig zu Gewittern kommt. Besonders kritische Fluggebiete sind Regionen mit Gebirgszügen sowie die tropisch-feuchte Region in Südostasien. Aber auch der Südwesten Frankreichs und Amerikas Süden und mittlerer Westen sind bekannt als potenzielle Gefahrenzonen. Zu 95 Prozent können Wetterdienste die Abwindzonen bestimmen. Piloten können sie ebenfalls an der Wolkenbildung erkennen. Kurzzeitig wackelnde Kaffeetassen und eine vibrierende Maschine zählen zur Normalität im Flugalltag. Was aber alle Flugzeugführer fürchten, sind die sogenannten „clear air turbulences". "Das Unberechenbare an dieser Art von Turbulenzen ist, daß keine Wolke sie ankündigt", erklärt Dr. Erland Lorenzen vom deutschen Wetterdienst (DWD). Abwindgebiete, die ständig in Bewegung sind, können also auch bei einem völlig klaren Himmel unerwartet vorkommen. Ihre Größe kann bis zu 1000 Meter betragen und angesichts von Fluggeschwindigkeiten von 200 Metern pro Sekunde bleibt einem Piloten kaum mehr die Zeit, rechtzeitig zu reagieren. Der Jet saust buchstäblich ins Nichts. Wer die Meldungen über Unfälle durch Luftlöcher verfolgt, mag den Eindruck haben, daß es in letzter Zeit vermehrt zu Turbulenzen kommt. Klimaveränderungen und El Nino werden als Gründe genannt. Meteorologen haben aber eine viel einfachere Erklärung. "Pro Jahr nimmt der Flugverkehr um drei bis fünf Prozent zu. Das heißt, die statistische Wahrscheinlichkeit, daß ein Jet in Turbulenzen gerät, wächst.

Noch mal Glück gehabt

142 deutsche Urlauber und acht Besatzungsmitglieder sind auf dem Rückflug von Kreta nach Hannover einer Katastrophe entronnen. Der 10 Jahre alte Hapag-Lloyd-Airbus A310 Flugnummer HF 3378 startete am 12.07.2000 um 11:55 Uhr vom Flughafen Chania/Kreta (Griechenland) mit Ziel Hannover. Nach dem Start konnte das Fahrwerk nicht eingefahren werden. Um 13:00 Uhr über Budapest meldete der Pilot Wolfgang Arminger Treibstoffverlust und Probleme mit beiden Triebwerken. Um 13:10 Uhr bat der Pilot um Notlandeerlaubnis in Wien Schwechat. Um 13:31 Uhr war der Kerosinvorrat erschöpft. Beide Triebwerke fielen aus. Die Maschine ging im Gleitflug nieder. Die Anflugbefeuerung 1 km vor der Landebahnschwelle konnte mangels Höhe nicht überflogen werden und wurde seitlich überwunden. 500 Meter vor dem Landebahnkopf und drei Kilometer vom Hauptgebäude des Flughafens setzte der Airbus auf einer Wiese neben der Landebahn auf. Das Flugzeug drehte sich. Das linke Fahrwerk wurde abgerissen, die linke Tragfläche und das linke Triebwerk brachen ab.

Markante Flugzeugabstürze im Jahre 2001

Flugzeug – Absturz am 26.01.2001 in Venezuela

Zum Absturz einer Passagiermaschine von Typ DC – 3, der venezolanischen Fluggesellschaft RUTACA kam es am 26.1.2001, wobei 24 Insassen ihr Leben verloren. Die Opfer stammen aus USA und Europa. Nur wenige Minuten nach dem Start vom Flughafen Ciudad Bolivar (600 Km südöstlich der Hauptstadt Caracas), meldete der Pilot technische Probleme und versuchte eine Notlandung, stattdessen stürzte das Flugzeug auf ein bewohntes Gebiet. Beim Aufprall kurz nach Sonnenuntergang, ist die Maschine explodiert und verursachte einen großen Brand sowie weitere Opfer in der Zivilbevölkerung des Stadtviertels VIEJO PERU.

VIER NOTLANDUNGEN IN KOPENHAGEN

Vier Notlandungen in Skandinavien, davon drei am Flughafen Kopenhagen, wurden am 29.07.2001 über verschiedene Pressemitteilungen bekannt. Betroffen ist mehrfach die skandinavische Fluggesellschaft SAS. Probleme bestanden mit Rauchmeldung, Ausfall der Elektronik und Triebwerkprobleme. Letzte Meldung über skandinavische Medien: 12 Notlandungen innerhalb von nur 20 Tagen in Skandinavien (Bordelektronik – Rauch im Cockpit)

Zwei Flugzeuge in Not: Triebwerke brennen

Gemeldet am 01.09.2001: Großalarm auf dem Flughafen Hannover: Eine Passagiermaschine der Fluglinie Sabena mußte Donnerstagabend um 21.13 Uhr auf dem Flughafen Langenhagen wegen eines defekten Triebwerks notlanden. Die Flugaufsicht löste Hauptalarm aus - Großeinsatz für Feuerwehr und Polizei: Der Tower erteilt der vierstrahligen British-Aerospace-Maschine vom Typ RJ85 Starterlaubnis. Das Sabena-Flugzeug mit 44 Passagie-

ren will nach Brüssel. Nach wenigen Minuten schrillt im Cockpit ein Alarmsignal:
Eines der vier Triebwerke ist wegen erhöhten Treibstoffverbrauchs zu heiß geworden. Die Piloten lösen den Löschmechanismus in der Turbine aus. Sie entschließen sich, auf dem nächsten Flughafen zu landen. Per Funk informieren sie den Tower Hannover. Dort löst die Flugaufsicht um 20.35 Uhr Hauptalarm aus. Flughafenfeuerwehr, Landkreisfeuerwehr und Polizei rücken aus, sind Minuten später auf dem Rollfeld. Um 21.08 Uhr beginnen die Piloten mit drei Triebwerken den Landeanflug, fünf Minuten später ist die RJ85 sicher am Boden - Entwarnung. Eine Ersatzmaschine bringt die 44 Passagiere noch am selben Abend nach Brüssel.

Und am Freitag mußte eine Transall der Bundeswehr auf dem Weg von Wunstorf bei Hannover nach Skopje (Mazedonien) in Kassel-Calden notlanden. Unplanmäßige Zwischenlandung beim Nato-Einsatz: Die Piloten einer Transall aus Wunstorf hatten einen Warnhinweis auf ein brennendes Triebwerk bekommen. Die 32 Meter lange Maschine war im Rahmen der Nato-Mission "Essential Harvest" unterwegs. Sie sollte drei Soldaten, einen Lkw und Ausrüstung nach Skopje bringen. Auf der Höhe von Fulda leuchtete das Alarmlämpchen auf- das Signal für die Piloten, das eines der beiden Triebwerke brennt. Daraufhin lösten sie den Löschmechanismus aus und schalteten den Propeller ab. Vorsorglich leiteten die beiden Piloten eine Notlandung ein, steuerten den Flughafen Kassel-Calden an.

Französischer Airbus mit 208 Passagieren muß notlanden

208 Passagiere eines Airbus der französischen Fluggesellschaft Air France sind bei einer Notlandung in Montpellier mit dem Schrecken davongekommen. Die Maschine hatte am Abend wegen eines blockierten Fahrwerks den Landeanflug auf den südfranzösischen Flughafen abbrechen müssen. Beim zweiten Versuch öffnete sich dann das Fahrwerk. Feuerwehr und Rettungswagen mußten nicht eingreifen. Vor der Landung war das Flugzeug über der Ferienanlage La Grande Motte am Mittelmeer gekreist, um die Tanks zu leeren. Meldung vom 19.07.2002

Drei Bruch und Notlandungen in den GUS – Staaten am 16.07.2002

Gleich drei Passagierflugzeuge haben am 16.7.2002 in Russland mit Bruch- und Notlandungen für Aufsehen gesorgt. Im sibirischen Irkutsk versagte beim Aufsetzen einer Tupolew TU-134 ein Fahrgestell, wie die Agentur Itar-Tass meldete. Funken flogen, als die Maschine der Fluggesellschaft KrasAir über die Landepiste schlitterte. Die 79 Menschen an Bord kamen mit dem Schrecken davon. Im westsibirischen Surgut mußte wegen eines Fahrwerksschadens ein weiteres Flugzeug notlanden. Die 64 Menschen an Bord der Tupolew TU-154 blieben unverletzt. An der kasachischen Grenze entschied sich der Pilot einer Maschine vom Typ Yak-42 mit 42 Menschen an Bord wegen eines Motorproblems auch für eine Notlandung.

Wenn die Bordelektronik versagt

Ein US-Militärflugzeug ist nach dem Ausfall aller elektronischen Systeme während der starken Gewitter am Mittwoch, den 10.7.2002 im deutschen Luftraum in eine Notlage geraten. Einen entsprechenden Bericht der FAZ (Samstagsausgabe) bestätigten der Frankfurter Flughafen und die Deutsche Flugsicherung in Langen am Samstag. Unmittelbar nach dem Abheben der nach FAZ Informationen mit „ mehreren Tonnen Waffen" beladenen Frachtmaschine des Typs Boeing 747-100 vom militärischen Flughafen in Ramstein seien alle elektronischen Systeme ausgefallen.

Der Pilot der vom US-Verteidigungsministerium gecharterten Maschine habe sich über Hessen nur noch über Flugfunk, mittels seines Gleichgewichtssinns und eines Kreiselkompasses orientieren können, berichtet die Zeitung. «So eine Situation kann brisant werden», sagte der Sprecher der Deutschen Flugsicherung in Langen, Axel Raab. «Es ist sehr ungewöhnlich, daß alles ausfällt.» Die elektronischen Systeme seien zwei- oder dreifach gesichert. Wenn sie in einem deutschen Flugzeug ausfielen, übernähme die Bundesstelle für Flugunfalluntersuchung (BFU) in Braunschweig die Untersuchungen. Wie das bei einem amerikanischen Flugzeug sei, wisse er nicht. Das orientierungslose Flugzeug habe zunächst während des Gewitters auf dem Rhein-Main-Flughafen in Frankfurt notlanden sollen. Als sich das Wetter besserte, sei die bereits eingeleitete Notlandung jedoch abgebrochen worden und die Maschine nach Ramstein zurückgeflogen. Dabei wurde sie von Kampfflugzeugen eskortiert, berichtete die «FAZ». Die beiden F-16-Flugzeuge des 52. Jagdgeschwaders seien vom Militärflughafen Spandahlem bei Trier gestartet.

Das gut 30 Jahre alte Flugzeug sei mit mehr als 120 Tonnen Kerosin voll betankt gewesen und habe nach offiziellen amerikanischen Angaben «militärisches Gerät» geladen gehabt. Nach «FAZ»-Informationen sollen sich im Frachtraum «Dutzende Tonnen Waffen, unter ihnen Raketen mit Fest- und Flüssigkeitstreibstoff sowie andere Explosivstoffe» befunden haben. Flugzeuge des Typs 747-100 gälten in Europa schon lange als veraltet und seien etwa von der Lufthansa schon vor anderthalb Jahrzehnten durch modernes Gerät ersetzt worden, schreibt die Zeitung.

Widersprüchliche Aussagen

Nach Aussage der Deutschen Flugsicherung seien vergangene Woche tatsächlich nach dem Start einer Frachtmaschine vom Typ Boeing 747-100 von der US-Air-Base im rheinland-pfälzischen Ramstein einige elektronische Geräte ausgefallen. Dennoch sei der Pilot damit nicht orientierungslos gewesen, der Pilot habe in dieser Notsituation unter der Kontrolle der Fluglotsen gestanden. Auch dazu liegt mittlerweile ein Dementi vor. Das US-Militär in Ramstein bestreitet, daß an Bord der Maschine Waffen gewesen seien. Von Haushaltsgegenständen war die Rede. Nach Angaben des FAZ-Redakteurs Udo Ulfkotte hat eine »hochrangige Quelle« bestätigt, daß die Maschine Raketen und Explosivstoffe geladen habe. Im Detail wolle er das nicht ausbreiten, um die Quelle nicht zu offenbaren. Mit Empörung reagierte das Bündnis der über 60 Bürgerinitiativen gegen den Ausbau des Frankfurter Flughafens auf die Meldungen. Das jüngste Ereignis stelle nur die Spitze eines Eisbergs dar. BI-Sprecher Wolfgang Ehle: »Die Häufung der Katastrophen und Beinahe-Katastrophen zeigt deutlich, daß es wirklich nur eine Frage der Zeit ist, bis es in der Rhein-Main Region mal wirklich kracht. Und das Erschreckende daran ist, daß keiner der Politiker in Wiesbaden oder Berlin bereit ist, dies zur Kenntnis zu nehmen. Müssen tatsächlich erst Menschenleben vernichtet werden, ehe eine Umkehr eingeleitet wird?« Das Bündnis setzt sich für eine europaweite Neustrukturierung des Luftverkehrs ein, die den Ausbau in Frankfurt überflüssig, ein Nachtflugverbot durchsetzbar und mehr Sicherheit möglich macht. Nach Angaben von Fachleuten, so die BI weiter, hätte bei einer Bruchlandung des mit Raketen, Munition und Kerosin beladenen Frachtjumbos in Frankfurt der gesamte Flughafen in Schutt und Asche gelegt werden können. Abgesehen von der unerträglichen Überheblichkeit der Militärs jedweder Nationalität in Sachen Information und Schutz der Bevölkerung, sei hier zu kritisieren, daß der Fall heruntergespielt werde und erst Tage später durch Zeitungsmeldungen an die Öffentlichkeit gelangte. »Wir müssen also davon ausgehen, daß dieser besonders krasse Fall nur eines von vielen Ereignissen über unseren Köpfen ist, von denen wir nichts erfahren«, fürchtet der BI-Srecher.

Was sich im konkreten Fall im Einzelnen an Bord der Maschine befunden hat, wird letztlich nicht zu klären sein. Nachdem der Frankfurter Flughafen über eine möglicherweise bevorstehende Notlandung des Flugzeugs unterrichtet worden war, verweigerte der Pilot mit dem Verweis auf seinen militärischen Status die Antwort auf die Frage, ob er Gefahrengüter an Bord habe. Der Jumbo war schließlich unter Eskortierung von zwei US-amerikanischen F-16-Flugzeugen, die vom rheinland-pfälzischen Militärflughafen Spangdahlem aus gestartet waren, zurück nach Ramstein geflogen.

Flugzeugunglücke
durch wetterbedingte Einflüsse

Gibt es in verschiedenen Varianten. In der Öffentlichkeit sind Einflüsse aus dem Universum weniger bekannt, hinzukommen neueste Erkenntnisse atmosphärischer Einflüsse auf den Luftverkehr, die von Physikern ermittelt wurden, und erst jetzt zögerlich Anerkennung bei den zuständigen Stellen finden. Im Zusammenhang bei gleichen Untersuchungsprojekten sind andere Wissenschaftler zu erschreckenden Ergebnissen in der Flugunfallforschung gekommen, die eine künstlich erzeugte elektromagnetische Einwirkung als Ursache für Flugzeugabstürze vermuten lassen, dazu mehr unter dem Thema „Flugzeugkatastrophen durch Fremdeinwirkungen behandelt.

Gefahr aus dem Universum

CHAOS – STRAHLEN VON DER SONNE ZU ERWARTEN - STÖRUNGEN AN NAVIGATIONSSYSTEMEN MÖGLICH

Solche Nachrichten können auch die Flugsicherheit betreffen: Die Weltraumwetterwarte Greifswald meldete Alarmstufe rot! Galaktische Schauer sollten die Erde erreichen und könnten durch Störungen an Computersystemen Navigationssysteme und sogar die Navigationssysteme von Flugzeugen stören. Nach Aussage der Uni Greifswald wurde der Teilchenschauer durch eine riesige Explosion auf der Sonne ausgelöst, und das Magnetfeld der Erde wurde angegriffen. Über deutsche Medien wurde darüber am 28.09.2001 berichtet. Bei Menschen kann es zu Kopfschmerzen, Depressionen und Aggressivitäten kommen. Beim Teleskop des Sonnensatelliten SAHO wurde schon am Montag, den 24.9.2001, um 11:30 Uhr der Ausbruch beobachtet. Die Geschwindigkeit der Teilchen wurde auf ca. 2220 Kilometer pro Stunde geschätzt. Und wieder eine Warnung: Die Weltraumwetterwarte GREIFSWALD registrierte auch in der Nacht zu Dienstag (6.11.2001) ein schwerer Strahlungssturm fegt über die Erde hinweg, da die Sonne am Sonntag (4.11.2001) bei einer besonders starken Eruption eine Wolke elektrisch geladener Teilchen ins All geschleudert hatte. Nach Aussage der Weltraumwetterwarte GREIFSWALD müssen Passagiere und Crews auf Langstreckenflügen mit einer erhöhten Strahlenbelastung rechnen.

Genauere Warnungen vor magnetischen Stürmen

Amerikanische Forscher können magnetische Stürme bis auf einen halben Tag genau vorhersagen. Die Wissenschaftler der CATHILIC UNIVERISTY OF AMERICA in Washington und das GOFFARD SPACE FLIGHT CENTER der NASA in Greenbelt nutzen ein verbessertes Computerprogramm, um große Materieausstöße der Sonne und damit einen Ansturm von Wolken aus elektrifiziertem Gas vorherzusagen. Magnetische Stürme im Weltall haben auf der Erde verschiedene Wirkungen.
Sie verzerren das Erdmagnetfeld, produzieren Nordlichter und können Satelliten und Stromsysteme zum Ausfall bringen. Die Gaswolken, die die Sonne ins Weltall „speit", erreichen Geschwindigkeiten zwischen 20 und 1200 Kilometer in der Sekunde. Wie lange sie letztendlich zur Erde brauchen hängt auch von den Sonnenwinden, die sie im Schlepptau hinter sich herziehen, ab. Sind die Ausbrüche schneller als der Sonnenwind, ziehen sie den heißen Wind mit und werden abgebremst. Mit Hilfe von Daten aus Satelliten können Forscher das Abbremsen des Sonnenwindes nun ausrechnen und damit eine genauere Vorhersage für die Ankunft der Ausbrüche auf der Erde geben. Die Forscher nutzen Beobachtungen des Solar- und Heliospheric Observatory (SOHO) und des Wind- Raumschiffes der NASA. Überprüft werden die Vorhersagen anhand von Messungen des HELIOS 1 SATELLITEN (eine Zusammenarbeit zwischen NASA und Deutschland), des Pioneer Venus Orbiters (NASA) und des Space Test Programms (P78-1 US – AIR FORCE). Welt am Sonntag meldete am 12.5.2002: Die NASA Wissenschaftler haben nachgewiesen, daß

die geladenen Teilchen gar nicht von der Sonne direkt stammen. Es sind vielmehr Sauerstoffatome, die aus unserer eigenen Atmosphäre herausgeschlagen und elektrisch aufgeladen werden.

Weltraumwetter 2001 und die möglichen Auswirkungen auch auf den Flugverkehr!

Die Sonnenaktivitäten können erhebliche Schäden auf der Erde anrichten. Die Greifswalder Physiker arbeiten darum als Weltraumwetterwarte an einer Weltraumwetterkarte. Das Weltraumwetter beeinträchtigt nicht nur die Funktionstüchtigkeit technischer Systeme im Weltraum und auf der Erde, sondern mag auch die Gesundheit von Menschen beeinflussen. 1847 sind zum ersten Mal Störungen der Telegraphie durch Sonnenstürme aufgetreten. Seitdem sind in Elektronik, Raumfahrt, Luftfahrt, Telekommunikation, Stromversorgung, Gas- und Ölindustrie und im Eisenbahnverkehr zum Teil erhebliche Schäden, Beeinträchtigungen und Risiken festgestellt worden. Häufig sind die Unregelmäßigkeiten, wenn die Sonnenaktivität, wie in 2001, nach 11 Jahren ihr Maximum erreicht; aber auch während ihrer Minimalphasen kann die Sonne einiges auf der Erde anrichten.

Durch starke Ströme modifizieren sich Speicherinhalte von Computern., Mehr als 30 Satelliten sind schon durch Turbulenzen im Weltraumwetter ausgefallen oder zumindest Systeme in ihnen. Die Korrosion von Hochspannungsmasten führen Experten auf Sonnenwinde zurück. Erhöhte Spannungen an Pipelines (je näher an den Polen, desto stärker) können zu Schwierigkeiten führen. Manchmal ist der Sonne wegen schon die Stromversorgung ausgefallen. Je nach Sonnenaktivität, Bauart und Flughöhe ändern sich die Strahlenbelastungen beim Fliegen - darum gelten seit 2001 in Europa Flugzeugbesatzungen als »strahlungsexponierte« Personen. Auch die Überwachungselektronik kann lahm gelegt werden, Zugunfälle wegen Signalfehlschaltungen sind schon mit dem Treiben der Sonne erklärt worden. Sogar wesentlich schwächere Stürme stören die Kommunikation zwischen Bodenstation und Flugzeugen und unterbrechen die Signale des globalen Positionierungssystems (GPS) . Schiffe und Flugzeuge können ihre Position nicht mehr bestimmen. Die Plasmaphysiker der Universität Greifswald arbeiten auch für die Europäische Raumfahrtorganisation ESA unter Führung der Alcatel Space Industry (Frankreich) am Aufbau einer Weltraumwetterwarte. Sie sind prädestiniert, da es sich bei vielem um plasmaphysikalische Erscheinungen handelt. Als Projektleiter gewannen sie den Astrophysiker Dr. Frank Jansen aus Berlin, der einst in Jena studiert hatte und für die Schweizer Rückversicherung die mit viel Physik gespickte Studie »Space Weather - Gefahren aus dem Weltraum?« abgeschlossen hat.

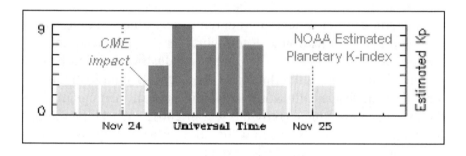

Weltraumwetter 24.11.2001 Alarmstufe ROT

Der Weltraumwettersturm vom 24./26. September 2001 erreichte bekanntlich die Erde, es wurde die Weltraumwetter-Warnstufe rot ausgegeben.

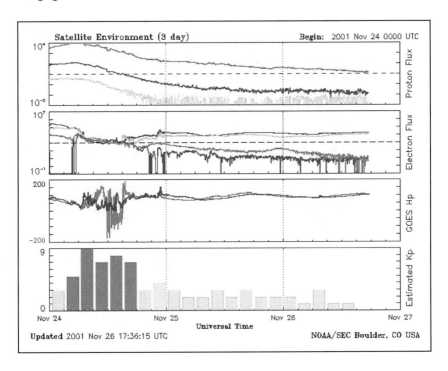

Aktuelles Weltraumwetter
Weltraumwetterbericht vom 23.11.01 16:45 Uhr

Weltraumwetter-Warnstufe: ROT, Sonnenwind erreicht die Erde
1.) Am 21. November 2001 beobachteten die Instrumente LASCO und EIT auf dem ESA-Satelliten SOHO einen koronalen Massenauswurf (ab 15:06 MEZ). Wahrscheinlich war dieser mit einem zeitlich sehr ausgedehnten Röntgenflare verbunden (Beginn 13:39 MEZ, über 2 Stunden und 31 Minuten, Klasse C4.7), der in der Nähe der Sonnenflecken-Gruppe 9704 entstand.

2.) Am 22. November 2001 ereigneten sich drei Röntgenflares (der stärkste Flare hatte die Klasse M9.9 und war somit eine Größenordnung stärker als der vom 21.11.01). Mit diesen Flares sind erhöhte Strahlungsbelastungen für Astronauten, sowie bei Flügen in großen Höhen verbunden gewesen.

3.) Infolge der solaren Stürme sind auch seit dem 22.11.01 hochenergetische Teilchen von der Sonne - d.h. solare kosmische Strahlung - etwa bis zu einem Faktor 5000 mehr im erdnahen Orbit gemessen worden (GEOS8-Satellite). Satellitenbetreiber können u.a. mit eine Reduktion der Effektivität von Solarzellen und Beeinflussungen von Kamerasystemen rechnen. Die HF-Kommunikation in polaren Regionen kann beeinträchtigt werden. Navigationsfehler sind nicht auszuschließen. Polarlichter könnten oberhalb von 55 Grad geomagnetischer Breite am 23./24. November 2001 auftreten.

Sonnenwinde treiben Chaosstrahlen auf die Erde und beeinflussen das Magnetsystem der Erde und auch der Navigationssysteme bei Flugzeugen. Die Messungen zeigen: Alarmstufe rot!

Untersuchungsergebnisse deutscher Forscher über rätselhafte Zeit- und Ortsmuster bei Flugzeugkatastrophen

Das deutsche Forscher- und Autorenpaar Grazyna Fosar und Franz Bludorf berichten über ihre Forschungsergebnisse von Ursachen, die nach ihrer Auffassung zu Flugzeugkatastrophen geführt haben könnten. In ihren Berichten wird auf die überraschenden Forschungsergebnisse der letzten Jahre hingewiesen, wonach eine Reihe von Zwischenfällen, örtlich und zeitlich nach ihren Muster, exakt voraus berechenbar ist. Es wird Bezug genommen auf eine Passagiermaschine der Eastern Airline, die 1963 auf dem Flug von New York nach Washington von einer elektrisch geladenen Plasmakugel getroffen wurde, die durch die Außenhaut des Flugzeugs in die Passagierkabine drang, dort ziellos herumflog und sich dann ins Nichts auflöste. Schaden wurde nicht angerichtet. Desweiteren berichten die Forscher über den Absturz des Fluges TWA 800 bei Long Island USA, wobei am 17.07.1996 230

Personen ihr Leben verloren. Es gab unterschiedliche Aussagen: Das Flugzeug wäre von einer Rakete versehentlich getroffen, oder Explosion durch Sprengstoff. Nach Aussage der Besatzung eines Hubschraubers der Nationalgarde, hatte man kurz vor der Explosion ein hell leuchtendes Objekt auf das Flugzeug zufliegen sehen. (Dazu bitte lesen sie den Bericht unter „Fremdeinwirkungen – HAARP SYSTEM".) Nach Meinung der Forscher wurde die TWA 800 von einer leuchtenden Vakuumdomäne getroffen. Diese Vakuumdomänen scheinen sich im Seegebiet vor der amerikanischen Ostküste öfter zu bilden, so die Forscher. Die Forscher haben auch den Flugzeugabsturz der SWISS AIR 111 vom 2. September 1998 untersucht, bei dem 229 Personen ums Leben kamen. Nachdem der Pilot Rauch im Cockpit gemeldet hatte und eine Notlandung am Flughafen von Halifax vorgesehen war, brach der Funkkontakt ab und die Maschine fiel wie ein Stein vom Himmel in das Meer vor Peggys Cove (Kanada).

Bis heute gibt es noch keine vernünftige Erklärung für diesen Absturz. Merkwürdig ist, daß, wie bei dem Jumbo-Absturz, die Auswertungen sowohl der Black-Box als auch des Cockpit-Voice-Recorders ergaben, daß in den letzten 6 Minuten vor dem Absturz keine Daten mehr registriert worden waren. Da beide Aggregate an unterschiedlichen Stromkreisläufen hängen, deutet dieses auf einen Totalausfall der gesamten Elektronik hin und nicht auf einen kleinen Kabelbrand. Auch bei totalem Stromausfall wäre die Maschine noch manövrierfähig gewesen und wäre nicht wie ein Stein vom Himmel gefallen, so die Expertenmeinung. Nach Meinung der Physiker muß es sich um einen großflächigen physikalischen Effekt gehandelt haben, durch den die ahnungslose SWISS AIR - Besatzung hindurch geflogen ist, also um eine größere Vakuumdomäne. Die sensible Bordelektronik kann nach Meinung der Physiker durch ein solches Feld vollkommen durcheinandergeraten. Die Physiker stellen in Ihrem Bericht da, wie die drei Zwischenfälle - TWA 800, SWISS AIR 127 und SWISSAIR 111 - in nahezu identischen Zeitabständen zueinander stattfanden. Auch am 8. Oktober 1998 mußte eine MD 11 wegen Brandgeruch im Cockpit notlanden, kurz nach dem Start in Manchester. Über weitere Notlandungen und Abstürze wird von den Forschern berichtet. Die Schlußfolgerung kann nur sein, daß es eine noch unbekannte Ursache für die Entstehung von Vakuumdomänen, eine atmosphärische Störung, die in west-östlicher Richtung langsam um die Erde driftet, geben muß.

Die Aktivitäten der Sonne und bestimmte Planetenkonstellationen könnten dazu beitragen, daß am Ort des TLR - Faktors tatsächlich ein Unglück geschieht. Unbekannt ist dann aber immer noch die Ursache für den Orts- und Zeitrhythmus, da der Faktor ja die Erde umkreist. Mit Hilfe des von den Autoren entwickelten Programmpakets „HYPER 2000" kann unter anderem auch die Position des TLR - Faktors für jeden beliebigen Zeitpunkt und jeden Ort der Welt berechnet werden. Anfragen bitte direkt an: http://www.fosar-bludorf.com/tlr2.htm

Am 03.09.1998, nur einen Tag nach dem Absturz einer Mc Donnell Douglas MD 11, der Flug SWISSAIR 111 vom 02.09.1998, mußte eine Boeing 757 der Royal Airlines auf einem Flughafen in Neufundland wegen Rauchentwicklungen notlanden. Die mit 225 Menschen belegte Maschine war auf dem Flug von Toronto ins schottische Glasgow. Wiederum 5 Tage nach dem Absturz der SWISSAIR 111, am 07.09.1998, kam es im gleichen Gebiet zu einer weiteren Notlandung wegen Rauchentwicklung auf dem Flughafen Halifax. Diesmal ein Airbus 310 der schweizer Fluggesellschaft BALAIR mit 144 Passagieren an Bord. Viele der Passagiere zogen es vor, in Halifax zu bleiben, statt mit der reparierten

Maschine weiter zu fliegen. Begründet wurde die Rauchentwicklung mit einem Kurzschluß in der Bordküche!

Gibt es etwa so etwas Ähnliches wie ein "Bermudadreieck" auch in Europa? Geht man von einer atmosphärischen Störung aus, die für diese Fälle verantwortlich ist, so müsste diese pro Tag 1,86 Längengrade überqueren, um vom 2. September bis zum 8. Oktober 1998 die Strecke von der US-Ostküste nach England zurückzulegen. Damit würde sie für eine komplette Erdumrundung genau 360/1,86 = 194 Tage benötigen und wäre demnach nach 388 (2x194) Tagen wieder über der gleichen Stelle. Eine ganze Reihe weiterer Zwischenfälle passen in das raum-zeitliche Schema: Notlandung einer Turboprop der Emerald Air bei London am 31. März 1998, Absturz einer Y-12 der MIAT bei Erdenet (Mongolei) am 26. Mai 1998 sowie ein Triebwerkbrand bei einem AT401 in Ruleville, Missisippi, am 21. August 1998. Auch nach Entdeckung dieses raum-zeitlichen Musters kam es zu weiteren Flugzeugunglücken, welche die mathematische Präzision bestätigen, mit der der TLR-Faktor zu vorhersehbaren Zeiten an vorhersehbaren Orten auftaucht. Hierzu gehören folgende Abstürze: eine Cessna 402 am 12. Oktober 1998 beim Anflug auf Stord (Norwegen), ein UN-Hubschrauber nahe Port-au-Prince (Haiti) am 14. März 1999 sowie während des Kosovo-Krieges eine amerikanische AV8B Harrier ohne Feindeinwirkung in der Nacht zum 2. Mai 1999 beim Anflug auf den Flugzeugträger in der Adria. In der gleichen Nacht verlor die NATO noch eine F16. Westliche Forschung ahnungslos?

Die raum-zeitliche Regelmäßigkeit des TLR- Faktors scheint eine empirisch gesicherte, aber physikalisch noch ungeklärte Tatsache zu sein. Weder die Lufthansa noch das Deutsche Zentrum für Luft- und Raumfahrt, und auch nicht das Institut für Physik der Atmosphäre in Oberpfaffenhofen kennen bislang das Phänomen. Eine wissenschaftliche Klärung wäre jedoch im Interesse der Flugsicherheit dringend geboten.

Flugzeugkatastrophe am Bodensee

Schon wieder ein Unglück im Einflußbereich des TLR-Faktors, vielleicht nur ein Zufall?

Von Grazyna Fosar und Franz Bludorf:

Es deutet sich an, daß bei der Katastrophe von Überlingen wieder einmal der rätselhafte TLR-Faktor (Temporary Local Risk Factor = Zeitweiliger lokaler Risikofaktor) im Spiel war . Dieser Faktor beschreibt einen seltsamen Effekt, wonach zahlreiche Flugzeugunglücke der letzten Jahre in konstanten raum-zeitlichen Abständen auftraten, und zwar teilweise so genau, daß die Autoren daraus eine einfache mathematische Formel entwickeln konnten, mit deren Hilfe der TLR-Faktor vorausberechnet werden kann. Seither (d. h. im Verlauf der letzten vier Jahre) passten schon mehr als 10 Flugzeugunglücke in dieses raum-zeitliche Muster, und auch die Katastrophe vom Bodensee muß (im Rahmen der derzeitigen Toleranzen bei der Berechnung des Faktors) in diesem Fall berücksichtigt werden. Abb. 1 zeigt die ungefähre Position des TLR-Faktors zur Zeit der Katastrophe sowie den Verlauf des nördlichen Jetstream. Bekanntlich sind gerade immer die Regionen gefährdet, in denen sich diese zwei Faktoren kreuzen.

Physikalischer Effekt von Harvard-Professorin bestätigt...

Sie untersuchte die gleichen Absturzursachen an der Ostküste. Drei Flugzeugabstürze vor Nordamerika (TWA, Swiss Air, Egypt Air) weisen nach Meinung einer Harvard-Professorin erstaunliche Parallelen auf. U.a. lassen ihre akribischen Recherchen den Verdacht aufkommen, daß elektromagnetische Strahlung indirekt die Abstürze verursacht haben könnte. Die offiziellen Stellen halten diese Thesen für nicht schlüssig.
(Quelle: Magazin Globus / ARD 27.6.2001)

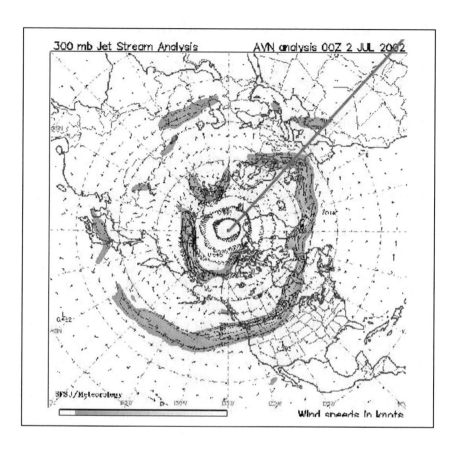

ABB-Verlauf von TLR-Faktor und Jetstream in der Nacht vom 1.
auf den 2. 7. 2002

Wetterkarte: California Regional Weather Server

Auswertung: Programmsystem Hyper2000 Professional
© Fosar/Bludorf, Berlin 2002

74

Die folgende Karte zeigt den Bereich des TLR-Faktors im fraglichen Zeitraum als eine Zone (was dem derzeitigen Wissensstand entspricht), an deren Rand sich auch die Unglücksstelle befindet.

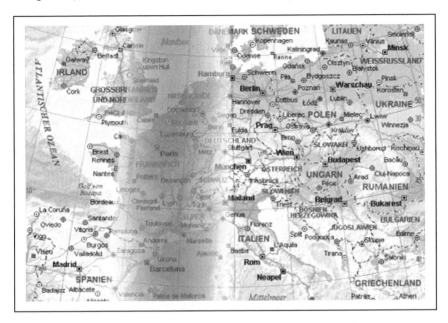

Abb.: Der TLR-Faktor am 1./2. 7. 2002 als verschwommen markierte Zone. Wie in den Publikationen zum "TLR-Faktor" sowie im Buch "Vernetzte Intelligenz" von Fosar/Bludorf - Berlin, ausführlich dargelegt.

Flugzeugabsturz Eastern Airline 24.06.1975 auf Windscherung zurückzuführen!

Der erste von drei schweren Flugunfällen US amerikanischer Fluggesellschaften zwischen 1975 und 1985, der auf eine Windscherung zurückgeführt wurde, betraf Flug 66 der Eastern Airline. Der aus New Oleans kommende Inlandsflug einer Boeing 727-225, sollte auf dem internationalen Flughafen John F. Kennedy landen.

Zu der Zeit als sich das Flugzeug auf dem Instrumentenlandesystem Anflug (ILS) auf der Landebahn 22 links befand, wütete ein schwerer Gewittersturm. Augenzeugen in der unmittelbaren Umgebung berichteten, daß der Sturm von heftigem Regen und starkem Wind aus wechselnden Richtungen begleitet worden ist. Der Flugkapitän einer DC-8 Frachtmaschine, der knapp zehn Minuten vor dem Unfall auf derselben Rollbahn gelandet war, meldete eine gewaltige Windscherung in Bodennähe. Auf die Aussage des Fluglosen, der Windmesser zeige nur eine Geschwindigkeit von 28 km/Std an, erwiderte der Pilot schroff: „Mir ist egal, was sie anzeigt – Der Fluglose: „Ich sage nur, im Endanflug auf diese Landebahn gibt es eine Windscherung." „Sie sollten die Richtung der Landebahn nach Nordosten wechseln." Einige Zeit später wäre fast eine Eastern Airline L-1011 Großraum Düsenpassagiermaschine abgestürzt, als sie nach dem Auftreffen auf die widrigen Winde noch zu landen versuchte, dann aber doch erfolgreich durchstartete. Ihr Pilot meldete auch eine ziemlich starke Scherung. Zwei nachfolgende Maschinen landeten sicher, bevor Flug 66 mit dem Endanflug begann.

Die amerikanische Transport- Sicherheitsbehörde NTSB folgerte daraus, daß die N8845E bei ihrem Sinkflug wahrscheinlich in 150 Meter Höhe über Grund auf zunehmenden Gegenwind und möglicherweise einen Aufwind traf. Das verursachte eine geringere Abweichung vom ILS Gleitpfad nach oben. Dann änderte sich der Wind plötzlich. Der Gegenwind nahm ab, und eine nach unten gerichtete Strömung setzte ein. Die Geschwindigkeit des Abwindes nahm nahezu gleichzeitig mit dem Richtungswechsel seines horizontalen Ausflusses aus dem Kern des Gewittersturms zu und bewirkte eine Abnahme der angezeigten Eigengeschwindigkeit der 727 und eine Erhöhung ihrer Sinkrate. Das führte zu einem Absinken des Flugzeuges unter den Gleitpfad. Je mehr sich die Maschine dem Boden näherte, desto stärker wurde der Abwind und die längs verlaufende Windkomponente (Gegen- und Rückenwind).Die Passagiermaschine stieß mit ausgefahrenem Fahrwerk und auf 30 Grad gesetzten Landeklappen ca. 730 Meter vor der Landebahnschwelle gegen Masten der Anflugbefeuerung. Dabei verlor sie den äußeren Teil der linken Tragfläche und rollte dann in eine steile Querlage nach links. Die 727 raste weiter durch die Lichtmasten, fing Feuer und löste sich förmlich in ihre Bestandteile auf. Das Hauptwrack kam auf dem Rockaway Boulevard zum Stillstand. Einschließlich der erst später ihren Verletzungen erlegenden Personen fanden insgesamt 115 Insassen den Tod. Nachdem die ausgedruckten Daten des Flugschreibers mit der Niederschrift der in der Pilotenkabine aufgenommenen Gespräche in gegenseitige Abhängigkeit gebracht worden waren, wurde festgestellt, daß der Flugkapitän beim Sinkflug durch ca. 120 Meter Höhe über Grund Sichtkontakt mit der Anflugbefeuerung erhalten hatte.

Man hörte ihn Sekunden später sagen: „Landebahn in Sicht." Der erste Offizier antwortete darauf: „Ich sehe sie." Diese Bemerkung schien anzuzeigen, daß der die Düsenmaschine steuernde Copilot die Anweisung des Flugkapitäns, weiter auf die Instrumente zu achten, nicht befolgt hatte. Er begann nach sichtbaren Bodenbezugspunkten zu fliegen, die er zur eigentlichen Durchführung der Landung benötigte. Da sich beide Piloten nun auf sichtbare Geländepunkte, anstatt auf ihre Instrumente verließen, schien keiner bei der durch heftigen Regen beeinträchtigten Sicht die Abweichung unter den normalen Gleitpfad zu bemerken, bis es zu spät war. Der erste Offizier forderte eine Sekunde vor dem ersten Aufprall "Startschub" - da war der Absturz aber nicht mehr zu verhindern. Die NTSB räumte ein, daß die Wetterverhältnisse zu extrem für eine erfolgreiche Landung gewesen sein könnten, selbst wenn die Besatzung auf ihre Instrumente geachtet und schnell auf deren Anzeigen reagiert hätte.

Gefährliches Eis: Wenn die Temperaturen unter null Grad sinken, wird Fliegen riskant dann kann Eisbildung an den Tragflächen zum Absturz führen

Jedes Jahr haben Fluggesellschaften, Passagiere und Piloten das gleiche Problem: Sinken die Temperaturen unter null Grad, kommt dann noch Niesel, Schnee oder Eisregen hinzu, müssen sich die Flugzeuge am Airport einer langwierigen Prozedur unterziehen. Sie werden mit einer speziellen Alkoholmischung enteist.

Den Fluggesellschaften kostet das Enteisen Geld, die Fluggäste müssen dagegen nur etwas Geduld aufbringen. Eis kann sich nicht nur am Boden der Tragflächen bilden, es entsteht auch während des Fluges, so Thomas Hauf, Meteorologie-Professor an der Universität Hannover und ist ursächlich für jene Unfälle, bei denen kleine und große Flugzeuge durch Vereisung vom Himmel fallen. Wenn eine Maschine in Wolkenballungen hineingerät, die diese gefährlichen Tropfen enthalten, bildet sich auf den Tragflächen sofort festes Eis, wie Forscher des Zentrums für Luft- und Raumfahrt und der Universität Hannover bei Testflügen herausfanden. "Wir haben einen ganz speziellen Typus von Wolken untersucht", erinnert sich Thomas Hauf, "- spezielle kalte Schauerwolken, in die ein Pilot urplötzlich hineingeraten kann. In diesen Wolken haben wir ein Eiswachstum von 4 Millimetern pro Minute gemessen." Gefährdet sind insbesondere mittelgroße und kleine Flugzeuge, wie etwa Propellermaschinen, weil sie oft längere Zeit in den gefährlichen Wolkenschichten fliegen und nicht - wie etwa Jets - die Wolken nach oben hin verlassen können.

Absturz einer ATR 72 der American Eagle nahe Roselawn, Indiana durch Vereisung der Tragflächen!

Eine ATR 72 stürzte am 31. Oktober 1994 nahe Roselawn/Indiana ab, vermutlich durch Vereisung der Tragflächen. Keiner der 68 Personen an Bord überlebte den Absturz. Ausführliche meteorologische Untersuchungen ergaben wichtige Informationen zum Unfallhergang: Vereisung von Tragflächen während des Fluges können durch sogenannte „unterkühlte Wassertropfen bzw. Wassertröpfchen" verursacht werden. Dies sind Wassertropfen mit einer Temperatur zwischen 0° und -10° Celsius. Beim Auftreffen auf eine Tragfläche verwandelt sich das Wasser sofort in festes Eis. Im Falle des ATR 72 Unfalles fiel der Verdacht auf eine Variante der „unterkühlten Wassertropfen", den „Supercooled Drizzle Drops SCDD" (unterkühlte Nieseltröpfchen). Sie treten in stratusartigen Wolken auf und sind erst Anfang der achtziger Jahre als Gefahr für die Luftfahrt erkannt worden. Dies geschah im

Rahmen des „Sierra Cooperative Pilot Project". Die King Air der University of Wyoming geriet versehentlich in schwere Vereisung durch SCDDs und mußte am Boden enteist werden. Aufgrund der vorliegenden Unterlagen muß davon ausgegangen werden, daß zum Zeitpunkt des Unfalles die ATR 72 in ein Gebiet mit SCDDs eingeflogen ist. Zum Zeitpunkt des Unfalles gab es kaum Vorhersagemöglichkeiten für das Auftreten von SCDDs. Die Bedeutung des Vorhandenseins von SCDDs bei gleichzeitiger Windscherung, in Abwesenheit einer Warmluftschicht, verbunden mit den entsprechenden Auswirkungen für gefährliche Vereisungen, ist nicht erkannt worden. Es gab keine Grundlage, das Auftreten von SCDDs in dem Unfallgebiet vorherzusagen.

Eine Vereisung der Tragflächen oder der Triebwerke war vermutlich auch die Ursache für den Absturz der rumänischen Chartermaschine, bei dem am 15. Dezember 1995 alle 49 Passagiere und Besatzungsmitglieder ums Leben kamen. Die fast 30 Jahre alte Antonow 24 der Gesellschaft "Banat Air", die sich vom italienischen Verona zum Flug nach Temesvar in Rumänien anschickte, stürzte unmittelbar nach dem Start ab und ging in Flammen auf. Der Pilot hatte es abgelehnt, die Tragflächen vor dem Start enteisen zu lassen. Das hätte ihn umgerechnet 220 Mark und etwa zwölf Minuten Zeit gekostet.

01.06.1999: Der Wind bei Little Rock, Arkansas lag bei 190° und 10 Knoten als die Crew der McDonnell Douglas MD-82 (N215AA) den Tower kontaktierte. Die Maschine kam aus Dallas und wurde zur Landung auf die Bahn 22L gewiesen. Als sich die

Maschine ca. 4 Meilen vom Aufsetzpunkt befand, bekam die Crew vom Tower die Anweisung "durchzustarten" (go-around), da sich der Wind gedreht hatte. Er kam nun aus 010° mit 15 Knoten. Somit war die Landung nicht mehr sicher. Während die MD-82 zur Landebahn 4R geleitet wurde, kam ein starkes Gewitter über dem Flughafen auf. Die Maschine stürzte zur Erde, da sie, wie später heraus kam, Wind aus 010° und ca. 75 Knoten ausgesetzt war. Die MD-82 prallte hart auf dem Ende der Runway auf und rutschte in einige Beleuchtungsanlagen am Ende der Runway. Dabei zerbrach sie in 3 Teile und fing Feuer. Von den insgesamt 143 Insassen kamen 12 ums Leben.

Bericht über Flugzeugabsturz vom 13. Januar 2000 nahe Mersa el-Brega

Nach rund zwei Jahren ist der Unfall eines Schweizer Flugzeugs vor Libyens Küste geklärt, der am 13. Januar 2000 insgesamt 22 Menschenleben gekostet hatte. Ursache war laut dem Schlußbericht der libyschen Untersuchungsbehörde die von den Piloten unbemerkte Vereisung beider Triebwerke. Die Besatzung der mit 41 Personen besetzten Maschine des Typs Shorts SD3-60 der Schweizer Firma Avisto AG führte wegen des Ausfalls beider Triebwerke kurz vor der Landung in Marsa el-Brega im Meer eine Notwasserung durch. Dabei kamen 21 von 38 Passagieren und eine Flugbegleiterin ums Leben. Die beiden libyschen Piloten mit Schweizer Lizenzen überlebten, der eine schwer verletzt. An Bord des Flugzeuges der Avisto AG befanden sich neben den drei Besatzungsmitgliedern Angestellte der Ölgesellschaft Sirte Oil Corporation und deren Angehörige u.a. 8 Briten, 3 Kroaten, 3 Inder, 3 Philippiner, 2 Kanadier und ein Pakistaner. Die beiden libyschen Piloten hatten laut dem Untersuchungsbericht während des Fluges hauptsächlich über einen bevorstehenden Lehrgang diskutiert, den der Flugkapitän in naher Zukunft im Ausland besuchen sollte und den der Copilot bereits absolviert hatte. Dabei übersahen sie die Eisbildung. Vor dem Start hatten sie es offenbar auch unterlassen, sich eingehend über die an jenem Tag für Libyen außergewöhnliche Wetterlage zu informieren; sie waren davon ausgegangen, das Wetter sei so stabil wie üblich. Vor der Notwasserung waren die Passagiere laut dem Bericht nicht darüber informiert worden, daß die Sitzkissen als Schwimmhilfen hätten benützt werden können.

Wetter möglicherweise schuld an Flugzeugabsturz in Kuba - linke Tragfläche der Antonow abgerissen

Havanna 17.03.2002 - Das Flugzeugunglück in Kuba, bei dem am Donnerstag alle Insassen, darunter zwei Deutsche aus Sachsen, ums Leben kamen, wurde möglicherweise von einem Wetterphänomen verursacht. Eine sehr starke Windböe habe Zeugenaussagen zufolge die linke Tragfläche der Maschine vom sowjetischen Typ Antonow AN-2 abgerissen, sagte der Vorsitzende des Institutes für Zivilluftfahrt (IACC), Rogelio Acevedo, bei einer Pressekonferenz am Samstag (Ortszeit).

Das Flugzeug der Gesellschaft Servicios Aéreos de Cuba war auf dem Weg von Cienfuegos (rund 275 Kilometer südöstlich von Havanna) nach Jardines del Rey, einer Insel vor der Nordküste der Provinz Ciego de Avila. Außer den beiden Deutschen kamen auch sechs kanadische Touristen, vier Briten sowie die drei kubanischen Besatzungsmitglieder und ein kubanischer Reiseführer ums Leben. «Acht Zeugen des Unglücks haben angegeben, daß im Augenblick des Flugzeugabsturzes am Himmel ein als "Wolkenschwanz" bekanntes Wetterphänomen beobachtet wurde, das aus Winden von bis zu 300 Stundenkilometern besteht», sagte Acevedo. Diese starken Winde hätten die linke Tragfläche des Flugzeugs abgerissen. «Wir haben 21 Zeugen befragt, und acht stimmten darin überein, zum Unglückszeitpunkt einen "Wolkenschwanz" beobachtet zu haben», fügte Acevedo hinzu. Die Angaben des Auswärtigen Amtes in Berlin zufolge handelte es sich bei den beiden verunglückten Sachsen um einen 39 Jahre alten Mann und eine 30-jährige Frau. Unfälle mit aus Sowjetzeiten stammenden veralteten Flugzeugen ereignen sich in Kuba relativ häufig. Meist sind mechanische Defekte die Unfallursache.

Horrorflug durch Orkan über Deutschland

Durch einen heftigen Orkan geriet der Pilot mit seiner zweimotorige SAAB 2000 der schweizer Fluggesellschaft SWISS am 11.7.2002 auf dem Flug von Basel nach Hamburg in eine äußerst gefährliche Situation. Dem Piloten war bekannt, daß er in ein Schlechtwettergebiet gerät, daher tankte er auch mehr Sprit, als nötig. Einer der Passagiere berichtete über den Schreckensflug: "Als wir in Basel starteten, hatten wir noch gutes Wetter, jedoch änderte sich das nach einer Stunde". Der Pilot meldete: "Achtung der Landeanflug wird unruhig, bitte schnallen sie sich an". Der Passagier sah durch das Fenster den herannahenden Sturm, pechschwarze Wolken und Blitze, dabei fing die Maschine an zu rütteln und zu schütteln. Der Pilot versuchte zweimal in Hamburg zu landen, mußte den Landeabflug aber abbrechen. Danach die Durchsage, es wäre zu gefährlich, wir müssen in Hannover landen und haben noch Sprit für eine dreiviertel Stunde. Dann wurde es wieder unruhig und den Passagieren war mulmig zumute. Nächste Durchsage: "Hannover keine Landung möglich, sogar Berlin Tegel ist dicht, wir versuchen es jetzt an einen kleinen Flughafen". Die Maschine wurde durch die fürchterlichen Wetterverhältnisse hin und her gerissen. Sekundenlang befand sich die Maschine im freien Fall und kippte um 45 Grad. Was haben in diesem Moment wohl die Passagiere gedacht? Dem Piloten gelang dann eine Notlandung auf dem ehemaligen Militärflughafen Werneuchen (Brandenburg), mit abgerissenem Fahrwerk. Die Passagiere waren verzweifelt und atmeten auf als sich die Tür vom Notausgang öffnete. Der Pilot, Nicholas Chambers (33 J.), sagte dazu: „Ich war verzweifelt, nachdem auch Tegel uns keine Landeerlaubnis geben wollte. Ich schrie den Fluglosen an: „Gebt mir irgendeine Bahn, ich habe nur noch für vier Minuten Sprit". Der Pilot wurde von einem Flughafen zum nächsten geschickt, erst Hamburg, es folgten Bremen – Hannover – Berlin – Finow – und dann Werneuchen. Es gab keine andere Möglichkeit, mit dem letzten Tropfen mußte die Maschine landen. Quelle: Bild Zeitung 12.07.02 u. 16.07.02

Lichtbälle und Plasmen - Boten einer feinstofflichen Welt

Der Forscher Wolfgang Schöppe verfaßte diesen Bericht über seine Untersuchungsergebnisse, die sich mit den Aussagen anderer Forscher zu decken scheinen:

Für uns Menschen ist unbegreiflich, daß in unserer sichtbaren materiellen Welt unsichtbare feinstoffliche Materie in Form von Kugeln oder Wolkengebilden umherfliegt. In den letzten Jahren bekommen UFO- und Kornkreisforscher, Naturforscher, Astronomen und Esoteriker immer mehr Fotos und Berichte von eigentlich unsichtbaren Dingen, die aber dennoch sichtbar geworden sind. Fast jede Nacht bin ich einige Stunden im Freien und beobachte den Luft- und Erdraum. Beinahe alle sichtbaren unbekannten Flugobjekte waren blaue, weiße oder orange Kugeln, die möglicherweise alle aus feinstofflicher, elektrisch aufgeladener Materie bestehen. Handelt es sich um Plasma?

Das „ ELMSFEUER", das man bei Gewitter oft an Schiffen oder Flugzeugen beobachten kann, ist ebenfalls eine Plasmaform. UFOs sind grundsätzlich schwer zu erforschen, aber dem Ufologen Trever James Constable ist es trotzdem gelungen, einige Experimente vorzunehmen, mit denen er beweisen will, daß UFOs ein natürliches Phänomen einer sehr unerwarteten Art sind. Er benutzte Infrarot-Fotografie, mit der er anscheinend Lebensformen in der Erdatmosphäre entdeckte, die für das menschliche Auge normalerweise unsichtbar sind. In seinem Buch „The Cosmic Pulse of Life" schrieb er 1962, daß diese Wesen amöbenartige Lebensformen sind, die in einem Plasmazustand existieren. Das bedeutet, daß sie gasähnlich, aber elektrisch stark leitfähig sind, und das erklärt einige der bizarren elektromagnetischen und sogar psychischen Effekte, die von Zeugen beschrieben werden.

Constable behauptet, daß diese Wesen als eine lebende Hitze-Substanz an der oberen Grenze der physikalischen Natur leben. Sie bestehen aus Kalzium und Flüssigkeiten, die sich in ihrer Plasmaform befinden. Diese in der Luft lebende Fauna entspricht einzelligen Lebewesen.

Bei meiner Naturphänomenforschung benutzte ich meist ein Blitzlichtgerät, zwei auf ein Stativ montierte Spiegelreflexkameras und bei Luftaufnahmen ein ferngesteuertes Modellflugzeug. Auf einer schmalen asphaltierten Straße machte ich am 14. Mai 1994 gegen 22 Uhr zwei Langzeit- und Blitzlichtfotos. Auf einem dieser Fotos waren zwei seltsame Kugeln zu sehen, die unterschiedlich groß waren. Die eine Kugel hatte eine gelbliche Farbe, die andere war grün. Mir war sofort klar, daß das keine Spiegelung, Wassertropfen oder Mücken sein können. Seitdem hat bei mir das unsichtbare Plasma oder eine solche Materie höchstes Interesse geweckt. Tausende Blitzfotos habe ich bei Dunkelheit, trockenem und warmem Wetter gemacht. Vor einigen Jahren fing ich an, mit zwei gleichen Kameras und Objektiven im Stereoverfahren die unsichtbaren Lichtkugeln zu fotografieren. Infrarotfilme sind teuer und es sind kaum Farben darauf zu erkennen. Das Blitzlicht hingegen strahlt infrarote Lichtpartikel aus, die Kugeln oder Wolkengebilde sichtbar machen und alle Farben zeigen - meistens verwende ich normale 100 ASA- Colorfilme. So gelingt es manchmal, mit einer Langzeitbelichtung unsichtbare feinstoffliche Materie aufs Foto zu bannen.

John Fullers Buch „Incident at Exeter" gab den großen Anstoß zu einem besonderen Erklärungsversuch. Ein Leser dieses Buches war Philip J. Klass, ein Elektroingenieur und leitender Redakteur der Fachzeitschrift „Aviation Week & Space Technology". Er wollte auf einem Symposium in den USA 1966 die UFOs endgültig als Phantome entlarven. Klass fiel auf, daß die Exeter-Beobachtungen mehrere Grundelemente gemeinsam hatten. Die Kugelform, den unregelmäßigen Flug, das grelle Leuchten und das summende oder zischende Geräusch. Klass kannte eine Naturerscheinung, die ebenfalls alle diese Merkmale aufwies: den Kugelblitz. Diese wenig bekannte Art des Blitzes hat im allgemeinen eine ovale Form und eine leuchtend rote Farbe, macht oft ein zischendes Geräusch und bewegt sich ganz unberechenbar. Kugelblitze hängen mal bewegungslos in der Luft, mal schießen sie mit hoher Geschwindigkeit und abrupten Richtungswechsel hin und her.

Natürlich fiel es Klass nicht leicht, die UFO- Beobachtungen von Exeter alle als Kugelblitze zu erklären. Die von Fuller beobachteten Objekte waren größer und blieben länger sichtbar als alle bekannten Kugelblitze. Der Haupteinwand war natürlich, daß Kugelblitze nur in Gewittern vorkommen. Das Wetter in Exeter war in der im Buch beschriebenen Nacht jedoch ruhig. Besitzen die Plasmakugeln eine Intelligenz? Man kommt immer wieder auf die eine, entscheidende Frage zurück: Wie intelligent sind UFO-Erscheinungen wirklich? Da ich in erster Linie als Hobbyfotograf auf den Gebieten der Natur-, UFO-, und Plasmaforschung tätig bin, zeigen mir meine Fotos eindeutig, daß einige sich intelligent verhalten.

Der Kugelblitz ist eine Erscheinungsform eines sogenannten Plasmas, ein durch eine starke elektrische Ladung ionisiertes Gas (in diesem Fall Luft). Plasmen, die sich anders verhalten als gewöhnliche Gase, gelten als vierter Aggregatzustand der Materie, ihr Studium hat sich zu einem eigenen Zweig der Physik entwickkelt. Plasmen werden unter anderem für den Ersatz bei der Steuerung thermonuklearer Reaktionen und als potentieller Treibstoff für interstellare Raumfahrzeuge erforscht. Das Elmsfeuer, das man bei Gewittern oft an Schiffen oder Flugzeugen beobachten kann, ist ebenfalls eine Plasmaform. Klass dehnte seine Untersuchungen auf 746 andere dokumentierte Beobachtungen aus. In fast allen Fällen stellte er fest, daß angebliche UFOs die typischen Eigenschaften von Plasma aufgewiesen hatten. Farbe, Form, unregelmäßige Bewegungen und Zischen. Die starke elektrische Ladung eines Plasmas konnte auch als Erklärung für die häufigen Berichte von Störungen bei Radios, Beleuchtungsgeräten und elektrischen Anlagen von Autos in der Nähe von UFOs dienen. Klass mußte feststellen, daß er mit seiner Hypothese die Meinung der UFO-Gläubigen nicht ändern konnte. News Week bezeichnet seine Hypothese als eine der überzeugendsten überhaupt.

Ausgabe: WZ am 8.5.2000

Die WZ berichtete unabhängig von einer UFO-Sichtung am gleichen Tag darüber. Danach hatte der Blitz die Personen zum Teil durch die Luft gewirbelt, und die betroffenen Personen mußten mit Verbrennungen, Prellungen und Kreislaufstörungen ins Krankenhaus. Der Blitz schlug auch in verschiedenen Gebäuden und bei der Feuerwehr ein. Es waren einige Rettungswagen im Einsatz. Nur eine Theorie: Vielleicht war auch dieses Gewitter Ursache dafür, daß sich, wie von den Physikern angenommenen, ein Plasma bzw. Vakuum gebildet hat und als ein UFO angesehen wurde.

Großeinsatz von Militär, Polizei und Flugsicherung

Im Gebiet von Hard bei Mönchengladbach wurde am 07.05.2000 um ca. 22 Uhr ein Objekt mit roten und weißen Lichtern von der Polizei und Gladbacher Flugsicherung identifiziert, daraufhin kam es zu einem Großalarm, an dem sich auch das Britische Militär beteiligte, sowie 50 Polizeibeamte, Feuerwehrleute und eine 22-köpfige Hundestaffel. Die Aktion wurde morgens um 8 Uhr ergebnislos abgebrochen. Es gelang den Suchtrupps nicht, sich den phänomenalen Lichtern zu nähern. Das Gebiet wurde abgeriegelt, alle Passanten, die in das Gebiet wollten, wurden kontrolliert (PKW- Kennz., Durchsuchung der PKW). Zuletzt wurde ein Polizeihubschrauber eingesetzt, doch dann verschwand das Licht-Objekt plötzlich. Die Beamten waren ratlos, auch die Royal Airforce hatte keine Erklärung hierfür. Herr Karl. W aus Hard meldet seine Sichtung als erster Augenzeuge der Polizei, daraufhin überzeugte sich die Polizei davon und zog einen Beamten der Flugsicherung Gladbach hinzu. Es folgte dann der Einsatz. 84 Beamte und Militärpolizei, sowie Royal Airforce waren beim Einsatz dabei. Für die Presse ist es natürlich gleich ein UFO. Das gibt mir zu denken: Das sogenannte UFO - Phänomen, die unerreichbaren Lichter, und die ergebnislose Suche nach einem Objekt scheinen im ersten Augenblick nicht im Zusammenhang mit weiteren Geschehnissen am 7. Mai 2000 zu stehen. Doch gab es am gleichen Tag ein gewaltiges Gewitter, wobei 12 Personen am Nachmittag gegen 16 Uhr in Mönchengladbach verletzt wurden.

Teil 2: Verschwörungen – Sabotage – Flugzeugabstürze

Flugzeugunfälle durch Fremdeinwirkung

Gänse gefährden den Flugverkehr

Die britische Flugsicherheit schlägt Alarm: Wilde Gänse werden zum Risikofaktor im Luftraum über der Insel. Wohlbeleibte Gänse bedrohen die Flugsicherheit in Großbritannien. Wie eine Studie des British Trust for Ornithology (BTO) ergab, hat sich die Zahl der wilden Kanada- und Graugänse auf der Insel in den letzten zehn Jahren mehr als verdoppelt. Für die britische Flugsicherheitsbehörde Civil Aviation Authority (CAA) ein alarmierender Befund. Formation fliegender Gänse könnten startende und landende Flugzeuge zum Absturz bringen, so die Befürchtung der CAA. Sie will sich für verbesserte Flugzeugtriebwerke einsetzen, die auch eine Kollision mit größeren Vögeln unbeschädigt überstehen.

Wie das Wissenschaftsmagazin «New Scientist» berichtet, kam es seit 1996 zu mehreren gefährlichen Zwischenfällen mit Vögeln. Im September 1998 war eine Boeing 767 im Anflug auf den Flughafen Heathrow mit rund 30 Gänsen in der Luft zusammengestoßen. Der rechte Flügel, der Bug und das linke Triebwerk des Flugzeugs wurden dabei beschädigt. Doch die meisten so genannten Vogelschläge gehen erst gar nicht in die Statistik ein: > Wir gehen davon aus, daß eine britischen Fluggesellschaft im Monat mehr Vogelschläge erlebt, als sie im ganzen Jahr an uns meldet <, sagt Stan Brown von der CAA. > Gefahr für die Triebwerke <.

Welche Wirkung Vögelschläge auf ein Flugzeug haben, hängt vom Gewicht des Vogels, dem Aufprallwinkel und der Geschwindigkeit des Flugzeugs ab.

Je nach Größe des Flugzeugs halten Triebwerke einem Zusammenstoß mit Vögeln zwischen 3,6 und 8 Kilogramm Körpergewicht stand. Kanadagänse, die in Formationen von bis zu 100 Tieren fliegen, können bis zu 4,5 Kilogramm auf die Waage bringen. Im deutschen Luftraum wurden im vergangenen Jahr nach Angaben des Münchner Flughafens insgesamt 738 Fälle von Vogelschlag registriert. Die bei den Zusammenstößen entstandenen Schäden erreichten zum Teil beträchtliche Höhen.

Auch das deutsche „Flieger Magazin" berichtet in der August 2002 Ausgabe, über die gefiederten Kollegen und bestätigen, daß Vogelschwärme (Birdstrikes) für jeden Piloten ein großes Problem darstellen. Einige Beispiele aus der Vergangenheit, die Flugzeugabstürze verursacht haben:
1960 geriet eine EASTERN AIRLINE in einen Schwarm von Staren und stürzte in den Hafen von Boston, dabei verloren 62 Menschen ihr Leben. Am Flughafen Philadelphia geriet im August 2000 eine BOEING 747 beim Start, kurz vor dem Abheben, in einen Schwarm von 30 kanadischen Gänsen.

Einige der Gänse wurden von dem Triebwerk angesaugt, was zur Folge hatte, daß der Start abgebrochen wurde, da der betroffene Motor zerstört war. Im gleichen Jahr traf es auch einen AIRBUS 300 über DAYTON / OHIO. Diesmal war es nur eine Gans, die in das rechte Triebwerk geriet und die Turbine zerlegte. Es wurde sofort eine Notlandung vorgenommen. Einer Boeing 767, die sich auf dem Flug von Paris nach New York befand, stieß auf einen Schwarm Enten, die elf granatsplittergroße Löcher in dem Rumpf rissen. Eine Ente verirrte sich dabei ins Cockpit. Folge waren Druckverlust im Flugzeug, so daß die Piloten mit Sauerstoffmasken in Paris landen mußten. Das Magazin berichtete darüber, daß von der US Luftwaffe und der amerikanischen Zivilluftfahrtbehörde im Jahre 2000 über 8900 Vogelschläge bekannt wurden.

Welche unheimlichen und mysteriöse Phänomene beeinflussen die Luftfahrt?

Jetzt sind wir bei dem wohl dunkelsten Kapitel im Zusammenhang mit der Sicherheit im Flugverkehr angelangt. Nur wenige wollen darüber schreiben und nicht jeder will es glauben, doch habe ich mich entschlossen auch darüber zu berichten, was gerne unter den Teppich gekehrt wird. Es handelt sich um die Möglichkeit durch elektromagnetische Einwirkungen Flugzeuge abstürzen zu lassen oder durch militärische Experimente mit Strahlenwaffen versehentlich zu beeinflussen. Damit im Zusammenhang stehen offenbar Verschwörungen sowie Vertuschungen durch die Geheimdienste. Die Untersuchungsergebnisse verschiedener Flugzeugabstürze wurden von bekannten Wissenschaftlern untersucht, dabei wurden physikalische Einwirkungen als ursächlich für die Katastrophen erkennbar.
Am 13.08.1991 erteilt das US Patentamt dem Erfinder Bernhard J. Eastlund das Patent mit der Nr. 5038664 mit dem Titel:
„Verfahren zum Erzeugen einer Hülle mit relativistischen Teilchen in gewisser Höhe über der Erdoberfläche."

Diese Erfindung dient der Entwicklung einer Teilchenstrahlenwaffe zur Vernichtung von Flugkörpern. Das Neue an dieser Strahlenwaffe ist, daß nicht mehr gezielt werden muß. Es wird ein Feld dieser Teilchen erzeugt und bei jedem Objekt das in dieses Feld hineingerät, fällt sofort jegliche Elektronik aus. Das erzeugte Feld kann als Flugabwehrschild verwendet werden. Die hochenergetischen, relativistischen Teilchen treffen auf das hereinkommende Objekt, das infolge der Stoßenergie beschädigt und zerstört wird.

Eine der schrecklichsten Waffen der Welt: "Das HAARP System"

H   A   A   R   P (-SYSTEM)
High-frequency Active Auroral Research Program

Experiment durch Geheimdienst und Militär – eine Gefahr auch im Flugverkehr?
Wenn die Bordelektronik versagt! Gehört das zum Thema ungeklärter Flugzeugabstürze?
Viele Wissenschaftler sagen "JA". Piloten sind schon seit längerer Zeit aufgefordert, die in Alaska befindliche HAARP Anlage weiträumig zu umfliegen. Schon die heutigen Ausbaustufen von HAARP stehen im Verdacht, Flugzeuge in Schwierigkeiten zu bringen. Ein Warnradar veranlaßt angeblich eine Sicherheitsabschaltung der Sender, sofern sich ein Flugzeug der Anlage nähert, denn die elektromagnetische Härtung der Flugzeugelektronik reicht nicht aus, um der Strahlung von HAARP zu widerstehen. Es gibt hierzu Berichte über Anomalien und Fehlfunktionen von Autopilotensystemen. Dabei befanden sich die Flugzeuge in etwa 400 Meilen Entfernung, außerhalb des Radarbereichs. Vielleicht ist in der Zwischenzeit die Anlage bereits auf voller Leistung. Bereits ein Gigawatt reicht aus, um ein Loch in die Ionosphäre zu brennen, doch am Ende soll die Leistung der Anlage auf 100 Gigawatt gesteigert werden; das sind 100 Milliarden Watt (!).Nach dieser Einleitung zum HAARP System, folgt ein Bericht im Zusammenhang über verschiedene Flugzeugabstürze an der Ostküste, die von verschiedenen Physikern untersucht wurden und möglicherweise im Zusammenhang des HAARP stehen.
Lesen Sie die erschreckenden Informationen über militärische Machenschaften der USA, die derart bedeutsam und wichtig sind, daß jede Möglichkeit genutzt werden muß, diese publik zu machen. Die Glaubwürdigkeit dieses Berichtes kann kaum angezweifelt werden. Das Haarp-Projekt scheint außerdem mit den amerikanischen Plänen für eine Raketenabwehr in Zusammenhang zu

stehen, da aus dem US-Außenministerium von einem Stützpunkt in Alaska gesprochen wurde. Welche Art Abwehr eigentlich gemeint ist, wird dem Leser klar werden.

Die HAARP-Installation befindet sich auf einem extra errichteten Militärstützpunkt in der Wildnis Alaskas, nordöstlich von Anchorage in der Nähe der Ortschaft Gakona. Der Standpunkt ist aus zwei Punkten günstig, zum einen durch die Polnähe (die Magnetfeldlinien der Erde verlaufen in dieser Gegend besonders dicht und führen zu einer erhöhten Konzentration elektrisch geladener Teilchen in der Ionosphäre) zum anderen durch die massiven Vorkommen von Erdgas, das als Nebenprodukt der Erdölförderung anfällt und zum Betrieb der HAARP-Generatoren verwendet wird.

Die technische Anlage besteht im wesentlichen aus mehreren Funktionsgruppen, von denen die sog. IRI-Einheit (Ionospheric Research Instrument -Instrument zur Erforschung der Ionosphäre) am meisten interessieren dürfte. Das HAARP-IRI, im Fachjargon Heizer (Heater) genannt, ist der leistungsstärkste Hochfrequenzsender, der je von Menschenhand gebaut wurde,

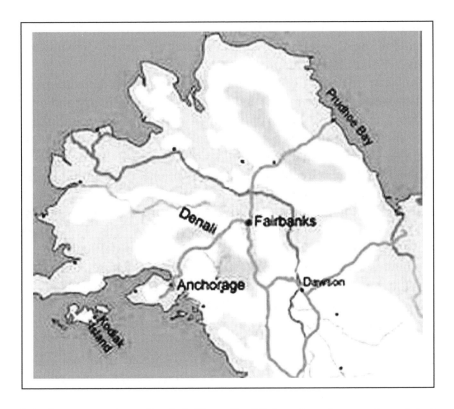

Die "pax americana" wird über die Welt gebracht werden, dabei ist jedes Mittel recht! Nach dem Studium des nachfolgenden Artikels dürften jedem, der auch nur halbwegs etwas von der Gefahr elektromagnetischer Felder und deren Auswirkungen auf biologische Systeme versteht, die Haare zu Berge stehen. Einzelheiten und Hintergründe eines Wahnsinns-Projekts, das bereits seit Jahren unter strengster Geheimhaltung in Alaska von den US-Militärs entwickelt wird.

Das sogenannte HAARP-Projekt heizt mit gigantischen Energieschleudern (bis zu 100 Milliarden Watt) die Ionosphäre auf, und kann mit den berüchtigten ELF-Wellen, die Erdoberfläche und das menschliche Bewußtsein zu beeinflussen. HAARP sendet auf den gleichen Frequenzen, die auch das menschliche Gehirn verwendet, und kann für spezifische Anwendungen auf gesamte Völkerschaften abgestimmt werden. Es ist auch denkbar, daß die Tech-

95

nologie dazu verwendet werden könnte, Worte, Geräusche (Stimmen, Pfeifen, Brummen...) und Bilder direkt in das Bewußtsein ganzer Völker hinein zu projizieren.

Damit kann, Krebsinformationen oder andere Krankheitsinformationen weltweit übertragen, und zwar punktgenau, man kann eine ganze Stadt in den Wahnsinn treiben, das Wetter beeinflussen, Erdbeben auslösen usw. Es gibt eigentlich nichts, was man damit nicht machen könnte. Bemühungen der US-Politiker, dieses Wahnsinns-Projekt rechtzeitig zu stoppen, ehe 1998 ein Großversuch läuft, waren bisher vergeblich.

Seit Jeane Manning und Dr. Nick Begich in ihrem 1995 in den USA erschienenen Buch „Angels don't play this HAARP - Advances in Tesla Technology" das Thema HAARP erstmals in das Interesse einer kritischen Öffentlichkeit rückten, reißt die Diskussion um das umstrittene Projekt nicht ab. Im Gegensatz zu manchen Verschwörungstheoretikern, die sich ebenfalls der Thematik angenommen haben, bemühen sich die Autoren um Belege für ihre Schlußfolgerungen. Eine deutsche Fassung erschien 1996 bei Zweitausendeins unter dem Titel "Löcher im Himmel - Der geheime Ökokrieg mit dem Ionosphärenheizer HAARP" und ist mittlerweile vergriffen.

Ein Beispiel für die Art des Schadens, die HAARP anrichten kann, stammt von einem völlig anderen Projekt, einer Radareinrichtung der Air Force, die 1979 in Betrieb genommen wurde. Von einem Standort in Cape Cod sandte der "Pave Paws"-Sender nur 1 Tausendstel der elektromagnetischen Energie von HAARP aus, aber seine Auswirkungen waren immer noch tödlich. Innerhalb von zwei Jahren entwickelten Frauen, die in den umliegenden Städten wohnten, Leukämie mit einer Häufigkeit, die um 23% höher lag als der Staatsdurchschnitt, und verschiedene Arten von Krebs mit einer um 69% höheren Häufigkeit als andere Frauen in Massachussetts.

Hier ist die Gruselstory, die den fürchterlichen Nachteil hat, Realität zu sein!! Die HAARP- Anlage ist das modernste, leistungsfähigste und flexibelste elektromagnetische Waffensystem, das je auf diesem Planeten gebaut wurde. Die Betreiber der Anlage, das

US-Militär (Air Force und Navy - weitere Beteiligte sind u.a. eine Reihe ziviler Konstruktions- und Versorgungsfirmen und das geophysikalische Institut der Uni Fairbanks/Alaska, dessen Supercomputer zu 30 % vom Verteidigungsministerium genutzt wird) unterhalten seit einiger Zeit ein umfangreiches Tarnmanöver, um die mittlerweile alarmierte Öffentlichkeit von den wahren Absichten abzulenken. Im Rahmen einer aufwendigen, eigens inszenierten Public-Relations-Kampagne, Pressekonferenzen und regelmäßigen schöngefärbten Berichten über den Stand der Dinge wird HAARP als reines Forschungsprojekt dargestellt. Natürlich dient die Anlage auch Forschungszwecken; in welche Richtung diese Forschung betrieben wird, welchen wahnsinnigen Zielen sie dient, steht nach Studium des gesamten, teilweise versehentlich durchgesickerten Materials völlig außer Frage. Eastlunds Geistesprodukt ist in Wirklichkeit ein verstärkendes Sendegerät von Nikola Tesla, und zwei Bezugsquellen im Patent selbst handeln von der Tesla-Technologie. Die offensichtlich erste Verwendung der Technologie von Patent 4,686,605 war HAARP, das "Highfrequency Active Auroral Research Program", durchgeführt vom Verteidigungsministerium, dem Phillips Laboratory der Air Force und dem Amt für Marineforschung. Obwohl das Militär es verneint hat, daß dieses Patent mit HAARP in Verbindung steht.

Am 11.8.1987 wurde die U. S.-Patentnummer 4,686,605 an einen Dr. Bernard J. Eastlund vergeben.

Das Patent sagt aus, daß die Technologie folgendes könne: "Verursachung von totaler Zerstörung von Fernmeldesystemen in einem Großteil der Erde. Nicht nur die Zerstörung landgestützter Fernmeldesysteme, sondern auch Fernmeldesysteme im Luftraum und auf See (sowohl überirdisch als auch unterirdisch)

United States Patent [19]

Eastlund

[11] Patent Number: 4,686,605

[45] Date of Patent: Aug. 11, 1987

[54] METHOD AND APPARATUS FOR ALTERING A REGION IN THE EARTH'S ATMOSPHERE, IONOSPHERE, AND/OR MAGNETOSPHERE

[75] Inventor: Bernard J. Eastlund, Spring, Tex.

[73] Assignee: APTI, Inc., Los Angeles, Calif.

[21] Appl. No.: 690,333

[22] Filed: Jan. 10, 1985

[51] Int. Cl.⁴ ...

[52] U.S. Cl. ...

[58] Field of Se

[56]

Liberty Magazin
New York Time
rence.

New York Times (12/8/15) p. 8 Col. 3.

Primary Examiner—Salvatore Cangialosi
Attorney, Agent, or Firm—Roderick W. MacDonald

[57] ABSTRACT

A method and apparatus for altering at least one selected region which normally exists above the earth's surface. The region is excited by electron cyclotron resonance heating to thereby increase its charged particle ... ment, circularly polarized ... nsmitted upward in a devi... and along a field line num... on of plasma to be alfuln...d at a frequency which I ...nce to heat and accel... 1... increase in energy can exist...ticles which are then radi... thereby increasing the neti... egion.

elec... and ...ng Figures

perconducting magnets to weigh roughly 42,000 pounds and can be readily air lifted.

This invention has a phenomenal variety of possible ramifications and potential future developments. As alluded to earlier, missile or aircraft destruction, deflection, or confusion could result, particularly when relativistic particles are employed. Also, large regions of the atmosphere could be lifted to an unexpectedly high altitude so that ... unexpected and un-... d drag forces with resultant destruction or deflection of same. Weather modification is possible by, for example, altering upper atmosphere wind patterns or altering solar absorption patterns by constructing ... or more plumes of atmospheric particles which will ...er, non-focusing device. Also as ... can take place so that positive environmental effects can be achieved. Besides actually changing the molecular composition of an atmospheric region, a particular molecule or molecules can be chosen for increased presence. For example, ozone, nitrogen, etc. concentrations in the atmosphere could be artificially increased. Similarly, environmental enhancement could be achieved by causing the breakup of various chemical entities such as carbon dioxide, carbon monoxide, nitrous oxides, and the like. Transportation of entities can also be realized when advantage is taken of the drag effects caused by

Ausschnitt aus dem US-Patent Nr. 4,686,605 für Bernard Eastlund vom 11. August 1987, in dem ausdrücklich auf die Möglichkeit technisch gestützter Wettermanipulation eingegangen wird. (Quelle: IBM US Patent Server Database)

Dadurch wird der entsprechende Bereich der Ionosphäre aufgeheizt und reagiert mit der Abstrahlung von Schumann-Wellen. Das Prinzip wurde bereits Anfang unseres Jahrhunderts, mehr als fünfzig Jahre vor Schumann, von Nikola Tesla entdeckt, der in Colorado Springs Experimente mit drahtloser Energieübertragung machte. Der Sinn und Zweck solcher Wahnsinnstechnologien liegt im militärischen Bereich. Da Schumann-Wellen im Gegen-

satz zu herkömmlichen Funkwellen nahezu verlustfrei in den Erd-
boden und in große Meerestiefen eindringen können, eignen sie
sich hervorragend zur Lokalisierung unterirdischer oder unterseei-
scher Objekte sowie zur Kommunikation mit U-Booten.

Veränderte Hirnströme infolge von Gewittern

Die bei Blitzentladungen entstehenden elektromagnetischen Pulse führen zu meßbaren Veränderungen der Hirnaktivität. Zu diesem Ergebnis sind die Psychologen Anne Schienle und Rudolf Stark von der Universität Gießen gekommen. In einer Simulationskammer, die sie gemeinsam mit Physikern der Universität München aufgebaut hatten, ließen die Forscher sogenannte Sferics auf Versuchspersonen einwirken. Bei den Sferics handelt es sich um elektromagnetische Pulse, die in der Natur bei jedem Blitz entstehen. Sie sind oft noch in einer Entfernung von tausend Kilometern nachzuweisen und können somit das Eintreffen einer Kalt- oder Warm-luftfront schon Tage vorher ankündigen. Während die elektrische Komponente von Gebäuden abgeschirmt wird, dringt der magnetische Anteil in Häuser ein. Die Wissenschaftler haben solche magnetischen Pulse siebenmal bis zwanzigmal pro Sekunde auf insgesamt rund 200 Versuchspersonen einwirken lassen. Ein Einfluß auf Blutdruck, Atmung und Herztätigkeit war nicht festzustellen. Das Elektroenzephalogramm indes zeigte nach etwa zehn Minuten Veränderungen in den Alpha- und Beta-Bändern. Der Einfluß war nach dem Ende des künstlichen Gewitters noch etwa eine Viertelstunde lang nachzuweisen. Interessanterweise scheint er bei Menschen, die sich als wetterfühlig einschätzen, besonders lange anzuhalten. Allerdings konnten die Versuchspersonen selbst die Veränderungen nicht bemerken. F.A.Z.

Frankfurter Allgemeine am 29. 4. 1998

Damit ist es bewiesen: Schumann-Wellen, wie sie auf natürliche
Weise bei Gewittern entstehen, beeinflussen das menschliche Gehirn. Dies fanden Wissenschaftler der Universitäten von München
und Gießen heraus, wie die Frankfurter Allgemeine am 29. 4.
1998 berichtete.

Am 13.08.1991 erteilt das US Patentamt dem Erfinder Bernhard J. Eastlund das Patent mit der Nr. 5038664 mit dem Titel:

"Verfahren zum Erzeugen einer Hülle mit relativistischen Teilchen in gewisser Höhe über der Erdoberfläche."

Diese Erfindung dient der Entwicklung einer Teilchenstrahlenwaffe zur Vernichtung von Flugkörpern. Das Neue an dieser Strahlenwaffe ist, daß nicht mehr gezielt werden muß. Es wird ein Feld dieser Teilchen erzeugt und bei jedem Objekt, das in dieses Feld hineingerät, fällt sofort jegliche Elektronik aus. Das erzeugte Feld kann als Flugabwehrschild verwendet werden. Die hochenergetischen, relativistischen Teilchen treffen auf das hereinkommende Objekt, das infolge der Stoßenergie beschädigt und zerstört wird.

Patentinhaber ist die Firma: Atlantic Richfield Oil Company (ARCO) Power Technologies inc./148 US Patentamt - US Patent Nr. 4954709 149 US Patentamt - US Patent Nr. 4999637

Absturz von Flugzeugen durch Strahlen die Technologie des HAARP – Projektes

Eines seiner Aufgaben ist es gerade die Elektronik bei Flugzeugen zu stören und zum Ausfallen zu bringen. Der Begriff Heizer bezieht sich auf die Eigenschaft der Anlage, die Ionosphäre über die abgestrahlte Leistung elektrisch aufzuladen. Derart angeregt zeigen sich unter gewissen Umständen künstliche, glühend erscheinende Nordlichter - Auroren. (Die stärkste Aufheizung erfolgt in der sogenannten F-Schicht der Ionosphäre, in ca. 200 km Höhe). Die spezifische, teilweise Absorption der abgestrahlten Leistung durch die elektrisch geladenen Teilchen der Ionosphäre bewirkt, daß ein gewisser Teil der gesendeten Strahlung als Wellen niedrigerer Frequenz (ELF!) auf die Erde zurückreflektiert wird. Die Wirkung solcher elektromagnetischen ELF-Felder auf lebende Systeme war in den letzten dreißig Jahren Gegenstand einer Unzahl wissenschaftlicher Untersuchungen, die nicht selten von Militärs angestrengt oder gesponsert wurden. Besonders Publikationen der wissenschaftskritischen Presse sorgen zusehends für Aufsehen. Über die geplante Ausgangsleistung des modular erweiterbaren Heizers existieren unterschiedliche Informationen, die darin übereinstimmen, daß des sich um einen unvorstellbaren Wert zwischen 10 und 100 Megawatt handelt. (Die auffallende Diskrepanz zwischen Ausgangsleistung der Generatoren/Heizer und der sich in der Ionosphäre entfaltenden Gesamtleistung wird weiter unten beleuchtet). Das sog. Heizerprinzip ist, im Sinne von Forschungseinrichtungen, technisch nichts Neues. Ähnliche Installationen arbeiten seit einigen Jahren in Arecibo/Puerto Rico, an verschiedenen Stellen in der ehemaligen Sowjetunion (OTH-Radaranlagen) und im norwegischen Tromso (betrieben vom Max-Planck-Institut). Die HAARP-Anlage unterscheidet sich indes neben der oben genannten Sendeleistung im folgenden Detail von den bekannten Installationen: An Stelle einer einzigen Gesamtsendeantenne entwickelte man für das HAARP- Projekt eine Sendeanlage, bei der eine große Anzahl von Einzelantennen, sogenannten Kreuzdipolen, über eine weite Fläche verteilt wurde. Diese Konstruktion ermöglicht den kostengünstigen Ausbau der Sendeleistung durch lineares Anreihen einer beliebigen Anzahl weiterer Einzelantennen bei vorhandener Fläche. Die Ansteuerung des Antennenkomplexes erfolgt dabei phasenverschoben. Die sequentielle Ansteuerung eines solchen Areals erlaubt die Fokussierung der emittierten Strahlung auf eine nahezu beliebig kleine Fläche in der Ionosphäre. Wird der Strahl über mehrere Minuten aufrecht erhalten, so entsteht ein Riß in dieser dünnen elektrischen Membran- der Schicht, die uns vor der starken Sonneneinstrahlung und dem kontinuierlichen Beschuss mit kosmischen Teilchen schützen.

Bisher erprobte Anwendungen:

EMP-sichere Kommunikation mit eigenen sowie Ortung feindlicher, getauchter U-Boote über ELF-Wellen (extrem niederfrequente Strahlung). Nur ELF-Wellen sind aufgrund ihrer niedrigen Frequenz in der Lage, die nötigen, relativ weiten Entfernungen zu überbrücken. Solche ELF-Kommunikationssysteme sind nahezu vollständig resistent gegen EMP (Elektromagnetische Impulse), die primär als Nebeneffekte von Kernwaffenexplosionen auftreten. Die hohen Energiedichten solcher elektromagnetischen Schockwellen bewirken neben weitreichender Störung drahtloser, hochfrequenter Telekommunikation die Zerstörung elektronischer Bauteile.
Ein EMP kann auch durch die Kopplung hochenergetischer Skalarwellen erzeugt werden, die bei entsprechender Abstimmung in einem Puls vektorieller, elektromagnetischer Energie resultieren. Die HAARP-Technologie erlaubt neben der grundsätzlichen Synthese, die Feinabstimmung eines EMP - von Beeinflussung bis Zerstörung technischer Systeme und lebender Organismen. Durchstrahlung größerer Gebiete der oberen Lithosphäre (Erdschicht) - Erdtomographie - zur Ausspähung feindlicher, unterirdischer Depots und Verstecke über weite Distanzen. Technisch mögliche, zum Teil vorbereitete Anwendungen: Tiefgreifende

102

Bewußtseinsmanipulation großer Teile der Erdbevölkerung über Aussendung spezifischer EEG- und anderer physiologischer Signale. Nach vorliegenden Informationen verfügt die HAARP-Anlage über modernste Techniken zur ELF-Modulation des abgestrahlten Hochfrequenzträgers. Elektromagnetische Induktion von Krankheitsmustern in biologische Systeme. Globale Wettermanipulation. Weitläufige, massive Manipulationen von geophysikalischen und Ökosystemen. Hocheffektive Abschirmung großer Gebiete vor Interkontinentalraketen und anderen ballistischen Flugkörpern. Zerstörung von Kommunikations- und Spionagesatelliten. Radaranwendungen - Differenzierung zwischen eigenen und feindlichen Flugkörpern. Gelenkte Kommunikation. Störung bzw. Unterbindung drahtloser Nachrichtentechnik (Funk, Radar, TV, Radio, Telefon, etc.) über weite Gebiete des Planeten sowie Beeinflussung elektronischer Bauteile (Halbleiter), elektromagnetischer Datenträger (Festplatten, Floppy- Disks.) bis hin zu einer möglichen thermischen Zerstörung.

Neben den selbsterklärenden Folgen der o.a. Anwendungsgebiete resultiert die Technologie in einer weiteren langen Reihe möglicher sekundärer Auswirkungen sowohl auf lebende wie auch auf technische Systeme.

Ein großer Teil dieser Sekundäreffekte tritt nach bisherigen Erkenntnissen (vornehmlich der Sowjets - OTH/ Woodpecker - Radar) auch bei relativ kleinen Sendeleistungen, z.B. im Verlauf zeitlich ausgedehnter Erprobungen. Störungen der gesamten drahtlosen Kommunikation, auch der in dieser Gegend überlebenswichtigen Flug-, Busch- und Notfunksysteme, Empfindliche Beeinflussung elektromagnetischer Kommunikations-, Wachstums- und Orientierungsmechanismen der Tierwelt, z.B. bei (Zug-) Vögeln. Beeinflussung fundamentaler Biorhythmen und der DNS-Replikation. Relativ kleine, in die Ionosphäre abgestrahlte Leistungen technisch verwandter Anlagen (Puerto Rico, Tromso) hatten in der Vergangenheit über lange Zeit meß- und spürbare Effekte auf weite Gebiete der Atmosphäre zur Folge.

Ist die HAARP-Technologie beherrschbar?

"Bestenfalls" kann man also noch annehmen - wenn man den HAARP- Projektmitarbeitern keine bösen Motive unterstellen will -, daß sie keine Ahnung haben, was sie eigentlich mit ihren Experimenten anrichten könnten. Auch dies ist ja in der Wissenschaft nichts Neues. Der Forscherdrang des Menschen hat schon immer dazu geführt, daß Dinge untersucht wurden, ohne sich über die Konsequenzen restlos klar zu sein.

Nicht nur die Gentechnik kann hier als Beispiel dienen. Auch die Mitarbeiter des Manhattan-Projekts hatten im Grunde keine Vorstellung, was sie mit einer Atombombe wirklich anrichteten. Schon immer haben Menschen aufs Geratewohl geforscht und probiert, stets in der Hoffnung, es werde schon nichts passieren.

Eine amerikanische HAARP-Kritikerin verglich die Forscher einmal mit kleinen Jungen, die einen schlafenden Bären mit einer Nadel pieken, um zu sehen, was passieren wird.

Auch die Beteuerungen der nur geringen Ausgangsleistung der HAARP - Antennen, die bei voller Ausbaustufe nur etwa 3600 Kilowatt betragen soll, sind nicht unbedingt ernst zu nehmen, denn niemand kann abschätzen, welch gewaltige Energien durch die Resonanzwirkung der Erde daraus entstehen können (Stichwort: schlafender Bär!). In einem Resonanzkörper können sich schwache Impulse schnell und unbeherrschbar hochschaukeln!

Schon in der Testphase soll es 1995 - bei einem Probelauf von nur 100 Watt pro Antenne - zu einem ernsthaften Störfall gekommen sein, bei dem ein Massiver Aluminiumstecker einfach verdampft ist. Mit dieser geringen Leistung ist dies nicht zu erklären, wohl aber, wenn man die Energieverstärkung über die Schumann-Resonanzfrequenz berücksichtigt. Dies zeigt deutlich auf, daß die Wissenschaftler ihre eigene Schöpfung nicht einmal ansatzweise beherrschen!

Nikola Tesla wußte bereits vor fast 100 Jahren um die Gefahren, die in einer solchen Technologie stecken. Er konnte mit handlichen Sendern bei geeigneter Frequenz ganze Brücken ins Wanken bringen und sagte voraus, daß die von ihm entdeckten "Todes-

strahlen" durchaus in der Lage wären, künstliche Erdbeben hervorzurufen. Es ist kaum verwunderlich, daß ihn damals niemand ernst nahm. Aber dürfen wir auch heute solche Warnungen noch ignorieren? (Quelle: Grazyna Fosar und Franz Bludorf)
An der Frage, welche negativen Konsequenzen die gigantischen Energiemengen möglicherweise für die Erdatmosphäre haben könnten, scheiden sich die Geister der Experten. Während etwa Richard Williams von der Princton University fürchtet, daß hier der oberen Erdatmosphäre irreparable Schäden drohen, ist der renommierte Atmosphärenforscher Professor James Van Allen der Meinung, daß durch die Versuche allenfalls lokale Störungen des Funkverkehrs auftreten könnten. (Quelle: Welt am Sonntag)

HAARP steht erst am Anfang ihrer Möglichkeiten und könnte unter der Bush-Regierung eine militärische Aufwertung erfahren. Dafür sprechen möglicherweise Messungen der ELFRAD - GRUPPE vom 1. Juli 2002, die eine Steigerung der Strahlungsleistung belegen sollen:

Drei Flugkatastrophen mit unbekannter Ursache:

Wurde der Einfluß elektromagnetischer Strahlungen unterschätzt?

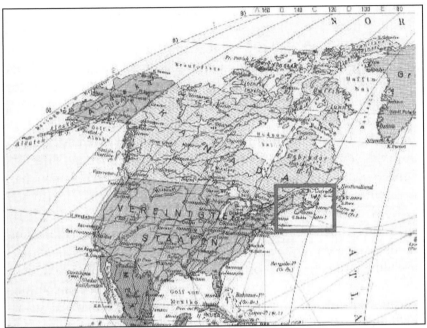

Markiertes Absturzgebiet an der Ostküste

Am 17. Juli 1996 startete Flug TWA 800 am JFK International Airport in New York zu einem Routine-Flug nach Paris. Zwölfeinhalb Minuten später stürzte die Maschine südlich von Long Island ins Meer.

Am 2. September 1998 war es die Swiss Air 111, die vom selben Flughafen aufbrach, nach 14 Minuten den Radiokontakt mit den Fluglotsen verlor, in Richtung Norden weiterflog, nach 13 Minuten wieder in Radiokontakt mit den Fluglotsen kam, in der Nähe von Nova Scotia Rauch im Cockpit meldete und dann in den Atlantik stürzte.

Am 31. Oktober 1999 startete die Egyptair 990 am JFK International Airport, flog 31 Minuten lang nach Osten und stürzte dann plötzlich südlich von Nantucked in der Nähe der Küste von Long Island ins Meer

Bei diesen drei Katastrophen starben 676 Menschen

Die Ursachen sind bis heute ungeklärt. Und das, obwohl die Untersuchung des Absturzes von TWA 800 in den letzten Jahren zu der teuersten und, was mögliche flugzeuginterne Ursachen des Absturzes betrifft, eingehendsten Untersuchung in der Geschichte der Luftfahrt wurde. Man weiß zwar, daß der Haupttank des Flugzeuges explodiert war und ist sich heute auch ziemlich sicher, daß die Explosion am Anfang und nicht am Ende des Ablaufs der Ereignisse stand, welche zu dem Absturz führten. Aber man hat, nachdem kein mechanischer Fehler zu finden war und eine Bombe an Bord oder das Einschlagen einer Rakete ausgeschlossen werden konnte, auch heute noch nicht gefunden, was diese Explosion auslöste. Und daran hat auch das Abschluß-Hearing des amerikanischen National Transportation Safety Board nichts geändert. Man hat jetzt zwar alle möglich erscheinenden Erklärungen aufgelistet und dabei versucht, "wahrscheinliche" und "unwahrscheinliche" Erklärungen zu unterscheiden, wobei ein "elektrischer Kurzschluß" als die am wenigsten unwahrscheinliche Erklärung angeführt wurde. Ein Indiz dafür, wo dieser Kurzschluß aufgetreten sein könnte, wurde allerdings bisher nicht gefunden. Vorschneller Schuldspruch. Anders bei der Swissair 111: dort hat man unter den in den Cockpit führenden Leitungen bisher 20 Leitungen gefunden, die Spuren elektrischer Bogenentladungen zeigen. Einige von ihnen haben mit dem Entertainement System in der Kabine, andere mit Systemen zur Steuerung des Flugzeugs zu tun. Es ist jedoch noch nicht klar, was diese Entladungen ausgelöst haben könnte und ob sie mit der Ursache der Katastrophe zu tun haben oder nur während ihres Verlaufs auftraten. Noch rätselhafter ist der Absturz von Egyptair 990. Das liegt auch daran, daß die Untersuchungen erst in ihrer Anfangsphase sind, aber es gab in den Massenmedien viele von Vorurteilen geprägte Schuldzuweisungen, die sich alle nicht halten ließen.

Soviel ist aber bereits sicher: die Erklärung, die wegen ihrer Exotik wochenlang durch die Medien geisterte, stimmt nicht: es ist zwar richtig, daß während des fatalen Sturzes in die Tiefe die Turbinen abgeschaltet waren, aber es ist durch nichts belegt, daß sie vom Flugkapitän abgeschaltet wurden, um Mord und Selbstmord zu begehen. Diese Vermutung stützt sich auf einige wenige Sätze, die man in der Aufzeichnung des Voice Recorders der ägyptischen Maschine hörte oder gehört zu haben glaubte. Da wurde berichtet, daß der Flugkapitän mit dem Satz "Ich habe meine Entscheidung getroffen" zu hören gewesen sei, und das wurde als Entscheidung zu Mord und Selbstmord interpretiert, auch wenn es sich ebenso plausibel mit einer Entscheidung darüber erklären ließe, was jetzt in dieser kritischen Situation zu tun sei. Aber nicht einmal diese Erklärung stimmt. Wie die amerikanische Luftfahrtbehörde am 19. November 1999 mitteilte, findet sich auf dem Tonband kein Satz, der auch nur im Entferntesten so klingt. Damit bleibt als Stütze für die abenteuerliche Vermutung nur ein Satz des Piloten, der als "mysteriöse Äußerung" oder "gemurmeltes Gebet" beschrieben wurde, doppelt verdächtig anscheinend schon deshalb, weil es Arabisch klang. Es stellte sich aber heraus, daß es sich um eine Floskel handelt, die viele Ägypter Dutzende Male am Tag verwenden. Auch der Umstand, daß der Pilot später die Motoren abgestellt haben könnte, kann positiv interpretiert werden: Möglicherweise wollte er die Überlebenschancen dadurch erhöhen, daß er die Brandgefahr verringerte. 1989 hat das ein amerikanischer Pilot der United Airlines in Sioux City verlangt, als er den Aufprall in weniger als 20 Sekunden erwartete. Dazu kommt, daß eine weitere ägyptische Maschine desselben Typs 1996 in der Nähe der Comoren zu einer Notlandung gezwungen gewesen war, nachdem während einer Flugzeugentführung das Benzin ausgegangen war und beide Motoren ausfielen.

Es ist sehr wahrscheinlich, daß dieser Unfall dem ägyptischen Piloten gut bekannt war, weil diese beiden Unfälle die einzigen

Unfälle von großen Passagierflugzeugen waren, bei denen es eine nennenswerte Zahl von Überlebenden gab.

US Militär Schuld am Absturz der SWISSAIR SR 111? HARVARD Wissenschaftlerin hegt schweren Verdacht

Prof. Elaine Scarry (55 J.), die an der Harvard Universität unterrichtet, hat jüngst in der angesehenen "New York Review of Books" zwei lange Artikel publiziert, in denen sie die bisherigen Ergebnisse der Untersuchung der Ursachen der drei Unfälle analysiert und dann zu einem überzeugenden Plädoyer für die Ausweitung dieser Untersuchungen auf externe Ursachen kommt. Bisher hat man offensichtlich vor allem interne Unfallursachen betrachtet. Ungenügend geklärt ist, wie die Umwelt, in der die Unfälle stattfanden, die Flugzeuge beeinflußt haben könnten: "Die Übereinstimmung in der Region, in der die Unfälle passierten, legt es nahe, daß man auf der Suche nach den Ursachen (mehr als bisher) die Umwelt der Flugzeuge einbeziehen sollte. Was den ersten Unfall betrifft, gibt es bereits sehr umfangreiche Studien durch das Joint Spectrum Center und die National Aeronautics and Space Administration (NASA), in denen die elektromagnetische Umwelt rekonstruiert wurde. Aber selbst was den Absturz von TWA 800 betrifft, ist diese Arbeit jedoch noch unvollständig und für Swissair 111 und Egyptair 990 hat sie kaum begonnen." Detailkritik: Was Elain Scarry schrieb, ist ein Modell für die Einmischung eines Außenseiters in ein hochtechnisches Problem - eine aufwendige, umfangreiche, detaillierte Analyse all dessen, was ihr zu dem Thema zugänglich war. Sie hatte schon lange vermutet, daß die Einflüsse der elektromagnetischen Umgebung bei den Unfällen mitgespielt haben könnten, aber es waren die Parallelen in der Vorgeschichte der Unfälle, welche sie überzeugten, daß die bisherigen Untersuchungen in bezug auf elektromagnetische Umwelteinflüsse ungenügend waren. Das gilt besonders für TWA 800 und Swissair 111: In den 26 Monaten, die zwischen diesen beiden Unfällen liegen, starteten in den USA an die 18 Millionen Flugzeuge, aber bei nur zwei von ihnen kam es zu mysteriösen elektrischen Katastrophen. Wie Scarry ausführlich belegt, gibt es zwischen diesen beiden allerdings verblüffende Gemeinsamkeiten: Beide starteten vom gleichen Flugplatz, dem JFK International Airport in New York. Beide starteten an einem Mittwoch, genau um 8 Uhr 19; beide flogen dieselbe Flugroute, in einem schmalen Korridor durch einen sonst für militärische Zwecke reservierten Luftraum. Die Wissenschaftlerin glaubt, daß das Militär dort starke Sender für Elektromagnetische Interferenz (EMI) betreibt. Obwohl die Behörden dies vehement bestreiten. Die Swissair will laut Sprecher Urs Peter Naef bis dahin keine Stellung nehmen.

Bei beiden Maschinen traten im selben Luftraum 12 bis 14 Minuten nach dem Start die ersten Anzeichen von Problemen auf; beide scheinen auf eine elektrische Katastrophe zugesteuert zu sein, deren Ursache selbst nach jahrelanger Untersuchung noch mysteriös ist; beide flogen in einer Woche, in der ausgedehnte militärische Übungen stattfanden; beide flogen zu einer Zeit, in der, wie es scheint, ganz bestimmte Sender (von Unterseebooten und Aufklärungsflugzeuge der US-Marine) in der Region aktiv waren. Der Massivste Hinweis auf die Rolle störender elektromagnetischer Strahlung sind natürlich die bis heute nicht erklärten 13 Minuten, in denen das Schweizer Flugzeug mit Funk nicht erreichbar war.

Doch ein erfahrener MD-11-Kapitän verrät:
«Wir schließen die Einwirkung einer «Elektromagnetischen Interferenz» nicht aus. Mysteriös ist ja auch, daß vor dem Brandausbruch der Funkverkehr während 16 Minuten unterbrochen war.»

Unsichtbar, schnell und sehr gefährlich Elektromagnetische Wellen sind unsichtbar, breiten sich mit Lichtgeschwindigkeit aus und können elektrische und elektronische Geräte oder Anlagen zerstören. Bekanntestes Beispiel: Das Handy im Flugzeug. Starke Sender können mit gebündelter Energie (High Intensity Radiated Field) Flugzeuge zum Absturz bringen. Das weiß die US-Air-Force, deren Forschungsergebnisse 1994 von der Nasa bestätigt wurden. Sie schützt deshalb ihre Maschinen vor elektromagnetischen Interferenzen.

Aber auch beim Absturz von Egyptair 990 könte eine Störung durch elektromagnetische Strahlung eine Rolle gespielt haben.

111

Elain Scarry beruft sich auf die eingehendsten bisher veröffentlichten Untersuchungen über die Auswirkungen elektromagnetischer Strahlung, wie sie die Air Force 1988 für Militärflugzeuge und die NASA 1994 für den zivilen Flugverkehr vorgelegt hat. Man weiß nicht all zu viel über die Details des Absturzes der ägyptischen Maschine, und was man weiß, stammt zu wesentlichen Teilen aus militärischen Radarsystemen, so daß offen ist, wie viel von dem, was das Militär weiß, auch bekannt gegeben wurde. Vier Fakten aber sind sicher: Der Autopilot des Flugzeuges war abgeschaltet; das Flugzeug ging plötzlich in einen steilen Sturzflug über; es gab Probleme mit der Koordination der Bewegungen bestimmter Steuerruder; alle zwei Motoren des Flugzeuges waren abgeschaltet. Diese Fakten wurden bereits vorher bei einer Reihe von Vorfällen beobachtet und spielen daher in den besten der zum Thema vorliegenden Untersuchungen eine prominente Rolle. Es ist daher möglich, daß alle diese Schlüsselereignisse auch in der ägyptischen Maschine durch elektromagnetische Störungen verursacht worden sein könnten; es kann aber auch sein, daß das nur auf einige davon zutrifft und der Rest die Folge von verzweifelten Rettungsversuchen der Piloten war.

Elain Scarry wundert sich daher etwas über die Stellungnahmen des National Transportation Safety Boards und schreibt, daß diese Behörde normalerweise sehr gewissenhaft ist und in der Regel nicht behauptet, die Absturzursache zu kennen, bevor ein Beweis vorliegt: "Man kann gelegentlich kritisieren, daß Dinge ausgelassen werden wie die Rekonstruktion der äußeren Umgebung oder daß man an die Militärs nicht dieselben Qualitätsstandards anlegt wie an die Hersteller der elektrischen Leitungen oder das Wartungspersonal oder zivile Passagiere. Das Stehvermögen, den Absturz von TWA 800 nun schon einige Jahre lang zu untersuchen, ohne vorschnell zu behaupten, man hätte nun die endgültige Ursache gefunden, ist bemerkenswert. Umso unverständlicher ist es daher, daß derselbe Safety Board fast schon so weit gekommen war, den Copiloten von Egyptair 990 des Mords an 216 Mitreisenden zu bezichtigen. Die Beamten haben zwar vor dem Kongress und der Öffentlichkeit zugegeben, daß sie für die Schuld Mr.

Batouti's nur ungenügende Belege haben. Für viele Beobachter scheint das, was man ungenügende Belege nannte, auf überhaupt keinen Beleg hinauszulaufen. Es ist jedenfalls sicher nicht möglich, daß es allein die willentlichen Handlungen eines Piloten sein können, die alles das verursacht haben, was in dieser Nacht vorging.

Ehemaliger Pressesekretär der US Regierung hat vielleicht die Erklärung?

Der ehemalige Pressesekretär Kennedys und Journalist Pierre Salinger ist überzeugt davon, daß die Informationen aus Regierungskreisen eine Erklärung finden. Danach soll durch die Freisetzung eines Flugobjektes von einem Marineboot mit einem System „Ageis Flugin" aus einem Marineübungsbereich aus der Nähe Long Islands, auch als warnender Bereich 105 bekannt, die TWA Maschine getroffen haben. Was einige Piloten und Augenzeugen als ein Flugobjekt bzw. Meteor beschreiben, ist wahrscheinlich ein elektromagnetisch- zeitliches Band, das durch die Atmosphäre in der Nacht vom 17.7.1996 wirkte. Es handelt sich wahrscheinlich um ein Experiment in Verbindung mit HAARP und dem norwegischen Streuungsradar „EISCAT".

In „worldNetDaily von 1998 berichtet man, der Kommandant Bill Donalson, ein pensionierter Marinepilot und erfahrener Unfallforscher, der sich 15 Monate mit dem Fall beschäftigte, ist eindeutig der Meinung, daß zwei Flugkörper in der Nähe des Flugzeuges freigesetzt wurden. Nach Meinung des Forschers ist es kein Wunder, daß kein direkter Beweis für ein Flugerfolg zu finden ist, da eine Auslösung der Explosion aus der nähe des Flugzeuges ausgelöst wurde, anstatt in Verbindung mit seinem Ziel zu explodieren. Admiral Thomas Moorer setzte sich dafür ein, daß Bill Donalson entsprechende Unterstützung bei seinen Untersuchungen bekam.

FBI läßt TWA – Beweis verschwinden...

Immer mehr deutet darauf hin, daß die wahre Ursache für den Absturz des Fluges TWA 800 vor der Küste von Long Island vom FBI vertuscht wurde. So wurde 1997 in der Juli-Ausgabe des Magazin 2000 darüber berichtet, daß vom FBI eine Radaraufnahme beschlagnahmt wurde, die ein United Airline Pilot im Ruhestand besaß. Sie zeigt ein „ blip " also ein unbekanntes Radarecho, das auf die Passagiermaschine zuflog, Sekunden vor der Explosion des Flugzeuges. Offizieller Kommentar des FBI zu der Radaraufnahme: „ Kein Kommentar". Stellt sich die Frage danach, ob die TWA versehentlich abgeschossen wurde?

Berichtet wird auch über den Flug einer Boeing 747-300 der Schweizer Fluggesellschaft am 9. August 1997 von Philadelphia nach Zürich, welches sich im gleichen Seegebiet vor New York aufhielt wie seinerzeit der TWA-Jumbo beim Absturz. Aus dem dargestellten Sprechfunkverkehr zwischen dem Tower Boston und der Boeing 747-300 geht hervor, daß der Pilot ein entgegenkommendes Objekt (wie eine Rakete) ein paar hundert Fuß bei hoher Geschwindigkeit über das Flugzeug hinweg fliegen sieht - für ein Flugzeug zu schnell. Drei Personen der Swissair Crew Boeing 747-300 bestätigten dem Tower, ein weißes, sehr schnelles Flugobjekt gesehen zu haben. Der Flugkapitän beschrieb das Objekt als zylindrisch ohne Tragflächen.

Flugzeugabsturz der SWISSAIR 111 vom 2. September 1998 wurde auch von den deutschen Physikern untersucht!

Nachdem der Pilot Rauch im Cockpit gemeldet hatte und eine Notlandung am Flughafen von Halifax vorgesehen war, brach der Funkkontakt ab und die Maschine fiel wie ein Stein vom Himmel in das Meer vor Peggys Cove (Kanada). Bis heute gibt es noch keine vernünftige Erklärung für diesen Absturz. Merkwürdig ist, daß die Auswertungen sowohl der Black-Box als auch des Cockpit-Voice-Recorders ergaben, daß in den letzten 6 Minuten vor dem Absturz keine Daten mehr registriert worden waren. Da beide Aggregate an unterschiedlichen Stromkreisläufen hängen, deutet dieses auf einen Totalausfall der gesamten Elektronik hin und nicht auf einen kleinen Kabelbrand. Auch bei totalem Stromausfall wäre die Maschine noch manövrierfähig gewesen und wäre nicht wie ein Stein vom Himmel gefallen, so die Expertenmeinung. Nach Meinung der Physiker muß es sich um einen großflächigen physikalischen Effekt gehandelt haben, durch den die ahnungslose SWISSAIR - Besatzung hindurch geflogen ist, also um eine größere Vakuumdomäne. Die sensible Bordelektronik kann nach Meinung der Physiker durch ein solches Feld vollkommen durcheinandergeraten. Die Untersuchungen zu diesen Abstürzen von den Physikern Grazyna Fosar und Franz Bludorf im Zusammenhang mit dem TLR Faktor lesen sie bitte unter „Wetterbedingte Einflüsse auf Flugzeugkatastrophen".

Wichtige Leute an Bord der SWISSAIR 111?

Auszug aus der Passagierliste:
Kinder-Geiger, Klaus, 36, Long Island, N.Y. A top physicist at the Nuclear Theory Group at the Brookhaven National Laboratory in Upton, Long Island.
Nelson, Tara, 35, Mystic, Conn. Naturopathic physician.
Spanne, Per, 53, Grenoble, France, and Shoreham, N.Y. A Swedish citizen, Spanne was working for the European Synchrotron Radiation Facility in Grenoble, France, and commuted between that campus and the Laboratory in Upton, N.Y.
Spanopoulou, Eugena, New York City. Dr. Spanopoulou was an assistant professor at Mount Sinai's Derald H. Ruttenberg Cancer Center.
Spanopoulou, Hodtsev, was an immunologist who served as an instructor in the Ruttenberg Center.
Williams, Dr. Roger, 54, Salt Lake City. Expert in cardiovascular genetics the University of Utah.
Mann, Dr. Jonathan, 51, Columbia, Md. Headed the World Health Organization's anti-AIDS program.

Am 03.09.1998, nur einen Tag nach dem Absturz einer Mc Donnell Douglas MD 11, der Flug SWISSAIR 111 vom 02.09.1998, mußte eine Boeing 757 der Royal Airlines auf einem Flughafen in Neufundland wegen Rauchentwicklungen notlanden. Die mit 225 Menschen belegte Maschine war auf dem Flug von Toronto ins schottische Glasgow.
Wiederum 5 Tage nach dem Absturz der SWISSAIR 111, am 07.09.1998, kam es im gleichen Gebiet zu einer weiteren Notlandung wegen Rauchentwicklung auf dem Flughafen Halifax. Diesmal ein Airbus 310 der schweizer Fluggesellschaft BALAIR mit 144 Passagieren an Bord. Viele der Passagiere zogen es vor, in Halifax zu bleiben, statt mit der reparierten Maschine weiter zu fliegen. Begründet wurde die Rauchentwicklung mit einem angeblichen Kurzschluß in der Bordküche!!!

John F. Kennedy jr.
Ein tragischer Unfall - oder Mord?

von John de Verdale

Im Buch des Kennedy Mythos wurde ein neues Kapitel aufgeschlagen. Vor wenigen Wochen berichteten uns die Medien, daß
der Sohn des ehemaligen Präsidenten John F. Kennedy, genannt
John-John, mit seinem Sportflugzeug über der See verschollen
und vermutlich abgestürzt sei. In seiner Begleitung befanden sich
seine Ehefrau und eine Schwägerin. Eine umfangreiche Such- und
Rettungsaktion sei eingeleitet worden. Die Chance, die Vermißten
lebend aufzufinden, wurde als gering bezeichnet. Zwei Tage später wurde die Pressemitteilung dahingehend ergänzt, "daß man das
Wrack gefunden habe, John F. Kennedy jr. habe noch hinter dem
Steuerknüppel des Flugzeuges gesessen. Seine Leiche sei geborgen worden. Von den übrigen Insassen fehle jede Spur". Die Berichterstattung endete mit der Meldung, "die Leiche sei eingeäschert und die Asche dem Meer übergeben worden." Ein tragischer Unfall, sollte man meinen.
Ein altes Sprichwort lautet: "Wer sich in Gefahr begibt, kommt
darin um". Nun gibt es allerdings zwei Arten von Gefahren: Die
Gefahr, der man sich stellen muß, um sie zu neutralisieren - und
die Gefahr, die man selbst darstellt, und die von denen eliminiert
werden muß, die sich vermeintlich oder tatsächlich gefährdet sehen. Die Frage ist, mit welcher Alternative haben wir es hier zu
tun? Vergessen wir nicht, daß im Verlauf der vergangenen Jahrzehnte zwei weitere Kennedys ihr Leben lassen mußten, weil sie
von bestimmten Elementen der zweiten Alternative zugerechnet
wurden. Beide, John F. und Robert F. Kennedy endeten durch
Gewalt - durch gedungene Mörder.
Bei Würdigung aller Umstände kann daher auch im Fall von John
F. Kennedy jr. nicht von vornherein ausgeschlossen werden, daß
er und die sich in seiner Begleitung befindlichen Familienangehörigen Opfer einer Gewalttat geworden sind.

Ziel eines möglichen Anschlags war zweifellos John F. Kennedy, wobei der Tod unbeteiligter Personen von den Auftraggebern billigend in Kauf genommen worden ist, was durchaus in das übliche Schema eingeordnet werden kann. In einschlägigen Kreisen haben Menschenleben keinen hohen Stellenwert, "Verschnitt" wird einkalkuliert, wenn es nur der Sache dienlich ist. Noch wissen wir wenig über das, was wirklich geschah, und es ist zweifelhaft, ob wir jemals die Wahrheit über die Gründe des Absturzes erfahren werden. Wir müssen uns also zunächst mit den dürftigen Fakten begnügen, die der Öffentlichkeit bisher mitgeteilt worden sind. Und bereits diese wenigen Fakten werfen eine Vielzahl von Fragen auf. Wenden wir uns zunächst der technischen Seite, insbesondere dem flugtechnischen Bereich zu, bevor wir versuchen wollen, ein mögliches Motiv für ein Attentat zu ergründen.

Technische Daten des Unglückfluges

Das Reiseflugzeug vom Typ "Piper Saragota II HP" wurde 1995 gebaut und im Jahre 1998 von JFK jr. erworben. Es handelt sich um eine sechssitzige Maschine mit Einziehkraftwerk, die bei 200 mph (ca. 380 km/h) liegt. Die Flugroute führte von "Essex County Airport" in New Jersey zum Flugplatz auf der Insel "Martha`s Vineyard". Nach kurzer Zwischenlandung war ein Weiterflug nach "Hyannis Port" beabsichtigt. Die Gesamtflugstrecke beträgt in etwa 180 NM, was einer Gesamtflugzeit von ungefähr einer Stunde entspricht. Als Startzeit wurde 20.38 Uhr (12 Minuten nach Sonnenuntergang) dokumentiert. Der Flug erfolgte nach VFR -Regeln (Sichtflugregeln). Ein Flugplan wurde der Flugsicherung nicht übermittelt und war für den geplanten Flug auch nicht vorgeschrieben. Der letzte Radarkontakt erfolgte 21.39 Uhr. Die Position wurde mit 10 Meilen vom Festland über offener See, einer Entfernung von 19 Meilen vom Flugplatz "Martha`s Vineyard" bei einer Flughöhe von 5.300 ft. (3 ft. = ca. 1 Meter) festgestellt.

Offenbar war der Pilot damit beschäftigt, sich auf den Landeanflug vorzubereiten. Bei diesem letzten Radarkontakt wurden erste Anzeichen auf das Vorliegen eines Notfalls bemerkt, da das Flugzeug rasant an Höhe verlor. Bei einer Umlaufzeit der Radarantenne von 12 Sekunden wurde in entsprechenden Abständen folgende Höhendaten festgestellt: 5.500 ft., 2.500 ft., 2.200 ft., 1.300 ft. Beim nächsten Radarumlauf war das Flugzeug vom Radarschirm verschwunden. Notmeldungen des Piloten wurden nicht aufgefangen.

Such- und Rettungsmaßnahmen

Als feststand, daß JFK jr. bis ca. 22.00 Uhr nicht sicher gelandet war, leiteten Familienangehörige und Freunde der Kennedys zunächst eine private Suchaktion per Telefon ein. Nachdem alle Möglichkeiten ergebnislos ausgeschöpft waren, verständigte man um 2.15 Uhr die Einsatzzentrale der Küsten- wache in "Woods Hole". Innerhalb von Minuten ging von dort die Meldung an das Bezirkshauptquartier der Küstenwache in Boston und an die FAA (Ferderal Aviation Administration - US Luftfahrtbundesamt). Letztere veranlaßte die sofortige Überprüfung, ob JFK jr. auf einem Ausweichflugplatz sicher gelandet war. Nach Eingang der letzten Negativmeldung gegen 3.00 Uhr alarmierte die FAA das "Luftwaffen-Koordinationszentrum für Rettungseinsätze" auf der "Langley Air Force Base" in Virginia und die Küstenwache. Gegen 7.00 Uhr erhielt Präsident Clinton Kenntnis über das vermißte Flugzeug mit John F. Kennedy jr. an Bord. Zwischen 7.30 Uhr und 7.55 Uhr schickte die Küstenwache ein Flugzeug "C-130", 15 zivile Suchflugzeuge, zwei Hubschrauber der Nationalgarde, eine UH-25 Falcon in die Luft. Seeseitig nahm an der Such- und Rettungsaktion eine Armada von Schiffen mit unterschiedlicher Ausrüstung teil. Die Suchmaßnahmen erstreckten sich auf einen Bereich von 190 nautische Meilen in der Länge und 20 nautische Meilen in der Breite zwischen Long Island und Cape Cod. Gegen 1.00 Uhr in der folgenden Nacht konzentrierten sich die Suchmaßnahmen auf ein Gebiet von ca. 400 Quadratmeilen Seegebiet, ungefähr 17 Meilen von Martha`s Vineyard entfernt. In diesem Gebiet beträgt die Wassertiefe zwischen 20 und 100 ft. (7 bis 33 Meter).

Warum befand sich der Fluglehrer Kennedys bei diesem Flug nicht an Bord?

Den Nachrichten war zu entnehmen, daß Kennedy Flüge üblicherweise nur in Begleitung seines Fluglehrers angetreten hat. Warum? War Kennedy nicht im Besitz einer gültigen Pilotenlizenz? Fühlte er sich beim Führen des neu erworbenen Flugzeugs nicht völlig sicher? Wollte er seine Berechtigung erweitern? Inzwischen wurde durch die Presse bekannt, daß JFK jr. seine Pilotenlizenz im Jahre 1998 erworben hatte und eine Gesamtflugzeit von rund 200 Stunden nachweisen konnte.

In der Presse wurde er darum als "unerfahrener Pilot" bezeichnet. Fachleute werden sich diesem Urteil kaum anschließen. Ein Pilot mit 200 Stunden Gesamtflugerfahrung gilt immer noch als "Anfänger" und ist gut beraten, seine Erfahrung auf langsamen, leicht zu fliegenden Flugzeugtypen zu sammeln, die auf einen Pilotenfehler "gutmütig" reagieren und damit auch für Anfänger sicher beherrschbar sind.

Der von JFK jr. auf dem Unglücksflug geflogene Flugzeugtyp ist ein "Rennpferd" und reagiert entsprechend empfindlich. Die sichere Führung einer "Piper Saratoga" setzt ein ausgeprägtes "fliegerisches Gefühl" voraus, bezogen auf andere technische Bereiche würde man es "Fingerspitzengefühl" nennen, das nur durch entsprechende Erfahrung erworben werden kann. Dies gilt in besonderen Maße bei Flügen unter erschwerten Bedingungen, die hier zweifellos gegeben waren, denn es handelte sich um einen Nachtflug über See.

Daß JFK jr. als Inhaber einer gültigen Pilotenlizenz auf die Mitnahme eines Fluglehrers nicht angewiesen war, und er dennoch auf allen Flügen seinen Fluglehrer neben sich haben wollte, läßt sich nur damit erklären, daß er sich der Unvollkommenheit seines fliegerischen Könnens, zumindest auf diesem Flugzeugtyp, durchaus bewußt gewesen ist.

Warum handelte der "Flugzeugführer Kennedy" verantwortungslos?

Aus den feststehenden Flugdaten ist bekannt, daß der Start nach Sonnenuntergang, also zur Nachtzeit erfolgte, und die geplante Flugroute über See führte. Trotzdem wurde es unterlassen, der Flugsicherung einen Flugplan zu übermitteln. Die Ausfertigung eines Flugplans war für die Durchführung des Fluges zwar nicht erforderlich, aber jeder verantwortungsbewußte Pilot würde unter diesen Umständen einen entsprechenden Datensatz per Flugplan an die Flugsicherung übermitteln. Diese Maßnahme erhöht die Sicherheit von Flugzeug, Besatzung und Passagieren ganz erheblich.

Für den Flug von Fairfield N.J. nach Martha`s Vineyard stehen zwei Routen zur Auswahl. Der weitaus risikolosere und damit leichtere Flugweg führt über die Südküste von Connecticut und Rhode Island, wodurch der Pilot für den größten Teil der Strecke die Küstenlinie im Auge behält. Die weitaus schwierigere und gefährlichere Streckenführung geht über der Küstenlinie von Long Island und führt dann über offene See, wobei als Orientierungspunkt nur die schwer zu erkennende kleine Insel "Block Island" auf der Route liegt, bevor die Insel Martha`s Vineyard erreicht wird. Selbst bei Tageslicht können Flüge von 15 bis 20 Meilen über offener See für einen Piloten mit wenig Erfahrung und ohne die Befähigung zu Flügen nach IFR -Regeln (Instrumentenflugregeln) zu einer schrecklichen Strapaze werden, weil von der Meeresoberfläche aufsteigender Dunst den Horizont verdecken kann. Ein Flugzeugführer ohne Befähigung zum Instrumentenflug ist auf dem Horizont, hilfsweise auf markante Bodenobjekte, angewiesen, um die Lage des Flugzeugs in der Luft zu kontrollieren. Gehen diese Bezugspunkte verloren, gerät der unerfahrene Pilot innerhalb kürzester Zeit in Schwierigkeiten, die nicht selten zum Absturz führen. Aus diesem Grund sind international minimale

Sichtweiten zwischen 1.500 Metern und 8.000 Metern, in Abhängigkeit vom benutzten Luftraum, für Flüge nach VFR-Regeln (Sichtflugregeln) vorgeschrieben. Werden diese Minima unterschritten, darf der Flug nicht angetreten werden. Selbstverständlich gilt das Vorhergesagte in ganz besonderem Maße für Nachtflüge. Es bedarf keiner weiteren Ausführung, daß sich das Risiko bei Verlust der visuellen Fluglagekontrolle bei Nachtflügen noch erhöht. Kennedy jr. hat sich für die schwierigere und damit gefährlichere Flugroute über See entschieden. Bei Würdigung des Sachverhalts muß festgestellt werden, daß JFK jr. elementare Regeln zur sicheren Durchführung des Fluges vorsätzlich verletzt hat. Die Mitnahme von Passagieren durch einen unerfahrenen Piloten, der seine mangelnde Erfahrung durch Risikofreude zu kompensieren versucht, ist nicht nur leichtsinnig, sondern im höchsten Maße verantwortungslos.

Warum fiel Kennedys Flugzeug vom Himmel?

Selbst bei der Bewertung aller bisher behandelten Fakten bleibt der Absturz mysteriös, denn kein Flugzeug, egal, ob groß oder klein, stürzt einfach mal eben so ab. Folgen wir der Statistik, werden wir zwei Tatsachen erkennen: Zum einen, daß Flugzeuge heute im Vergleich zu allen anderen Fortbewegungsmitteln mit Abstand die sichersten Verkehrsmittel sind, und daß die Wahrscheinlichkeit, durch eine andere Unfallursache oder Krankheit sein Leben zu verlieren, weitaus größer ist, als bei einem Flugzeugabsturz ums Leben zu kommen. Zum anderen, daß Abstürze zu mehr als 98 Prozent menschlichem Versagen zugeschrieben werden müssen. Die wenigen Fälle, bei denen ein Flugzeug durch technisches Versagen vom Himmel geholt wurde, gelten als Ausnahme. Selbst kleine Sport- und Reiseflugzeuge sind heute keine leinwandbespannten Drahtkisten mehr. Vielmehr haben wir es mit moderner Technik, vollgestopft mit elektronischen Navigations- und Kommunikationsgeräten zu tun. Zur Standardausrüstung eines modernen Sportflugzeuges gehören leistungsstarke Funkgeräte, zumeist in doppelter Ausführung vorhanden, Funknavigationsgeräte zur Standort- und Kursbestimmung und nicht zuletzt - ein sogenannter "Transponder", dessen Aktivierung grundsätzlich, und bei Flügen über See aus guten Gründen zwingend vorgeschrieben ist. Der "Transponder" sendet eine automatische Kennung an die Flugsicherungsstelle, in der Daten über die "Identität" des Flugzeugs, die Flughöhe, den Kurs, die Geschwindigkeit und weitere Angaben enthalten sind, die eine sichere "Flugbegleitung und -führung" durch die Kontrollstellen der Flugsicherung gewährleisten, in deren Bereich sich die Maschine befindet, und zwar auch dann, wenn das Flugzeug nach "Sichtflugregeln" geführt wird. Es handelt sich also um ein Mittel, das der sicheren Durchführung des Fluges im besonderen und der "Flugsicherheit" im allgemeinen dient. Die Funkgeräte dienen zur Kommunikation zwischen Pilot und Flugsicherungskontrollstellen. Und selbstverständlich kommt ihnen im Fall einer "Notsituation" eine ganz besondere Bedeutung zu. Die aller erste Maßnahme eines jeden Piloten, der sich mit einer Notsituation in der Luft auseinander zusetzen hat, besteht darin, die zuständige oder jede erreichbare Flugsicherungskontrolle über Funk zu informieren.

Die zu verwendende "Phraseologie", die unter anderem neben Standortmeldung, Art und Umfang der Gefahrensituation auch die beabsichtigten Maßnahmen des Flugzeugführers enthält, ist international in einem "Flugschema" festgeschrieben und beginnt stets mit dem dreimal wiederholten Wort "Mayday".

Warum hat Kennedy über Funk keine Notmeldung abgesetzt?

Der bisherigen Berichterstattung über den Absturz war nicht zu entnehmen, daß die zuständige Flugsicherungskontrollstelle eine Notmeldung ("Mayday") von der Maschine Kennedys aufgefangen hat. Im Gegenteil. Den Berichten zufolge, will der zuständige Fluglotse bemerkt haben, "daß der ´Blip´ der Maschine ´plötzlich´ vom Radarschirm verschwunden war. Er habe dem zunächst keine Bedeutung beigemessen, weil er annahm, das Flugzeug habe Höhe aufgegeben und werde vom Radar nicht mehr erfaßt." Eine nicht nur unglaubliche, sondern auch eine unglaubwürdige Geschichte. Kein Pilot, der sein Handwerk auch nur einigermaßen versteht, würde ohne zwingenden Grund, außer im sicheren Landeanflug auf einen Flugplatz, bei einem Flug über offener See freiwillig so viel Höhe aufgeben, daß er von der Radarüberwachung nicht mehr erfaßt werden kann. Eine andere, und weitaus glaubwürdigere Version besagt, daß die Radarüberwachung bei einem Flugzeug einen plötzlichen Höhenverlust festgestellt habe, der einer Sinkrate von mehr als 6.000 ft. pro Minute entsprochen hat. Man sei jedoch zunächst nicht davon ausgegangen, daß es sich um die Maschine von JFK jr. gehandelt habe. Was auch immer hier die Wahrheit sein mag, ein derart rapider Höhenverlust eines kleinen Reiseflugzeugs kann nicht mehr als "Sinkflug" bezeichnet werden. Vielmehr handelt es sich um einen beinahe senkrechten "Sturzflug", dessen Beobachtung die Annahme technischer Schwierigkeiten und eines möglicherweise drohenden Absturzes rechtfertigt, und erst recht dann, wenn ein derartiger Sturzflug in einer Reiseflughöhe von 5.500 feet beginnt. Zwischenzeitlich wurde durch die Presse ein weiteres Indiz bekannt, das theoretisch als Ursache für eine "unkontrollierte Fluglage mit abschließendem Absturz" in Betracht kommen könnte. Am Tag vor dem Unglücksflug soll sich JFK jr. beim "Fallschirmgleiten" einen Knöchel gebrochen haben. Die dadurch bedingte Bewegungseinschränkung oder Unfähigkeit zur erforderlichen Nutzung der Seitenruderpedale, deren Bedienung eine Lageveränderung um die

Hochachse bewirkt, könnte dazu beigetragen haben, daß die Maschine in eine unkontrollierte Fluglage geriet.

Die Wahrscheinlichkeit ist allerdings außerordentlich gering, denn bei modernen Reiseflugzeugen kommt dem Seitenruder nur beim Start und in der Endphase des Landeanfluges eine besondere Bedeutung zu. Im normalen Reiseflug werden Kursänderungen primär mit den Querrudern geflogen. Selbst eine fehlerhafte oder ungenügende Betätigung des Seitenruders in Reiseflughöhe führt nicht zwangsläufig zu einer sofortigen unkontrollierten Fluglage, die nicht mehr beherrscht werden kann. Die letzte bekannt gewordene Pressemeldung besagt: "Kennedy habe bei schlechten Witterungs- und Sichtverhältnissen die Orientierung verloren, was zum Absturz geführt habe." Tatsache ist, daß die Ostküste der USA zur Zeit des Absturzes unter einer Hitzewelle litt. Derartige Wetterlagen fördern, insbesondere zur Nachtzeit und über Wasser, die Dunstbildung, was zur Beeinträchtigung der Flugsicht führt. Dieses Phänomen ist nicht gleichbedeutend mit "Orientierungsverlust", also Unkenntnis der gegenwärtigen Position und die Unmöglichkeit der Standortbestimmung. Auf der Unglücksroute hätte nicht einmal ein "Sonntagsflieger" die "Orientierung" verloren. Eine fliegerische Grundregel besagt für den Fall, daß der anliegende Kurs beibehalten und nach Orientierungspunkten Ausschau gehalten wird. Bei Nachtflug und Flügen über See kann diese Regel mangels Orientierungspunkten zwangsläufig keine Anwendung finden. Dafür stehen andere Möglichkeiten zur Verfügung. Das schnellste und sicherste Hilfsmittel wäre hier das Funkgerät gewesen. Eine Nachfrage bei der Flugsicherungsleitstelle hätte zur sofortigen Durchgabe der exakten Position geführt, weil die aktuelle Position auf dem Radarbild abzulesen ist. Erinnern wir uns an den "Transponder". Soweit bekannt, wurde entsprechender Funkverkehr jedoch nicht aufgefangen. Wenn wir den eigentlich unmöglichen Fall unterstellen, daß ein betriebsbereites Funkgerät nicht zur Verfügung stand, hätte es bei dem von JFK jr. geflogenen Kurs nur einer Linkskurve um ungefähr 90 Grad bedurft, die ihn innerhalb weniger Minuten an die Küste geführt hätte. Von dort wäre die Positionsbestimmung und die

Festlegung eines neuen Kurses zum Zielort mit Sicherheit völlig risikolos möglich gewesen. Bei dieser letzten öffentlich verbreiteten Version drängt sich der Verdacht einer groß angelegten Verschleierungskampagne hinsichtlich der wahren Unfallursache geradezu auf.

Sind andere Absturzursachen denkbar?

Die Wahrscheinlichkeit eines technischen Versagens bei einer Verhältnismäßige neuen Maschine begrenzt die Möglichkeit auf "Pilotenfehler" und "Fremdeinwirkung" im weitesten Sinne. Wie bereits angedeutet, sind die meisten Flugzeugabstürze, insbesondere bei Sport- und Reiseflugzeugen, auf Fehler des Piloten zurückzuführen. Fehler bei der Bedienung von Luftfahrtgeräten wirken sich insofern fatal aus, als der erste Fehler unweigerlich den nächsten nach sich zieht. Nicht selten endet diese "Kettenreaktion" mit einer Katastrophe. Die Praxis hat gezeigt, daß sich hier wiederum die meisten Fehler mit den entsprechenden Folgen beim Start und Landeanflug einschleichen. Ein weiteres Übel, das viele Abstürze zur Folge hat, ist das fliegen steiler Kurven in niedriger Höhe, die sogenannte "Heimatkurbelei", wobei es zum Abreißen der Strömung kommt, was bei zu geringer Höhe unweigerlich zur Katastrophe führt. Doch kommen wir auf den "Fall Kennedy" zurück und beschäftigen uns mit der Frage, wo sich der Absturz ereignet hat. Nach bestätigten Berichten aus "gut unterrichteten Kreisen" fiel das Flugzeug praktisch in Sichtweite des Flugplatzes von "Martha`s Vineyard" aus dem Himmel, um genau zu sein, zu Beginn des Landeanflugs in einer Entfernung von 19 Meilen von der zugewiesenen Landebahn, woraus sich ergibt, daß sich die Maschine auf einem festgelegten Kurs befand, welcher der Verlängerung des reziproken Kurses der Landerichtung in Richtung See entsprach. Daraus ergibt sich, daß die Auffindung und Bergung von Flugzeug und Besatzung durch die Küstenwache und andere Rettungsdienste allenfalls eine Sache von Stunden sein kann. Keinesfalls, wie in den Medien behauptet wurde, ist eine Such- und Rettungsaktion erforderlich, die sich über Tage er-

126

streckt. Das Flugzeug war an einer schnell bestimmbaren Position abgestürzt und nicht etwa "verschollen". Auch in diesem Punkt kommen die Tatsachen langsam ans Licht. Dieselben "unterrichteten Kreise" haben nämlich durchsickern lassen, daß die Auffindung und Bergung in der Tat innerhalb von Stunden erfolgte. Auf Anordnung von Präsident Clinton persönlich, soll dieser Umstand der Öffentlichkeit zunächst vorenthalten worden sein. Seine Begründung: "Er habe den betroffenen Familien nicht die Hoffnung nehmen wollen." Eine fadenscheinigere Begründung ist kaum vorstellbar. Hier drängt sich nun der Verdacht auf, daß etwas vertuscht werden sollte, wir es mit einem "cover up" zu tun haben, weil der Zeitraum bis zur Bekanntgabe der Auffindung und Bergung genutzt wurde, um Beweise beiseite zu schaffen. Eine solche Notwendigkeit ergibt sich nur in den Fällen, denen eine Straftat zugrunde liegt. Gleichzeitig ist das Verhalten Clintons ein sicheres Indiz dafür, daß ein Komplott zur Beseitigung Kennedys nicht ausgeschlossen werden kann. In einschlägigen Kreisen des "Organisierten Verbrechens" in den USA ist es geradezu eine Mode geworden, sich "unliebsamer Zeitgenossen" durch "Flugunfälle" zu entledigen. Jeder erkennt die Tragik eines solchen Unglücks und kommt kaum auf den Gedanken, daß der "Unfall" vorsätzlich herbeigeführt worden sein könnte. Erinnern wir uns nur an den Fall des ehemaligen Beraters Präsident Clintons, Ron Brown, wo ein Flugzeug beim Landeanflug auf einen jugoslawischen Flughafen im Zusammenspiel mit manipulierter Navigationstechnik gegen einen Berg gelenkt, und damit zum "Tatwerkzeug" wurde. Auch hier wurde der Tod vieler unschuldiger Menschen billigend in Kauf genommen. Für Fachleute stellt es kein Problem dar, ein Flugzeug so zu präparieren, daß die Manipulation bei einer äußeren Prüfung von Zelle und Triebwerk nicht bemerkt wird und dennoch geeignet ist, die Maschine "planmäßig" zum Absturz zu bringen. Auf Einzelheiten der dabei angewendeten Techniken braucht nicht näher eingegangen werden. Dem Leser sei versichert, daß diese "Tricks" außerordentlich subtil und wirkungsvoll sind. Aus Kreisen angeblicher "Fachleute" wurde inzwischen eine andere Variante als mögliche Absturzursache zur

Diskussion gestellt. Danach soll die Flugroute Kennedys über "Montauk" geführt haben.

Dort befindet sich ein Labor der US-Luftwaffe, in dem angeblich geheime Versuche mit "gebündelter Hochfrequenzstrahlung durchgeführt werden. Vermutlich beziehen sich diese "Experten" auf den Absturz des Swissair-Fluges SR-111 im Sommer 1998 vor der nordamerikanischen Küste, bei dem als Absturzursache ein verheerender Kabelbrand in der Pilotenkanzel ermittelt wurde. Gerüchteweise sollen "Flug SR-111" und weitere fünf Flugzeuge in den Wirkungsbereich eines Experimentes mit hochverdichteter Strahlung geraten sei, was zu unterschiedlich schweren Schäden an allen betroffenen Flugzeugen geführt haben soll. Nun wird in den Laboratorien von Montauk aber nur geforscht. Nach allem, was bisher bekannt wurde, sind entsprechende Experimente mit gebündelter Hochfrequenzstrahlung im Bereich Labrador-Neufundland durchgeführt worden. Die Flugroute des Unglück-fluges steht aber zweifelsfrei fest, und selbst bei allem Wohlwol-len hat der Kurs nicht über Labrador-Neufundland geführt. Derar-tige Spekulationen angeblicher "Experimente" gehören in den Bereich der Fabeln und Legenden.

Wie geht es weiter?

Die Untersuchungen von Flugunfällen obliegt den nationalen Flugbehörden. Soweit es Flugunfälle in den Vereinigten Staaten betrifft, liegt die Zuständigkeit beim "US-Luftfahrtbundesamt" (FAA). Grundlage jeder derartigen Unfalluntersuchung ist stets die möglichst zweifelsfreie Ermittlung der Absturzursache. Selbstverständlich haben sich die Untersuchungen nicht nur auf die Begutachtung der Wrackteile zu erstrecken, sondern auch auf die Leichen der Besatzung, namentlich der oder des Piloten, da auch deren Leichen unter Umständen zu "Beweismitteln" werden können, denn man hat es möglicherweise mit einem "Tatort" zu tun. Obwohl sich Flugzeugführer im allgemeinen einer ausgezeichneten Gesundheit erfreuen, die von Fachärzten nach Ablauf von jeweils sechs Monaten bis zu zwei Jahren (Abhängig von der Art der erteilten Fluglizenz) erneut bescheinigt werden muß, sind auch Piloten nicht vor einem "plötzlichen Herztod" oder einer anderen letalen Erkrankung gefeit. Die Untersuchung der Leichen schließt also grundsätzlich - wie im Regelfall auch bei jeder anderen Todesursache - die Obduktion mit ein. Hier muß nicht besonders erwähnt werden, daß sich die Untersuchungen dabei auch auf eine mögliche Vergiftung mit Todesfolge zu erstrecken haben. Im vorliegenden Fall muß es daher merkwürdig anmuten, daß die zuständige Ermittlungsbehörde, innerhalb von zwei Tagen nach der Bergung der Leiche Kennedys, nicht nur die Erlaubnis zur Beerdigung, sondern auch die Genehmigung zur "Einäscherung" erhalten haben sollen. Eine wirksamere Methode zur Vernichtung von Beweismitteln gibt es nicht. Anderen Presseberichten zufolge, sollen alle Leichen geborgen worden sein. Die behauptete Einäscherung sei amtlich bisher nicht bestätigt worden. Was ist die Wahrheit?
Bleiben wir bei der Behauptung, daß die Leiche Kennedys eingeäschert wurde. Warum? Kennedy war praktizierender Katholik. Der katholische Glaube und die Lehren der katholischen Kirche schließen eine Feuerbestattung aus. Ein völlig unübliches Verhalten, und warum diese Eile? Weil es sich um einen Kennedy ge-

handelt hat, oder gerade darum? Da die bisher bekannten Fakten Anlass zu Spekulationen geben, müssen wir prüfen, ob konkrete Anhaltspunkte für ein Fremdverschulden gegeben sind. Ja, solche Anhaltspunkte sind durchaus gegeben. Durch Presseveröffentlichungen wissen wir mit Bestimmtheit, daß ein Teil des Gepäcks, eine Reisetasche mit Inhalt, die zweifelsfrei aus dem Eigentum der Kennedys stammt, im Verlauf der Flugroute, aber in einiger Entfernung von der Absturzstelle, aus dem Meer geborgen worden ist. Dieses Gepäckstück muß also im Verlauf des Absturzes aus dem Flugzeug geschleudert worden sein, was unter normalen Umständen nach den physikalischen Gesetzen der Aerodynamik schlicht unmöglich ist. Bei der Unglücksmaschine befindet sich der Gepäckraum kurz vor dem Leitwerk im hinteren Rumpfteil und wird durch eine seitlich am Rumpf angebrachte, verriegelbare Ladeluke bestückt.

Selbst bei unsachgemäßer Verriegelung ist es unmöglich, daß ein dort verstautes Gepäckstück im Reiseflug herausfällt, weil die den Rumpf umströmende Luft die Luke geschlossen hält. Bei einer Reisefluggeschwindigkeit von ca. 200 mph sind zur Öffnung der Luke von innen nach außen Kräfte erforderlich, die ein Gepäckstück von angenommen 10 Kilo Gewicht ohne "Fremdbeschleunigung" nicht entwickeln kann. Versuchen Sie einmal, Ihre Autotür bei 100 km/h aufzudrücken. Sie werden sofort feststellen, daß ein relativ hoher Kraftaufwand erforderlich ist, um den Luftwiderstand zu überwinden. Schon die Tatsache, daß die Reisegeschwindigkeit des Flugzeuges das ungefähr 3,5-fache betragen hat, und der Widerstand im Quadrat zur Geschwindigkeit zunimmt, macht deutlich, daß ein "normales Herausfallen" bei unsachgemäß verriegelter Ladeluke mit absoluter Sicherheit auszuschließen ist. Es muß also eine Kraft gewirkt haben, die groß genug war, um den enormen Luftwiderstand zu überwinden, die Ladeluke des Gepäckraums aufzustoßen und das Gepäckstück herauszuschleudern. Darüber hinaus muß sich diese Kraft schlagartig ausgewirkt haben. Erfahrungsgemäß tritt das Phänomen des schlagartigen Freiwerdens von Kräften nur bei einer "schnellen Verbrennung", einer "Explosion" auf. Gehen wir von dieser Hypothese weiter aus, erklärt sich auch der abrupte Sturzflug mit einer Sinkgeschwindigkeit von rund 6.000 ft. pro Minute. Wenn im Heckteil der "Piper Saratoga" ein Sprengsatz detoniert sein sollte, hätte das zu massiven Schäden bis hin zur Absprengung des Leitwerks, also der Steuerorgane des Flugzeugs - und zur Herausschleuderung des Gepäckstücks geführt. Unter aerodynamischen Gesichtspunkten hätte das die sofortige Kopflastigkeit der Maschine und den unvermittelten Übergang in den Sturzflug zur Folge, der durch das laufende Triebwerk noch verstärkt worden wäre. Die Zündung des Sprengsatzes hätte mittels eines angekoppelten barometrischen Höhenmessers ausgelöst worden sein können, der sich im Steigflug beim Durchsteigen einer vorbestimmten Höhe aktiviert und im Sinkflug auf diese Höhe zündet.

Wer oder was steckt hinter einem möglichen Attentat?

Ralph Salerno, Polizeiexperte des "New Yorker City Police Dept.": "Das Organisierte Verbrechen, meine Damen und Herren, hat seine eigene Auffassung von Recht und Gesetz. Wenn es sich herausstellt, daß durch den Tod eines Menschen mehr zu gewinnen, als zu verlieren ist, dann ist der betreffende ein toter Mann. Egal, ob er Polizist, Präsident der Vereinigten Staaten oder auch nur ein ganz normaler Durchschnittsbürger ist."
Viele Menschen sterben heutzutage eines übernatürlichen Todes als Folge der modernen technischen Errungenschaften. Doch die wenigsten von ihnen werden vorsätzlich nach einem vorgefaßten Plan getötet. Tritt dieser Fall ein, muß nach den Motiven gefragt werden. Wer hat ein Interesse daran, eine bestimmte Person zu "beseitigen"? Wem dient es, und welches sind die Gründe? Soweit es die USA betrifft, ist es bei den "Mobstern", der organisierten Kriminalität, zur Regel geworden, daß auf bestimmte Personen ein "Kontrakt" abgeschlossen wird, wenn alle anderen Mittel nicht die gewünschte Wirkung gezeigt haben. Ein "Kontrakt" ist nichts anderes, als die Vergabe eines "Auftrags" zur Tötung einer bestimmten Person. Zu den erwähnten Mitteln gehört zunächst der Versuch der Überzeugung zur Aufgabe bestimmter Vorhaben und

Pläne, die Aufforderung, sich "neutral" zu verhalten. Es schließt sich die "Warnung" an, und im Fall Kennedy ist es daher nicht verwunderlich, daß vermutlich ihm wohl gesonnene Personen aus dem Kreis der "Eingeweihten" ihn davor "gewarnt" haben, den Flug zur Millionärsinsel Martha`s Vineyard anzutreten. In den Medien wurde entsprechend berichtet. Die Warnung war zwecklos, und der Flug endete zwangsläufig mit der Erfüllung des "Kontraktes". Als mögliches Motiv für ein Verbrechen können im vorliegenden Fall primär zwei öffentlich bekannt gewordene Pläne Kennedys angenommen werden:

Zum einen hatte er die Absicht, die Memoiren seiner verstorbenen Mutter Jacqueline Kennedy in Kürze zur Veröffentlichung freizugeben. Diese Ankündigung wird in bestimmten Kreisen Panik ausgelöst haben. Nicht ohne triftige Gründe dürfte verfügt worden sein, daß die Veröffentlichung dieser Memoiren nicht vor Ablauf von fünfzig Jahren erfolgen sollte. Warum eine fünfzigjährige Sperrfrist? Vermutlich, weil nach Ablauf dieser Frist keiner der namentlich in den Memoiren bezeichnete Person mehr am Leben ist, sie mithin für ihre Handlungen oder Unterlassungen von der irdischen Justiz nicht mehr belangt werden können. Der Tod Präsident John F. Kennedys am 22. November 1963 in Dallas, Texas, hat die amerikanische Politik entscheidend verändert. Nicht zum Guten, sondern zum Schlechten. John F. Kennedy war nach der Überzeugung gewisser politischer Kreise ein unbequemer Präsident. Er hatte sich gegen "Vorgaben" aus dem Bereich der "Grauen Eminenzen", der "Schattenpolitik", aufgelehnt, und insbesondere dem "Organisierten Verbrechen" den Kampf angesagt, denn bereits Anfang der sechziger Jahre hatte sich das organisierte Bandenverbrechen in den USA zu einem "Staat im Staat" entwickkelt. Die Korruption innerhalb staatlicher Behörden, nicht zuletzt innerhalb des Polizeiapparates, war zu einem regelrechten "Krebsgeschwür" geworden.

"Über einen Zeitraum von mindestens einem halben Jahrhundert wurde es zugelassen, daß sich das Organisierte Verbrechen wie mit Krakenarmen über die Nation ausbreiten und in unsere Gesellschaft eindringen konnte." „Soweit es den `Geschäftsumfang`

132

betrifft, steht fest, daß sich das weitaus größte `Dollarvolumen` unter der Kontrolle dieser Verbrecherorganisation befindet. Durch Gewalt, Korruption und Betrug hat sich die Unterwelt zu einer verzweigten Industrie entwickelt, die jetzt jeden Aspekt des amerikanischen Lebens beeinflußt: Unser Privatleben, unsere Wirtschaft, unser politisches System, die Regierung und den freien Wettbewerb."

(Zitat: Aaron Kohn, Direktor der New Orleans Metropolitan Commission.)

Jahrzehntelange Ermittlungen staatlicher Stellen und von Privatpersonen über die Hintergründe des Attentats von 1963, haben zu dem Ergebnis geführt, daß die eigentliche Planung und Tatausführung durch Personen erfolgte, die der Szene des Organisierten Verbrechens zuzuordnen sind. Die als "Täter" ermittelten Lee Harvey Oswald und sein gedungener Mörder Jack Ruby waren bei dieser Verschwörung lediglich Randfiguren. Selbst der damalige Direktor des FBI, J. Edgar Hoover, war nur ein "Bauer auf dem Schachbrett" der Unterwelt. Er ließ nichts unversucht, um die Ermittlungen der wahren Hintermänner des Attentats auf Präsident Kennedy zu behindern. Selbst Ermittlungsberichte seiner eigenen Behörde wurden von ihm unterdrückt, wodurch die Analyse Aaron Kohns eindrucksvoll untermauert wird. Die eigentlichen "Auftraggeber" aber, sind in politischen Kreisen der USA und des Auslands zu finden, wie aus inzwischen vorliegenden glaubwürdigen Dokumentationen zweifelsfrei gefolgert werden kann. Dasselbe Schema ist auf das Attentat auf Robert (Bob) Kennedy, seinerzeit US-Justizminister, anzuwenden. Er teilte die politischen Ansichten seines Bruders und beging den Fehler, sich um das Präsidentenamt zu bewerben. Es kann davon ausgegangen werden, daß die "Wahrheit" auch heute noch geeignet wäre, die "Nationale Sicherheit" der Vereinigten Staaten von Amerika zu gefährden. Und zumindest ein Teil dieser "Wahrheit" über die Hintergründe und die wahren "Hintermänner" beider Attentate, die kaum etwas mit den der Öffentlichkeit präsentierten "Tätern" gemein haben dürfte, wird in den Memoiren von Jacqueline Kennedy zu finden sein.

Zum anderen wurde gerüchteweise bekannt, daß JFK jr. seine Bereitschaft erklärt hatte, sich als Präsidentschaftskandidat aufstellen zu lassen. Womit sich die Frage stellt: Wem nützt es, daß JFK jr. als Präsidentschaftskandidat ausgeschaltet ist? Es ist nicht schwer, die Antwort auf diese Frage zu finden. Neben Kennedy jr. ist bisher (August 1999) nur ein ernst zu nehmender Mitbewerber an die Öffentlichkeit getreten: George W. Bush jr., Gouverneur von Texas, Geschäftsmann und Sohn des Vorgängers von Bill Clinton im Präsidentenamt, jenes Präsidenten, der zuerst in der Öffentlichkeit den Begriff von der "Neuen Weltordnung" prägte und von Kennern des Szenarios als Initiator des Golfkrieges von 1990 bezeichnet wird. Auch hier wird ein Motiv für ein mögliches Attentat durch interessierte Kreise erkennbar, denn die Kandidatur Kennedys, in Verbindung mit der Veröffentlichung der Memoiren, hätte eine Lawine in Bewegung gesetzt, die bestimmte Figuren der Politik mit sich gerissen und die Wahlchancen gewisser Präsidentschaftskandidaten nahezu auf Null hätte absinken lassen. Wahlkämpfe werden mit psychologischen Mitteln geführt. Das politische Konzept des Kandidaten ist für die breite Maße der Wähler sekundär. Was primär zählt, ist das persönliche Erscheinungsbild und wie sich der Kandidat "verkauft". Im Fall von John F. Kennedy jr. war die Ankündigung der baldigen Veröffentlichung der Memoiren ein kluger Schachzug, der ihm in dem Rennen um das Präsidentenamt nützlich gewesen wäre; denn die sich zwangsläufig gegen bestimmte politische Kreise und Organisationen erhebende "öffentliche Meinung" hätte ihm gegenüber anderen Präsidentschaftskandidaten erhebliche Vorteile gebracht. Die Konsequenzen dieser Entscheidung hat er allerdings nicht überblicken können oder Drohungen und Warnungen nicht ernst genug genommen. Zusammenfassend ist festzustellen: Solange der Öffentlichkeit nicht der überzeugende Beweis für einen tragischen Unglücksfall vorgelegt wird, müssen wir uns den Worten des römischen Historikers Tacitus anschließen, die er vor 1900 Jahren anlässlich der Ermordung des Kaisers Galba sprach: "Ein schokkierendes Verbrechen wurde auf das Betreiben einiger Individuen hin begangen, mit dem Segen anderer und der passiven Zustimmung von allen...

Ustica - eine mörderische Verschwörung
Abschuss einer Passagiermaschine im Jahr 1980

27. Juni 1980 um 20.08 Uhr: Das Passagierflugzeug DC-9 der Alitalia-Tochtergesellschaft Itavia erhält nach zweistündiger Verspätung wegen eines schweren Gewitters über dem Luftraum Bologna die Starterlaubnis. An Bord befinden sich 77 Passagiere, 3 Besatzungsmitglieder und der Flugkapitän Domenico Gatti. Die Maschine geht auf Kurs über Florenz, Siena und die Insel Ponza, Richtung Palermo. Die Flugbedingungen sind gut, klare Sicht, leichter Wind. Planmäßig über Ponza bittet der Pilot die Fluglotsen des Radarzentrums Rom-Ciampino, für den Anflug auf Sizilien die Flughöhe von 10.000 m verlassen zu dürfen. Minuten später fliegt die DC-9 auf 7.500 m Höhe. Plötzlich hören die Lotsen über Funk ein erschrecktes "Guar...", ein halbes "Guarda!" - "Schau doch!" Es ist 20.59 Uhr, als der Funkkontakt abbricht. Die DC-9 verschwindet von den Radarschirmen.

Und wieder erschüttern die Pressemitteilungen die Öffentlichkeit! Das Passagierflugzeug stürzte unweit der Insel Ustica, 120 Seemeilen nördlich Siziliens, ins Tyrrhenische Meer, das an dieser Stelle über 3.500 m tief ist. Im Morgengrauen bergen die Rettungsmannschaften nur noch Tote aus den Wellen. Die erste offizielle Version begründet den Absturz mit der angeblichen Materialermüdung des Flugzeuges. Bereits wenige Stunden später wird verbreitet, daß ein Bekenneranruf bei der Zeitung „Corriere della Sera" eingegangen sei. Dieser habe behauptet, die Maschine sei durch eine Bombenexplosion in der Toilette der DC-9 zum Absturz gebracht worden.

Die Bombe habe einem rechtsextremen Häftling gegolten. (Es stellte sich übrigens heraus, daß sich ein solcher nicht an Bord befand.) Mit dieser Variante versuchen offizielle Stellen, die Tat den Linken Italiens anzuhängen, die zu diesem Zeitpunkt in vielen öffentlichen Ämtern vertreten sind.

Schließlich breiten sich Gerüchte über die Ursachen des Unglücks aus, die immer stärker auf eine Verwicklung der Nato hinweisen. In diesem Zusammenhang rückt der Flug einer Tupolew ins Interesse der Öffentlichkeit, die zur gleichen Zeit wie die Unglücksmaschine in der libyschen Hauptstadt Tripolis gestartet ist. Ursprüngliches Ziel dieses Flugzeuges war Warschau. Doch änderte die Maschine mit ihrem hochkarätigen Passagier, dem libyschen Staatspräsidenten Muhammar Ghaddafi, vor der sizilianischen Küste abrupt ihre Route und landete unerwartet auf der Mittelmeerinsel Malta.

In den Medien wird spekuliert, daß es sich um eine geheime Militäroperation der Nato gehandelt habe, die das Flugzeug Ghaddafis zum Absturz bringen sollte. Ghaddafi, der sich auf dem Weg zu einem Gipfeltreffen des Warschauer Paktes befand, war von Ronald Reagan zum Mann Nr. 1 des Terrorismus im Mittelmeerraum erklärt worden. Dennoch pflegte er weiterhin traditionell enge Geschäftsverbindungen zum Nato-Partner Italien und investierte dort. 1976 hatte Libyen 10 Prozent der FIAT-Aktien aufgekauft. Italien wiederum lieferte Kampfflugzeuge und militärische Ausbilder und geriet dabei zunehmend in Konflikt mit den Nato-Alliierten. Frankreich unterstützte damals die Regierung des südlich von Libyen gelegenen Tschad gegen Ghaddafi. Washington plante bereits mit Ägypten gemeinsame Luftmanöver gegen Libyen und lieferte Kampfjets nach Kairo.

Klärung vor Gericht:

Die genauen Gründe für den Absturz standen erst 1999 - vor Gericht zur Debatte. Der italienische Untersuchungsrichter Rosario Priore hat Anklage gegen vier italienische Generäle wegen Hochverrats und Angriff auf die Verfassungsorgane sowie gegen weitere fünf Generäle wegen Falschaussage erhoben. Gegen 80 Militärangehörige wird noch ermittelt.

Priore bringt in seiner Anklage unter anderem folgende Beweisfaktoren in Zusammenhang:

Knapp drei Wochen nach dem Flugzeugabsturz wurde im Sila - Gebirge eine abgeschossene MiG 23 gefunden. Den Flug dieser MiG 23 in der Nacht vom 27. Juni hatte die Nato zu vertuschen versucht, indem sie den Zeitpunkt des Abschusses auf den 18. Juli deklarierte. Eine Obduktion der verwesten Leiche setzte jedoch den Eintritt des Todes um den 27. Juni herum fest.

Zwei Jahre nach dem Unglück hatte der britische Sender BBC die Version verbreitet, daß ein libyscher Dissident sich mit einer MiG 23 habe absetzen wollen, von Nato-Kampfflugzeugen jedoch gejagt worden sei. Diese hätten beim Versuch, die MiG abzuschießen, versehentlich auch das Passagierflugzeug getroffen. Notizen, die diesen Tathergang untermauern, fand Priore 1996 bei einer Hausdurchsuchung bei dem pensionierten General Demetrio Cogliandro. Er war 1980 Chef der Gegenspionage beim Militärgeheimdienst SISMI gewesen.

Außerdem wurde nahe dem Wrack der Zusatztank einer amerikanischen Corsair aus dem Meer geborgen. Die Corsair wird überwiegend von Flugzeugträgern aus eingesetzt. Und Zusatztanks - so wissen Militärexperten - werfen Piloten nur bei Havarie oder Kampfeinsätzen ab.

1986 hatte die italienische Regierung die französische Gesellschaft Ifremer mit der Bergung der Unglücksmaschine in 3.700 m Tiefe beauftragt. Im Laufe der jahrelangen Justizuntersuchungen stellte sich jedoch heraus, daß diese Firma über enge Verbindungen zum französischen und italienischen Geheimdienst verfügte und den Bericht über die tatsächliche Absturzursache fälschte.

Das Wrack, das 1987 geborgen und untersucht wurde, wies deutliche Einschläge von außen auf. Es waren keine Flammenreste innerhalb der Maschine zu entdecken. Dennoch blieb die französische Firma bei der These der gelegten Bombe. Der Voice Recorder, der die Gespräche der Piloten aufzeichnete, wurde natürlich nicht gefunden.

Des weiteren kann Priore beweisen, daß die Rettungsmannschaften zunächst in ein weit abseits vom Absturz liegendes Gebiet geschickt wurden. Erst nach zehn Stunden begann man tatsächlich mit der Bergung der Passagiere. Die Such- und Bergungsaktion leitete das wichtigste Flugleitzentrum in Apulien, "Martina Franca", welches zum Nato-Radarsystem Nadge gehört.

Nadge kann mit seinen vollautomatisch gesteuerten Anlagen in rd. 80 Radarstationen lückenlos den gesamten Flugverkehr Europas aufzeichnen. Somit war die Absturzstelle des Passagierflugzeuges genauestens bekannt! Der Verdacht, daß hier Zeugen unerwünscht waren, läßt sich nicht von der Hand weisen.

Die italienische Wochenzeitung *Panorama* schrieb damals sogar, daß englische Froschmänner aus Nato-U-Booten den Rumpf der DC-9 im Morgengrauen gesprengt hätten. Die Maschine solle sich zuvor noch Stunden auf der Meeresoberfläche befunden haben.

Weiter berichtete die Zeitung von der Wahrscheinlichkeit einer Nato-Geheimoperation zum Sturz Ghaddafis. *Panorama* zitierte Notizen des Verbindungsmannes zwischen dem italienischen und französischen Geheimdienst, Guglielmo Sinigagli (heute Kronzeuge): "...von einem sizilianischen Stützpunkt aus Waffenlieferungen an libysche Rebellen; Abschuss des von einem libyschen Rebellen gesteuerten Flugzeuges, das in der Nacht des 27. Juni 1980 Ghaddafi von Tripolis nach Warschau bringen sollte; Landung eines auf U-Booten verschifften internationalen Kommandos in Libyen zur Unterstützung der Rebellen, um den Staatsstreich durchzuführen. Der Plan schlug fehl, als statt Ghaddafi die DC-9 der Itavia getroffen wurde."

Ein weiteres Vertuschungsmanöver, das Priore aufdeckte, ist die jahrelange Unterschlagung der Radarbilder aus diesem Luftraum. Die Nato, die jede Verwicklung in das Unglück bestritt, konnte angeblich deswegen keine Radarunterlagen liefern, weil in der strittigen Zeit ein Manöver namens "Synadex" abgehalten wurde. Aus diesem Grunde sei die Radarstation Marsala ausgeschaltet, die Radarstation Siracusa aus Wartungsgründen nicht funktionstüchtig gewesen.

Doch bereits im März 1991 stand fest, daß die Nato in den Tagen des Absturzes kein Manöver "Synadex" durchgeführt hatte. Auch gibt es keine Hinweise darauf, daß die Radarstation Siracusa am 27. Juni gewartet wurde. Vielmehr war die Wartung für den 26. Juni vorgesehen. Im übrigen hatte es sich hierbei um eine Software-Wartung gehandelt, die keinen Totalausfall der Funktionen mit sich bringt.

1988 hatten Freunde und Angehörige der Opfer die "Vereinigung der Opfer von Ustica" gegründet und eine Neuaufnahme des Falles gefordert. Doch der damalige Nato-Generalsekretär Manfred Wörner sowie der US-Botschafter in Rom, Richard Gardener, stemmten sich gegen alle Behauptungen einer geheimen Militäroperation. Noch im März 1989 erklärte das amerikanische Außenministerium, daß z. Z. des Unglückes "weder Schiffe noch Flugzeuge der US-Marine oder Luftwaffe in oder über dem Tyrrhenischem Meer anwesend waren".

1990 sichergestellte Tonbandaufnahmen der Gespräche der Radarzentrale, die bisher vom Militär unterschlagen worden waren, beweisen das genaue Gegenteil. An diesem Tage befanden sich Nato-Jäger, einige Phantoms, italienische F-104, französische Mirage und zwei englische Radarflugzeuge des Typs Nimrod im Einsatz. Gleichzeitig hielten sich mehrere Kriegsschiffe der Nato, darunter Flugzeugträger und U-Boote in dem Gebiet auf.

Ein atemberaubendes Puzzle:

Nachdem über hundert Zivilisten und Militärangehörige vernommen und an die fünfzig internationale Ermittlungsgesuche eingereicht worden sind, um neben der eigenen Regierung auch Washington, Paris und die Nato-Zentrale in Brüssel zur Mitarbeit zu drängen, gibt sich die Nato nunmehr "kooperativer". Priore hat einen 800 Seiten starken Bericht dreier Radarexperten erhalten, die mit Hilfe bisher geheimgehaltener Radarbilder und Codes aus dem Nato-Hauptquartier die Daten jener Nacht zu einem atemberaubenden Simulationspuzzle zusammenfügen.

Danach befanden sich in jener Nacht rund um die DC-9 mindestens ein Dutzend Militärjets im Einsatz. Bereits kurz nach dem Start der DC-9 schoben sich ein oder zwei Jets - vermutlich libysche MiG 23 - auf 1.500 m Nähe in den Radarschatten der Maschine.

Vom Luftwaffenstützpunkt Grosseto stiegen daraufhin zwei italienische Abfangjäger des Typs Starfighter F-104 auf. Einer von ihnen gab über die Radarstation Poggio Ballone des Flughafens Grosseto Alarm. Die beiden Piloten, Ivo Nutarelli und Mario Naldini, hatten vermutlich die Kampfjets im Radarschatten der Zivilmaschine entdeckt. Kurz darauf wurden die beiden zurückbeordert.

Weiterhin beweisen die Radaraufnahmen, daß die DC-9 auf der Höhe von Ponza auch Besuch von anderen Jets bekam: Mindestens zwei Kampfflugzeuge zogen aus Richtung Korsika heran, wahrscheinlich französische Mirage 2000. Zwei Jäger kamen aus Richtung des süditalienischen Festlandes auf die DC-9 zu, zwei weitere stiegen unvermittelt aus dem Meer unweit Sardiniens auf.

Wie die Nato im September 1999 erstmals bestätigte, hielt sich zudem ein Flugzeugträger "ungenannter Nationalität" im Absturzgebiet auf. Die Ermittlungsbehörden haben die französische "Clemenceau" oder die amerikanische "Saratoga" im Verdacht; beide Schiffe kreuzten ganz in der Nähe. Doch sowohl Paris als auch Washington streiten nach wie vor jede Verwicklung in den Vorfall ab. Die Flugzeugträger hätten in den Häfen vor Anker gelegen, alle elektronischen Geräte seien abgeschaltet gewesen, kein Flugzeug sei gestartet, bzw. gelandet. Doch wer, wenn nicht die USA und Frankreich, stationierte in dieser Nacht einen Flugzeugträger in der Region?

Die Radaraufnahmen zeigen weiter, daß um 20.59 Uhr die DC-9 noch deutlich zu erkennen war. Dann erlischt das Radarzeichen der Zivilmaschine, getroffen von einer Rakete, die - so frühere Gutachten - ca. 20 m rechts vom Cockpit explodierte, möglicherweise nach einer Notzündung durch den Piloten eines Kampfjets. Priore hat herausgefunden, daß einen Tag nach Absturz der DC-9 in der US-Botschaft in Rom der "Sonderstab Ustica" gegründet wurde. Vermutlich wurden dort alle Beweise unter Verschluß genommen. Der damalige italienische Ministerpräsident Francesco Cossiga, der schon 1978 als Innenminister im Mordfall Moro für seine in Zusammenarbeit mit US-Kreisen betriebene Verhinderung der Fahndung unrühmlich bekannt geworden war, ordnete allen Dienststellen "strengstes Stillschweigen" über den Vorfall an. Der Geheimdienstchef der italienischen Luftwaffe, Zeno Tascio, händigte alle relevanten Aufzeichnungen der italienischen Radarstationen dem Chef der CIA in Rom aus.

Traurig und vielsagend ist die Spur mysteriöser und ungeklärter Todesfälle, die das Unglück vom 27. Juni 1980 nach sich zog: Der Arzt des Militärflughafens erhängte sich an seiner Badezimmertür. Sechs Wochen nach dem Unglück raste der Kommandant des Flughafens Grosseto mit seinem Auto an eine Platane. Seinen Fluglotsen Dettori fand man an einem Baum aufgehängt. (Man sei an jenem Abend "nur ganz knapp an einem Krieg vorbei geschwankt", soll er einem Kollegen sichtlich mitgenommen am Morgen nach dem Absturz mitgeteilt haben.)

Auch der Bürgermeister von Grosseto starb bei einem Autounfall. (Von zwei Luftwaffengenerälen hatte er erfahren, daß am Abend des 27. Juni von dem nahegelegenen Flugplatz zwei Abfangjäger aufgestiegen waren, um eine libysche MiG abzuschießen.) Der diensthabende Offizier der Radarstation Grosseto starb am 9. Mai 1981 32-jährig an einem Herzanfall.

Im März 1987 erschoß das sogenannte Terrorkommando Unitá Comunisti Combattenti den General Licio Giogieri. (Wie später festgestellt wurde, bezahlte das Innenministerium den Anführer des Mordkommandos.) Giogieri war Radarexperte und Mitglied des Radarstabes der italienischen Luftwaffe. In der Absturznacht kommandierte er über dem Luftraum von Ustica eine PD 808, ein Spezialflugzeug für elektronische Kriegführung.

Bisheriger Höhepunkt der Blutspur scheint das bis heute nicht aufgeklärte Unglück von Ramstein in Deutschland im September 1988 zu sein. Hier kamen beim Absturz der Luftakrobatikstaffel "Frecce tricolori" 68 Zuschauer ums Leben. Zwei der beteiligten und ebenfalls getöteten Staffelpiloten waren Mario Naldini und Ivo Nutarelli, die am 27. Juni 1980 mit ihren Abfangjägern in Richtung des Passagierflugzeuges aufgestiegen waren, Alarm gegeben hatten und 15 Minuten vor Absturz der DC-9 nach Grosseto zurückbeordert worden waren.

Zehn Tage nach der Flugschau wollten beide Piloten vor dem Untersuchungsrichter über das Unglück aussagen. Beide mußten mehr gesehen haben, als von der Nato erlaubt. Aus Tonbandaufnahmen geht hervor, daß sie von der libyschen Tupolew (sie bezeichneten sie als "Zombie" - Feindflugzeug) gewusst und den Befehl erhalten hatten, ihre Identifikationscodes auszuschalten sowie alle Aufzeichnungen ihrer Flugbewegungen zu löschen. Ivo Nutarelli hatte noch vor der Flugschau geäußert, er "werde endlich aussagen".

Die deutschen Zeitungen *Der Spiegel* und *taz* stellten damals die Hypothese eines Sabotageaktes im Zusammenhang mit der Vorgeschichte der beiden Piloten auf. Grüne Abgeordnete im Bundestag forderten eine Wiederaufnahme der Ermittlungen über das Unglück in Ramstein. Dazu kam es jedoch nicht.

Erst mit dem Zusammenbruch des Warschauer Paktes und der Sowjetunion sowie der Aufdeckung der geheimen Nato-Gruppe "Gladio" begannen einige Militärs "Reue" zu zeigen. Eine Rolle spielt wohl auch, daß man sich nicht mehr vom Pentagon und der CIA Befehle erteilen lassen will.

Ex-Verteidigungsminister Lagorio gab vor Priore zu, daß es im Falle Ustica ein internationales Komplott von hohen Militärs auch anderer Staaten gegeben habe. Er - sich selbst und die Regierung schützen wollend - behauptete, sie seien nur Opfer gewesen. Das Militär erklärt jetzt den Geheimdienst für schuldig, und umgekehrt. Priore selbst weist in seinem öffentlichen, 5.000 Seiten starken Abschlußbericht darauf hin, daß die Hauptakteure an höherer Stelle sitzen müssen, denn "solche Entscheidungen können nicht ohne Deckung von Regierungsstellen vonstatten gegangen sein... Die militärische Ebene muß mit einer nationalen, ausländischen oder internationalen höheren Ebene diskutiert und von ihr Zustimmung erhalten haben."

Was der Fall "Ustica" noch alles an Lügen, Komplotten und Leichen zu Tage bringt, wird der Prozess in den nächsten Jahren - zeigen. Sicher scheint, daß die ganze Wahrheit nicht ans Licht der Öffentlichkeit kommen wird, da sie sich noch immer in den Archiven des Pentagons und verschiedener Geheimdienste befindet.

Hintergründe zum Abschuss der Passagiermaschine Boeing 747-230B der Korean Air Lines 1.9.1983

Viele Theorien sind über die Hintergründe des Abschusses von Flug 007 der Korean Air Lines durch Sowjetische Luftverteidigung angestellt worden. Es wurde Behauptungen aufgestellt, daß die USA den Flug zu einen provozierenden Einsatz gebracht hatte oder die Annahme, daß die UDSSR die Boeing 747 über ihr Hoheitsgebiet gelockt hätte, um mit dem Abschuss ihre langjährigen Rivalen als Supermacht zu brüskieren. Jedoch lassen sich diese Vermutungen aus politisch und technischer Überzeugung widerlegen. In erster Linie konnte man davon ausgehen, daß das Passagierflugzeug unabsichtlich in den sowjetischen Luftraum eingedrungen ist und dann wahrscheinlich als ein Spionageflugzeug registriert wurde, was den Abschuss der Boeing veranlaßte. Auch die internationale Zivilluftfahrt-Organisation ICAO kam nach ihren Untersuchungen zu diesem Ergebnis. Die Flugstrecke begann in New York, mit einer Zwischenlandung in Anchorage (Alaska), dort wurde die Maschine aufgetankt und die Crew ausgetauscht. Die Boeing 747 flog dann weiter mit dem Flugziel Seoul (Südkorea). Für den zweiten Streckenabschnitt wurden vorher die drei voneinander unabhängigen Trägheits-Navigationsgeräte (INS) der Boeing neu programmiert. Durch die Eingabe der genauen Koordinaten und bestimmter Positionen und Zwischenstationen entlang der Flugstrecke, würde nach Aufschaltung des Autopiloten das INS die Boeing 747 vollautomatisch zu seinem vorausgeplanten Ziel steuern. An Bord der Maschine befanden sich: 240 Passagiere sowie eine dreiköpfige Flugbesatzung und 20 Flugbegleiter. Unter den Passagieren befanden sich auch sechs dienstfreie Flugoffiziere und der amerikanische Kongressabgeordnete Lawrence Mc Donald. Zu diesem Zeitpunkt hatten alle Insassen noch 5 ½ Stunden zu leben.

Bereits kurz nach dem Start von Anchorage, registrierte man später auf den Radarauswertungen, driftete die Boeing von ihrer Flugroute nach rechts ab. Die Abweichung am Ende der Radarüberwachung zeigte, daß sich die Boeing rund 12 Km nördlich ihrer geplanten Flugroute befand, dieses wurde aber vom Anchorage Kontrollzentrum nicht als ungewöhnlich betrachtet, daher gab es auch keinen Hinweis. Es stellte sich heraus, daß die Radaraufzeichnungen der militärischen Radarstation (VORTAC Bethel – Alaska) die Boeing 25 km zu weit nördlich registrierte. Zu dem damaligen Zeitpunkt arbeiteten aber die zivilen und militärischen Flugsicherungsstellen nicht zusammen, daher wurden diese Abweichungen nicht überprüft. Die 747 flog letztendlich rund 250 km westlich von ihrer geplanten Flugroute in den sowjetischen Luftraum herein. Die russischen Jagdflugzeuge konnten bei ihrem Einsatz die Passagiermaschine beim Überfliegen der Südspitze der Halbinsel Kamtschatka nicht entdecken und registrierten die Boeing dann wie sie mit südwestlichem Kurs auf das Ochotskische Meer hinaus flog.

Wiederum eine Stunde später überquerte die Passagiermaschine im Süden der Insel Sachalin, einem militärisch sensiblen Gebiet, den sowjetischen Luftraum. Zu dieser Zeit befand sich die Boeing in 10000 m Flughöhe bei leicht bewölkten Nachthimmel. Wie sich später herausstellte, hatten die amerikanischen Abhörstellen den Sprechfunkverkehr der sowjetischen Luftwaffe abgehört. Danach meldete sich der Pilot eines sowjetischen Jagdfliegers von Typ SUCHOI SU-15 und meldete Sichtkontakt mit den Eindringlingen zu haben. Aus der Niederschrift, die später auf einer Sondersitzung des UNO-Sicherheitsrates freigegeben wurde geht hervor, daß in keinem der Funksprüche des Piloten an die Leitstelle, irgendeinen Hinweis dafür gab, daß er die Boeing 747 als Linienmaschine identifiziert hatte. Der Pilot bezeichnete die Boeing 747 immer nur als „Ziel". Die Besatzung der Boeing deutete andererseits in ihrem Funkverkehr mit dem japanischen Kontrollzentrum nie an, daß sie über die Verfolgung durch die russischen Jäger unterrichtet sei bzw. gesehen hätte.

Die russische SU-15 verfolgte die Boeing ca. 20 Minuten und gab vermutlich einen Warnschuss ab um die Aufmerksamkeit auf sich zu lenken. Dieses war scheinbar erfolglos.

Die Boeing änderte ihre Flughöhe von 10050 m auf 10670 m, dieses wurde wahrscheinlich von den Russen als ein Ausweichmanöver angesehen. Der russische Pilot schoss mit seiner SU-15 an der Passagiermaschine vorbei und positionierte seinen Jäger auf Angriff und feuerte 2 Luft-Luft-Raketen ab. Eine der Raketen traf dann vermutlich die linke Tragfläche und der russische Pilot meldete über Funk „Das Ziel ist vernichtet". Kurze Zeit konnte die Passagiermaschine stark beschädigt fliegen, die Insassen lebten vermutlich noch zu diesem Zeitpunkt. Dann setzte der verzweifelte Sturzflug ein und der 1. Offizier gab einen Notruf ab „Korean Air 007...alle Triebwerke ...explosionsartiger Druckverlust...Sinken auf null eins Delta." Dann stürzte die Boeing wahrscheinlich nach einer Explosion in der Luft in das Japanische Meer. Die Absturzstelle lag vermutlich ca. 80 km südwestlich von Sachalin in der Nähe der Insel Moneron im internationalen Gewässer. Alle Flugzeuginsassen fanden den Tod. Es wurden später einige Wrackteile und persönliche Gegenstände der Opfer geborgen. Zur Flugunfalluntersuchung standen weder der Flugschreiber noch der Voicerecorder zur Verfügung, die Russen verweigerten damals die Hilfe an einer Such- und Rettungsaktion.

Abschuss einer Passagiermaschine AIRBUS A300 der Iran Air am 3.7.1988

Auch die USA befanden sich durch den Abschuss einer iranischen Passagiermaschine am 3.7.1988 in einer ähnlichen Lage, wie 5 Jahre zuvor die UDSSR mit dem Abschuss der Passagiermaschine des Fluges 007.

Der Ursprung dieser Tragödie reichte über ein Jahr zurück, als nämlich Schiffe der US Marine begannen, kuwaitische Öltanker zu begleiten, um Angriffen auf zivile Schiffe entgegenzutreten, die sich aus dem Krieg zwischen dem Iran und dem Irak entwickelt hatten. Die Risiken wurden bald deutlich, als im Mai 1987 eine Rakete, die ein irakischer Düsenjäger angeblich – versehentlich – abgeschossen hatte, die Fregatte STARK traf und 37 amerikanische Marinesoldaten tötete.

Infolge dieses Zwischenfalls wurden neue Regeln für das militärische Eingreifen entwickelt, um die Berechtigung der US Kommandeure festzuschreiben, Abwehrmaßnahmen zu ergreifen, wenn sie eine – feindliche Absicht – vermuten ließ. Die US Streitkräfte rechneten an diesem Wochenende, das dem amerikanischen Unabhängigkeitstag voran ging, mit erhöhter militärischer Aktivität der Iraner. Am Sonntag den 3 Juli, waren der Kreuzer Vincennes und die Fregatte Elmer Montgomery der US Marine schon morgens in der Strasse von Hormus in einem Schusswechsel mit mehreren iranischen Kanonenbooten verwickelt worden. Zu diesem Zeitpunkt hob Flug 655 der Iran Air, ein Airbus A300B2-203, vom internationalen Flughafen Babdar Abbas ab, der sowohl von zivilen als auch von militärischen Flugzeugen genutzt wurde und nahm Kurs auf Dubai in den Vereinigten Arabischen Emiraten. Auf dem Wasser gab es zu der Zeit Schusswechsel und in der Nähe patrouillierte ein iranischer Seeaufklärer des Lockheed P-3 Orion, der eventuell Zielinformationen weitergab- wurde der Airbus fälschlicherweise als ein iranischer Düsenjäger des Typs F-14 identifiziert. Als der Airbus auf einen Kurs von 200 Grad weiterflog, sein Flugweg dabei zwar generell in der zugewiesenen Luftstraße lag, aber etwas rechts von deren

Mittellinie, wurden der Airbus-Besatzung von der der VINCEN-NES und der amerikanischen Fregatte JOHN SIDES mehrere Warnungen durchgegeben. Da er ein ähnliches Desaster wie das der STARK befürchtete, befahl der Kommandant der VINCEN-NES, Kapitän Will Rogers, den Abschuß zweier Flugabwehrraketen des Typs Standard. Um etwa 10:25 Uhr wurde der Airbus, etwa 15 km vom Schiff entfernt, in einer Höhe von 4100 m getroffen. Nachdem eine Tragfläche und das Heck weggebrochen waren, stürzte der Airbus bei der Insel HENGAM in die Strasse vom Hormus. Alle 290 Personen an Bord kamen dabei ums Leben.

Barschels mysteriöser Tod im Hotel

– voraus ging ein Flugzeugabsturz 1987 den er überlebte – War es Mord? Das Ende im Beau Rivage nährt Legenden - bewiesen oder widerlegt ist keine.

Deutschlands berühmteste Badewanne steht im Genfer Hotel "Beau Rivage" und sorgt seit mehreren Jahren für wilde Spekulationen: Nahm sich Uwe Barschel das Leben oder inszenierte er absichtlich einen Schein-Mord? Wurde der CDU-Politiker heimtückisch gemeuchelt, weil er zuviel wußte oder wollte jemand mit dem Mord eine Drohung ausdrücken? Allen Theorien haben eins gemeinsam: Es gibt Hinweise, die sie stützen, aber keine Beweise, die sie belegen oder widerlegen.

Nach den Enthüllungen über die Kieler "Waterkantgate"-Affäre und seinem peinlichen "Ehrenwort"-Auftritt hofft Barschel auf Rückendeckung durch seine Politikerkollegen. Als die eigene Partei ihn fallen läßt, sieht der zurückgetretene Ministerpräsident keinen Ausweg mehr. Im Interesse seiner Familie will er aber den Namen Barschel reinwaschen. Dazu erfindet er den Informanten "Robert Roloff", der ihn in Genf treffen und Entlastungsmaterial übergeben will. In der Schweizer Stadt nimmt sich Barschel das Leben, eventuell unterstützt von Sterbehelfern.

Den tiefen Sturz als Politiker und die Abkehr der Freunde kann der ehrgeizige Barschel nicht verwinden. Er erfindet den Informanten "Roloff" und wählt für seinen spektakulären Abgang Genf. Im Hotelzimmer verwischt er Spuren des Selbstmords, inszeniert Hinweise, die auf eine Fremdbeteiligung hindeuten.

Mordauftrag vom Mossad.

Der schleswig-holsteinische Ministerpräsident weigert sich, die Ausbildung iranischer Piloten auf einem Flugplatz nahe Kiel weiter zu decken. Israel hat aber ein Interesse an der Fortführung des Golfkrieges zwischen Iran und Irak und inszeniert deshalb eine politische Intrige mit dem Ziel, Barschel zu stürzen. Im Mos-

sad-Auftrag spinnt Barschels Medienreferent Pfeiffer die Fäden, Widersacher Engholm weiß über die Pläne aus Tel Aviv Bescheid. Als Barschel hinter die Tricks kommt, wird er vermutlich von einem israelischen Mordkommando beseitigt. Mordauftrag von der Stasi. Der DDR-Geheimdienst zog bei der "Waterkantgate" - Affäre die Fäden. Doch nicht nur Pfeiffer war ein Stasi-Mann; auch Politiker und Verfassungsschutz-Chefs in Schleswig-Holstein sollen in die "Operation Hecht" eingebunden gewesen sein. Ziel: Barschel muß weg, ein den DDR-Interessen gefügigerer Politiker soll in die Kieler Staatskanzlei einziehen. Nachdem der erste Mordanschlag auf Barschel mißglückt - als einziger überlebt er im Mai '87 einen Flugzeugabsturz -, wird die Intrige gegen den Ministerpräsidenten verschärft. Als der CDU-Politiker von den Kieler Hintergründen erfährt, lockt die Stasi ihn nach Genf und vergiftet ihn dort. Mordauftrag vom Iran. Die Kieler Staatswerft Howaldtswerke Deutsche Werft AG (HDW) hat beim iranischen Ayatollah-Regime Schulden in Höhe von 250 Millionen Mark wegen eines geplatzten U-Boot-Geschäftes. Der sich über Jahre hinziehende Streit eskaliert, Barschel soll im Oktober 1987 in Genf vermitteln. Dort trifft er unter anderen Khomeinis Sohn. Barschel weigert sich, auf dessen Forderungen einzugehen und wird zur Abschreckung der deutschen Seite ermordet. Waffenhändler Barschel. Nach der Wende in der DDR erinnert sich Barschels Fahrer Prosch im "Stern", seinen Chef in das Waffenlager der Schalck-Firma IMES bei Rostock gefahren zu haben. Barschel soll - so lauten andere Vermutungen - in die Waffentransporte aus Schweden über Kiel nach Indien und Pakistan eingebunden gewesen sein. Als Barschel politisch abstürzt, wird er für die Waffenhändler zum Sicherheitsrisiko - der Politiker weiß zuviel und wird ermordet. BND-Agent Barschel.
Der CDU-Politiker stimmt mit dem Bundesnachrichtendienst die Waffengeschäfte ab, die über die Kieler Staatskanzlei eingefädelt werden. 1986 stirbt überraschend Barschels Kontaktmann zum BND, sein Anwaltssozius Moll. Ein Jahr später fällt der CDU-Politiker über die Enthüllungen seines Medienreferenten. Barschel fühlt sich vom BND verraten, droht Enthüllungen über die Betei-

ligung des Pullacher Dienstes am internationalen Waffengeschäft an. Der BND sichert Entgegenkommen zu, offeriert Entlastungsmaterial, das ein gewisser Roloff in Genf übergeben soll. Barschel geht in die Falle und wird ermordet.

Die Berliner Zeitung berichtet dazu:
Ein Fall für Spekulationen – Ging Flugzeugabsturz auf das Konto der STASI?

Auch Aussagen, die nach der Wende von ehemaligen Stasi-Angehörigen gemacht werden, bleiben zweifelhaft –zumindest ohne Beweiskraft. Die meisten dieser mutmaßlichen Zeugen gelten als wenig glaubwürdige Figuren und Wichtigtuer. Angeblich aber sagen drei frühere Angehörige der Abteilung „Horch und Guck" unabhängig voneinander aus, daß die Stasi am Barschel-Tod beteiligt gewesen sein soll. Danach beabsichtigte der ehemalige Ministerpräsident, illegale Waffendeals westdeutscher Firmen mit DDR-Stellen publik zu machen und habe deshalb sterben müssen. In einer weiteren Aussage wird sogar die Behauptung aufgestellt, daß bereits der Flugzeugabsturz in Lübeck-Blankensee vom Mai '87 auf das Konto der Stasi gehe.

Der mysteriöse Absturz von Cessna „D-Cash" am 19.02.1996 ein ungeklärter Kriminalfall

Am 9.9.2002 berichtete in der ARD Egmont R. Koch um 21:45 über diesen interessanten Kriminalfall:

Am 19. Februar 1996, stürzte eine Cessna 550 mit 10 Personen an Bord im Landeanflug auf den Flughafen Salzburg nur rund 1,5 km vor der Landebahn in ein Waldstück. An diesem Rosenmontag herrschte zur Unglückszeit winterliches Wetter, bewölkt, mit leichtem Schneefall und Temperaturen um den Gefrierpunkt. Die zweistrahlige Maschine war mit zwei Berufspiloten und acht Passagieren vom Flughafen Berlin-Tempelhof gegen 8:40 Uhr mit Kurs auf Salzburg gestartet. Laut Aussagen der Flugsicherung verlief der Flug ohne Komplikationen. Jedenfalls hatte der Pilot bis dahin keinerlei Probleme gemeldet, als das Flugzeug um 9:56 plötzlich von den Radarschirmen verschwand. Mehrere Augenzeugen berichteten später ebenfalls von einem normal erscheinenden Landeanflug ohne beispielsweise außergewöhnliche Motorengeräusche. Plötzlich sei die Maschine kurz hochgezogen, dann über den linken Flügel abgeschmiert und wie ein Stein in ein Waldgebiet in unmittelbarer Nähe des Grenzflusses Saalach gestürzt.
Folgende Passagiere befanden sich in der Unglücksmaschine:
Berliner Kurier am 22/23.2.1996 berichtet „Betrüger im Todesjet täuschte schon einmal einen Tod vor" An Bord: der Lankwitzer Geologe Dr. Dr. Jürgen Tesdorpf (48). Dessen Vergangenheit ist genauso kriminell wie die des Chefs des Pleite-Unternehmens Chemulack, Kristian Benzmann (64), und des Firmen-Liquidators Gottfried Hoffmann (49).
Vor neun Jahren täuschte Tesdorf den Tod seiner Frau Anna Maria (47) vor, um ihre Lebensversicherung von 5,3 Millionen Mark zu kassieren. Das Ehepaar wohnte damals in Vilseck (Kreis Amberg, Bayern). Der Doppel-Doktor (promovierte in Berlin und Freiburg) arbeitete als Verleger, seine Frau war Gemeindeärztin. Im Spanien-Urlaub (Sommer '87) ließ T. ihren Leihwagen an der

Atlantikküste ins Meer stürzen. Anna Maria tauchte in Frankreich unter. Der Schwindel flog 1988 auf, als die Polizei die "tote" Frau bei einem Kaufhaus-Diebstahl in München erwischte. T. wurde 1989 zu vier Jahren Haft verurteilt, seine Frau zu 30 Monaten.. Auch beim Chemulack-Giftmüllskandal war der Geologe aktiv, fälschte Bodengutachten.. Die Leiche von Gottfried Hoffmann wurde aufgrund von Fingerabdrücken inzwischen zweifelsfrei identifiziert. *Einige der Fluggäste standen aufgrund ihrer Vergangenheit mit ehemaligen Mitarbeitern des DDR-Geheimdienstes in Kontakt und machten Geschäfte mit ihnen. Zum Beispiel Anwalt Uwe W. (41, Prenzlauer Berg) - bis 1990 Chef des DDR-Richterbundes und Direktor des Stadtbezirksgerichtes Mitte. Mysteriös: W. wurde erst in letzter Minute auf die Passagierliste der "Cessna" gesetzt. Er sollte den Chef des Steglitzer Pleite-Unternehmens Chemulack, Kristian Benzmann (64), dessen Sekretärin und Verlobte Evelyn R. und Firmenauflöser Gottfried Hoffmann (49) nach Salzburg begleiten. * Mit der Stasi könnte auch Flugopfer Siegfried N. (54) aus Seeburg in Kontakt gestanden haben. Er war bis zur Wende bei der DDR-Transportpolizei, wurde vom BGS nicht übernommen, ging deshalb zum Wachschutz. N. und Hoffmann kannten sich gut. Der Seeburger hatte den Chemulack-Auflöser im Januar wegen Betrugs angezeigt. Hoffmann soll seit März '94 für die Beteiligungsgesellschaft "Callaway S.A. Luxemburg" über eine halbe Million Mark ergaunert haben - für den Bau einer dubiosen Augenklinik. Noch in letzter Minute wurde Hoffmanns Rechtsanwalt Dammköhler gegen einen anderen Passagier ausgetauscht. Außerdem befanden sich die beiden Piloten Oberhem und Karstedt unter den Opfern.

Ein Insider: "Der Absturz war Stasi-Arbeit ."

Bei der ersten Meldung über Notruf an die Polizeiinspektion Freilassing glaubte der diensthabende Beamte zunächst an einen Faschingsscherz. Da von diesem ersten Anrufer außerdem keine genauen Angaben über den Absturzort (diesseits oder jenseits der Grenze, die tatsächlich nur ca. 150 m von der Absturzstelle entfernt liegt) gemacht werden konnten, alarmierte der Beamte erst mit etwas Verzögerung nach weiteren Notrufen mit den Worten "Flugzeugabsturz in der Saalachau". Beim Eintreffen an der Unglücksstelle, die über einen Waldweg gut zu erreichen war, ergab sich nach Auskunft der Feuerwehr folgendes Lagebild: Das Flugzeug hatte beim Absturz einen rund 30 cm starken Baum gefällt, sich anschließend in den Boden gebohrt und lag total zerstört auf einer Fläche von ca. 25m^2 brennend etwa 60 m neben dem Waldweg. Kurz vorher hatte es nach Zeugenaussagen noch zwei Explosionen gegeben, bei denen vermutlich der noch an Bord befindliche Treibstoff gezündet hatte. Nach dem für diese Maschine relativ langen Flug dürften sich allerdings nicht mehr all zuviel Kerosin in den Tanks befunden haben, das Feuer war jedenfalls in kürzester Zeit mit einem Schnellangriffsrohr gelöscht, so daß schon um 10:14 "Feuer aus!" gemeldet werden konnte. Zu diesem Zeitpunkt war zwar noch nicht klar, wie viele Personen sich in dem Flugzeug befunden hatten, erste Meldungen sprachen auch von "nur" 7 Personen, klar ersichtlich war jedoch, daß im Flugzeug keinerlei Überlebenschance bestanden hatte, so daß aus Gründen einer eventuellen Menschenrettung nicht auf das Einschäumen verzichtet werden mußte.

Mit Hilfe der Mannschaften wurde sofort der Wald nach unter Umständen überlebenden Verletzten des Absturzes abgesucht. Meßtrupps der Feuerwehr (und später auch von der Polizei) Ex- bzw. Strahlenmessungen wurden durchgeführt, da man im ersten Moment nicht wußte, ob, bzw. wie viele gefährliche Stoffe das Flugzeug geladen hatte. Es ergaben sich aber keine Anzeichen für gefährliche Güter.

Die Suchaktion nach den Verletzten wurde durch die Schneefälle der letzten Tage und die dadurch geschlossene Schneedecke (ca. 10 cm) insofern erleichtert, daß man an den in diesem Fall leider nicht vorhandenen Spuren genau sah, daß keine Person unter eventueller Schockwirkung die Unglücksstelle verlassen hatte. Auch konnte die Unglücksstelle durch das fast senkrechte Abstürzen des Flugzeugs recht gut eingegrenzt werden. Die Teile waren nicht wie in anderen Fällen weit verstreut, sondern lagen in einem "nur" rund 100 m großen Radius um das Flugzeugwrack verstreut.

Umstände, die eine Suche zwar sehr erleichterten, andererseits aber auch sehr schnell jede Hoffnung nahmen, daß einer der Insassen den Absturz überlebt haben könnte.

Das Absperren der Einsatzstelle wurde durch die relativ kleine räumliche Ausdehnung ebenfalls erleichtert. So wurden zwei Absperrgrenzen festgelegt: Die innere, in ca. 100 m Radius um die Einsatzstelle, die auch von Hilfskräften nur auf einem festgelegten Weg begangen werden durfte, um zu verhindern, daß eventuelle wichtige Spuren vernichtet würden und die äußere, um die unvermeidlichen Schaulustigen abzuhalten. Dies war auch unbedingt nötig, weil die Absturzstelle ein makabres Bild absoluter Verwüstung bot. Nicht nur die Trümmer des Flugzeugs waren auf dem Boden und auch in den Bäumen liegen- bzw. hängen geblieben, auch Teile der zerfetzten Leichen waren derart im Wald verstreut und boten keinen zumutbaren Anblick für die Schaulustigen, die zum Teil sogar mit Kindern zur Unglücksstelle gepilgert waren. Für die rund 20! Funk- und Fernsehteams bzw. Pressefotografen war ebenfalls nur der zuvor erwähnte Weg zugänglich, zusätzlich wurden die Leichenteile aus Pietätsgründen mit Folien abgedeckt.

. Die Einheiten der Kriminalpolizei sowie des Vermessungsamtes wurden bei ihren Aufgaben unterstützt (unter anderem wurde das ganze Gebiet in Planquadrate eingeteilt und vermessen, um später den Fundort wichtiger Teile nachvollziehen zu können). Die Kräfte des THW bauten in der Zwischenzeit eine Verpflegungsstelle, die Stromversorgung für die Ausleuchtung während der Nacht und mehrere Zelte auf. Zum einen wurde darin die Einsatzleitung untergebracht, zum anderen Besprechungen der unterschiedlichen Behörden, (Kriminalpolizei, Sachverständige, Wasserwirtschaftsamt, Landratsamt etc.) ermöglicht und später auch die Särge mit den Toten.

Beendet war der Einsatz für die Feuerwehr an diesem ersten Tag gegen 19:00. Da die Beamten vom Luftfahrtbundesamt (LBA) erst am Abend des Unglückstages eingetroffen waren, entschieden sie sich dazu, die Untersuchungen erst anderntags in der Früh um 8:00 Uhr zu beginnen. Nachdem die ersten Spuren gesichert und auch die ersten, aus dem Flugzeug geschleuderten Toten geborgen waren, wurden auf Anweisung der Spezialisten vom LBA die Wrackteile zerlegt und aufgeladen. Eine, um etwaige Spuren nicht zu verwischen, langwierige und an den Nerven zehrende Aufgabe. Immerhin befanden sich in dem Knäuel zerfetzten Blechs und verglühter Drähte immer noch sechs menschliche Körper, die es galt herauszuschneiden! Deren Bergung übernahmen zwar Angehörige des flugmedizinischen Dienstes der Bundeswehr, trotzdem wurden auch die zur technischen Hilfe eingeteilten Feuerwehrleute immer wieder mit makabren Einzelheiten konfrontiert, die hier nicht näher beschrieben werden sollen. Bei den Aufräumungsarbeiten stellte sich dann unter anderem auch heraus, daß sich die Maschine im wahrsten Sinne des Wortes in den vorher hartgefrorenen Boden gebohrt hatte: Beim Ausheben des Erdreichs wegen des ausgelaufenen Treibstoffs kamen auch in tieferen Bodenschichten noch Wrack- und Leichenteile zum Vorschein!

Vier Wochen lang ermittelt die Sonderkommission des Berliner LKA nach der Unfallursache und kam nach Aussage der Berichterstattung des ARD Berichts des Journalisten Egmont R. Koch vom 9.9.2002 um 21:45 Uhr, zu der Vermutung::

„Alles spricht dafür, daß die Maschine bewußt und gewollt zum Absturz gebracht wurde."

Vier Tage nach ihrem Zwischenbericht mußte die SoKo das Verfahren an die Staatsanwaltschaft Traunstein abgeben. Als das Luftfahrtbundesamt 1997 in seinem Gutachten befand, eine Manipulation an dem Flugzeug sei nicht beweisbar, stellte die Staatsanwaltschaft Traunstein das Verfahren sang und klanglos ein.

Berlin ist Schauplatz dieses unglaublichen Kriminalfalls, hier beginnt die Suche nach den Hintergründen einer Geschichte um Betrug und Korruption, möglicherweise sogar um zehnfachen Mord.

Diesem Verdacht wurde nie richtig nachgegangen. An Bord des Fluges „D-Cash" befanden sich die schon eingangs benannten Personen". Was wollte diese Gruppe in Freilassing und wer konnte daran Interesse gehabt haben, die Maschine abstürzen zu lassen. Am LKA Berlin, wurde unmittelbar nach dem Absturz eine SOKO tätig. Die Beamten gingen zunächst von einem tödlichen Unfall aus. jedoch kam den Beamten die achtköpfige Reisegesellschaft verdächtig vor. Nicht nur Hoffmann wies ein langes Vorstrafenregister auf, auch einige andere der Gruppe hatten eine kriminelle Vergangenheit. Mit großem Nachdruck ging die SOKO Hinweisen nach, verfolgte Spuren und leuchtete das Umfeld der Absturzopfer aus. Damals bekam das Regionalfernsehen noch Auskünfte von den Beamten. Es stellte sich heraus, daß einige der Passagiere, Gläubiger Hoffmanns waren, sie sollten ihr Geld (insgesamt ungefähr 1 Mill. DM) in Salzburg zurückbekommen, angeblich von einem Schwarzgeldkonto.

Die Berliner Kauffrau Helga Lüdemann, bei der Hoffmann auch Schulden hatte, wurde verpflichtet, von ihrem Urlaubsort bei Salzburg nach Berlin zurückzukommen um dann mit den anderen Gläubigern von Tempelhof aus wieder nach Salzburg zu fliegen, wenn sie ihr Geld wiederbekommen wollte. Am Abflugtag, einem Rosenmontag, meldete sie sich um 8 Uhr im Terminal für Charter Flüge, dort wartete sie zusammen mit den anderen Passagieren im Büro der Chartergesellschaft „Private Wings".

Die Zeugin Frau Lüdemann machte im ARD-Bericht die Aussage: „Plötzlich kam Herr Hoffman zu mir, ich möge nicht böse sein, hier sei eine Unterredung, ich sollte doch so nett sein und rausgehen." „Ich saß dann draußen auf der Bank und dann fing es an, ziemlich laut im Büro zu werden, die Personen waren scheinbar sehr erregt." „Dann kam Hoffmann wieder heraus aus dem Büro, mit einem Herren im Schlepptau, es handelte sich um den Rechtsanwalt Dammköhler". „Hoffmann sagte, ich müsse vom Flug zurücktreten, der Rechtsanwalt würde dann mein Geld mitbringen und ich bräuchte mir da keine Sorgen zu machen". Für die SOKO vom LKA wurde der Fall immer mysteriöser. Es stellte sich am morgen des Abflugtages heraus, daß die im Hangar abgestellte Unglücksmaschine gegen alle Vorschrift mit heruntergezogener Treppe vorgefunden wurde. Stellte sich die Frage, ob sich über Nacht jemand an dieser Maschine zu schaffen gemacht hatte.

Dazu auch der Bericht Berliner Zeitung

„Polizei ermittelt wegen Beschädigung von Flugzeugen / Auch an einer verunglückten Cessna soll manipuliert worden sein. Auf dem Flughafen Tempelhof sind offenbar fünf Flugzeuge mutwillig beschädigt worden. Zu den betroffenen Maschinen zählt auch die Cessna, die im Februar mit zehn Passagieren abgestürzt war. Ungeklärt ist, ob in allen Fällen ein und derselbe Täter am Werk gewesen ist. Linienflugzeuge waren von den Anschlägen bisher nicht betroffen.

"Wir gehen davon aus, daß sich ein Unbekannter seit rund zwei Jahren an den Privat- und Geschäftsmaschinen in Tempelhof zu schaffen macht", sagte Chefermittler Harald Wunderlich. In fünf Fällen ermitteln die Fahnder wegen mutwilliger Beschädigung. Nicht ausgeschlossen wird, daß der Saboteur schuld daran ist, daß zehn Menschen ihr Leben verloren. Aufmerksam wurden die Fahnder nach dem mysteriösen Absturz der Cessna vom Typ "Citation II" am 19. Februar bei Freilassing "

Nach 4 Wochen änderte die Kripo den Eintrag „tödlicher Unfall" im Computer ab und ging von Mord aus. Nur einen Tag später ordnet die Staatsanwaltschaft an, das Verfahren an Bayern abzugeben, den Ermittlungsbeamten wurden sogar dienstrechtliche Maßnahmen angedroht, wenn sie weiter in diesem Fall herumstochern, so im ARD Bericht.

Ging es Hoffmann wirklich darum, seine Gläubiger in Salzburg auszuzahlen?

Oder plante er noch ein anderes Geschäft, das jemand verhindern wollte und dabei auch vor Mord nicht zurück schrecken würde?

160

Die Eltern des 27-jährigen Piloten Andreas Oberhem, der mit seinem Berufskollegen Karstedt für die Berliner Fluggesellschaft „Private Wings" die Unglücksmaschine flog sagten im ARD Bericht aus, daß sie von Ihrem Sohn informiert wurden, er müsse mal wieder die Russen fliegen. „Nachdem wir die Nachricht von diesem Absturz hörten, riefen wir sofort bei der Fluggesellschaft an, dort wußte man aber nichts Näheres". „Wir fuhren dann sofort nach Freilassing um mehr zu erfahren".

Der Verdacht, daß es einen kriminellen Hintergrund geben könnte verstärkte sich dann, als die Eltern später das angekokelte Flugbuch auswerteten und dabei auf viele Flüge von und nach Russland stießen.

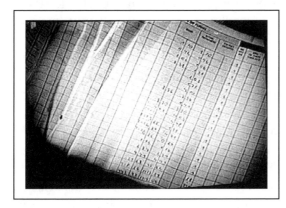

Flugbuch Cessna "D-Cash"

Der Pilot berichtete seinen Eltern darüber, daß er oft und immer wieder zwielichtige russische Geschäftsleute für „Privat Wings" quer durch Europa fliegen müsse. Einmal sei sogar der Transport von 10 Tonnen Gold aus Russland nach Zürich geplant gewesen. Das Flugzeug hatte auch nicht zufällig die Kennung „D-Cash" (für Bargeld). Der Pilot Oberhem machte auch Fotoaufnahmen vom russischen Flughafen „SAMARA", 1000 km östlich von Moskau, dort durften die Piloten ihre Maschine nicht verlassen.

Ein Freund Oberhems im TV Bericht: „Bezüglich des Goldtransports mit den Russen, sagte mir Andreas >hier in Berlin ist wirklich der wilde Osten – wir müssen hier eine schwarze Kasse auffüllen > also nicht Gelder aus dem normalen Flugbetrieb, sondern den Russenflügen, wegen der einbringlichen Barzahlungen>". „Es müsse in Berlin eine anhängige Schmiergeldaffäre bedient werden". „Es ging darum in Berlin, daß Großkliniken Ambulanzflüge benötigen und die dafür zuständige Person in der Auftragsvergabe Schmiergeld verlangten da es sonst keine Aufträge mehr gibt"
Die Geschäftsleitung von „Private Wings" bestreitet Schmiergeldzahlung geleistet zu haben. Die Überprüfung des Bordbuches „D-Cash" durch das Luftfahrtbundesamt ergab Massive Unstimmigkeiten. Im Vergleich mit den persönlichen Flugbüchern der Piloten fehlten im technischen Bordbuch insgesamt 178 Flugstunden. (Bericht LBA 1X001-096 vom 24.04.1997)
Umgerechnet wären dann 500 000 DM in eine schwarze Kasse gewandert? Eine Person, die damals am Flughafen Tempelhof arbeitete machte die Aussage, daß verschiedene Flüge der Russen gegen Rechnung erfolgten. Dieser wichtige Zeuge wurde damals nicht von der Kripo befragt. In einer eidesstattlichen Versicherung erklärt dieser Zeuge: „Zwischen Sommer 1995 und dem Absturz der „D-Cash", fanden Flüge im Auftrag der Firma .....x.....statt, ich erinnere mich an den Namen ......x...., für diese Namen der Russen wurden damals keine Passagierlisten erstellt." „Viele der russischen Passagiere führten dicke Dollarbündel bei sich." „Nach dem Absturz haben sich die beiden Geschäftsführer sehr merkwürdig verhalten, sie schlossen sich in ihrem Büro ein und löschten (- vernichteten -) Unterlagen der Flüge über die „D_cash".
„Nachdem sich der Anwalt mit ihnen beraten hatte, kam es am Nachmittag zu einer Pressekonferenz". Die Pressekonferenz sollte die Betroffenheit der Geschäftsführer deutlich machen. Die Geschäftsführer bestreiten, Unterlagen vernichtet zu haben.
Der Pilot Oberhem berichtete seinen Eltern, daß es den Russen sogar möglich war Gepäck aus der „D_cash" aus dem Flughafengelände heraus zu bekommen, an allen Zoll Kontrollstellen vorbei. Der Freund von Pilot Oberhem: „Andreas sagte mir, wenn die

Maschine aus Russland kam, wurde sie erst mal im Vorfeld abgestellt und nicht sofort entladen. Erst nach einer Stunde kam ein Transporter, um die Fracht abzuholen". „Dieses Fahrzeug wäre dann nicht durch den Zoll gegangen, sondern direkt durch ein Tor hinaus vom Gelände."

Staatsanwaltschaft Traunstein übernimmt den Fall einen Tag, nach dem die Berliner SOKO wegen „Mordes" ermittelt

Eins ist unverständlich: Warum soll die bayrische Justiz einen Fall aufklären, der eigentlich in Berlin spielt? Zuständig für das Verfahren war der Oberstaatsanwalt Jürgen Michalke. Der setzte sich aber über die Erkenntnisse der SOKO hinweg, die nach vierwöchigen Ermittlungen zu dem schwerwiegenden Ergebnis gekommen war, es habe sich nicht um einen Unfall gehandelt.

Dazu der Oberstaatsanwalt im ARD Bericht: „Es war kein Verdacht den die Kriminalpolizei Berlin hatte, das war freilich eine Vermutung die sich auf Grund des damaligen Wissens der Kripo in Verbindung mit den früheren Verfahren und der Kenntnisse der Persönlichkeiten, die keine Rolle gespielt haben sich irgendwie dargestellt haben."

Kurz bevor der SOKO der Fall entzogen wurde, hat die Berliner Kripo noch die Beantragung von Durchsuchungsbeschlüssen vorliegen, die zum Auffinden von Beweismitteln diente. Die Akten ließen damals nicht erkennen, daß nach Übernahme des Verfahrens überhaupt nennenswerte Ermittlungen durch die Staatsanwaltschaft in Berlin durchgeführt wurde.

Berliner Zeitung am 20.06.1996: Noch etwas deutet auf einen Sabotageakt hin. Experten der Fluguntersuchungsstelle und der Bundesanstalt für Materialprüfung stellten an den „Boots" des Unglücksjets einen rund 40 Zentimeter langen Schnitt fest. Boots sind aufblasbare Gummiwülste an den Tragflächen und Leitwerken. Sie sprengen das Eis ab, das sich dort während des Fluges bildet. "Im Laufe unserer Ermittlungen in Tempelhof meldeten sich noch vier weitere Piloten, die entweder Einschnitte in den Boots ihrer Maschinen oder andere Manipulationen an den Jets bemerkten", sagte Wunderlich. So habe sich ein Flieger erinnert, daß ihm 1994 ein zwei Meter langer Riss an einem der Gummi-wülste seines Flugzeuges aufgefallen war.

Ein weiterer Fall datiert von 1995. "Normalerweise gehen Boots sehr selten kaputt", erklärte der Chefermittler. In beiden Fällen hätten die Jet-Besitzer zuerst an Verschleiß oder Steinschlag geglaubt. Erst durch die Ermittlungen der Soko "Cessna" kam der Stein ins Rollen. Wunderlich: "Es ist nicht restlos geklärt, ob die Boots vorsätzlich eingeschnitten wurden." Das bestätigte Christian-Heinz Schuberdt vom Luftfahrtbundesamt Braunschweig. Er hält es für nicht sehr wahrscheinlich, daß das Unglück auf Sabotage zurückgeht. Ein ausgefallener Gummiwulst führe nicht zum sofortigen Absturz. "Genaueres kann man aber erst sagen, wenn die Gutachten vorliegen", so Schuberdt. Das könne noch drei Monate dauern. Zweifel an der Vermutung, die Unglücksmaschine sei infolge von Sabotage abgestürzt, äußerte auch der Traunsteiner Oberstaatsanwalt Jürgen Michalke.

Untersuchungen durch das Bundesamt für Flugunfalluntersuchung am Absturzort ergaben, daß durch den Brand viele Instrumente völlig zerstört wurden. Mehr als 1 Jahr später, im April 1997, legte der zuständige Sachverständige des BFU ein Gutachten vor. Er hatte in den ausgebrannten Trümmern keinen Beweis für ein Attentat gefunden, sein Fazit die Maschine sei wahrscheinlich zu langsam geflogen. Er meinte aber, daß man mit kriminaltechnischen Untersuchungen ohne weiteres zu einem anderen Ergebnis hätte kommen können. Nach der Frage: „sind Windmanipulationen definitiv auszuschließen oder nur nicht nachweisbar"?

Dazu der BFU-Experte: „Wenn man es genau nehmen würde, nicht nachweisbar, wir haben alles getan nachzusehen was gewesen ist." Nach der Frage des ARD Journalisten: „Hätte da die Staatsanwaltschaft nicht ein eigenes unabhängiges Gutachten in Auftrag geben müssen"?

Der BFU-Experte: „Das passiert in Regel so wie so, die Staatsanwaltschaft muß ja einen Schuldigen finden, das ist etwas was wir so nicht brauchen, wir brauchen andere Gutachten, also ist die Staatsanwaltschaft verpflichtet bei Bedarf eigene Gutachten anzufordern."

Doch gab der Oberstaatsanwalt Michalke kein weitergehendes kriminaltechnisches Gutachten in Auftrag und legte den Fall zu den Akten.

Ein Augenzeuge beobachtete beim Anflug der Unglücksmaschine: „einen goldgelben Blitz über das Leitwerk hinaus, kurz danach krachte es." Die Aussage wurde auch der Kripo gegenüber gemacht, der Zeuge dazu: „Die Beamten sagten, ich hätte wohl einen Augenfehler, aber ich weiß was ich gesehen habe."

Egon Schatz
Augenzeuge des Absturzes

In der Ermittlungsakte, die Staatsanwalt Michalke präsentiert wurde, wird deutlich, daß erst 10 Tage nach dem Absturz eine ausschließlich optische Überprüfung der Trümmer stattgefunden hatte, es wurde auch keine chemische Analyse am Absturzort vorgenommen.

Dazu der Oberstaatsanwalt Michalke im ARD Report: „Wenn ich einen Verdacht habe, muß ich erst einen Verdacht haben". „So wie der Unfall aussah hat der mit Sprengstoff mit meiner sachkundigen Erfahrung nichts zu tun." Die Kripo in Traunstein lehnte jede Stellungnahme zu dem Fall damals ab. Es wurde nicht weiter beachtet, daß die Kollegen aus Berlin von zehnfachem Mord ausgingen.

Die Kripo fand in der ausgebrannten Maschine unter anderem angebrannte noch lesbare Geschäftspapiere. Der Leiter der Ermittlungsstelle in Traunstein, Kriminalhauptmeister Göschel, besuchte die Eltern des Piloten Oberhem im Allgäu. Im Kofferraum hatte er die Ermittlungsakten und >Kopien der Geschäftspapiere aus dem Flugzeug. Dazu der Vater des Piloten, Herr Oberhem: „Der Beamte legte die Unterlagen auf unseren Tisch und sagte: „Sie können sich garnicht vorstellen, daß dieses wie eine "BOMBE GEGEN DEN BERLINER SENAT" anzusehen ist." Auch Frau Oberhem bestätigte im ARD Bericht ausdrücklich, daß das von dem Leiter der Ermittlung gesagt wurde. Zum erstenmal hörten die Oberhems davon, daß eine Verbindung zum Berliner Senat für möglich gehalten wurde; sie wagten es nicht den Beamten dazu näher zu befragen. Göschel bekam danach von seinem Vorgesetzten Sprechverbot.

Dazu der Oberstaatsanwalt Michalke: „ Wenn der Beamte diese Äußerung nebenbei gemacht hat, wird er schon wissen warum.....diese Sache hat aber mit diesem konkreten Zusammenhang überhaupt gar keine Rolle gespielt......" „Dieses ist eine Angelegenheit, die von den Berlinern weiterzuverfolgen wäre, weil der Berliner Senat, die ganze Sache ja nur eine Rolle gespielt hätte, wenn wir einen Zusammenhang gesehen hätten."

Nach einem Zusammenhang wurde aber gar nicht erst gesucht. Damals schickte die Kripo Traunstein, die ganzen Ermittlungsakten nach Berlin, als das Verfahren dann danach an Bayern abgegeben wurde, ging die komplette Akte nach Traunstein. Nur fehlten die kompletten Akten des Herrn Hoffmann.

Mehr über Hoffmann: Er hatte ein Büro in Berlin Steglitz, namens ....X..., er arbeitete als Finanzberater und Kaufmann und muß über ein dichtes Beziehungsgeflecht bei Behörden und Ämtern verfügt haben, anders ist sein Wirken nicht zu erklären. Eigentlich galt der vielfach verurteilte Straftäter als nicht resozialisierbar.

Hoffmann wurde seit 1964 insgesamt siebenmal erkennungsdienstlich behandelt, wegen Verdachts des schweren Raubes – des Mordes – Diebstahl – Betruges – und zuletzt am 14.4.1992 wegen Verdachts der Urkundenfälschung. In seinem Büro traf sich

Hoffman immer wieder mit zwielichtigen Gestalten aus Polen und Russland, mit Klienten aus der Unterwelt und dem Rotlichtviertel. Ein ehemaliger Mithäftling und späterer Arbeitskollege Hoffmanns dazu im ARD Bericht: „Normalerweise hätte Hoffman bei seinem Vorstrafenregister gar keine Zulassung bekommen dürfen... warum auch immer er sie dann doch hatte.... wahrscheinlich hatte er gute Beziehungen. Hoffmann hatte Sachen verkauft die es gar nicht gab und legte Klienten herein."

Chemulack, eine marode Lackfabrik sollte das größte Geschäft für Hoffmann werden, zugleich der letzte, denn danach wollte er sich auf die Seychellen absetzen. Dem Unternehmen war schon 1993 die Betriebsgenehmigung entzogen worden, wegen schwerer Umweltverstöße. Der Boden auf dem Firmengelände war durch den Giftmüll hochgradig kontaminiert. Der Firmeneigentümer, Dr. Benzmann, wegen Konkursbetruges vorbestraft, bestellte Mitte 1995 Hoffmann als Liquidator und so wurde der mehrfach vorbestrafte Hoffmann vom Amtsgericht bestätigt. So fing Hoffmann an die Firma Chemulack auszuschlachten.

Steht der Flugzeugabsturz im Zusammenhang mit Chemulack? Unter den Passagieren der Unglücksmaschine befanden sich auch die Konkursfirma, Dr. Benzmann, sowie Anwälte und Geschäftsleute, die mit der Liquidation zu tun hatten.

Die Tochter Hoffmanns im ARD Bericht: „Das LKA Berlin rief mich an, sie hätten noch Kartons ihres Vaters, die sie abholen solle, mit dem Hinweis „ sie solle diese Unterlagen nicht der Öffentlichkeit zugänglich machen" In einer Eidesstattlichen Versicherung erklärte Nikol Hoffmann: "Die KRIPO habe ihr gesagt, daß die Unterlagen eigentlich nicht an sie ausgehändigt werden dürften, das LKA sie aber loswerden wolle". Unterlagen sagten aus, daß der Giftmüll nach Polen ging. Die Tochter Hoffmanns erklärte, daß die Geschäftspapiere bei einem Umzug verloren gegangen seien.

Am 14.2.1996, fünf Tage vor dem Absturz, wurden in einer Berliner Garage etwa 80 Tonnen Giftmüll gefunden, den Hoffmann einen Tag zufuhr vom Gelände der Farbenfabrik abtransportieren ließ. Auch auf einem anderen Gelände in Berlin wurden Giftfässer abgestellt. Der Fuhrunternehmer gab zu Protokoll: Hoffmann hatte Anweisung gegeben, das Gelände der Chemulack umgehend zu räumen um es für eine Übergabe vorzubereiten. Daher ist anzunehmen, daß Hoffman unmittelbar vor einem Verkauf dieser Anlage stand. Vorgesehen war, den Giftmüll später über die Grenze nach Polen zu bringen. Zu vermuten ist, daß Hoffmann schon vorher Giftmüll ins Ausland verschoben hat.

Berliner Zeitung vom 26.02.1996 dazu: Auf dem seit 1993 stillgelegten mit Giftmüll belasteten 16650 qm Chemulack Gelände, könnten möglicherweise bis zu 100 Mill. DM Sanierungskosten auf die Berliner Landeskasse zukommen.

Ein Gläubiger und guter Bekannter Hoffmanns ist Walter Krüger, auch er sollte mit Hoffmann zusammen nach Salzburg fliegen, blieb aber wegen Eisregens bei der Anfahrt zum Flughafen stecken. Hoffmann vertraute ihm an, wie er die Probleme mit dem Chemolack Gelände lösen wollte. Aussage des Herrn Krüger beim

ARD Report: „Hoffmann muß beim Umweltamt jemanden beste-
chen ... es geht nicht anders....ich sah auch die Tasche mit 15 000
– 20 000 DM, die er mitgenommen hatte." Auch weitere Zeugen
behaupten Hoffmann habe jemanden im Bezirksamt Steglitz ge-
schmiert. Im Umweltamt hält man es für unmöglich, daß jemand
bestochen wurde.
Unter den Passagieren befand sich auch der verurteilte Versiche-
rungsbetrüger Dr. Jürgen Tesdorpf, er half Hoffmann bei der Ab-
wicklung der Farbenfirma.
Harry Rogge, ein Bremer Teppichhändler, half Hoffmann, er wurde nie vom Staatsanwalt befragt. Rogge nimmt im ARD Bericht
wie folgt dazu Stellung: „Mir gegenüber hat sich Hoffmann so
geäußert, daß potentielle Käufer vorhanden sind, daß die Summe
perfekt sei und er schon dafür sorgen würde, daß dieser Verkauf
stattfinden könnte."
Das Chemulack Gelände war Industriegebiet, richtig Geld ließ
sich nur mit einem Gewerbeareal machen, doch die Umwandlung
wäre Sache des Senats. Der Senat sträubte sich gegen die Pläne.
Aussage bei ARD Bericht Harry Rogge: „Mir gegenüber hat er
gesagt, daß er die Kontakte zum Bauamt und Senat hat, um diese
Umwandlung hinzukriegen."
Offenbar wollte Hoffmann das verseuchte Chemuland in Salzburg
zu Geld machen.
Nach Ermittlungen der KRIPO sprach ein Zeuge kurz vor dem
Flug mit Hoffmanns, Rechtsanwalt Dammköhler, der dann in
letzter Minute in die Unglücksmaschine stieg. Dammköhler habe
gesagt, daß es um einen Verkauf in Höhe von 20 Millionen DM
ging, der Deal würde in Salzburg abgewickelt. Geplant wurde auf
dem verseuchten Gelände ein Baumarkt oder Vergnügungszen-
trum mit Nightclub. Stellt sich die Frage nach den Käufern. Waren es Russen, denen Hoffmann das verseuchte Gelände andrehen
wollte.
Ein Geschäftsmann namens Karl-Heinz Richter wartete mit seiner russischen Freundin im Flughafenrestaurant auf die Ankunft
der Unglücksmaschine, die Nachricht vom Absturz der Maschine
nahm er nach Aussage von Zeugen, ohne eine geringste Regung

auf. Karl-Heinz Richter ansässig in Berlin, handelt mit Immobili-
en und ist im Bordellgewerbe tätig. Schon einige Tage vorher war
er mit seiner Freundin zu Gast in einem Hotel, dort ließ er vor
einer Angestellten verlauten, daß es in Salzburg um ein großes
Geschäft ginge und führte dort viele teure Telefonate. Die Kripo
Traunstein hätte die Telefon-Nr. ermitteln können und eventuell
eine Spur gefunden, doch dieser Herr wurde von den Ermittlungsbeamten nicht weiter beachtet.
Wahrscheinlich ist Richter ein wichtiger Zeuge, doch er will nicht
Stellung nehmen, er dementiert sogar, der Abholer in Salzburg
gewesen zu sein. Ein Flughafenarzt übermittelte Richter im Flughafenrestaurant die Nachricht vom Absturz der Maschine im
Flughafen, laut Aktenvermerk sagte Richter dem Flughafenarzt:
„Damit sei ein wichtiger Geschäftstermin geplatzt und sagte so-
gar, daß es Sabotage hätte gewesen sein können."
Trotz dieser massiven Hinweise wurde Richter niemals von der
Staatsanwaltschaft Traunstein vernommen. Gibt es Gründe dafür,
daß man an diesem Fall nicht ermittelt? War Hoffmann ein Zeuge
der zu viel wußte? Indessen verweigern auch Kripo und Staatsan-
waltschaft jegliche Auskunft zu dem damaligen Verfahren, so
ARD Bericht. Die Eltern des Piloten Oberhelm möchten, daß die
Ermittlungen in diesem Fall neu aufgenommen werden, damit die
Wahrheit doch noch ans Licht kommt.

Sechs Flugzeugunglücke russischer Maschinen
- innerhalb nur einer Woche im Dezember 1995 -

Am 8.12.1995 verschwand plötzlich eine Passagiermaschine vom Typ TUPOLEW 154 mit 89 Passagieren vom Radarschirm. Die Maschine befand sich auf dem Flug von Juschno nach Sachalinsk und startete gegen 20 Uhr. Die umfangreiche Suche durch Militär und Katastrophenschutz mit Hubschraubern und Flugzeugen brachte keinerlei Ergebnisse. Dieses setzte auch unabhängige Experten in Erstaunen, wobei man die unmöglichsten Varianten nicht ausschließen wollte. Auch ein Jahr zuvor stürzte im sibirischen IRKUTSK ein A – 310 in 10000m Höhe unmotiviert ab. Das Unglück von Chabarowsk war das sechste innerhalb nur einer Woche auf dem postsowjetischen Raum. Im nordkaukasischen Nasran zerschellten 2 Hubschrauber, wobei 4 Menschen ums Leben kamen. Es kam weiterhin zu einer Bauchlandung einer „Anturnow 2" im nordrussischen Archangelsk, wobei 11 Personen verletzt wurden. Der Absturz einer TU 134 kurz nach dem Start in Nachitschewan forderte 50 Menschenleben. Auf der Halbinsel Tschuktschen stürzte eine AN 26 ab und forderte 5 Schwerverletzte.

Crossair Absturz 10.01.2000: Absturzursache bis heute noch nicht geklärt

Die Saab SF340 (HB-AKK) der Crossair stürzte am 10.01.2000 direkt nach dem Start in Zürich ab. Alle 10 Insassen kamen bei dem Absturz ums Leben. Die Absturzursache ist bis heute unbekannt.

Welche Einflüsse brachten diese Flugzeuge zum Absturz?

3./4. Juli 2001 UDSSR: Nach mehreren Runden setzte die Tupolew TU 154 mit 144 Passagieren zur Landung auf den Flughafen URKUTSK an. In 850 m Höhe fiel die Maschine wie ein Stein vom Himmel und zerschellte auf dem Boden. Die Maschine brannte komplett aus und es überlebte keiner der Insassen. Der flugerfahrene Pilot hatte noch 4 Min. vor dem Absturz Funkkontakt mit dem Tower und meldete keine Probleme. Es war auch keine Explosion bekannt bzw. Ausfall von Triebwerken oder Instrumentenausfall. Die Auswertung der Flugschreiber ergab: Die Triebwerke arbeiteten bis zum Aufschlag. Es könnte sich um einen Pilotenfehler handeln, jedoch findet man bisher dafür keine Erklärung.

(Meldung über dpa und Hannoversche Allgemeine Zeitung v. 07.07.2001.)

Triebwerke arbeiteten bis zum Aufschlag

Moskau (dpa). Der Absturz einer russischen Passagiermaschine bei Irkutsk in Sibirien, bei dem 145 Menschen ums Leben kamen, ist wahrscheinlich auf einen Pilotenfehler zurückzuführen. Zu diesem vorläufigen Ergebnis kam am Freitag die Sonderkommission der russischen Regierung nach einer ersten Auswertung der Flugschreiber. Demnach hätten alle drei Triebwerke der Tupolew Tu-154 bis zum Aufschlag der Maschine einwandfrei gearbeitet. Die Behörden waren zunächst von einem Fehler der Elektronik oder einem gleichzeitigen Ausfall aller Triebwerke als Unglücksursache ausgegangen. Welcher Art der Fehler des Piloten gewesen sein könnte, ist noch unklar.

19.11.2001 FLUGZEUGABSTURZ IN RUSSLAND

Wieder kam es in Russland zu einen mysteriösen Flugzeugabsturz, bei dem 27 Personen ihr Leben verloren. Das Flugzeug von Typ Iljuschin-18 befand sich in einer Höhe von 7000 Metern, als es plötzlich vom Radarschirm verschwand und bei Kaljasin (100 Kilometer von Moskau) abstürzte. Augenzeugen berichteten, daß es einen Knall zu hören gab und aus den Tragflächen Flammen schlugen, Das Flugzeug riss Baumwipfel ab, rammte ein Gebäude und stürzte ab. Nach Aussage der Flugkontrolle gab es vorher keinerlei Notsignale.

24.11.2001: FLUGZEUGABSTURZ BEI ZÜRICH -

Nur 4 Km vom Zielflughafen Zürich – Kloten verschwand plötz-
lich ein schweizer Passagierflugzeug vom Typ Jumbolino Avro
RJ 100 der Fluggesellschaft CROSSAIR aus bisher ungeklärter
Ursache Samstag gegen 22 Uhr mit 33 Personen an Bord vom
Radarschirm, stürzte ab und ging in Flammen auf. Es liegt die
Vermutung nahe, daß die Maschine auf Grund schlechter Wetterverhältnisse zu niedrig im Landeanflug war und dabei in den
Wald krachte. Normalerweise wäre die Maschine 200 Meter höher
geflogen. Laut Aussage der Fluggesellschaft war der Chefpilot als
sehr flugerfahren bekannt. Die 1995 gebaute Passagiermaschine
mit 4 Triebwerken hatte erst 13200 Flugstunden absolviert. Vor-
der- und Hinterteil der Maschine waren laut Augenzeugen kaum
zerstört. KEIN KNALL - ORANGE GEFÄRBTER HIMMEL -
FEUERBALL
Augenzeugen sahen plötzlich einen Feuerball leuchten. Offenbar
kam es erst nach oder beim Aufprall der Maschine zu einer Explosion. Ein anderer Zeuge, Gemeindepräsident Brunner, sah nur
einen sehr hell erleuchteten orangefarbigen Himmel. Aussagen
von zwei Überlebenden laut „Zürich – Region": Du stehst da
praktisch nackt im Wald". Die Überlebenden, Peter Hogenkamp
33 J. und Jacqueline Bardan 40 J.,: „Der Flug verlief ganz normal
ohne Störungen, dann gab es einen Aufprall. Erst nach einigen

Sekunden merkte ich, daß es weder eine normale Landung war noch eine Notlandung, und plötzlich ging das Flugzeug wie eine Achterbahn hin und her und schüttelte dabei. Dann fing es plötzlich an zu brennen. Die Leute schrien wie im Film. Ich meinte, die Flammen kommen auf mich zu. Es roch nach verbranntem Plastik, wir hörten das Feuer knistern. Wir glaubten, wir müssen sterben, doch dann sahen wir das Loch im Heck und nichts wie raus. Glück hatten wir durch die Verlegung unserer Sitzplätze 11A 11B in Reihe 16 weiter hinten."

Ein Airbus A300 der American Airlines stürzte am 12.11.2001 über New York ab

Die Maschine schlug kurz nach dem Start in einem Wohn- und Einkaufsgebiet des Stadtteils Queens auf. Bis zu 12 Wohnhäuser gerieten in Brand. Augenzeugen berichteten, daß der Airbus zuerst ein Triebwerk verloren hat und dann brennend zu Boden gestürzt sei. Alle Passagiere und Besatzungsmitglieder, insgesamt 262 Personen kamen bei dem Unglück ums Leben. Die Maschine startete mit einer Verspätung von 30 Minuten vom John-F.-Kennedy-Flughafen und war auf dem Weg nach Santo Domingo. Zwei Tage nach dem Absturz des Airbus in New York hat die abgebrochene Heckflosse der Unglücksmaschine den Experten Rätsel aufgegeben. Neben den Triebwerken und möglichen Turbulenzen untersuchten die Ermittler auch einen möglichen Materialfehler am Heckleitwerk. Ein Terror-Anschlag oder Sabotage galten als immer unwahrscheinlicher. Die Verkehrssicherheitsbehörde (NTSB) schloß auch den Einfluß fremder Objekte wie Vögel aus. Erschwert wurden die Ermittlungen durch einen Schaden am Flugdatenschreiber, der fast 200 technische Daten aufzeichnet. Der Schlüssel zur Aufklärung des Unglücks könnte die 8,2 Meter hohe senkrechte Heckflosse sein, meinten US-Experten. Dieses Stück war als erstes kurz nach dem Start abgebrochen und einzeln in der Jamaica Bay gefunden worden. Der frühere NTSB-Chef Bob Francis bezeichnete das Abbrechen dieses Stabilisators, ohne den die Maschine unkontrollierbar wird, im Fernsehsender CNN als "sehr ungewöhnlich". Die Auswertung des Stimmenrekorders ergab, daß sich in den drei Minuten vor dem Absturz dramatische Szenen im Cockpit abgespielt haben. Zunächst gab es in dem Flieger ein "klapperndes Geräusch". Die Piloten versuchten, einen "Wirbelzoneneffekt" auszugleichen. Diese Turbulenz könnte nach Vermutungen der Ermittler durch einen Jumbo der Japan Airlines verursacht worden sein, der 2 Minuten und 20 Sekunden vor dem Airbus startete. Der Abstand zwischen den beiden Flugzeugen war 20 Sekunden länger als sonst üblich. Der wichtige Flugdatenrekorder, die zweite Black-Box, war am Dienstag nach 24-stündiger Suche in den umliegenden Straßen und Gärten gefunden und nach Washington gebracht worden. Der NTSB- Sprecher George Black sagte im Fernsehsender CNN, es gebe Probleme, die Daten von dem Gerät herunter zu laden.

Dieses Gerät, dessen Daten noch nicht vorlagen, zeichnet fast 200 Funktionen des Flugzeuges auf, darunter auch die Leistung der Triebwerke und die Anzeige von Instrumenten. Eine zweite Auswertung des Stimmenrekorders ergab, daß die Crew im Cockpit zwei Mal innerhalb von 14 Sekunden ein lautes "Knattern" im Rumpf hörte und bald darauf die Kontrolle über das Flugzeug verlor. Black sagte, daß der Copilot 4 Sekunden nach dem zweiten Geräusch "maximale Kraft" voraus forderte. Weitere 2 Sekunden später wiederholten die Piloten mehrmals, daß sie die Kontrolle über das Flugzeug verlieren. Genau 144 Sekunden nach Abheben des Flugzeugs von der Startbahn endete die Aufzeichnung auf der Box. Die beiden Triebwerke wurden geborgen und weiter untersucht. Nach ersten Ergebnissen bestätigte sich ein anfänglicher Verdacht nicht, nachdem Vögel in ein Triebwerk geraten sein könnten. Offiziell schließen die Behörden weder Sabotage noch einen Terrorakt bisher völlig aus. CNN berichtete, daß nach Überzeugung der NTSB eine von einem voraus fliegenden Flugzeug verursachte Turbulenz bereits 1994 Auslöser für den Absturz eines Passagierflugzeugs bei Pittsburgh (Pennsylvania) war, bei dem 123 Menschen starben.

Nach Absturz läßt US-Behörde alle Airbus A300 überprüfen.
- Flugverbot für Airbus gefordert -

Rund 60 Piloten der US-Fluglinie American Airlines haben in einem Brief ein Flugverbot für die Airbus-A300-Flugzeuge der Gesellschaft gefordert. Beim Absturz eines solchen Airbus der American Airlines im November haben sich Zweifel an der Sicherheit der Maschinen aufgetan, hieß es in dem offenen Brief. Die Fluggesellschaft und der Hersteller Airbus teilten darauf mit, daß es keinen Grund gibt, die Maschinen mit einem Flugverbot zu belegen. (Quelle: CNN)

Nach dem Absturz des Airbus A300 über New York will die US-Luftfahrtbehörde FAA alle verbliebenen Flugzeuge dieses Typs auf ein Risiko mit dem Seitenleitwerk inspizieren lassen. FAA-Experten wollten einen Zeitplan und technische Anweisungen für die Inspektion vorlegen.

Die Ermittlungen zur Flugzeugkatastrophe vom 12.11.2001 weisen auf einen möglichen Materialdefekt am Seitenleitwerk des A300 als Unglücksursache hin. Teile von ihm seien aus einem Verbundwerkstoff gefertigt. Nach den bisherigen Untersuchungen könnten Turbulenzen eines voraus fliegenden Jumbos dazu beigetragen haben, daß das Seitenleitwerk des voll besetzten Airbus vom Heck gerissen wurde.

Einem Bericht des Nachrichtensenders CNN zufolge war das jetzt abgestürzte Flugzeug 1994 über der Karibikinsel Martinique schon einmal in schwere Turbulenzen geraten. Dabei hätten 47 Passagiere Verletzungen erlitten. Experten schlössen nicht aus, berichtete CNN, daß eine gewisse Materialschwäche von diesem Vorfall zurückgeblieben sein könnte.

Der FAA zufolge sind in den USA insgesamt noch knapp 90 Flugzeuge vom Typ Airbus A300 im Einsatz. Über 34 Maschinen verfüge die Gesellschaft American Airlines, die die Inspektion ihrer Maschinen bereits angeordnet hatte. Die anderen verteilen sich auf Transportgesellschaften. FedEx und UPS haben 36 beziehungsweise 18 A300 im Einsatz. Ungeklärt ist bisher noch, ob sich die Inspektion auch auf andere Modelle des Airbus ausdehnen könnte, deren Seitenleitwerk ebenfalls aus einem Verbundwerkstoff gefertigt ist.

Nach Angaben der Nationalen Transport- und Sicherheitsbehörde (NTSB) ist in der Geschichte der Luftfahrt bisher nur ein einziger Fall bekannt, in dem sich das Seitenleitwerk vom Rumpf löste. NTSB- Sprecher George Black sagte, daß eine B52 der US-Airforce in den 60er Jahren beim Testflug die Heckflosse verlor. Bei jenem Flug war das Verhalten der Maschine unter dem Einfluß extremer Turbulenzen geprüft worden.

Zwei Passagiermaschinen am 7. Mai 2002 abgestürzt

Eine MD-82 der China Northern Airline stürzte am 07.05.2002 auf dem Flug von Peking nach Delian in den Pazifik. An Bord waren 103 Passagiere und 9 Besatzungsmitglieder. Das Flugzeug war um 20:37 Uhr Ortszeit (14:37 Uhr MESZ) in Peking gestartet und sollte eine gute Stunde später in der Hafenstadt Dalian am Pazifik landen. Nach knapp 60 Minuten Flugzeit und rund 20 Kilometer vom Zielflughafen entfernt verschwand die Maschine von den Radarschirmen. Etwa 5 Minuten zuvor meldete der Kapitän der Flugsicherung, daß ein Feuer in der Kabine ausgebrochen sei. Alle Insassen (unter den Opfern befanden sich acht Ausländer) kamen bei dem Absturz ums Leben. (Quelle: Nachrichtenagentur Xinhua)

Eine Boeing 737 der Egyptair ist am Vormittag des 07.05.2002 beim Landeanflug auf Tunis (Tunesien) mit einem Berg kollidiert. Die Maschine, die aus Kairo kam, hatte wahrscheinlich technische Probleme. Ein Mitarbeiter der Luftfahrtbehörde in Tunis sagte, die Maschine habe Probleme mit den elektrischen Systemen und dem Fahrwerk gehabt und sei eine Platzrunde geflogen. Dann ist der Sprechfunkverkehr abgebrochen und die Maschine sei plötzlich von den Radarschirmen verschwunden. Der Pilot soll noch den Treibstoff abgelassen haben. Daher kam es beim Aufschlag offenbar nicht zu einer Explosion und einem schweren Brand. Bei dem Absturz kamen 14 von 62 Insassen ums Leben. Der ägyptische

Botschafter in Tunis, Mahdi Fattallah, sprach dagegen von 18 Toten.

Löste ein Blitz Raketenalarm auf Kanzler-Flug aus?

10.05.2002 Der Schock in der Kanzlermaschine war groß. Zwei explosionsartige Geräusche waren in der Transall-Maschine der Bundeswehr zu hören, als Gerhard Schröder am Donnerstagabend über afghanisches Territorium ins benachbarte Usbekistan flog. Die Maschine hatte nur zehn Minuten nach dem Start das automatische Raketenabwehrsystem ausgelöst. Kartuschen mit Stanniolpapier und Magnesiumkugeln wurden verschossen, um mögliche Raketen abzulenken., die dadurch entstehende Hitze lenkt Raketen von ihrem eigentlichen Ziel ab. Zunächst vermutete die deutsche Delegation, die Transall habe eine Boden-Luft-Rakete geortet, was aber indessen dementiert wurde. Kurze Zeit später gab die Luftwaffe Entwarnung: Es war wahrscheinlich nur ein Gewitter. Tatsächlich hatten sich am Himmel über Kabul dunkle Wolken zusammengezogen, als der Kanzler nach seinem achtstündigen Kurztrip die afghanische Hauptstadt am frühen Abend in Richtung Taschkent verließ, hätten die Piloten eine andere Flugroute genommen. Besonders erschrocken hat sich nach Angaben der Delegation Schröders Sondergast Franz Beckenbauer, der hinten im Flieger saß, als es unter ihm plötzlich «rummste» und die Leuchtkörper verschossen wurden. Regierungssprecher Uwe Karsten Heye sagte der dpa „die Ursache, warum das Abwehrsystem ausgelöst worden ist, sei unklar." Seelenruhig sei dagegen der Kanzler geblieben, weil er während des Zwischenfalls im Cockpit saß und davon zunächst gar nichts mitbekam. «Selbst wenn es kein Fehlalarm gewesen wäre, hätte ich kaum aussteigen können», sagte Schröder am Freitag in Taschkent. Das Raketenabwehrsystem wurde nicht zum ersten Mal bei einem Transall-Flug über Afghanistan ausgelöst. Dies komme immer wieder vor, sagte ein Luftwaffensprecher. Die Deutschen fliegen nur mit diesen Militärmaschinen, auch wenn sie als veraltet gelten. Oft werden die deutschen Soldaten deswegen belächelt. Doch die Sicherheit der deutschen Soldaten bei ihrem Einsatz in Kabul geht vor.

China Airlines stürzte am 25.05.2002 ins Meer

Die Boeing 747-200 der China Airlines startete am 25.05.2002 auf Taiwans Chiang Kai Shek Airport um 14:50 Ortszeit zu einem 80-minütigen Flug nach Hongkong. Etwa 20 Minuten nach dem Start verschwand die Maschine plötzlich vom Radarschirm und stürzte zwischen Taiwan und China ins Meer. Dem Radarbild nach zu urteilen zerbrach das Flugzeug in einer Flughöhe von 35.000 feet in etwa 4 Teile. Vor dem Absturz setzte die Crew keinen Notruf ab. Das Wetter war zum Zeitpunkt des Absturzes klar. Bei dem Unglück kamen alle 225 Insassen ums Leben. Am 16.07.2002: Knapp zwei Wochen nach der Flugzeugkatastrophe nahe Irkutsk ist am Samstag bei Moskau ein weiteres Flugzeug abgestürzt. Das Unglück ereignete sich gleich nach dem Start des Lastenflugzeugs Il-76 der Fluggesellschaft „Rus". Die Maschine befand sich auf dem Charterflug von Moskau nach Norilsk. Alle zehn Menschen an Bord sind entweder beim Aufprall oder in den Flammen bei einem mehrstündigen Brand ums Leben gekommen, der entstand, als vierzig Tonnen Treibstoff ausgeflossen sind. Die Maschine hob vom Flugplatz „Tschkalowskij" ab und stürzte drei Minuten später nahe der großen Stadt Noginsk wieder ab. Das Flugzeug sollte Baustoffe und andere Waren in die Nordgebiete des Landes transportieren. Die Flugschreiber wurden stark beschädigt, so daß Fachleute ohne Erfolg einen Tag lang versuchten, die Daten zu entschlüsseln. Eine Untersuchungskommission zieht im Moment drei Versionen in Betracht: Überladung, Triebwerksausfall oder menschliches Versagen. Es stellte sich jedoch heraus, daß die Mannschaft aus sehr erfahrenen Piloten bestand, und daß das Flugzeug erst ein Sechstel seiner Ressourcen verbraucht hatte. Es wurde vor dem Flug gründlich vorbereitet, wobei die Techniker keine Mängel festgestellt hatten. Die Überladungsversion läßt sich jetzt nur noch schwer überprüfen: In den Unterlagen stimmt alles, doch womit das Flugzeug wirklich beladen war, wird man wohl nicht mehr feststellen können. Gleich nach dem Unfall wurde vom Staatsdienst für Zivilluftfahrt über die Fluggesellschaft „Rus" ein Flugverbot bis zur Aufklärung der Absturzursachen verhängt.

Jumbo mit brennendem Triebwerk notgelandet

Madrid/New York 11.08.2002 - Mit einem brennenden Triebwerk ist ein Jumbo-Jet der spanischen Fluggesellschaft Iberia in New York notgelandet. Die 369 Passagiere und 17 Besatzungsmitglieder mußten die Maschine vom Typ Boeing 747 über Notrutschen verlassen. Dabei wurden acht Fluggäste leicht verletzt, teilte Iberia am Montag in Madrid mit. Vier von ihnen konnten die Krankenhäuser nach kurzer Zeit wieder verlassen. Die Maschine mit der Flugnummer IB 6250 war am Sonntag (Ortszeit) vom New Yorker Flughafen John F. Kennedy nach Madrid gestartet. Nach wenigen Minuten, als das Flugzeug sich bereits über dem Atlantik befand, geriet eines der beiden Triebwerke an der linken Tragfläche in Brand. Eine Passagierin beobachtete, daß Funken sprühten. Der Pilot schaltete das brennende Triebwerk aus und kehrte nach New York zurück. Kurze Zeit nach der Notlandung konnte die Feuerwehr den Brand löschen. Bei der Evakuierung der Maschine kam es an Bord nach Angaben von Augenzeugen zu panikartigen Szenen. Einige Fluggäste schrien, andere drängelten mit aller Macht zu den Notausgängen. Ein Reporter der Zeitung "El País", der unter den Fluggästen war, berichtete, eine der Notrutschen habe nicht eingesetzt werden können. Dies habe die Räumung des Flugzeuges verzögert.

Die Passagiere wurden auf andere Maschinen umgebucht. Die Ursache des Triebwerkbrandes sei unbekannt, teilte Iberia mit. Eine Untersuchung sollte nähere Aufschlüsse bringen. An dem Flugzeug seien vor dem Start alle erforderlichen Sicherheitskontrollen vorgenommen worden.

Drei Flugzeugunglücke am 30.08.2002

Zwei Flugzeugabstürze und zwei Notlandungen an einem Tag, natürlich nur ein Zufall. So dachte man auch bei ähnlichen Fällen in der Vergangenheit. Bis verschiedene Wissenschaftler festgestellt haben, daß es in manchen Fällen gewisse Zeitmuster und elektromagnetische Einwirkungen gab, die vermuten lassen, daß solche Häufungen von Unglücken kein Zufall sind. In diesem Fall muß das nicht so sein, aber es bietet den Forschern einen gewissen Anreiz, diese Unglücksursachen unter die Lupe zu nehmen. Folgendes hat sich am „schwarzen Freitag" den 30.8.2002 zugetragen:

25 Tote bei Flugzeugabsturz und zwei Notlandungen mit Verletzten in Brasilien - viele Politiker an Bord

25 Menschen sind bei einem Flugzeugabsturz in Brasilien ums Leben gekommen. 6 der 31 Insassen hätten den Unfall am späten Freitagabend, den 30.08.2002, im nordwestlichen Bundesland Acre schwer verletzt überlebt, berichteten brasilianischen Medien unter Berufung auf die Behörden. Unter den Toten befinden sich mehrere brasilianische Politiker. Die Maschine vom Typ Embraer-Brasilia der Gesellschaft «Rico Linhas Aereas» sei bei schlechtem Wetter gegen 19.30 Uhr Ortszeit (2.30 Uhr MESZ) nur zwei Kilometer vom Zielflughafen der Provinzhauptstadt Rio Branco entfernt in einem schwer zugänglichen Waldgebiet abgestürzt, hieß es. Die Feuerwehr war den Angaben zufolge nach mehrstündiger Arbeit nach Mitternacht noch mit der Bergung der Verletzten und der Leichen beschäftigt. Starke Regenfälle behinderten die Arbeiten. Unter den Todesopfern befinden sich der Bundesabgeordnete Ildefonço Cordeiro (56) von der regierenden Partei der Sozialdemokratie (PSDB) und einige Regionalpolitiker sowie alle drei Besatzungsmitglieder. Die Maschine mit zwei Propellerturbinen war im 650 Kilometer entfernten Cruzeiro do Sul unweit der Grenze zu Peru gestartet und hatte auf halber Strecke eine Zwischenlandung gemacht. Der Kontrollturm teilte unterdes-

sen mit, daß das Flugzeug vor dem Absturz in Rio Branco einen mißglückten Landeversuch vorgenommen habe. Die Maschine wurde beim Absturz laut Feuerwehr völlig zerstört. Die Ursache des Unfalls blieb vorerst unklar. Die zivilen Luftfahrtbehörden vermuten aber, daß der heftige Regen und die starken Winde eine Rolle gespielt haben könnten. Die «Rico Linhas Aereas» wurde 1951 gegründet und ist eine der traditionsreichsten in Acre. Sie hat zehn Maschinen.

Es war ein «Schwarzer Freitag» für die zivile Luftfahrt in Brasilien. Vor dem Absturz in Acre hatte es im südamerikanischen Land zwei riskante Notlandungen von Maschinen der Gesellschaft TAM mit vier Verletzten gegeben. Beim ersten Zwischenfall mußte der Pilot einer Fokker-100 kurz nach dem Start in Sao Paulo wegen Treibstoffverlustes neben einer Farm notlanden. Dabei wurden vier Menschen verletzt. Der Pilot einer weiteren Fokker-100 konnte das Fahrwerk nicht ausfahren und mußte auf dem Flughafen der Stadt Campinas notlanden. Die 47 Passagiere und fünf Besatzungsmitglieder, die von Salvador nach Sao Paulo unterwegs waren, kamen mit dem Schrecken davon.

182

16 Tote bei Flugzeugabsturz in Russland 29.8.2002

Bei einem Flugzeugabsturz im fernen Osten Russlands sind alle 16 Insassen an Bord einer Kleinmaschine ums Leben gekommen. Wie das russische Katastrophenministerium am Freitag mitteilte, wurden die Leichen der 14 Passagiere und zwei Besatzungsmitglieder in der Nähe des Dorfes Ayan gefunden. Unter den Insassen waren auch zwei Kinder und ein japanischer Staatsangehöriger. Das Flugzeug des Typs Antonow-28 war am Donnerstagmorgen von der Stadt Chabarowsk aus in Richtung Ayan gestartet. Kurz, nachdem die Maschine versucht hatte, im dichten Nebel auf dem Flughafen zu landen, war der Kontakt zur Luftverkehrskontrolle abgebrochen.

Teil 3: Das 21. Jahrhundert wird die Welt auf den Kopf stellen!

Zukunftstechnologie

Ein halbes Jahrhundert zurückgehend, untersuchten sowohl Nazi-als auch westliche Wissenschaftler das Potential von fliegenden Untertassen. In den späten Fünfzigern, gestaltete ein kanadischer Hersteller [Avro G fs] einen Prototyp, der von einem Museum in Fort Eustis gekauft wurde.. Jedoch sind russische Experten wie Vadim Chernobrov vom Moskauer Luftfahrtinstitut davon überzeugt, daß fliegende Untertassen die Zukunft besonders für Passagiere bestimmen werden. 'Die weitere Entwicklung und Forschung hat einfach keine andere Wahlmöglichkeit, ' er sagte. 'Unsere Technologie bringt uns nur bis zum Mond und vielleicht zum Mars. Aber wir zerstören unseren Planeten, wenn nicht mit Waffen, dann mit Verschmutzung. Die weitere Entwicklung ist dazu verdammt eine Antriebstechnologie zu erfinden, um weitere Strecken im Universum zurückgelegt werden können, um einen anderen Planeten zu finden.

Zu den ersten Erfindern fliegender Untertassen zählt sich der italienische Wissenschaftler Prof. Guiseppe Belluzzo, Turbineningenieur, Fachmann für Raketen- und Geschützbau und Wirtschaftsminister unter Mussolini. Nach seiner Aussage hat er selbst die Pläne entworfen. Der Durchmesser der rotierenden Leichtmetallscheibe betrug 10 Meter. Als Treibstoff wurde eine Mischung von komprimierter Luft und Naphtha verwendet, wie bei den Düsenflugzeugen. Das komprimierte Gas strömte aus zwei entgegengesetzt an der Scheibe angebrachten Strahlrohren, der Apparat wurde in rotierende Bewegung versetzt und bewegte sich in der Luft weiter.

Schon Adolf Hitler hatte 1942 mit Mussolini Versuche mit "Fliegenden Untertassen" angeordnet mit dem Ziel, Ferngeschosse zu tragen. Die Pläne sind jedoch auf der Flucht Mussolinis nach Norditalien abhanden gekommen. Es ist anzunehmen, daß die Pläne wahrscheinlich in der Hand von "irgendeiner Großmacht sind.

Konstruktion eines Antriebs nach Schriever:

Die Schaufelblattscheibe des Schrieverschen Kreisels sollte einen Durchmesser von 14,40 Meter haben. An der Unterseite der Scheibe waren drei Antriebsdüsen an besonders breiten, hohlen Streben montiert, die den Brennstoff enthielt. "Die Düsen bringen die Scheibe zum Rotieren, durch die Verbrennungsgase entsteht der Eindruck einer feurigen Scheibe. Leistungen von 1650 bis 1800 Umdrehungen pro Minute können erreicht werden. Das entspricht einem Auftrieb von 100 Meter pro Sekunde. Bei einem normalen Jagdflugzeug sind es höchstens 23 m/sek.

Die 9 Meter langen Schaufelblätter waren wie bei einer normalen Luftschraube verstellbar, so daß sie auf Steig- oder Gleitstellung eingestellt werden konnten und das Höhensteuer ersetzten. "Sobald die Scheibe arbeitet, ersetzt sie die Tragfläche." Sie umlief die Kommandogondel in einer Speziallagerung, die mit einer Ausgleichszahnung versehen war. Auf diese Weise wollte Schriever verhindern, daß die Gondel durch die Rotation der Scheibe in entgegengesetzte Drehung gebracht wird. Das Gondelunterteil ist um 360 Grad drehbar und enthält zwei Antriebsdüsen als Horizontal-Antriebsmittel. "Will der Pilot den Kurs ändern, so braucht er nur das Unterteil in die entsprechende Richtung zu drehen." Der Durchmesser der Gondel betrug, nach Schrievers Plänen, 3,00 Meter, die Höhe 3,20 Meter. Sämtlichen Berechnungen waren die Antriebsdüsen der damals gerade entwickelten Me 262 zugrunde gelegt, mit denen der 3 Tonnen schwere Flugkreisel eine Horizontalgeschwindigkeit von 4200 Kilometer pro Stunde entwickeln sollte. Seine Reichweite betrug nach Schrievers Berechnungen rund 6000 Kilometer. Zu den Vorteilen seiner Konstruktion rechnet Schriever:

Hervorragende Start- und Landemöglichkeiten, geringer Luftwiderstand (keine Bildung von Randwirbeln) ermöglicht hohe Geschwindigkeiten, verbesserte Steigfähigkeit (der Apparat kann stundenlang auf einer Stelle in der Luft verharren oder millimeterweise sinken), Verbilligung der Herstellung. Bis zum 15. April 1945 arbeitete Schriever an seinen Plänen. Die Zeichnungen waren abgeschlossen, Schriever wollte seine Unterlagen Hermann Göring RLM vorlegen. Die Russen kamen eher. Schriever packte ein. Im Gartenhaus seiner Schwiegereltern in Bremerhaven-Lehe richtete er sich eine Erfinderwerkstatt ein. Am 4. August 1948 wurde eingebrochen. Schreivers Flugkreiselpläne und sein einziges Handmodell waren nicht mehr aufzufinden. Die betreffende Akte der Bremerhavener Kriminalpolizei schließt mit dem Vermerk: "Verfahren eingestellt, Täter unbekannt entkommen." Seitdem hat Rudolf Schriever schon mit einigen Agenten fremder Mächte über ferne Länder und schöne Pläne parliert. Der Bremerhavener CIC achtet um so mehr auf den Kraftfahrer Rudolf Schriever, angestellt beim Motor Pool der U. S. Army. "Wenn ich die Möglichkeit hätte, würde ich so'n Ding sofort bauen und fliegen. Denn die Flugkreisel oder "Fliegenden Untertassen" sind keine Spielerei. Sie haben für die Entwicklung der Flugtechnik größte Bedeutung." Rudolf Schriever ist heute überzeugt, daß die Prager Ingenieure seinen Flugkreisel für eine andere Macht rekonstruiert haben. Für ihn gibt es kein Geheimnis der "Fliegenden Untertassen". Inzwischen veröffentlichte die Wochenzeitung "Teen-Age Times" in Dublin das erste Photo von fünf "Fliegenden Unterassen" in V-förmiger Formation.

In einer ausführlichen Reportage bescheinigt die Zeitung den Unterassen, daß sie die Vorläufer von unbemannten "Hängebomben" oder Raumstationen seien. Mit Atombombenladung könnten sie eine "feste Stellung" über jedem beliebigen Punkt der Erdoberfläche einnehmen und bei Bedarf ferngesteuert auf das vorher angepeilte Ziel losstürzen. Die "Teen-Age Time" glaubt, daß derartige "Hängebomben" bereits über mehreren Hauptstädten und einigen Atombombenfabriken schaukeln. Beruhigt das amerikanische Verteidigungsministerium: "Die Sicherheit der Vereinigten Staaten ist keineswegs bedroht. Sobald jedoch die fliegenden Untertassen landen sollten und kleine Männer mit Radarantennen an den Ohren heraus klettern, werden wir wohl irgend etwas unternehmen müssen.

Weitere Wissenschaftler, die sich mit der Antigravitationsforschung beschäftigten, sind der Österreicher Victor Schauberger. So wurde Schauberger mit seinen Ideen im Geheimprojekt „Glokke" der NAZIS mit 62 Wissenschaftlern eingebunden. Außer Schauberger wurden alle 62 Wissenschaftler kurz vor dem Einmarsch der Roten Armee, im Auftrag durch Ingenieur und General der SS, Hans Kammler, liquidiert. Kammler floh angeblich mit den brisanten Unterlagen in die USA. Den Russen fielen vermutlich auch die brisanten wissenschaftliche Unterlagen in die Hände und letztendlich auch in Besitz des russischen Physikers Prof. Podkletnov. Zu diesem Ergebnis kommt nach intensiven Recherchen der amerikanische Militärfachmann Nick Cook in seinem Buch „The Hunt for Zero Point" (Die Jagd nach dem Nullpunkt). So gehört Schauberger zu den „geistigen Vätern" der Antgravitations-Technologie. Schauberger forschte weiter und verhandelte 1953 über einen Verkauf seiner Forschungsergebnisse mit der amerikanischen Regierung. Dort kam es zum Eklat und man wollte Schauberger weitere Forschungen an dem Projekt untersagen. Einige Tage nach seiner Rückreise aus den USA verstarb er plötzlich in Österreich.

UFO – Theorien: ROBERT LAZAR

Aus dem Inhalt dieses Interviews von 2/95 zwischen Maga-zin2000 und Robert Lazar.

Nachdem sich Lazar bei verschiedenen Nationallaboratorien be-warb und vorstellte, bekam er über Edward Teller eine Zusage, an einem Projekt, was mit einem Feld-Antriebssystem zu tun hatte, mitzuarbeiten. Später wußte Lazar, daß es um Antriebssysteme außerirdischer Raumschiffe ging. Am Papoose Lake befindet sich direkt am Hang eines Berges die S–4-Installation. Dort war alles sehr militärisch. Wo immer man hinging, folgte eine bewaffnete Eskorte, sogar auf die Toilette. Jede Tür konnte nur mit einer ei-genen Kenn-Karte geöffnet werden. Nachdem Lazar zum ersten Mal die Raumschiffe im Hangar sah, hatte er eine Erklärung für die vielen UFO-Sichtungen. „Sie sahen aus wie sogenannte flie-gende Untertassen, glatte, schlanke Scheiben. Es waren insgesamt neun."
Die Raumschiffe sahen verschieden aus und jedes hatte seinen eigenen Hangar. Beschädigungen an den Raumschiffen waren nicht erkennbar. Lazar beschrieb das Aussehen der Raumschiffe als innen und außen metallisch graue und glatte Objekte, ohne scharfe Ecken. Im Schiff ist alles sehr offen, sehr weit und hat drei Stockwerke. Im unteren Stockwerk befinden sich die drei Ampli-fikatoren. Man betritt das Schiff auf der mittleren Ebene, wo sich die Sitze und Steuerung befinden, und zum Obergeschoss hatte Lazar keinen Zutritt. Verschiedene Faktoren bewiesen, daß es sich um außerirdische Raumschiffe gehandelt haben muß. Die Größe der Ausrüstungsgegenstände, wie sehr kleine Sitze, Materialien, die uns völlig fremd sind bekam Lazar zu Gesicht. Wie lange die Raumschiffe dort schon standen, konnte Lazar nicht sagen. Es wurden kurze Testflüge durchgeführt, aber nicht außerhalb der Atmosphäre und in geringer Höhe. Lazar sah verschiedene Test-flüge innerhalb der Anlage. Das Raumschiff stieg fast ohne Ge-räusche auf, nur ein leichter sirrender Ton war zu hören. Unter dem Schiff sah man ein bläuliches Licht. Lazar sah ca. 120 Ein-

weisungspapiere, aus denen ganz klar hervorging, daß es um außerirdische Objekte ging. In einem Fall waren auch Fotos mit dem geöffneten Brustkasten eines Außerirdischen zu sehen und dem dazugehörigen Autopsiebericht. Hinweise auf MAJESTIC 12 waren nur in Verbindung mit den Dienstausweisen zu finden. Auf denen stand MAJ als Befugnisstufe. Alle Abzeichen trugen die Bezeichnung MAJ.

Nach Beendigung seiner Tätigkeit ging Lazar mit seinem Wissen an die Öffentlichkeit und bekam diverse Schwierigkeiten. Man schoss auf ihn, Freunde wurden unter Druck gesetzt und verloren ihren Arbeitsplatz, weil sie Lazar kannten.

Robert Lazar (Nuklearphysiker) studierte am renommierten Massachusetts Institute Of Technology (MIT) und dem California Institute Of Technology (CALTECH), bevor er 1982 am Nationallaboratorium in LOS ALAMOS an SDI Projekten tätig war. Dort will er Edward Teller getroffen haben, den Erfinder der Wasserstoffbombe und Vater des SDI Projektes, der Gefallen an dem kreativen jungen Mann fand, ihn protegierte und ihm schließlich den Job in S – 4 verschaffte, wo Lazar vom 01.12.1988 bis 23.03.1989 tätig war.

Lazar zum Antriebsmechanismus von UFOs:

Ihr Antriebsmechanismus ist wirklich erstaunlich. Er besteht aus zwei Teilen, Gravitationsamplifikatoren und dem Reaktor, der die Energie liefert. Der Reaktor selbst ist ein Totalanihilationsreaktor, gefüttert durch Antimaterie. Totalanihilation ist die ergiebigste Form einer nuklearen Reaktion, die unter den drei Varianten Spaltung, Fusion und Anihilation möglich ist. Dazu bedient er sich eines superschweren Elementes, des Elementes 115, das als solches auf der Periodentafel erscheinen würde, obwohl es bisher auf der Erde noch nicht synthetisch hergestellt werden konnte. Nach Meinung Lazars kommt es in natürlicher Form nur auf superschweren Sternen, sogenannten Roten Riesen, vor. Dieses Element wird in einem extrem kleinen Teilchenbeschleuniger bombardiert. Unter Bombardierung unterzieht sich das Element einer sofortigen Spaltung und produziert Antimateriepartikel. Diese interagieren mit gasartigen Materiezielen und werden durch hundertprozentig effiziente thermoelektrische Vorrichtungen in Elektrizität umgewandelt. Nun sind 100% effiziente elektrische Umwandlungen hier völlig unmöglich, das erste Gesetz der Thermodynamik besagt das schon, immer werden Hitze etc. verbraucht, und so ist dieses System an sich schon ein weiteres für uns absolut faszinierendes Wunder. Die gewaltige Energie, die so erzeugt wird, betreibt die Gravitationsamplifikatoren, und als Nebenprodukt produziert das Element 115, wenn es bombardiert wird, sehr interessante Phänomene wie die Gravitations-A-Welle, wie sie auch genannt wird, die sich auf fast dieselbe Weise wie Mikrowellen fortbewegt.

Das wird von den Gravitationsamplifikatoren genutzt und wird durch den Stromkreis ebenso von den Reaktoren geliefert und verstärkt. Das amplifizierte Signal verlagert sich phasenweise leicht und zieht einen Gravitationskörper an oder stößt ihn ab. Das Schiff kann sich mit einem Gravitationsamplifikator – es hat drei davon– zum Beispiel von der Erde abstoßen, das wird die Omakron – Konfiguration genannt. Für den Raumflug würde es sich auf die Seite legen, würde alle drei Gravitationsamplifikatoren auf einen einzigen Punkt, ein Ziel in immenser Entfernung fokussieren, es würde die Amplifikatoren und den Reaktor auf volle Kraft einstellen und könnte sich buchstäblich an das Ziel heranziehen, mit einer solchen Kraft, daß Raum und Zeit zu dem Schiff hin gekrümmt würden und eine immense Entfernung buchstäblich in Nullzeit zurückgelegt werden könnte. Sie reisen nicht linear, sie falten Raum, Gravitation und Zeit. Wenn man Gravitation verzerrt, verzerrt man automatisch auch Raum und Zeit. Das sind nicht einfach Theorien, wir wissen das schon lange, wir haben nur keine Mittel, das zu kontrollieren, aber diese Zivilisationen sind offensichtlich dazu in der Lage.

Russland baute unbekanntes Flugobjekt für Spionagezwecke

Mit seiner glänzenden Oberfläche und fast rechteckigen fliegender Untertassenform sieht es wie etwas von einer anderen Welt aus. Aber dieses Pionierflugzeug wurde in der Tat von russischen Wissenschaftlern entwickelt, um den Westen möglicherweise darin hereinzulegen, zu glauben, daß UFOs existieren.

Diese ersten Bilder des Prototyps, codenamed Ekips (aka ' Ecip '), wurden von russischen Wissenschaftlern freigegeben. Die Chinesen sind an diesem Objekt interessiert. Die Forschung an fliegenden Untertassen in Russland begann unter Stalin. In den späten Siebzigern gab es ein Zentrum für UFO Studien im Moskauer Luftfahrtinstitut, wo die Forschungsergebnisse streng geheim gehalten worden sind. Die Entwicklung von Ecip diente dazu ein Flugobjekt zu schaffen, daß als ein Hilfsmittel betrachtet wurde, zu spionieren! Es wurden erfolgreiche Testflüge geflogen. Da die finanziellen Mittel für das Projekt nicht mehr vorhanden waren, wurde eine Weiterentwicklung dieser Flugmaschine verhindert, nun liegt die Flugmaschine in einer Fabrik in Saratov, Südrussland. Die Zeitung Izvestia behauptete vor kurzem, daß das Flugobjekt China aufgrund anhaltender Knappheit an Geldern ' von seinen Entwicklern ' angeboten worden war. Wissenschaftler dieses Projektes behaupteten, daß mit der richtigen Investition größere Versionen des Flugzeugs gebaut werden könnten mit einer Tragkraft von 1300 Passagieren. Das Anfangsziel bei diesem Projekt war es, eine Untertasse zu bauen, die etwa 400 Leute auf eine Höhe von mehr als 30.000 Fuß trägt. Diese Version wäre 120 Fuß x 85 Fuß über die Länge einer Boeing 767 und zu 400 mph und einem Bereich von 5.000 Meilen fähig.

UDSSR: Angeblicher Absturz einer Flugscheibe

Russen bauen echtes Ufo

Breite: 15 m
Länge: 11 m
Gewicht: 5 Tonnen
Nutzlast: 2 Tonnen
Geschwindigkeit: 650 km/h

Steuerungs-Düsen

Abgas-Düsen

Düsen für Start
und Landung

Luftansaug-System
für die Zwillings-Turbinen

■ Die erste fliegende Untertasse aus irdischer Produktion ist erfolgreich getestet worden. Die Russen haben sie gebaut. Sie kann überall starten und landen, sogar auf dem Wasser. Zwei große Luftdüsen entwickeln die ungeheuren Schubkräfte. Ursprünglich war sie für militärische Zwecke gedacht, jetzt soll sie Fracht und Personen befördern. Die Russen wollen sie auch an den Westen verkaufen.

UFO Welle über Belgien von Militär bestätigt! Oder geheime Technologie der Amerikaner?

In einem in der Geschichte der UFO-Forschung nie da gewesenem Vorgehen haben die belgische Luftwaffe (BAF) und die belgische Regierung die große UFO-Welle über Wallonien nicht nur sorgfältig dokumentiert, sondern die Ergebnisse auch mit zivilen UFO-Beobachtern und der Öffentlichkeit geteilt. Hiermit wurde zum ersten Mal die Mauer des Schweigens durchbrochen, die im Westen immer noch das UFO-Phänomen umgibt. Im Laufe des letzten Jahres haben Bürger der französischsprachigen belgischen

Region Wallonien eine außergewöhnliche UFO-Welle erlebt. Tausende Augenzeugen, darunter zahlreiche Polizisten und Offiziere der BAF, beschrieben dreieckige Fahrzeuge, die langsam über Dächer flogen, schwebten, Suchscheinwerfer aufleuchten ließen und unglaubliche Manöver vollführten. Die Objekte wurden auf etwa 25 Videobändern festgehalten und von bodengestütztem und Bordradar des Militärs verfolgt. Wenige, wenn überhaupt jemand, werden bezweifeln, daß die dreieckigen UFOs seit November 1989 über Wallonien gesichtet wurden. In einer Titel-Geschichte des Wall Street Journal vom 10. Oktober 1990 - betitelt "Belgische Wissenschaftler untersuchen ernsthaft ein dreieckiges UFO" - heißt es: "Seit die Lawine der Sichtungen hier vor einem Jahr begonnen hat, wurden mehr als 12.600 Beobachtungen eines dreieckigen Objektes mit drei riesigen Lichtern, das am nächtlichen Himmel über Wallonien schwebt, gemeldet." Manche fragen sich, ob diese Objekte durch geheime Tests eines neuen militärischen Luftfahrzeuges erklärt werden können. Ferngelenkte Fahrzeuge ("Drohnen"), AWACS, der F-117 Tarnjäger und eine modifizierte Version des B-2 ("Tarnkappenbomber") waren einige der vorgeschlagenen Möglichkeiten. Neben der riesigen Menge wohldokumentierter Sichtungen zusammengetragen von der Polizei, der Luftwaffe und der "Belgischen Gesellschaft zur Untersuchung von Raumphänomenen" (SOBEPS), haben die belgischen Vorfälle noch einen anderen Rekord gebrochen. Das erste Mal in der kontroversen Geschichte der UFO-Forschung weltweit wurden zivile Beobachter von den Behörden hinzugezogen.

Der belgische Verteidigungsminister, Guy Coeme, hat die Luftwaffe angewiesen, mit der SOBEPS in größtmöglichem Umfange zu kooperieren und ihr sogar eine Hawker Sideley Maschine, ausgestattet mit Infrarot-Kameras und modernstem elektronischem Sensorium, zur Verfügung zu stellen. Jean Pierre Petit, ein bekannter französischer Physiker, erklärte gegenüber dem Magazin Paris Match: "Wir leben in einer Zeit, die den Anfang einer Phase der Offenheit markiert. Erst fiel die Berliner Mauer, jetzt die Mauer des Schweigens um die UFOs. In Hinblick auf die UFOs betreten wir nun eine Phase, die sich vollkommen von den früheren unterscheidet. Es ist das Ende von Fälschungen und Kommerz. Die wahren Wissenschaftler haben endlich ihren Auftritt." Dr. Petit ist wissenschaftlicher Leiter des Nationalen Zentrums für wissenschaftliche Untersuchungen in Frankreich. Als anerkannter Wissenschaftler für Magnetfeldhydrodynamic hat Dr. Petit einige interessante UFO-Nachforschungen unternommen, die er in seinem Buch INVESTIGATION OF UFOs publizierte.

Anders als viele UFO-Gruppen verfügt die SOBEPS über ein Team respektierter Wissenschaftler, darunter der bekannte Theoretiker zur nicht-linearen Dynamik, Leon Brenig, der an der Freien Universität Brüssel wirkt, und Professor August Meessen, ein Physiker der Katholischen Universität in Louvain. Unter den zahlreichen UFO-Zeugen waren auch Lucien Clerebaut. Generalsekretär der SOBEPS, Patryck Ferryn, ein Filmproduzent und Gründungsmitglied, und Jose Fernandez, ein weiterer SOBEPS-Forscher. "Hier ist eine Möglichkeit, wissenschaftlich vorzugehen," bemerkte Professor Brenig.

Chronologie der Ereignisse

Die Unterlagen der SOBEPS verraten uns, daß die ersten Sichtungen in der Nacht des 7. November 1989 gemacht wurden, als zwei Gendarmen aus Esneux ein lautloses riesiges Fahrzeug beobachteten, "mit zwei weißen, sehr starken Lichtern, die nach unten wiesen und einer Art grüner und roter Girlande." Der Vorfall erlangte jedoch Berühmtheit und die Dinge kamen ins Rollen am Abend des 29. November 1989, als 41 Zeugen, darunter 6 Polizisten, ein riesiges Dreieck beobachteten, manchmal beschrieben als "stationäre Plattform", nämlich in Eupen, Verviers und verschiedenen anderen Orten in Wallonien nahe der deutschen Grenze. Als die Presse am folgenden Tag über AWACS und Tarnkappenbomber zu spekulieren begann, zerstreute Verteidigungsminister Guy Coeme diese Gerüchte mit der Aussage: "Jegliche Hypothese, die die Anwesenheit militärischer Luftfahrzeuge in unserem Luftraum einbezieht, kann definitiv ausgeschlossen werden." Wahrscheinlich aufgrund der Tatsache, daß die Objekte bis dahin unidentifiziert blieben, übernahm die belgische Luftwaffe die Aufgabe, die Eindringlinge zu jagen und zu untersuchen. Oberst Wilfired de Brouwer, operativer Chef der BAF, der diese Untersuchungen koordiniert, sagte gegenüber dem Wall Street Journal: "Wir denken, es ist unsere Pflicht, herauszufinden, was los ist." Der UFO-Vorfall erreichte seinen Höhepunkt in der Nacht vom 30. auf den 31. März 1990, als unbekannte Ziele von zwei Radarstationen verfolgt wurden. Die eine in Glons, südöstlich von Brüssel, gehört zur NATO-Verteidigungsgruppe, während die in Semmerzake, westlich von Brüssel, den kompletten militärischen und zivilen Flugverkehr in ganz Belgien kontrolliert. Zu diesem Zeitpunkt veranlaßte der Mastercontroller in Glons den Aufstieg zweier F-16 Abfangjäger, die ebenfalls in der Lage waren, die UFOs mittels Bordradar zu erfassen.

Vom französischen Forscher Jean-Luc Rivera stammt die folgende komplette Kopie des Berichtes zu diesem Vorfall, verfaßt von Luftwaffenmajor P. Lambrechts, Luftwaffengeneralstab in Brüssel.

Der "Bericht betreffend die Beobachtung von UFOs in der Nacht vom 30. auf den 31. März 1990 " beinhaltet eine Chronologie der Geschehnisse und ein dickes Dossier von Anhängen mit Augenzeugenberichten mehrerer Polizisten und eine Karte, auf der die Sichtungen vermerkt sind. Untersuchungen, auch in einem belgischen kriminaltechnischen Labor, das auch für Geheimdienste und Militär arbeitet, bestätigen auf den Fotos und Videoaufnahmen ein unbekanntes Flugobjekt.

Kriminaltechnisches Labor in Belgien / Computeranalyse:

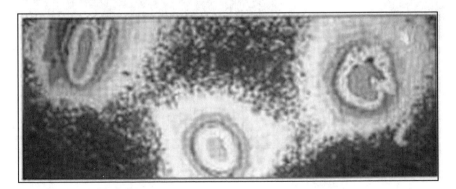

Foto des UFO – Dreiecks:

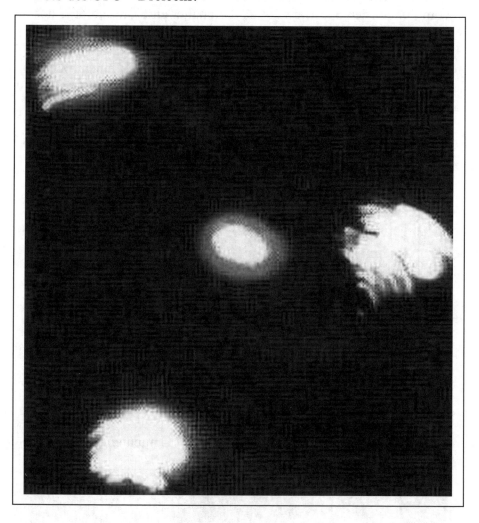

Die offiziellen Erkenntnisse der belgischen Luftwaffe

Bericht betreffend die Beobachtung von UFOs in der Nacht vom 30. auf den 31. März 1990. Der Bericht ist verfaßt vom Schreibzimmer des Stabs der belgischen Luftwaffe (BAF)

1. Einführung:

- Dieser Bericht gibt eine Übersicht über die Berichte der betroffenen Air-Force-Einheiten und der Augenzeugenberichte der Gendarmerie-Patroullien über die unbekannten Phänomene (weiterhin als UFOs) bezeichnet) im Luftraum südlich der Achse Brüssel-Tienen während der Nacht vom 30-30 im März 1990.

- Die Beobachtungen sichtbarer Natur und Radar, waren solcher Art, daß das Starten von zwei F-16 vom 1. J Rotte beschlossen wurde, um die UFOs zu identifizieren.

- Dieser Bericht wurde veranlaßt und etabliert von Major Lambrechts, VS/3 Ctl-Met 1.

2. Hintergrund:

Seit Anfang Dezember 1989 sind im belgischen Luftraum regelmäßig seltsame Phänomene gesichtet worden. Der Air-Force stehen mehrere Augenzeugen zur Verfügung, von denen die meisten von der Gendarmerie informiert worden sind. Die Radarstationen der Air-Force aber konnten die Sichtungen bis zum Zeitpunkt des 30-31 März nicht bestätigen und die Anwesenheit der UFOs wurde niemals von den Piloten, die ausgeschickt worden waren, bestätigt.

Der Stab der Air Force hat einige Hypothesen über den Ursprung dieser UFOs vorgelegt. Die Anwesenheit oder Testflüge von B-2 oder F-117A (Tarnkappenflugzeugen), RPV(Flug-Drohnen), ULM (Ultraleicht-Motor-Flugzeuge) und AWACS im belgischen Flugraum während der Vorfälle können ausgeschlossen werden. Das Kabinett und das Verteidigungsministerium sind über diese Entdeckungen informiert worden. In der Zwischenzeit ist SOBEPS (Die belgische Gesellschaft zur Untersuchung von Weltraumphänomen) mit dem MLV in Kontakt getreten und ersuchte um Unterstützung bei der Untersuchung dieses Phänomens. Der Anfrage wurde entsprochen, und als Folge davon hat die Air Force regelmäßig mit dieser Gesellschaft kooperiert.

3. Chronologische Übersicht der Ereignisse während der Nacht vom 30-31 März 1990.

30./31. März 1990, Bemerkung: Ortszeit 30. März

23 00h: Der verantwortliche Supervisor (MC) für den Glons CRC (Control Reporting Center) erhält einen Anruf von Herrn A. Renkin, Gendarmerie MDL, der bestätigt, von seinem Haus in Ramillies aus in Richtung Thorembais-Gembloux drei ungewöhnliche Lichter zu sehen. Diese Lichter sind eindeutig intensiver als Sterne oder Planeten, sie bewegen sich nicht und befinden sich an den Ecken eines gleichschenkligen Dreieckes. Ihre Farbe wechselt ständig: rot, grün und gelb.

23.05h: Die Glons CRC bittet die Gendarmerie in Wavre, einen Streifenwagen zu diesem Ort zu senden, um die Sichtung zu bestätigen.

23.10h: Ein weiterer Anruf von Herrn Renkin weist auf ein neues Phänomen hin: drei andere Lichter bewegen sich in Richtung des ersten Dreieckes. Eines dieser Lichter ist viel heller als die anderen. Die Glons CRC dokumentiert einen nicht identifizierten Radarkontakt, ungefähr 5 km nördlich des Beauvechain Flughafens. Der Kontakt bewegt sich mit einer Geschwindigkeit von 25 Knoten (1 Knoten entspricht grob 2 km/h. / Anm. d. Übersetzers) in Richtung Westen.

23.28h: Eine Gendarmerie-Streife bestehend u.a. aus Polizeihauptmann Pinson, ist vor Ort und bestätigt die Sichtung von Herrn Renkin. Kapitän Pinson beschreibt das beobachtete Phänomen folgendermaßen: Die hellen Punkte haben die Ausmaße großer Sterne; ihre Farbe wechselt ständig. Die vorwiegende Farbe ist rot; dann wechselt es nach blau, grün, gelb und weiß, aber nicht immer in derselben Reihenfolge. Die Lichter sind sehr hell, als ob es Signale wären: das ermöglicht, sie von Sternen zu unterscheiden.

23.30h-23.45h: Der zweite Satz Lichter hat sich näher zu dem zuerst beobachteten Dreieck bewegt. Ihrerseits beginnen auch sie,

202

nach einer Serie willkürlicher Bewegungen, ein Dreieck zu formen. In der Zwischenzeit beobachtet das Glons CRC das Phänomen auf dem Radar.

23.49h-23.59h: Der Semmerzake TCC/RP (Luftverkehrskontrolle/Beobachtungsstation) bestätigt einen klaren Radarkontakt an der vom Glons CRC genannten Position.

23.56h: Nach erforderlicher Koordination mit dem SOC II und da alle Bedingungen für einen QRA-Flug erfüllt worden sind, gibt das Glons CRC einen verschlüsselten Befehl an die 1.J Rotte.

23.45h-00.15h: Die hellen Punkte sind immer noch klar vom Boden aus zu sehen. Ihre jeweilige Position ist unverändert. Die ganze Formation scheint sich im Vergleich zu den Sternen langsam zu bewegen. Die Augenzeugen am Boden stellen fest, daß die UFOs gelegentlich kurze, intensive Leuchtsignale aussenden. Auch werden zwei schwächer leuchtende Punkte in Richtung Eghezee beobachtet. Diese, wie die anderen, machen kurze, ungleichmäßige, scheinbar zufällige Bewegungen.

31. März:

00.05h: Zwei F-16, QRA von der 1. J Rotte, AL 17 und AL 23, heben ab. Sie befinden sich zwischen 00.17h und 00.54h unter der Kontrolle des CRC. Neun Abfangversuche werden von den Piloten unternommen. Die Flugzeuge haben einige kurze Radarkontakte mit den vom CRC ausgewählten Zielen. In drei Fällen gelang es den Piloten, die Ziele für ein Paar Sekunden zu erfassen, was jedes Mal eine drastische Änderung im Flugverhalten der UFOs einleitete. In keinem einzigen Fall hatten die Piloten Sichtkontakt mit den UFOs.

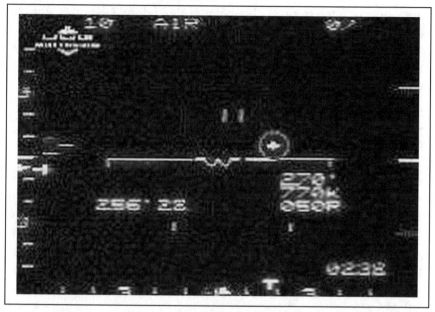

00.13h: Erste von dem CRC vorgeschriebene Erfassung eines Zieles. Position: „vor der Nase" 6 NM (Nautische Meilen), 9000 Fuß, Richtung: 259. Die Geschwindigkeit des Ziels ändert sich plötzlich von 150 zu 970 Knoten (Entspricht ca. 300 km/h auf 1700 km/h in wenigen Sekunden. / Anm. d. Übersetzers), es sinkt von 9000 auf 5000 Fuß, dann steigt es auf 11000 Fuß und kurz danach sinkt es auf Bodenniveau. Nach einigen Sekunden resultiert daraus ein Verlust der Zielerfassung, der Pilot verliert den Radarkontakt. Das Radar in Glons zeigt zum Zeitpunkt des Verlustes der Zielerfassung, daß die Kampfflugzeuge sich über der Position des Zieles befinden.

Ungefähr um 00.19h-00.30h: Sowohl die Semmerzake TCC als auch das Glons CRC haben den Kontakt mit dem Ziel verloren. Von Zeit zu Zeit erscheinen Signale in der Gegend, doch sie sind zu kurz, um eine genaue Verfolgung zu ermöglichen. In der Zwischenzeit verständigen die Piloten sich mit dem Tower der zivilen Flugkontrollüberwachung auf VHF, um ihre Bewegungen mit denen der Brüsseler TMA abzustimmen. Auf UHF wurde der Radiokontakt mit dem Glons CRC gehalten.

00.30h: AL 17 hat einen Radarkontakt auf 5000 Fuß, 20 NM [Nautische Meilen, ungefähr 40 km] von Beauvechain (Nivelles), auf Position 255. Das Ziel bewegt sich mit sehr hoher Geschwindigkeit [740 Knoten]. Die Zielerfassung dauert 6 Sekunden und mit dem Abbruch der Zielerfassung erscheint ein Störsignal auf der Anzeige.

Ungefähr 00.30: Die Augenzeugen am Boden sehen die F-16 dreimal über sich hinweg fliegen. Beim dritten Vorbeiflug beobachten sie wie die Flugzeuge umdrehen und im Zentrum der großen, zuerst beobachteten Lichtformation, zu kreisen beginnen. Zur selben Zeit beobachten sie das Verschwinden des kleineren Dreiecks, und daß der am hellsten leuchtende, westlichste Punkt des großen Dreiecks sich sehr schnell, wahrscheinlich nach oben weg bewegt. Beim Manöver strahlt der Punkt wiederholt intensive rote Signale aus. Die zwei anderen Punkte des großen Dreiecks verschwinden kurz darauf. Die hellen Punkte über Eghezee sind nicht länger zu sehen und nur westliche, der hellste Punkt des Dreiecks, ist noch zu sehen.

00.32h: Die Stationen in Glons und Semmerzake haben einen Radarkontakt in 110/6NM Entfernung von Beauvechain, der sich in Höhe von 7000 Fuß und mit sehr hoher Geschwindigkeit in Richtung Bierset bewegt. Die registrierten Geschwindigkeiten gehen von 478 bis 690 Knoten. Der Kontakt verliert sich über Bierset. Die Radarkontrolle in Maastricht (Niederlande) meldet keinen Kontakt mit dem UFO.

00.39h-00.41h: Das Glons CRC meldet einen möglichen Kontakt in einer Höhe von 1000 Fuß, 10 NM von den Flugzeugen entfernt. Die Piloten haben Radarkontakt auf 7 NM. Wieder beschleunigt das Ziel von 100 auf 600 Knoten. Die Zielerfassung dauert wieder nur einige Sekunden. Sowohl die Piloten als auch das CRC verlieren den Kontakt.

00.47h: Das Beauvechain RAPCON meldet einen Radarkontakt auf 6500 Fuß Höhe, 160/5 NM von Beauvechain entfernt. Auch das Glons CRC hat einen Kontakt an der selben Position. Er wird bis 00.56h beobachtet.

00.45h-01.00h: Mehrere Versuche werden unternommen, um die UFOs abzufangen. Die Flugzeuge registrieren nur einige kurze Radarkontakte. Die Bodenbeobachter sehen das letzte UFO in Richtung Louvain-la-Neuve (NNW) verschwinden.

Um 1.00h ist das UFO vollkommen verschwunden.

01.02h: AL 17 und AL 23 verlassen den Zuständigkeitsbereich des Glons CRC und kehren zurück zu ihrer Basis.

01.06h: Die Gendarmerie von Jodoigne berichtet Glons CRC, daß sie gerade ein Phänomen ähnlich dem von Herrn Renkin um 23.15h beobachteten, gesichtet haben.

01.10h: Die AL 17 landet.

01.16h: Die AL 23 landet.

01.18h: Kapitän Pinson, der mittlerweile bei der Gendarmerie von Jodoigne angelangt ist, beschreibt seine Beobachtungen folgendermaßen: als vier leuchtende weiße Punkte an den Ecken eines Quadrates, dessen Mittelpunkt Jodoigne bildet.

Das UFO, das sich in Richtung Orp-Jauche (SW von Jodoigne) befand, war das hellste und von gelb-roter Farbe. Die leuchtenden Objekte bewegten sich mit kurzen und abgehackten Bewegungen.

Um ungefähr 01.30h verlieren die UFOs ihre Leuchtkraft und scheinen in verschiedene Richtungen zu entschwinden.

4. Allgemeine Informationen:

• Meteorologie. Folgende Angaben werden vom Air Force Flügel Meteo über die betreffende Gegend während der Nacht vom 30-31. März 1990 gemacht:

• Sicht: 8-15km bei klarem Himmel. Wind in Höhe von 10000 Fuß; 50/60 Knoten. Eine leichte thermische Turbulenz in Bodennähe und eine weitere leichte in Höhe von 3000 Fuß. Diese Daten werden in Hauptmann Pinsons Bericht bestätigt. Auch erwähnt er, daß die Sterne klar sichtbar waren.

• Da geeignete Instrumente zum Erstellen von Photos oder Filmen fehlten, konnten die Zeugen am Boden keine Aufnahmen machen.

- Das mit einem Teleskop beobachtete UFO wird als eine Art von Kugel, mit einem stark leuchtenden Teil, beschrieben. Auch eine dreieckige Form wurde gesichtet.

5. Interessante Aspekte:

- Das ist das erste Mal, daß zur selben Zeit mit visuellen Beobachtungen, ein Radarkontakt unter Zusammenwirkung von verschiedenen Bereichen der Air Force (CRC, TCC, RAPCON, EBBE und F-16) zustande gekommen ist. Das könnte mit dem Fakt erklärt werden, daß das 30./31. März-UFO auf einer Höhe von +/- 1000 Fuß gesichtet worden war, während es sich in früheren Fällen immer nur von Sichtkontakten in sehr niedriger Höhe gehandelt hatte.

- Die gesichteten Beweise, auf denen dieser Bericht fußt, stammten von Gendarmen im Dienst und deren Objektivität kann nicht in Frage gestellt werden.

- Sobald die Bordradars der F-16 die UFOs erfaßt hatten und in den Zielverfolgungsmodus gingen, änderten diese drastisch ihre Parameter. Die gemessenen Geschwindigkeiten zum Zeitpunkt der Steig- und Sinkphasen schließen die Hypothese aus, bei den beobachteten Objekten könne es sich um eine Verwechslung mit Flugzeugen gehandelt haben. Die langsamen Bewegungen während der anderen Phasen unterscheiden sich gleichfalls von dem Flugverhalten von Flugzeugen.

- Die Kampfpiloten hatten niemals Sichtkontakt mit den UFOs. Das könnte man mit den Änderungen der Leuchtintensität erklären, oder sogar mit dem Verschwinden der UFOs bei Ankunft der F-16 in der Nähe des Ortes, an dem man die UFOs vom Boden aus sehen konnte.

- Die Hypothese einer optischen Täuschung, einer Verwechslung mit Planeten oder einem anderen meteorologischen Phänomen widerspricht den Beobachtungen auf dem Radar, darunter ganz besonders die Höhe von 10000 Fuß und die geometrischen Positionen der UFOs untereinander. Die geometrischen Formationen zeugen von einem Plan.

- Wenngleich die erste Beobachtung des langsamen Fluges der UFOs in ungefähr derselben Richtung wie der Wind und mit der selben Geschwindigkeit gemacht worden ist, weicht seine Richtung um 30 Grad von der Richtung des Windes (260 Grad statt 239 Grat) ab. Die Hypothese von "Soundballons" [Keine Referenz über diese Art von Ballon auffindbar. Anm. d. Übersetzers] ist sehr unwahrscheinlich. Die Höhe der UFOs während dieser ganzen Phase blieb bei 10 000 Fuß, während "Soundballons" immer höher aufsteigen und bei 100 000 Fuß zerplatzen. Auch fällt es mit den Ballons schwer, die hellen Lichter und die Farbwechsel zu erklären. Es ist auch ungewöhnlich, daß "Soundballons" länger als eine Stunde in ein und der selben Höhe bleiben, untereinander die selbe Position einhaltend. Während der Beobachtung durch das Radar gab es in Belgien keine Inversionswetterlage [die die Ballons hätte unten halten können. Anm. d. Übersetzers]. Die Hypothese, daß es sich um Ballons handeln könne, kann damit absolut ausgeschlossen werden.
- Wenngleich Geschwindigkeiten jenseits der Schallmauer mehr als einmal gemessen worden sind, wurde kein Schallschockknall wahrgenommen. Auch dafür gibt es keine Erklärung.
- Augenzeugen am Boden haben ausdrücklich auf acht Punkte am Himmel hingewiesen, die Radars jedoch registrierten jedes mal nur jeweils einen Kontakt. Die Punkte befanden sich in genügendem Abstand voneinander, um auf dem Radar als mehrere Objekte angezeigt zu werden. Dafür gibt es keine plausible   Erklärung.

Auch die Hypothese von Luftphänomenen, die von einer Hologramm-Projektion herrühren, kann ausgeschlossen werden. Laserprojektionen hätten von den Piloten normal gesehen werden können. Mehr noch, Hologramme können nicht von Radar aufgespürt werden und Laserprojektionen können nur bei Projektion auf einem "Schirm" gesehen werden, wie z.B. Wolken. In diesem Fall war der Himmel klar und es gab keine auffälligen Temperaturschwankungen.

Neue Untersuchungen bringen Licht ins Dunkel der "Schwarzen Dreiecke"

Eine gerade veröffentlichte Studie vom „National Institute for Discovery Science" (NIDS) mit Sitz in Las Vegas, Nevada, bringt neues Licht in die dunklen und mysteriösen Flugobjekte. NIDS Forscher behaupten, daß diese Art der Flugzeuge leichter als Luft sind und diese Luftschiffe vom US Militär hergestellt wurden. Wahrscheinlich haben sie einen "elektrokinetischen" Antrieb und durchkreuzen den Himmel wahrscheinlich schon seit Mitte der 80er Jahre. NIDS versuchte bei ihrer letztjährigen Studie Sichtungen von großen dreieckigen oder delta-förmigen Objekten mit der Air Force Materiel Command und Air Mobility Command Basen im ganzen Land zu korrelieren. Es wurden Vorhersagen von Flugwegen in und aus den verschiedenen Basen bestätigt. Der neue Ansatz zog in Betracht, was vier Polizei-Offiziere und mehr als ein Dutzend anderer Leute am 5. Januar 2000 beobachtet hatten: Ein riesiges, leises, tieffliegendes, schwarzes, dreieckförmiges Objekt. Es flog in einer südwestlichen Richtung zwischen Highland, Illinois und Dupo, weniger als 50 Kilometer von St. Louis, Missouri entfernt. Teilweise flog das enorme Objekt an der Grenze der Scott Air Force Base entlang. NIDS äußerte sich nicht über die definitive Herkunft des in Illinois gesichteten Objekts. Der Report beinhaltet über 150 separate Berichte über dreieckförmige oder deltoid-förmige Objekte. Diese Augenzeugenberichte, die von NIDS zusammengetragen wurden, entstammen hauptsächlich den Vereinigten Staaten. Einige wenige Sichtungen kommen aus Kanada und Europa. Um die These zu untermauern, daß militärische Luftschiffe für UFOs gehalten werden, machten NIDS Analysten einen historischen Vergleich. Nach Schätzungen ist das Objekt 200 Meter lang und 100 Meter breit mit einer Höhe von 40 Metern. Das Schwarze Dreieck könnte wesentlich mehr als 100 Tonnen wiegen.

"Leichter-als-Luft" Flugobjekte hielten alle Rekorde für Nutzlast, Entfernungen, Flugdauer und Flughöhe in den ersten 40 Jahren des 20. Jahrhunderts - auch nach der Entwicklung des Flugzeuges. Tatsächlich werden, außer raketenbetriebene Fluggeräte wie das X-15 und das Space Shuttle, alle absoluten Höhenrekorde von hochfliegenden wissenschaftlichen Ballons gehalten. NIDS geht davon aus, das Big Black Deltas oder BBDs U.S. Defense Department Fluggeräte sind. Diese sind so groß, daß sie Massive Nutzlasten auf geringer Flughöhe transportieren können und dabei eine Geschwindigkeit von dem drei- bis fünffachen normaler Schiffe erreichen. Aufgrund der NIDS Beobachtungen geht die Gruppe davon aus, daß die BBDs mit elektrokinetischen Feld-Antrieben oder luftgestützten, nuklearen Kraftwerken ausgestattet sind. Diese Fluggeräte bewegen sich ebenso auf extremen Flughöhen, weit über denen herkömmlicher Flugzeuge und Pulsen des Bodenradars. Elektrokinetischer Antrieb bedeutet, daß keine Propeller oder Düsen benutzt werden. Ein solches Luftschiff würde sich nur auf Aerostatik und Gas für den Auftrieb wie beim Ballon stützen. Kein nach unten gerichteter Luftstrom, wie etwa beim Hubschrauber würde produziert werden. Außer einem leisen Brummen, verursacht durch die Hochspannungsausrüstung - und gelegentlichen Corona-Entladungen bei älteren BBDs - machen Big Black Deltas kein Geräusch. Aufgrund der Fähigkeiten dieser BBDs - geräuschloser Lauf, Eliminierung von akustischen Schockwellen und Flughöhen von Bodenhöhe bis zum Vakuum - ruft NIDS auf, diese "Schwarze Welt" Technologie der kommerziellen Nutzung zur Verfügung zu stellen. "Was wir versuchen, ist unidentifizierte fliegende Objekte (UFOs) in IOs oder identifizierte fliegende Objekte zu transformieren.", sagte Colm Kelleher, Verwaltungsangestellter von NIDS.
"Wir wollen die Zahl der unidentifizierten Fälle in unserer Datenbank reduzieren. Je mehr identifiziert sind, desto weniger Arbeit haben wir. Das ist unsere Motivation, um die Spreu vom Weizen zu trennen.", sagte Kelleher. NIDS hat rund 1000 Fälle zusammengetragen, die untersucht werden.

Von diesen sind rund 200 Big Black Delta Sichtungen. In den letzten ein bis zwei Jahren stieg die Zahl der BBD Sichtungen. Kelleher sagte, daß das Militär bereit sein müßte, das Geheimnis um die schwarzen dreieckigen Fluggeräte zu lüften. Beim Illinois Fall z.B. haben Zeugen über mehrere Stunden das Luftschiff gesehen. "Das ist nicht unbedingt Stealth Modus. Es ist unabdingbar, daß es deklassifiziert wird.", sagte er. "Es scheint eine Zunahme bei der Entwicklung dieser Fluggeräte zu geben", sagte Kelleher. "Man sieht sie nur, wenn sie ihren Startplatz verlassen oder ihren Landeplatz anfliegen. Viele dieser Sichtungen sind bei Nacht. Nach unseren Informationen bleiben sie sehr lange in der Luft, teilweise wochenlang. Sie haben vielmehr mit Ozeandampfern als mit Flugzeugen zu tun.", sagte er.

Über die Jahre scheinen die BBDs in verschiedene Größenklassen einzuordnen zu sein. "Die dominierenden in unseren Datenbanken sind die sehr, sehr großen. Das sind tieffliegende, leise Objekte, die nach Berichten die Größe von einem Fußballfeld haben", schilderte Kelleher. Es wurde beobachtet, daß die BBDs von einer schwebenden Position sehr schnell beschleunigen können. "Es sieht dann aus, als wenn sie über den Himmel springen. Fast gespenstisch ist die geräuschlose Fortbewegung", fügte Kelleher hinzu. L. Scott Miller, Professor der Aerospace Engineering an der Wichita State University in Wichita, Kansas, sagte, daß es durchaus wahrscheinlich ist, daß ein großes und unter Verschluß gehaltenes Luftschiff gebaut wurde. "Ich denke, daß ein großes Luftschiff, mit hohem Startgewicht und anderen Missionszielen gebaut wurde.", sagte Miller. Miller ist ebenso unabhängiger Journalist des American Institute of Aeronautics and Astronautics (AIAA) und Spezialist in Sachen schwarze Fluggeräte und der Welt der geheimen Flüge. Der NIDS Forschungsbericht deckt sich zu ungefähr 50 Prozent mit der Theorie, die Miller vor ein bis zwei Jahren in den AIAA-Artikeln vertrat. "Lockheed hat über viele Jahre hinweg großes Interesse an Luftschiffen gezeigt.

Die wirkliche Frage ist jedoch, ob das Department of Defense dem Kauf und der Benutzung solcher Maschinen zugestimmt hat.", sagte Miller. Große Luftschiffe sind von großem Vorteil für

das Militär. Sie sind in der Lage extrem schwere und große Nutzlasten mit relativ großer Geschwindigkeit zu transportieren, wofür
es einen realen Bedarf gibt, sagte Miller. Die U.S. Transportflug-
zeug Flotte ist überaltet und mußte in den vergangenen 10 Jahren
häufig in entlegenen Gebieten wie Irak, Bosnien, Kosovo und
Afghanistan eingesetzt werden. Einige neue Flugzeuge haben es
zwar in das Inventar geschafft, aber diese haben Grenzen. Zum
Beispiel benötigen Transporte von Panzern und anderen schweren
Gerätschaften viele Flüge und Unterstützung. "Ein Luftschiff, das
über Nacht eine große Zahl von Panzern, Truppen und anderes
Material in eine Region tragen könnte wäre fantastisch", fügte
Miller hinzu. Miller stimmt mit den NIDS Untersuchungen über
das Antriebssystem überein. "Interessant, aber ich glaube das ist
gar nicht notwendig.", sagte er. "Ich denke, daß ein Luftschiff mit
neutralem Auftrieb und konventionellen Prop-Rotor System ein
sehr praktisches und nützliches Luftschiff Design darstellt", sagte
Miller. Solche Fluggeräte könnten eine Kreuzung zwischen ein V-
22 Osprey - ein Fluggerät mit kurzen Flügeln und Antriebsrotoren
– und einem herkömmlichen, flügelbasierten Flugzeug sein. Miller meint, daß die Verwundbarkeit eines solchen Luftschiffes im
Kriegsgebiet durch geeignete Formgebung und vorsichtige Ein-
sätze reduziert werden könnte. "Tiefflüge bei Nacht und das Erre-
gen der Aufmerksamkeit beim Feind könnten kritisch sein. Ein
'Stealth Luftschiff' würde in dieser Hinsicht sehr nützlich sein.",
sagte Miller. Trotzdem bleibt die wahre Natur und die Nutzung
der schwarzen Dreiecke ein Rätsel. "Ich vermute, daß die Leute in
Illinois ein wie auch immer geartetes Luftschiff sahen. Funktioniert es? Ich weiß es nicht. Ist es 'sexy genug' für das Inventar des
Defense Department im Vergleich zu anderen High Tech Flugzeugen, wie den B-2? Ich weiß es auch nicht.", sagte Miller. "Jede
Sichtung benötigt eine Menge Analysearbeit.
Die Beschreibung der Geschwindigkeit, Beschleunigung und
Größe durch einen Augenzeugen ist meist von relativ wenig Nut-
zen.", sagte Miller. "Ich mache zuerst eine Annahme für einen
Missionsbedarf oder den Grund einer solchen Sichtung und dann
die Verfügbarkeit der heutigen Technologie. Dann vergleiche ich

die Fakten mit den kühlen und nüchternen Daten des Augenzeugen und lasse seine Annahmen beiseite.", sagt er. "Meiner Einschätzung nach ergibt sich daraus, daß ungefähr 30 Prozent der vergangenen "Dreiecks-UFO" Sichtungen auf das Konto der Schwarzen Welt Flugzeuge, Jets oder Luftschiffe gehen", faßte Miller zusammen.

Geheime Technologie schon im Tarnkappen-Bomber B-2 „Spirit" vorhanden?

Diesen Verdacht äußern Experten der britischen Fachzeitschrift „Flight International". Ob in diesem 1,7 Milliarden Dollar teurem Kriegsgerät bereits ein wenig Antigravitations-Technik mitfliegt, wurde vom Pentagon nicht ausdrücklich dementiert. Der Luftfahrt-Historiker Bill Gunston schrieb dazu in der Fachzeitschrift, daß die unglaubliche Geräuschlosigkeit mit der die megaschwere Maschine mit einem Gewicht bis 155 Tonnen leicht wie eine Feder abhebe zumindest auf eine teilweise Aufhebung der Schwerkraft hinweise.

Mysteriöser Tod des Erfinders eines Motors mit Wasserantrieb!

Unter den Erfindern im Bereich der sogenannten freien Energie gibt es noch einen mysteriösen Todesfall zu vermelden. Der amerikanische Erfinder Stanley Meyer ist mit einer an Sicherheit grenzender Wahrscheinlichkeit am 21.3.1998 vergiftet worden. Meyer erfreute sich bis zu seinem Tode bester Gesundheit. In einem Restaurant war er plötzlich mit den Worten aufgesprungen: „jetzt hat man mich vergiftet!" Bei den Versuch zu seinem Auto zu laufen, brach er unterwegs tot zusammen. Er hatte an der Erfindung eines Motors, in der von ihm entwickelten „Water-fuel-Cell-technology" gearbeitet, die auf den Betrieb von Motoren mit Wasser hinausläuft. Im September 1997 hatte er mit Chrysler einen Vertrag abgeschlossen, demzufolge sich die Chrysler Werke verpflichteten, Autos mit seinem Motor zur Serienreife zu bringen. Ein koreanischer Autokonzern soll einen ähnlichen Vertrag mit Stan Meyer abgeschlossen haben. Wenige Tage vor seinem Tod hatte seine Heimatstadt Salt Lake City 50 Mill. US Dollar für ein Forschungszentrum für Alternativenergien zur Verfügung gestellt, welches sich mit der Weiterentwicklung seiner Erfindung befassen sollte.

Wird Antischwerkraft-Maschine unsere Welt auf den Kopf stellen? - Forschungen laufen auf Hochtouren

Der russische Physiker Professor Eugen Podkletnov könnte mit seiner sensationellen Entdeckung unsere Zivilisation dramatisch verändern. Mit seiner Apparatur wurde Antigravitation erzeugt, die Meßdaten wirken so überzeugend, daß die NASA mit einem 600 000 Dollar Experiment die Entdeckung überprüfen will. Die Aufhebung der Schwerkraft, so beschrieb in der Ausgabe P.M. vom September 2002 das Fachjournal, würde durch eine ausrollbare Antigravitationsmatte oberhalb der Erde die Anziehungskraft nicht mehr wirken und schwere Lasten wären federleicht. Auch unser gesamter Energiebedarf würde sich merklich reduzieren, sogar Autos und Flugzeuge könnten den Energieaufwand zur Überwindung der Gravitation einsparen. Ganz zu schweigen von Veränderungen in der Raumfahrt, wo interstellare Raumschiffe mit einem simplen Antrieb größere kosmische Entfernungen erreichen könnten.

Fieberhaft arbeiten Forscher aus der UDSSR, USA, und England am Bau einer Antischwerkraft – Bald werden wir wissen, so die NASA – Physikerin Ning Li, die bereits nachgewiesen hat, daß >Superconductive Components> (superleitende Komponenten) die Schwerkraft beeinflussen können. Ein sich schnell drehender Supraleiter kann theoretisch einen Abschirmungseffekt auf die Gravitation ausüben.

Auch das Werk von Fran De Aquino (über Anti-Gravitation) bekam die wohlverdiente internationale Anerkennung. Er bekam ein Angebot im Wert von 600.000 $ vom United States Energy Department um seine Experimente bei diesem Department weiter durchzuführen.

Entwickelt Boeing Antigravitations-Antrieb?

Project Grasp: Boeing will Schwerkraft teilweise aufheben. Der US-Flugzeuggigant Boeing arbeitet in einem streng geheimen Forschungsprogramm an der Verringerung der Schwerkraft. Einem Bericht des britischen Nachrichtendienstes BBC zu Folge werden die Forschungen unter dem Codenamen "Project Grasp" in den geheimen Phantom-Works-Labors von Boeing in Seattle durchgeführt. Auch die amerikanische Raumfahrtbehörde Nasa arbeitet an einer Verringerung der Schwerkraft – bisher allerdings ohne Erfolg. Die Forschungsarbeiten bauen auf einer umstrittenen Arbeit des russischen Forschers Podkletnov aus dem Jahre 1992 auf. Podkletnov hatte in mehreren Berichten behauptet, bei einem an der Universität im finnischen Tampere durchgeführten Experiment eine Verringerung der Schwerkraft eines über einem supraleitenden Keramikring schwebenden Körpers um zwei Prozent beobachtet zu haben. Allerdings ist es Wissenschaftlern vieler Labors bis heute nicht gelungen, Podkletnovs Experimente erfolgreich zu wiederholen. Daher werden seine Arbeiten in der Fachwelt zum Teil nicht ernst genommen.

Eine Verringerung der Schwerkraft um nur zwei Prozent hätte große Auswirkungen auf die bei Flügen anfallenden Energiekosten – so das Kalkül von Boeing. Der Leiter von Phantom Works George Muellner zeigt sich nach Aussagen des Magazins "Jane's Defence Weekly" im Gegensatz zu der großen Mehrheit der an den fundamentalen Eigenschaften der Schwerkraft forschenden Wissenschaftler von der Qualität der russischen Arbeit überzeugt.

Null–Emissions–Motor: Flugzeug soll mit Luft fliegen!

Ein mit Luft angetriebener Flugzeugmotor wird von dem amerikanischen Konstrukteur Vernon Newbold entwickelt. Das Triebwerk setzt sich aus drei sternförmig angeordneten Zylindern zusammen, in die Druckluft strömt, dabei drückt die ausdehnende Luft auf die pleuellosen Kolben und treibt die Propeller über eine exzentrische Welle an. Auf der AERO Messe, in Friedrichshafen zeigte eine Vorführung, wie ein Drucklufttank einen Motor versorgte und dieser mit 1500 Umdrehungen pro Minute bis später 10 000 Touren gekommen ist und dabei 50 PS leisten konnte. Das Aggregat wiegt ca. 20 Kg. Auch mit Benzin oder Diesel kann der Motor betrieben werden, wenn sein Luftverteilerventil durch eine Einspritzpumpe ersetzt wird. Die Vorteile des Lufttriebswerks liegen auf der Hand, geringes Gewicht, keine Abgase weniger Verschleiß der Teile, und ein Wirkungsgrad von 20% (das doppelte herkömmlicher Motoren). Durch Windgeneratoren kann die Aufladung der Druckluftflaschen erfolgen. Geplant ist, daß nach Tests in einem Luftkissenfahrzeug in Sportflugzeugen eingebaut wird.

Roboter-Fliege als Kampf-Jet

Wissenschaftler enträtseln den Flug der Insekten und versuchen die summenden Luftakrobaten im Labor nachzubauen. Militärs wollen die Roboterfliegen für die Spionage einsetzen.

Eigentlich müsste sie vom Himmel fallen, die Erdhummel. Zu schwer ist der dicke Leib, zu klein sind die zerbrechlich wirkenden Flügelchen, als daß ihr Flug mit den traditionellen Gesetzen der Aerodynamik in Einklang stände. Doch "Bombus terrestris" (so der wissenschaftliche Name des Insekts) hebt mit verblüffender Leichtigkeit ab. Auch andere Insekten zeigen erstaunliche Flugmanöver. Zielgenau finden Mücken zu verborgenen Körperstellen und lassen sich selbst von rotierenden Menschenarmen kaum verdrießen. Mühelos schlagen Fliegen Salti in der Luft, um anschließend rücklings an der Zimmerdecke zu landen. Auf bis zu 145 Stundenkilometer beschleunigen manche Bremsen auf ihrem rasanten Hochzeitsflug. Insekten haben es beim Fliegen zur Meisterschaft gebracht. Wie es den geflügelten Gliedertieren gelingt, derart virtuos durch die Lüfte zu brausen, war lange ein Rätsel. Nun beginnen Forscher, den Flug der summenden Kunstflieger im Detail zu entschlüsseln. Und mehr noch: Mit neuer Mikrotechnik wollen sie die Insekten im Labor nachbauen, um deren Flugtechnik für den Menschen nutzbar zu machen.

"Insekten sind die raffiniertesten Flugapparate, die auf der Erde existieren", schwärmt Michael Dickinson, Biologe an der University of California in Berkeley. "Etwas derart Komplexes nachzubauen wäre ein außergewöhnlich großer Schritt nach vorn." Dickinson gehört zu einer kleinen Schar von Forschern, die sich der Enträtselung des Insektenflugs verschrieben haben. Zusammen mit dem Ingenieur Ron Fearing hat der Biologe den Ehrgeiz, in Berkeley das erste Roboterinsekt der Welt in die Luft steigen zu lassen. Aus hauchdünnem Stahl und Mylarfolie wollen die Wissenschaftler einen solargetriebenen Flugroboter von der Größe einer Haselnuss und der Spannweite einer Büroklammer bauen. Noch schwirrt das Insekt vor allem in den Köpfen der Forscher herum. Nur kleine, mit einer Frequenz von 100 Schlägen pro Sekunde vibrierende Flügel können Dickinson und Fearing bereits vorführen. Doch die Wissenschaftler sind zuversichtlich. "Mit jedem Entwicklungsschritt betreten wir technisches Neuland", umreißt Dickinson die Herausforderung. "Ich bin überrascht, daß wir überhaupt schon etwas vorzuweisen haben."

Lange erschien der Flug der Insekten als komplettes Wunder. Niemand konnte sich erklären, wie es den Tieren gelingt, überhaupt zu fliegen - geschweige denn, wie sie es schaffen, bei Wind oder mit zusätzlicher Last an Bord virtuos zu manövrieren. "Bisherige Analysen führten zu der Einsicht, daß die Flügel der Insekten nicht genug Auftrieb erzeugen, um die Tiere in der Luft zu halten", sagt Dickinson. Heute jedoch wissen die Forscher: In der Mikrowelt der Insekten gelten ganz andere aerodynamische Gesetze. Einem "Flug in Öl" gleiche der luftige Ritt der chitinbewehrten Piloten, erläutert Dickinson, da sich Luft aus der Liliputaner-Perspektive gleichsam in eine zähe Flüssigkeit verwandele. "Anders als Flugzeuge mit ihren festen Flügeln fliegen Insekten in einem See aus Wirbeln, den sie selbst erzeugen", sagt der Biologe. Daß die Tierchen vom selbst erzeugten Ministurm getragen werden, liegt allein an ihrer ausgeklügelten Flugtechnik: Die Flügel eines Insekts flattern nicht nur hin und her. Jeweils am Scheitelpunkt eines jeden Flügelschlags rotieren die Miniaturschwingen der Tiere zudem um die eigene Längsachse, so daß sich die Tiere gleichsam durch die Luft schaufeln.

Erst ein Versuch, den Dickinson zusammen mit dem Würzburger Biologen Fritz-Olaf Lehmann ersann, enthüllte die ganze Virtuosität dieses Vorgangs. Die Forscher konstruierten "Robofly": ein überdimensionales Insektenflügelmodell, dessen zwei paddelförmige Plexiglas-Schwingen die Wissenschaftler statt durch Luft durch einen Tank voller Öl gleiten ließen. Die raffinierte Testmaschine erlaubte es erstmals, jene Kräfte gleichsam in Zeitlupe sichtbar zu machen, die Fliegen abheben lassen. Mit außergewöhnlich steilem Anstellwinkel, so die Beobachtung der Forscher, bewegt sich der Insektenflügel durch die Luft. Bei Flugzeugen führt eine solche Flügelstellung fast zuverlässig zum Absturz, weil die Strömung an der Flügeloberseite abreißt. Bei Insekten jedoch verzögern kleine Wirbel an der Vorderkante der Flügel den Strömungsabriß. Der Clou: Diese Wirbel saugen die Flügel zusätzlich nach oben und erhöhen so den Auftrieb.

Vor allem aber hält die rasante Drehung der Minischwingen um die eigene Längsachse die Tiere in der Luft. Wie bei einem unterschnittenen Tischtennisball entsteht dabei ein Drall, der dem Insekt zusätzlichen Auftrieb verleiht. Mit diesen Tricks gelingt es den Insekten, zwei- bis dreimal mehr Auftrieb zu erzeugen, als ihre Flügel nach den Gesetzen der traditionellen Aerodynamik hergeben dürften. Was die Forscher am fein orchestrierten Flügelsurren besonders fasziniert, ist die Unverwüstlichkeit des Mechanismus. Kaum etwas ist schwieriger, als ein Insekt zum Absturz zu bringen. Dickinson:: Man kann ihnen ein Stück der Flügel abschneiden, ein Bein entfernen, die Tiere blenden oder ihren Hinterkörper mit Wachs beschweren - und trotzdem bleiben sie in der Luft." Zudem ermöglichen schon winzige Änderungen der Flügelstellung - etwa ein früheres Drehen eines "der Flügel - spektakuläre Luftmanöver. So vermag eine normale Stubenfliege zehnmal schneller um ein Hindernis herum zu fliegen, als Menschen mit dem Auge blinzeln können. Bis zu 4600 Kilometer weit fliegt ein nordamerikanischer Monarch-Falter (Gewicht: 0,5 Gramm) auf der Wanderung in seine Überwinterungsgebiete. Über 1000 mal pro Sekunde schlagen Bartmücken der Gattung "Forcipomyia" ihre Flügel auf und ab. Was für Muskeln versetzen die Flügel der Tiere in derart hochfrequente Schwingungen? Wie nur ist es möglich, daß ein paar winzige Nervenknoten einen derart komplexen Flugapparat steuern? Und wie können Sinneswahrnehmungen so schnell in Flugbefehle umgesetzt werden?

Adam Cox von der Vanderbilt University in Nashville schickt Hightech-Insekten mit externer Energieversorgung ins Rennen, die bereits verblüffend an wild herumflatternde Motten erinnern. Daß solcherlei Getier künftig den Luftraum beleben könnte, ist dabei nicht nur der Traum der Wissenschaftler. Dickinson und seine Kollegen arbeiten unter anderem mit Geldern der amerikanischen "Defense Advanced Research Projects Agency". Die Militärs hoffen, die Roboterinsekten als unauffällige und wendige

Aufklärungsflieger hinter feindlichen Linien einsetzen zu können. Selbst die US-Raumfahrtagentur Nasa hat bereits Interesse signalisiert: Die Himmelsforscher wollen gleich ganze Schwärme der mechanischen Flattertiere zur Erkundung ferner Planeten einsetzen. Noch hat sich allerdings keiner der Flugroboter länger als wenige Sekunden in der Luft gehalten. Auch die Größe der bisherigen Hightech-Brummer erinnert derzeit noch eher an die Fliegenmonster cineastischer Horrorschocker als an die Däumlinge von der Wiese nebenan. Das Hauptproblem der Ingenieure ist die Miniaturisierung. "Konventionelle Technik mit ihren Getrieben, Pleuelstangen und Zahnrädern funktioniert hier nicht", erläutert Dickinson. "Was wir betreiben müssen, ist eine Art kompliziertes Origami." Kleinste Flügel und Antriebsaggregate versuchen die Wissenschaftler zu konstruieren. Dickinson und Fearing etwa fertigen Thorax und Muskeln ihres Kunstinsekts gleichsam aus einem Guss. Um die Schwingen des Miniroboters zu bewegen, setzen sie so genannte Piezo-Kristalle ein, die bei Anlegen einer Spannung ihre Form verändern. Die winzigen Bewegungen der Kristalle werden über eine in den Miniflieger integrierte Faltstruktur verstärkt und lassen die Flügel nicht nur vibrieren, sondern auch noch wie erwünscht im Takt der Flügelschläge rotieren. Als Nächstes planen die kalifornischen Wissenschaftler nun, ihre Konstruktion mit "Stützrädern" auszurüsten und auf einer Art Zwergenkarussell zu befestigen, um die Auftriebskräfte der Miniflügel zu testen. In drei Jahren wollen Dickinson und Fearing den fliegenden Liliputaner zudem mit Stabilisatoren, einer primitiven Kamera und Solarzellen ausgerüstet haben. Nicht einmal 50 Milligramm soll der fertige Flugroboter schließlich wiegen; seine Steuerungstechnik soll die Größe eines Sesamkorns nicht überschreiten. Ob dann erstmals ein Roboterinsekt auf Jungfernflug gehen kann oder ob die Techno-Fliege doch nur wieder auf ihre Mundwerkzeuge plumpst, wagt jedoch auch Dickinson noch nicht vorauszusagen. "Gut möglich, daß wir das Ding in ein paar Jahren in die Luft bekommen", sagt der Forscher. "Ob es dort auch bleibt, ist eine ganz andere Frage."

Ferngesteuerter Helikopter mit einzigartigen Flugmanövern

Beim „Massachusetts Institut of Technology" (MIT) entwickelte man einen Roboter-Helikopter, der zu unglaublichen Flugmanövern in der Lage ist. Diese Neuentwicklung ist in der Lage Spiralen zu fliegen, schlägt Haken, fliegt Loopings und dreht sich auf den Kopf. Diese Kapriolen können höchstens von Elite-Piloten mit richtigen Hubschraubern vorgeführt werden. Nur durch einen speziellen Computerchip, der fünfzig Steuersignale pro Sekunde verarbeiten kann verleiht diesem Helikopter seine Flugfähigkeit. Ein handgesteuerter Helikopter wäre nicht dazu in der Lage. Durch den Hochleistungschip kann im Rekordtempo eine stabile Flugbahn berechnet und entsprechende Befehle an die Steuerinstrumente geben worden, da Sensoren den Prozessor während der ganzen Zeit mit Daten über Schräglage, Höhe und Beschleunigungskräfte speisen. Z.Z. ist man bei der Entwicklung weitere Kunststücke zu ermöglichen. Auch die Luftwaffe interessiert sich für den vom MIT Entwicklungsteam Professor Eric Feron entwikkelten Helikopter.

Nasa will Gedanken von Flugpassagieren anzapfen

Die Idee scheint aus einem schlechten Science-Fiction abgekupfert: Angeblich arbeitet die Nasa an einem Apparat, mit dem Gedanken von Menschen "abgehört" werden können. Die neue Technik soll auf Flughäfen zum Einsatz kommen und Terroristen überführen. Washington - Nach einem Bericht der "Washington Times" will die US-Weltraumbehörde Nasa Sensoren entwickeln, die Menschen mit bösen Absichten schon bei der Einreise in die Vereinigten Staaten erkennen sollen. Unter Berufung auf schriftliche Unterlagen eines Treffens zwischen Raumfahrtspezialisten und Experten der Fluggesellschaft Northwest Airlines berichtet das Blatt, die Nasa plane, mit Hilfe von Weltraumtechnologien neuroelektrische Sensoren zu entwickeln, die in Sicherheitssperren eingebaut werden und Gehirnströmungen sowie Herzschlag der Passagiere messen sollen. Nach einem statistischen Schema

würden die aufgefangenen Signale dann per Computer mit gespei-
cherten Daten etwa über Reisegewohnheiten und kriminelle Vergangenheit in Verbindung gebracht.

Mit der "Eintrittskarte" ins Universum fing "ALLES" an...

Wie aus den Vorberichten zu ersehen ist, waren zur Zeit des Roswell – Absturzes, im Juli 1947, unsere Wissenschaftler bereits bei der Entwicklung von Flugscheiben und es sollte nicht mehr lange dauern, da gelang den Amerikanern mit Apollo 11 die Mondlandung. Mit dieser „Eintrittskarte ins Universum", hatte der Mensch bewiesen, einen anderen Planeten erreichen zu können. Dieses bedeutete aber auch, anderen Bewohnern im Universum einen Schritt näher gekommen zu sein, stellt sich nur die Frage, ob als Freund oder Feind -? Gibt es also für Außerirdische einen Anlass unseren technischen Fortschritt im Auge zu behalten? Kam es zu einem Unfall, daß ein solches Raumschiff abstürzte und den Menschen in die Hände gefallen ist? Man könnte Bände füllen rund um das Thema UFOs aus den letzten 50 Jahren. Weltweit versuchen Forscher das Phänomen UFO eindeutig zu beweisen, doch ist es bisher offiziell noch nicht zu einem Durchbruch gekommen. Meine persönliche Erfahrung aus der Vergangenheit hat gezeigt, daß eine UFO-Begegnung viel in einem auslösen kann. Auf den nächsten Seiten können sie sich einen kleinen Überblick verschaffen, der die aktuelle Lage darstellt.

Die Enthüllungspresse-Konferenz in Washington 2001

Die „Enthüllungspressekonferenz" (DISCLOSURE PRESS CONFERENCE) fand am 09. Mai 2001 im Ballsaal des Washingtoner Presseclubs statt. Veranstalter war das amerikanische „Zentrum zum Studium außerirdischer Intelligenz", auch CSETI genannt, (englisch: Center For The Study of Extraterrestrial Intelligence). Die Schirmherrschaft unterstand dem Vorsitzenden der CSETI Dr. Steven Greer. Aus Sicht des Veranstalters stellt dieses Ereignis den Auftakt einer breit angelegten Enthüllungskampagne dar, in dessen Verlauf die Weltbevölkerung über die Existenz außerirdischer Intelligenz in relativer Nachbarschaft zu uns infor-

225

miert und auf die Anbahnung friedlicher Kontakte vorbereitet werden soll, die den Grundsätzen der gegenseitigen Achtung und der beiderseitigen Vorteile entsprechen müssten. In dieser Konferenz sollte durch glaubwürdige Zeugenaussagen – Videos – Dokumente, Beweis darüber geführt werden, daß Flugobjekte außerirdischer Intelligenz die Erde besuchten, außerdem wurde die amerikanische Regierung aufgefordert, ihr Schweigen zu brechen und die Bevölkerung über den Stand der Dinge aufzuklären.

Die CSETI - Mitarbeiter sind der Auffassung, daß die streng Geheimen Forschungsprojekte nicht einmal dem Präsidenten selbst bekannt sind. Damit stünden diese außerhalb jeglicher demokratisch legitimierten Kontrolle. Bisher liegen der CSETI um die 400 Aussagen glaubwürdiger Zeugen vor. Für die Pressekonferenz wurde ein vierstündiges VIDEO und eine 500 Seiten umfassende Information erstellt. An dieser Pressekonferenz nahmen ca. 100 Vertreter der Presse, des Rundfunks und der TV-Sender teil, unter anderem Vertreter namhafter Zeitungen wie der „Washington Post" oder des „Independent" aus England. Die Konferenz war auch weltweit live über Internet zu verfolgen. Insgesamt gab es 250 000 Zugriffe dieser Live-Übertragung. Nach Aussage der Firma CONNECT LIVE, die für den technischen Ablauf zuständig war, verursachten technisch versiert ausgeführte Störversuche einen Ausfall von ca. 10% bis 15% der Übertragung.

Die Zeugenaussagen, sowie die vorliegenden Beweise bestätigen, daß UFOs häufig mittels Radar verfolgt wurden, sowohl bis zur Landung als auch bis zu Abstürzen der Objekte. Die Auswertung der abgestürzten Objekte hat dazu geführt, daß neue Technologien entwickelt wurden, z.B. im Bereich der Antriebssysteme aber auch hinsichtlich der Energieerzeugung. Es wird vermutet, daß bereits einsatzfähige Energiequellen entwickelt wurden, die sich umweltfreundlich auswirken, aber als streng Geheime Projekte nur wenigen Personen bekannt sind. Jene Programme, welche diese Projekte kontrollieren, bewegen sich außerhalb der erforderlichen gesetzmäßigen Aufsicht durch den Kongress. Sogar Präsidenten sind diesbezüglich im Unklaren gelassen worden, wurden buchstäblich getäuscht oder ihnen wurde der Zugang überhaupt verweigert. Deshalb sind unverzügliche Maßnahmen seitens des Kongresses, des Weißen Hauses und anderer Institutionen einzuleiten, um die nötige, verfassungsgemäße Kontrolle über diese Vorgänge sicherzustellen.

Eine deutliche und fortdauernde Gefahr für die nationale Sicherheit und den Weltfrieden erwächst nicht nur aus jenen nicht autorisierten geheimen Aktionen, innerhalb derer bereits außerirdische Flugobjekte anvisiert und abgeschossen wurden, sondern auch aus den damit im Zusammenhang stehenden Plänen einer Militarisierung des Weltraumes. Da wir nachweislich den Weltraum mit anderen Zivilisationen teilen, ist es dringend erforderlich, daß eine umfassende Offenlegung dieser lange unterdrückten Informationen erfolgt und infolgedessen die Notwendigkeit des Aufbaus eines nationalen Raketenabwehrsystems (NMD / BMD / SDI) durch die gesetzgebenden Organe unter Berücksichtigung dieser Tatsachen einer erneuten Prüfung unterzogen wird. (Quelle: Magazin2000plus)

Diese Konferenz ist ein wichtiger Meilenstein zur Informationspolitik

Nach der Konferenz kam es schon einen Tag später zu Gesprächen zwischen CSETI und politisch verantwortlichen Regierungsmitgliedern. Anwesend waren ca. 24 Mitglieder des Senats, Mitglieder des Repräsentantenhauses, sowie Stabsmitarbeiter. Das Ziel dieses Gespräches war, Vertreter der Politik umfassend und vertraulich über das UFO-Phänomen und die Präsenz Außerirdischer in unserer relativen Nachbarschaft zu informieren, um sie als Befürworter einer diesbezüglichen Anhörung durch den Kongress gewinnen zu können. Die Regierungsmitglieder ließen gegenüber Dr. Greer klar erkennen, daß die Angelegenheit sehr ernst zu nehmen sei und begrüßten eine weitere Zusammenarbeit. Die CSETI plant ausgeweitete Veranstaltungen in den USA wie in der ganzen Welt, um der Menschheit ihr Wissen zum Thema „ außerirdische Intelligenz " zu offenbaren.

Auch deutsche Medien stellen die Frage: " Hat die NATO Angst vor UFOs?

Was meinte NATO Generalsekretär Robertson damit, als er im ZDF sagte: Neue Gefahren aus dem All, gegen die sich das Abwehrsystem richtet?

Zum Inhalt der Konferenz

Dr. Greer, ehemaliger Unfallchirurg, präsentierte seine Behauptungen im Mai 2001 bei der offiziellen Eröffnung seiner UFO-Disclosure (Enthüllungs-) Projekt Kampagne auf einer Pressekonferenz in Washington D.C.." Der Grund, weshalb wir jetzt hervortreten" sagte Dr. Greer, " besteht darin, den Kongress und Präsident Bush zu bewegen, eine offizielle Untersuchung und Enthüllung dieses Themas durchzuführen, denn es wird nachhaltige Auswirkungen für die Zukunft der Menschheit, für die nationale Sicherheit der USA und den Weltfrieden haben. Das Aufgeben der Geheimhaltung von UFOs und der mit außerirdischen Raumfahrzeugen verbundenen Technologien und ihrer Nutzung für friedliche Energieerzeugung und Antriebssysteme würde die schwelende Energiekrise konkret beenden. Sie würde die globale Erwärmung beheben und die derzeitigen Umweltprobleme lösen." Einundzwanzig Zeugen aus Dr. Greers Team, das aus über 400 Männern und Frauen besteht, machten ihre Aussage vor Journalisten der wichtigsten Weltmedien. Auswahlkriterien für die Zeugen waren die Stellung in der Regierung, die Genauigkeit der Aussagen über UFOs, die Fähigkeit Erfahrungen anderer zu bestätigen, sowie die Redlichkeit des Hintergrundes. Einige der Zeugen hatten Sicherheitsfreigabe der höchsten Stufen des US-Militärs inne gehabt. Ihre Aussagen beinhalten eigene Beobachtungen von UFOs und von Aktivitäten der US-Regierung, Ereignisse und Aufzeichnungen im Zusammenhang mit UFOs zu verheimlichen, wie auch das Vorhandensein von bereitstehenden, einsetzbaren Energiesystemen, die von außerirdischer Technologie stammen. Das Hauptziel des Disclosure Projekts ist die Schaffung einer Bürgerbewegung, die eine offizielle und offene Untersuchung des Kongresses über das UFO-Phänomen verlangt und Jahrzehnte von Regierungsgeheimhaltung des Themas beendet.

Zu diesem Zweck haben Dr. Greer und sein Team in einem fünfhundertseitigen Dokument die wichtigsten Informationen zusammengefaßt. Darin sind Mitschriften von Interviews mit 50 Augenzeugen aus Militär, Wissenschaft und anderen Gebieten enthalten. Der nachfolgende Bericht über die Zeugenaussagen wurde unter Verwendung von Aussagen bei der Pressekonferenz und einem öffentlichen Symposium des Disclosure Projekts in Washington und von Mitschriften von Interviews, die in dem zusammenfassenden Dokument veröffentlicht sind, erstellt.

Der Augenzeuge

Lieutenant Graham Bethune ist ein kommandierender US Navy Pilot im Ruhestand mit Sicherheitsfreigabe der höchsten Stufe. 1951 wurde Bethune die Aufgabe übertragen, eine Gruppe von hochrangigen US-Militäroffizieren und Zivilisten aus Keflavik, Island nach Ardentia, Neufundland zu fliegen. Auf dem Weg dorthin sahen Commander Bethune, seine Crew und alle der 31 VIP Passagiere kurz nach Mitternacht ein 100 Meter großes UFO. "Etwa 500 km von Ardentia, Neufundland entfernt, sah ich ein Leuchten auf dem Wasser. Als wir uns diesem Leuchten näherten, verwandelte es sich in Hunderte von Kreisen aus weißem Licht auf dem Wasser. Wir schauten diese eine Weile an, dann gingen die Lichter aus und es war nichts auf dem Wasser zu sehen. Als nächstes sahen wir in etwa 25 km Entfernung ein kleines gelbes Licht. Es kam im Bruchteil einer Sekunde auf 3 km Entfernung heran. Ich schaltete den Autopiloten aus und neigte die Nase des Flugzeugs nach vorne, weil ich bei dem Winkel mit dem dieses Objekt auf uns zukam unter diesem durchfliegen wollte. In derselben Minute als ich das tat, war es auf gleicher Höhe mit uns und ich konnte nichts außerhalb des Cockpits sehen, als dieses Objekt. Ich wußte nicht, in welche Richtung ich fliegen sollte. Dann hörte ich plötzlich Lärm. Ich wußte nicht, was geschehen war und fragte: 'Was zum Teufel war denn das?' Einer aus der Crew schaute sich um und sagte: 'Alle [in dem Flugzeug] haben sich [nach unten] geduckt und sind [miteinander] kollidiert. Sie haben alle auf dem Boden [des Flugzeugs] gelegen'...
Dann erschien das UFO auf der rechten Seite, navigierte langsam und flog mit uns. Es war nicht auf gleicher Höhe, aber wir konnten seine Form erkennen. Es sah wie eine Kuppel aus und ich konnte die Koronaentladung beobachten. Ich übergab meinen Platz an Al Jones, den anderen Piloten und ging nach hinten, um nachzusehen, wie es den Passagieren ging. Sie hatten ein paar Beulen und Prellungen... Ein Passagier war Arzt, weshalb ich zuerst zu ihm ging. Ich sagte: 'Doc, haben Sie gesehen, was wir gesehen haben?' Er schaute mir direkt in die Augen und sagte: 'Ja, es

230

war eine fliegende Untertasse.' Er meinte: 'Ich habe sie aber nicht angesehen, weil ich nicht an solche Dinge glaube.' Es brauchte einige Sekunden, bevor ich begriff, was er sagte. Als Psychiater konnte er an etwas Derartiges nicht glauben... Schließlich ging ich wieder zum Cockpit und sagte, "Al, was immer Du auch machst, erzähle niemandem, daß wir etwas gesehen haben. Sie werden uns sofort festnehmen, wenn wir gelandet sind." Er antwortete: 'Es ist zu spät. Ich habe gerade mit Gander Control [in Neufundland] gesprochen, um herauszufinden, ob sie es mit dem Radar verfolgen konnten.' So kam die Geschichte heraus..." Als das Flugzeug in Ardentia gelandet war, wurde die gesamte Crew vom Militär verhört. "Nach dem Verhalten und den Fragen der Leute von der US-Navy, die uns vernahmen, war es offensichtlich, daß sie bereits ähnliche Vorfälle beobachtet hatten," sagte Bethune. Als die Crew zum Patuxant River Naval Air Test Center in Maryland zurückkehrte, wurden alle verpflichtet, individuelle Berichte darüber zu schreiben. Jahre später konnte Bethune diese Berichte in den nationalen Archiven finden und es bestätigte sich, daß das UFO, dem sie in dieser Nacht begegnet waren, im Bruchteil einer Sekunde 3 km zurückgelegt hatte und vom Radar mit 2.900 km/h aufgezeichnet wurde, weit jenseits der Kapazität von 800 km/h der schnellsten menschlichen Flugzeuge dieser Zeit.

Das Vertuschungsmanöver

Sechs Jahre lang war John Callahan Leiter der Abteilung für Unfälle und Untersuchungen bei der US-Bundesluftfahrtbehörde (FAA) in Washington DC. Die FAA ist für den Luftraum über den Vereinigten Staaten und seinen Territorien verantwortlich. Im Jahr 1986 ereignete sich ein Vorfall in Alaska, bei dem, so wurde Callahan berichtet, ein UFO 31 Minuten einer Boeing 747 folgte, dann hinter einem United Airlines Flug beim Landeanflug schwebte, wo es plötzlich verschwand. Der Vorfall gilt als das am besten dokumentierte UFO bis zum heutigen Tag, mit Augenzeugenberichten als auch Luft- und Bodenradarbestätigung. Callahan und seine Mitarbeiter stellten eine exakte Übereinstimmung der

Stimmenaufnahmen der Piloten und der zivilen und militärischen Fluglotsen mit den Radaraufzeichnungen fest und zeichneten eine Präsentation dieses Materials mit Callahans eigener Videokamera auf. Die Audio- und Videoaufnahmen wurden dem Behördenleiter der FAA präsentiert, der daraufhin eine Sitzung mit dem Wissenschaftsgremium von Präsident Ronald Reagan anberaumte. Bei diesem Treffen bemerkte Callahan, daß drei Beamten von der CIA, drei Beamte vom FBI und andere Beamte anwesend waren, die sich nach Callahans Aussage nicht vorstellten, aber anscheinend über das präsentierte Beweismaterial sehr aufgeregt waren. Am Ende des Treffens verkündete einer der CIA-Beamten: "Sie werden nun auf Geheimhaltung eingeschworen. Dieses Treffen hat nie stattgefunden und dieser Vorfall hat nie stattgefunden." Callahan sagte zu dem Beamten: "Sie müssen die Öffentlichkeit darüber informieren." Er antwortete: "Nein, wir erzählen der Öffentlichkeit nichts darüber; es würde die Öffentlichkeit in Panik versetzen." Callahan erinnerte sich: "Als wir die Präsentation vor den Leuten Reagans abhielten, stand ich hinter der Gruppe, die dort versammelt war. Und als sie zu den Leuten im Raum sprachen, ließen sie alle schwören, daß dies nie geschehen war. Aber mich ließen sie nicht schwören, daß dies nie passiert war. Es hat mich immer gestört, daß diese Vorfälle passieren, und wenn man etwas in den Nachrichten hört oder sieht, wird es einfach abgetan. Ich fühle mich sehr unwohl, darüber zu schweigen." Das gesamte dokumentierte Beweismaterial wurde bei dem Treffen von den CIA-Vertretern beschlagnahmt. Callahan hatte aber Kopien des Materials in seinem Büro behalten, die dort blieben, bis er 1988 in den Ruhestand trat. Diese Materialen - die Radaraufnahmen, die Mitschriften der Stimmenaufzeichnungen, der FAA Bericht und die Computerausdrucke über den Vorfall - sind nun in sicherer Verwahrung beim Disclosure Projekt.

NASA-Beteiligung bei den Vertuschungsmanövern

Donna Hare arbeitete von 1967 bis 1981 im Rahmen einer vertraglichen Anstellung als technische Illustratorin und Ingenieurin für die nationale Luft- und Raumfahrtbehörde (NASA). Während dieser Zeit hatte sie einen Sicherheitsfreigabe-Pass, der ihr Zutritt zu geheimen Arealen ermöglichte. 1971 kam sie in ein NASA Photolabor, das beschränkten Zugang hatte und fing ein Gespräch mit einem befreundeten Techniker an. Er lenkte ihre Aufmerksamkeit auf eine Luftaufnahme der Erde, bei der ein "Punkt" zu sehen war. Als sie fragte, ob der "Punkt" auf der Emulsion war, lächelte er und antwortete: "Punkte auf der Emulsion hinterlassen keinen Schatten auf der Erde." Er erklärte weiter: "Wir entfernen diese immer, bevor wir die Fotos an die Öffentlichkeit geben. Wir müssen doch sicher stellen, daß auf den Fotos keine unerwünschten Kreaturen erscheinen." Hare verstand, was ihr Freund ihr damit zu verstehen gab und stellte schockiert fest, daß es ein Protokoll gab, UFOs von den Fotos zu retuschieren. Also begann sie Nachforschungen bei ihren Kollegen anzustellen und was sie dabei herausfand, war noch beunruhigender. Sie mußte feststellen, daß den Bediensteten verboten wurde über Beweismaterial, das UFOs zeigt, zu sprechen. Astronauten, die UFOs gesehen hatten, mußten Schweigegelübde unterzeichnen und ihnen wurde für den Fall, daß sie doch reden sollten, angedroht, daß sie ihre Renten verlieren würden. Hare wurde ein Vorfall beschrieben, wo bewaffnete Wachleute einen Mann schlugen, weil dieser einen Blick auf UFO-Fotos warf, während er Instruktionen befolgte, diese zu vernichten. Einen Mann, den sie sehr gut kannte, war "zusammen mit den Astronauten in Quarantäne". Er erzählte ihr, daß UFOs auf dem Mond waren, als die Astronauten dort landeten. Kurze Zeit nach dieser Unterhaltung konnte Hare diesen Mann nie mehr kontaktieren, als sei er "von der Erde verschwunden".
Hare meint: "Eine der Sachen, über die ich wütend bin, ist, daß anständige Menschen gezwungen werden, illegale Dinge zu tun. Und ich glaube, daß diese Informationen den US-Bürgern offen-

gelegt werden sollten. Ich bin bereit, vor dem Kongress zu beeiden, daß das, was ich sage, wahr ist."

Fortschrittliche Technologie

Eines der Ziele des Disclosure Projekts besteht darin, nachzuweisen, daß erhebliche technologische Errungenschaften in der Energieerzeugung und bei Antriebssystemen aus Untersuchungen von außerirdischen Raumfahrzeugen (ETVs) resultierten. Die folgenden Berichte untermauern diese Behauptung.

Sergeant Clifford Stone, United States Army (im Ruhestand), beschreibt wie er regelmäßig eingesetzt wurde, um Trümmer von abgestürzten UFOs einzusammeln. "Ich war an dieser Art von Einsätzen zum Bergen von abgestürzten ETVs beteiligt. Viele Menschen denken, daß man einfach nur in seiner Einheit sitzt und auf den nächsten UFO-Absturz wartet, eine Landung, wo es Trümmer geben wird." "So funktioniert es aber nicht. Man hat einen normalen Arbeitsplatz beim Militär. Wenn man in einem Gebiet ist, wo ein Vorfall passiert und man zu den Leuten mit Expertise in einem bestimmten Feld gehört, wird man einfach nur per Anruf dahin bestellt." Stone sagt, daß in den vierziger und fünfziger Jahren die stattliche Anzahl von zwei Dutzend UFOs geborgen wurde. Er behauptet, daß auch andere Abstürze passiert sind, aber die Raumfahrzeuge in einigen Fällen von den Außerirdischen selber sichergestellt wurden. Er beschreibt, daß er Begegnungen mit Außerirdischen, lebendigen und gestorbenen, hatte und ist überzeugt, daß ihre Interaktion mit der Menschheit im Zusammenhang damit steht, menschlichen Bestrebungen zur Militarisierung des Weltraumes vorzubeugen. In dem zusammenfassenden Dokument des Disclosure Projekts erzählt Stone, daß er Grund zu der Annahme hat, daß US Army General Douglas MacArthur sich der Tatsache außerirdischer Intelligenz völlig bewußt war. Als Resultat dessen organisierte MacArthur die sog. Untersuchungseinheit für interplanetarische Phänomene, eine Organisation, die bis zum heutigen Tag im geheimen operiert.

Die Armee behauptet, daß es keine offiziell [organisierte] Anstrengung für den Versuch einer Untersuchung des UFO-Phänomens war. Aber es wurde von einem General organisiert, es zeitigte Resultate und kam zu Schlußfolgerungen, die nicht populär waren, z.B. die Existenz von interplanetarischen Raumschiffen. Und sie fuhren damit fort, genau das zu machen, was sie auch heute noch tun, Teil einer umfassenden Geheimdienstoperation zur Bergung von Objekten unbekannter Herkunft zu sein, speziell solcher, die außerirdischer Herkunft sind. Ihre Absicht ist das Beurteilen dieser Informationen, das Sammeln von Originaldaten vor Ort und das Verarbeiten dieser Daten zur Weitergabe an die Personen, die darüber Bescheid wissen müssen und an Personen die, so könnte man sagen, Aufbewahrer dieser Information sind. Mark McCandlish hat die letzten 21 Jahre als technischer Graphiker gearbeitet. Unter seinen Arbeitgebern befinden sich eine Vielzahl von Auftragnehmern des Verteidigungsministeriums wie General Dynamics, Lockheed, Northrop, McDonald-Douglas, Boeing, Rockwell International, Honeywell und Allied Signet Corporation. Während dieser Zeit hielt er zweimal Sicherheitsfreigaben inne. McCandlishs eigene umfassende Kenntnis von fortschrittlichen Energiesystemen, verbunden mit glücklichen Zufallsbegegnungen mit sehr kenntnisreichen Personen hat ihn überzeugt, daß das US-Militär "nicht nur die [außerirdische] Technologie besitzt, es ist auch dabei, diese Technologie zu nutzen. Einer von McCandlishs Collegefreunden, Brad Sorensen, informierte McCandlish, daß er selbst während eines geheimen Treffens von hochrangigen Generälen am 12. November 1988 fliegende Untertassen bei einer Vorführung auf der Norton Air Force Base, östlich von Los Angeles gesehen. Aufbewahrt in einem großen Hangar waren dort drei verschiedene Raumfahrzeuge, die als außerirdische Reproduktionsvehikel (ARVs) beschrieben wurden. Sorensen beobachtete wie diese frei über dem Boden schwebten. Sie waren identisch in Form und Proportionen, aber in drei verschiedenen Größen vorhanden. Das kleinste hatte einen Durchmesser von etwa 8 Metern an der breitesten Stelle, war auf der Unterseite flach, leicht glockenförmig und hatte eine Kuppel auf der Oberseite mit schrägen Seiten. Die anderen waren etwa 20 und 45 Meter im Durchmesser.

Nach dem, was Sorensen beobachtete, operierten diese Vehikel mit einem Hochspannungselektrizitäts-Antriebssystem, das als Nullpunktenergie bekannt ist. Sorensen erzählte McCandlish, daß ein Drei-Sterne-General während des Aufenthalts in der Norton Air Force Base erwähnte, daß diese Vehikel die Kapazität zum Reisen mit Lichtgeschwindigkeit oder darüber hinaus haben. Bei dieser Vorführung wurde eine Videoaufnahme gezeigt, auf der das kleinste der drei Vehikel in der Wüste drei schnelle, hüpfende Bewegungen macht. Es beschleunigte gerade nach oben und war innerhalb weniger Sekunden völlig außer Sichtweite, ohne dabei ein Geräusch oder einen Knall beim Durchbrechen der Schall-mauer zu verursachen. McCandlish und Sorensen erstellten ge-meinsam eine detaillierte Skizze des ARVs. Später gelangte McCandlish in den Besitz von Fotografien, die 1967 vom Militär nahe Provo, Utah gemacht wurden und Vehikel zeigten, die den sog. ARVs in Form und Proportionen entsprachen. 1992 erfuhr McCandlish dann von einem Mann namens Kent Sellen, daß die-ser 1973 während er als Chefmechaniker in der Edwards Air Force Base in Kalifornien arbeitete, unbeabsichtigt in das Areal kam, wo die geheimen Flugzeuge oder ARVs aufbewahrt wurden. Binnen Sekunden wurde er festgenommen und mit der Mündung eines Maschinengewehrs an seiner Kehle bedroht. Ein Sack wurde über seinen Kopf gestülpt, um ihm die Sicht zu nehmen und er wurde in ein anderes Areal geführt.

Es wurde eine 18-stündige Instruktionsprozedur durchgeführt, während der man ihm auch Details über den Aufbau und den Be-trieb der ARVs mitgeteilte. Sellen gab diese Informationen an McCandlish weiter, die diesem halfen, die Details in die Skizze einzutragen, die er mit Sorensen angefertigt hatte. Beim Durchsu-chen der Patentregister entdeckte McCandlish auch, daß 1967 (das Jahr, in dem das Foto in Provo, Utah gemacht wurde) ein Patent über ein Flugobjekt gesichert wurde, mit praktisch derselben Form und demselben Antriebssystem wie dem ARV, das bei der Vor-führung in der Norton Air Force Base zu sehen war. Der Mann, der das Patent beantragte, assistierte in einem Laboratorium nahe Princeton, New Jersey, wo Experimente über Elektrogravitations-antriebssysteme, oder Anti-Gravitation, stattfanden. Anschließend traf sich Sorensen mit dem berühmten Flugzeugarchitekten Herbert Tan. Er gab Tan eine Kopie der ARV-Skizze, die sich an diesem Punkt zu einem Bauplan entwickelt hatte. Tan hielt es für einen Witz und hing es sich als Gag an seine Wand. Eine andere Person bestätigte, daß ein Oberst von der Edwards Air Force Base Tan besuchte, diesen Bauplan an der Wand sah und sehr verärgert wissen wollte, woher er diesen Bauplan bekommen habe. Offensichtlich wußte der Oberst, daß ein solches Flugobjekt existiert. Der Bauplan wurde beim öffentlichen Symposium des Disclosure Projekts gezeigt, mit Hinweisen, daß die Details von vier Militäroffizieren bestätigt wurden.

Ausblick auf die Zukunft

Die Pressekonferenz zum Start des Disclosure Projekts war sehr erfolgreich. Der National Press Club berichtete über die größte Teilnehmerzahl in der Geschichte seines Internet Webcastings, mit mehr als einer Viertel Million Menschen, die online auf den Beginn der Veranstaltung warteten. Seriöse Medienberichterstattung kam von CNN World, BBC Fernsehen und Radio und den großen US-Fernsehsendern. Die Printmedien-Berichterstattung reichte bis Russland und China und eine Reihe anderer Länder. In den folgenden zwei Wochen trafen sich Leute von Disclosure Projekt mit über zwei Dutzend Beamten des US Senats und des Kongresses und hatten eine nachhaltige Besprechung mit einem Kongressabgeordneten. Nach insgesamt sechs Jahren mit unzähligen Besprechungen mit Offiziellen aus Militär, Geheimdiensten und Unternehmen, zieht Dr. Greer eine überraschende Schlußfolgerung: Ein halbes Jahrhundert der Geheimhaltung hat zum Wachstum einer wissenschaftlichen und militärischen Industrie geführt, die jährlich Dutzende Milliarden Dollar zur Verfügung hat und gänzlich außerhalb der konstitutionellen Kommandostruktur der USA oder irgend einer anderen Regierung operiert.

Dr. Greer beschreibt dies als einen "militärisch-industriellen Komplex mit labyrinthisch verzweigten Projekten, die sich mehr und mehr der Übersicht und den Kontrollen entzogen haben." Die von ihm aufgebotenen Zeugenaussagen belegen, daß die Bemühungen der Präsidenten Eisenhower, Kennedy, Carter und Clinton, diese Projekte aufzuspüren, vereitelt wurden. Die Technologien, die laut Dr. Greer von Nachbauten abgestürzter UFOs gewonnen wurden, wären von großem Nutzen für die Menschheit, wenn sie für friedliche Zwecke genutzt würden. Diese Systeme sind in der Kategorie Quantumsvakuum/Nullpunkt-Feld-Energienutzungs-Systeme, Elektrogravitations-Energie und Magnetogravitations-Energie und Magnetogravitations-Antriebssysteme, auch als Anti-Gravitationssysteme bekannt, Raumtemperatur-Nuklearnutzung, sowie elektrochemische und damit zusammenhängende Fortschritte bei internen Verbrennungssystemen, die beinahe Nullemissionen haben.

Maßgeblichen Zeugen zufolge sind die Systeme während der letzten fünfzig Jahre untersucht und entwickelt worden, werden aber wegen der potentiellen ökonomischen und geopolitischen Auswirkungen der Unabhängigkeit von fossilen Brennstoffen zurückgehalten. Wären diese Systeme vor Jahrzehnten der Öffentlichkeit freigegeben worden, hätten wir viel weniger Lärm- und Luftverschmutzung. Dr. Greer betont, daß "die Enthüllung dieser neuen Energietechnologien weitreichende Auswirkungen auf jeden Aspekt der menschlichen Gesellschaft haben wird, und daß die Zeit gekommen ist, um sich darauf vorzubereiten. Denn sollten diese Technologien heute bekannt werden, würde es noch 10 bis 20 Jahre bis zu ihrer weitverbreiteten Nutzung dauern. Das entspricht etwa der Zeit, die wir noch haben, bevor global ökonomisches Chaos - wegen der weit über das Angebot hinaus gehenden Nachfrage nach Öl - beginnt und der Zerfall der Umwelt exponentiell und katastrophal wird." Die meisten vom Disclosure Projekt befragten Zeugen wußten, daß die Veröffentlichen ihrer Aussagen sie und ihren Familien finanziellen, beruflichen und persönlichen Risiken aussetzt. Viele hatten nationale Sicherheitsschweigegelübde unterschrieben. Dr. Greer betont jedoch, daß die

Unterschriften unter diese Eide unter diesen Umständen keine legale Basis haben, da sie sich auf Aktivitäten beziehen, die jenseits der legalen, konstitutionellen Rechtsprechung existieren, und die Eide daher null und nichtig sind. Das zusammenfassende Dokument erklärt: "Mehr als eine heimliche Kontaktperson hat uns erzählt, daß alle Zeugen tatsächlich zur richtigen Zeit, am richtigen Ort offen sprechen können und sollen, da keine legale Institution etwas dagegen tun würde oder legal dagegen tun könne." Bemerkenswerterweise ist niemand, der/die sich dem Disclosure Projekt angeschlossen hat, jemals bedroht worden. Vielleicht hängt dieser Schutz der Disclosure Kampagne mit der kooperativen Herangehensweise an die Institutionen zusammen, die in mancher Hinsicht die UFO/Außerirdischen-Geheimhaltung betreiben. Beim öffentlichen Symposium hob Dr. Greer hervor: "Betrachte niemanden auf diesem Planeten als Feind - sie brauchen unsere Erziehung. Unsere größten Unterstützer kommen nicht aus der New Age Bewegung oder der UFO-Gemeinde, oder aus den Reihen der Umweltschützer. Unsere treuesten Unterstützer sind Militärs, sie sitzen im Pentagon. Glauben sie mir, sie sind auch die Opfer dieser geheimen Projekte." Damit das Disclosure Projekt vorankommen kann, sucht Dr. Greer spezifisch nach Kooperation mit den Nationalen Sicherheitseinrichtungen. Sollte diese Kooperation nicht rechtzeitig zustande kommen, bereitet er rechtliche Schritte vor.

Als Rechtsberater wird das Projekt von Daniel Sheehan vertreten, der als Leiter der Rechtsabteilung mit dem Fall der Pentagon Papers beschäftigt war. Darüber hinaus war Sheehan als oberster Berater der erste, der dem Kongress Beweise einer Schattenregierung im Iran-Contra-Fall präsentierte.

Das Projekt beabsichtigt $ 2 Millionen steuerlich absetzbarer Spenden einzusammeln, um seine rechtliche Kampagne beginnen zu können. Das Disclosure Projekt wird Ende des Sommers auf eine Tour durch 15 Städte in den USA, mit einem Zwischenstop in London, gehen. Für die allgemeine Öffentlichkeit wird es eine exklusive Vorführung eines zweistündigen Dokumentationsfilms und eine Präsentation von Dr. Greer und Mitgliedern seiner Gruppe von Zeugen geben. Man erhofft eine Mobilisierung der Öffentlichkeit für diese Thematik, damit eine Anhörung im Kongress stattfindet. Dr. Greer, der sich selbst als "einen einfachen Landarzt aus North Carolina, mit Frau, vier Kindern, einem Minivan und einem Golden Retriever beschreibt", gab eine erfolgreiche Karriere als Unfallchirurg auf, um sich selbst völlig dem Disclosure Projekt zu widmen. Schaut man sich an, was er und sein Team bisher erreicht haben, ist es kein leeres Versprechen, wenn er sagt: "Unsere Kampagne wird weitergehen bis unsere Ziele erreicht sind."

Wer ist Dr. Steven Greer?

Dr. Steven Greer, ehemaliger Chefarzt der Abteilung für Unfallchirurgie am Caldwell Memorial Krankenhaus in North Carolina, USA, wird weithin als Autorität über UFOs und außerirdische Phänomene angesehen. 1991 gründete er CSETI (Zentrum zur Untersuchung von außerirdischer Intelligenz) als eine "weltweite Organisation mit dem Ziel der Herstellung friedlicher und nachhaltiger Beziehungen mit außerirdischen Lebensformen." Als Teil von CSETI gründete Greer anschließend das Projekt Starlight, einen Versuch zum Aufdecken von gesicherten wissenschaftlichen Beweisen bezüglich UFOs. Seit 1993 haben Greer und andere Mitglieder des Projekt Starlight vor Mitarbeitern des Weißen Hauses, einem Direktor des CIA, hochrangigen Militäroffizieren und UN-Mitarbeitern, Abgeordneten des US-Senats und des Repräsentantenhauses, internationalen Autoritäten und führenden Köpfen von ausländischen Regierungen Informationsveranstaltungen über das UFO-Phänomen abgehalten. Greer hat besondere Sorgfalt darauf verwendet, "Mitarbeiter aus Militär, Geheimdiensten, Unternehmen mit Regierungsaufträgen und verschiedenen Ebenen der Regierung mit eigenem, direktem Wissen über das Thema UFO/Außerirdische zu identifizieren." Greer sagt, daß er 107 solcher Zeugen im Regierungsapparat gefunden hat. Im April dieses Jahres sagten 15 dieser Zeugen bei einer von dem CSETI veranstalteten Konferenz in Washington D.C. aus.

Unter den Anwesenden waren Vertreter aus über zwei Dutzend US-Kongreßbüros, VIPs aus dem Regierungsapparat und dem Pentagon, Vertreter der holländischen Botschaft, der nationalen Wissenschaftsakademie und den Büros von zwei Staatsgouverneuren. Vertreter der großen Printmedien, Radio- und Fernsehstationen nahmen bei einer zusätzlichen Präsentation teil. Die Anwesenden erhielten eine Vielzahl an Regierungs- und Militärdokumenten über UFOs, sowie ein Band mit einer Zusammenfassung von Video- und Fotoaufnahmen von UFOs. Alle Zeugen aus der US-Regierung unterschrieben eine Erklärung, daß sie bereit sind, unter Eid bei einer öffentlichen Anhörung im US-Kongress über UFO/Außerirdischen-Projekte und Ereignisse auszusagen, die sie selbst beobachtet haben.

Dr. Greer plädierte für von der Regierung durchgeführte öffentliche Anhörungen über das Thema, die zu einer vollen öffentlichen Enthüllung dieses Themas führen. Im folgenden Interview geht Dr. Greer auf einige der möglichen Auswirkungen der Durchführung solcher öffentlicher Anhörungen ein, darunter die unangenehme Entdeckung, daß gewisse Kreise des weltweiten "militärisch-industriellen" Komplexes die Existenz von UFOs über ein halbes Jahrhundert hinweg geheim gehalten haben. (Quelle: Magazin2000plus)

Hochrangige französische Militärs und Regierungsbeamte veröffentlichten einen Bericht über UFOs...

...in dem sie zu dem Ergebnis kamen, daß "zahlreiche, von zuverlässigen Zeugen beobachtete Erscheinungen das Werk von Fahrzeugen außerirdischen Ursprungs sein könnten" und daß "die Außerirdischen-Hypothese" tatsächlich die beste Erklärung sein könnte. Es sei zwar nicht eindeutig bewiesen, doch "sprächen solide Annahmen für sie, und sollte sie sich als richtig erweisen, hätte dies wichtige Konsequenzen". Zu diesem Ergebnis kam die französische Gruppe nach einer dreijährigen Untersuchung von nahezu 500 weltweiten aeronautischen Beobachtungen, Radarsichtungen sowie von bisher geheimgehaltenen Pilotenberichten. Diese Daten stammen aus offiziellen Quellen, von Regierungsbehörden und der Luftwaffe anderer Länder. Die Ergebnisse liegen nun in einem neunzigseitigen Bericht vor, mit dem Titel *UFOs und Verteidigung: Worauf müssen wir gefaßt sein?* "Auf der ganzen Welt wächst die Zahl der Sichtungen, die trotz der Fülle und Qualität der bereits gesammelten Daten noch völlig ungeklärt sind", erklärte das Team. Etwa fünf Prozent der zuverlässig dokumentierten Sichtungen könnten nicht einfach einer irdischen Herkunft zugeschrieben werden, wie etwa geheimen Militärübungen. Wie es scheint, "sind es völlig unbekannte Flugmaschinen mit außergewöhnlichen Fähigkeiten, die offenbar von einer natürlichen oder künstlichen Intelligenz gesteuert werden". Der Bericht weist auch darauf hin, daß die Wissenschaft bereits plausible Modelle für die Reise aus anderen Sonnensystemen und für mögliche Antriebstechnologien solcher Fahrzeuge entworfen habe. Er versichert seinen Lesern außerdem, daß bisher keine feindseligen Handlungen von UFOs bekannt seien, "auch wenn Einschüchterungsmanöver bestätigt wurden". Die Urheber des Berichts sind unter anderem der französische Vier-Sterne-General Bernard Norlain, ehemaliger Kommandeur der taktischen Luftwaffe und Militärberater des Premierministers, der Luftwaffenpilot General Denis Letty und der frühere Leiter des Nationalen Zentrums für Raumfahrtstudien André Lebeau.

Sie bildeten eine zwölfköpfige Untersuchungskommission unter dem Kürzel COMETA, die anschließend den Bericht verfaßte. Beteiligt waren auch ein Drei-Sterne-Admiral, der Chef der französischen Polizei, der Leiter einer mit diesem Thema befaßten Regierungsbehörde sowie Wissenschaftler und Rüstungsingenieure. Die Verfasser stehen nicht nur zu ihren Untersuchungsergebnissen, sie drängen sogar auf internationale Aktionen. Sie empfehlen, Frankreich solle zur UFO-Erforschung "mit interessierten europäischen und anderen Ländern Kooperationsverträge schließen". Sie schlagen vor, daß die EU in den USA diplomatisch aktiv wird und "entsprechenden Druck ausübt, um diese wichtige Angelegenheit zu klären, die im Rahmen politischer und strategischer Bündnisse behandelt werden muß".

ROSWELL 1947 – UFO-Absturz mit Aliens?

Bis heute ein Geheimnis der amerikanischen Regierung!

Die amerikanischen Regierung bestreitet bis heute, im Besitz des geborgenen UFOs und der Aliens zu sein, jedoch sprechen diverse Zeugenaussagen mit eidesstattlichen Erklärungen, Dokumente und Indizien, die teilweise erst Jahre nach dem Vorfall bekannt wurden dafür, daß es nicht nur zum UFO-Absturz 1947 gekommen ist, sondern weitere UFO-Abstürze folgten. Der folgende Bericht soll einen Teil aus dem umfangreichen Beweismaterial bzw. Zeugenaussagen dieses historischen Vorfalls darstellen. Mir liegen dazu Aussagen verschiedener Zeugen auf VIDEO vor, die den Roswell Fall bestätigen. Dieser Fall ist eigentlich vielen Menschen bekannt, doch gibt es auch aus jüngster Zeit wieder neue Erkenntnisse zu den MAJ 12 Geheimdokumenten.

Sofort nach der ersten Veröffentlichung der Dokumente im Jahre 1987 durch Stanton T. Friedman gab es die heftigsten Diskussionen bezüglich ihrer Echtheit. Stanton, der die Untersuchungen der Kopien am vehementesten vorantrieb, konnte vorerst die meisten Angriffe auf ihre Authentizität erfolgreich entkräften. Falls die MJ-12 Dokumente gefälscht sind, bleibt da noch immer das enorme Wissen, daß der Fälscher beim Verfassen dieser Dokumente haben mußte. Ohne Zugang zu geheimen Regierungsdokumenten wäre eine so detaillierte Information über geheimes Material sonst kaum zu erklären. Einer der hartnäckigsten und bekanntesten UFO-Entlarver der Gegenwart ist Philip Klass. Er nutzt seine Stellung als Redakteur der Zeitschrift *Aviation Week & Space Technology,* um systematisch alles UFO-Material als Täuschung oder Fälschung zu identifizieren. Ein schwerer Einwand gegen die Echtheit der MJ-12-Dokumente kam von seiner Seite, als er im Jahre 1989 die Dokumente von einem Experten untersuchen ließ. Danach gab er bekannt, daß die Dokumente eine Fälschung sein müßten, da sie mit einer Schreibmaschine getippt worden seien, die erst ab dem Jahr 1963 hergestellt wurde. Sofort nach dieser Bekanntmachung ließ Stanton die Papiere von vier

Experten untersuchen und gab einige Tage danach das Ergebnis bekannt. Die Fachleute konnten sich aber nicht auf eine eindeutige Aussage einigen. Der Typ der Schreibmaschine war nicht eindeutig zu bestimmen. Der von Klass engagierte Experte äußerte sich dahingehend, daß die Dokumente an sich zwar nicht aus den fünfziger Jahren stammen würden, deren Inhalt jedoch durchaus Realität sein könnte. Neben Angriffen von Klass gehen weitere skeptische Stimmen sogar soweit, den Forschern William Moore und Stanton Friedman den Vorwurf zu machen, die MJ-12-Dokumente gefälscht zu haben, aus welchen Gründen auch immer. Die Begründung ist, daß kaum jemand sonst das nötige Hintergrundwissen gehabt hätte, um die Papiere so detailliert zu gestalten, wie sie nun einmal vorliegen. Trotz aller positiven Ergebnisse von Stanton Friedman und trotz seiner detaillierten Nachforschungen gibt es dennoch keinen eindeutigen, unwiderruflichen Beweis für die Echtheit der MJ-12-Dokumente. Es gibt durchaus Kreise von UFO-Forschern, welche die Echtheit des Dokumentes stark anzweifeln, denn zu seltsam ist die ganze bisherige Geschichte. Nach neuesten Entwicklungen scheint sich tatsächlich herauszukristallisieren, daß die MJ-12-Dokumente doch nur eine Fälschung sind. Auf eine Anfrage der beiden UFO Forscher Lee Graham und Armen Victorian antwortete Colonel Richard Weaver, Mitarbeiter der USAF aus Washington: "Als zusätzliche Antwort zu ihren laufenden Anfragen bezüglich der sogenannten Majestic 12-, Snowbird- und Aquarius-Dokumente habe ich ihnen Kopien der Dokumente beigelegt, die richtigerweise so markiert sind: Kein offizielles USAF-Dokument, nicht geheim; Wahrscheinlich Fälschung oder unechte Dokumente. Wenn sie darauf bestehen diese Dokumente weiter zu verbreiten, sollten sie das zumindest mit den entsprechenden Markierungen machen..."
Man kann sich jetzt natürlich die Frage stellen, warum der ganze Aufwand betrieben wurde, die MJ-12-Dokumente zu fälschen. Dafür gebe es den Grund jegliche Forschungsarbeit rund um den Roswell-Zwischenfall zu diskreditieren, also unglaubwürdig zu machen; oder es sollte Verwirrung gestiftet werden um eine tatsächlich existierende MJ-12-Organisation zu schützen.

17-jähriger Wiener gelangt auf die „Geheimen Seiten" des PENTAGON und knackte US–Atomraketen–Codes

Abbildung aus: Magazin2000plus 09/2002 / Kronen Zeitung Wien

So berichtete die Wiener „KRONEN ZEITUNG am 1.6.2002, daß es einem 17-jährigen Wiener Markus H. gelungen ist die „Geheimen Dokumente" via INTERNET beim Pentagon einzusehen. Was die Sache so brisant macht ist der Inhalt, der sich auf den offensichtlich als „TOP SECRET" bezeichneten Dokumenten befand. Darunter gab es angeblich jüngste Atomraketenverträge zwischen Präsident Bush und Russlands Staatschef Putin zu sehen, die mit der höchsten militärischen Sicherheitsstufe gekennzeichnet waren. „Auch Satellitennetze, Überwachungssysteme und Silos über Atomwaffenraketen waren aus den Dokumenten erkennbar", so die Aussage des 17-jährigen gegenüber der Kronen

Zeitung. Sogar die Bezeichnung MAJESTIC 12 Group Mai 2002 stand auf den Kopfzeilen der Dokumente, mit einem Siegel der US Army versehen. *(Siehe hierzu Anlage mit Dokumenten)*

Da staunte der 17-jährige Wiener nicht schlecht, als schon kurze Zeit, nachdem er die Seiten im Monitor aufgerufen hatte, ein FBI Beamter aus Washington in der elterlichen Wiener Wohnung im Stadtteil Favoriten anrief, um zu erfahren wie er das geschafft hätte. Jetzt wurde es Markus um die Sache langsam etwas mulmig. Markus rief die Polizei an, gegen Mitternacht besuchten ihn dann zwei Uniformierte und ein Staatsbeamter in Zivil.

Nach einer ausführlichen Befragung und es wohl feststand, daß er an geheimes Material gekommen war, wurde der österreichische Staatsschutz eingeschaltet. Es kam zu einer umfangreichen Berichterstattung durch die „Wiener Kronen Zeitung am 1.6.2002. Bisher wurde die Echtheit der folgenden MAJESTIC 12 Dokumente angezweifelt, daß sie dann doch auf den Seiten des Pentagon auftauchen, gibt zu denken.

Aber abgesehen von diesen Dokumenten, gibt es indessen eine hohe Anzahl glaubwürdiger Zeugen, auch aus Militärkreisen, die damals zur Geheimhaltung verpflichtet wurden und heute ihre Aussagen in der Öffentlichkeit beeiden. Ein Beispiel dafür ist Glenn Dennis, der für Jahrzehnte mit der Drohung mundtot gemacht wurde – seine Knochen würden aus dem Sand gefischt werden, wenn er sich nicht um seine eigenen Sachen kümmere. Es ist bezeichnend, daß Dennis, gemeinsam mit dem Nachrichtenoffizier Walter Haut, der damals die UFO Meldung an Presse und Rundfunk gegeben hatte und sie umgehend widerrufen mußte, ein UFO Museum in Roswell ins Leben gerufen hatte.

Lt. Col. Wendelle C. Stevens, U. S. Luftwaffe, über UFOs

Aus einem Interview von MAGAZIN 2000 mit dem ehemaligen Leiter des früheren UFO-Aufspürprojektes für die US- Luftwaffe, LT. COL. W. C. Stevens, geht folgendes hervor: Stevens untersuchte 1978, auf Grund einer Zeugenaussage, die Gerüchte über ein streng geheimes UFO-Testflug- und Auswertungsprojekt in der AREA 51. Der Zeuge gab an, am Umbau eines Marineflughafens (GROOM LAKE) teilgenommen zu haben. Damals wurde die Landebahn aufgerissen und darunter unterirdische Vorrichtungen angelegt, besondere Laboratorien. Dann wurde die Landebahn wieder in ihren Urzustand versetzt, damit alles wie zuvor erscheint. Das Material, was dahin gebracht wurde, stammte von einem UFO-Absturz in Roswell, New Mexiko 1947, einem zweiten Crash in Aztek, New Mexiko 1948, und einem dritten Absturz an der mexikanischen Grenze 1949 oder 1950.

Die Wracks wurden zuerst nach LOS ALAMOS und in andere Hochsicherheitsvorrichtungen in New Mexiko gebracht, die unter der Kontrolle der Atomenergiekommission standen. Das waren kleinere Anlagen, und Stevens glaubte, daß die AREA 51, der Groom Flughafen, der damals umgebaut wurde, ein Flughafen im Bett eines Trockensees ist. Etwa zum gleichen Zeitpunkt wurde dort ein Habitat mit kontrollierter Atmosphäre eingerichtet, um dort, wie Stevens heute überzeugt ist, einen außerirdischen Gast unterzubringen, der einen der Abstürze überlebt hatte. Weitere Zeugen hatten sich bei Stevens gemeldet. Ein Marine Special Force Troop Angehöriger (Derek Hennesy) sagte aus, er wäre als Sicherheitswachmann auf der Ebene 2 auf der AREA 51 zuständig gewesen. Er beschrieb AREA S – 4 als ein Gebiet mit mindestens vier unterirdischen Ebenen. Sein Arbeitsbereich war in Ebene 2 und er passierte Ebene 1 und sah nie die Ebenen 3 und 4, weil keine Soldaten auf diesen Ebenen zugelassen waren, nur Leute mit ganz besonderen Befugnissen. Der Zeuge beschrieb ziemlich detailliert, was er auf Ebene 2 sah. Ebene 2 besteht aus neun Hangarbuchten, jede groß genug, um ein kleines Flugzeug zu beherbergen. In sieben der neun Buchten standen runde scheibenförmige Objekte. Der Zeuge beschrieb den Plan der Anlage, die Sicherheitskontrollen, ein Gebiet, in dem außerirdische Körper in großen Glaszylindern aufbewahrt wurden. Der Zeuge beschrieb die besonderen Überwachungsvorrichtungen, das Sicherheitssystem, um hinunter auf Ebene 3 und 4 zu kommen. Der Zugang wurde durch eine Karte und einen Handabdruck, sowie die Kontrolle des rechten Auges über einen Scanner ermöglicht.

Brigade-General Thomas Jefferson du Bose

Die Wetterballon-Erklärung war eine Deckgeschichte, um die Aufmerksamkeit der Presse abzulenken. General Du Bose und Major Marcel bezeugten später: Die echten Wrackteile waren durch einen Wetterballon ausgetauscht.

(Siehe Abbildung rechts)

(5) Er fragte, was wir wüßten von dem Objekt, das wie durch Presseberichte veröffentlicht, bei Roswell, New Mexico entdeckt worden sei. (...)...und befahl, daß Material in einem versiegelten Container zu mir nach Port Worth zu schicken. (...)
(6) Nachdem das Material von Roswell angekommen war beauftragte ich (...) dafür Sorge zu tragen. (...)
Die gesamte Operation stand unter strikter Geheimhaltung.
7) Bei dem Material, welches auf den Photographien von (...) Büro zu sehen ist, handelt es sich um einen Wetterballon. Die Wetterballon-Erklärung für das Material diente als Schutzbehauptung gegenüber, bzw. zur Ablenkung der Presse
(8) Ich wurde weder für diese Aussage, die nach meinem besten Wissen der Wahrheit entspricht, bezahlt, noch habe ich etwas von Wert dafür erhalten.
„ ausgeschlossen, daß ein Wetterballon verwechselt wurde.. es war eine Art Raumschiff. "

252

AFFIDAVIT

(1) My name is Thomas Jefferson DuBose.

(2) My address is:

(3) I retired from the U.S. Air Force in 1959 with the rank of Brigadier General.

(4) In July 1947, I was stationed at Fort Worth Army Air Field (later Carswell Air Force Base) in Fort Worth, Texas. I served as Chief of Staff to Major General Roger Ramey, Commander, Eighth Air Force. I had the rank of Colonel.

(5) In early July, I received a phone call from Gen. Clements McMullen, Deputy Commander, Strategic Air Command. He asked what we knew about the object which had been recovered outside Roswell, New Mexico, as reported by the press. I called Col. William Blanchard, Commander of the Roswell Army Air Field and directed him to send the material in a sealed container to me at Fort Worth. I so informed Gen. McMullen.

(6) After the plane from Roswell arrived with the material, I asked the Base Commander, Col. Al Clark, to take possession of the material and to personally transport it in a B-26 to Gen. McMullen in Washington, D.C. I satisfied Gen. McMullen, and he told me he would send the material by personal courier on his plane to Benjamin Chidlaw, Commanding General of the Air Material Command at Wright Field (later Wright Patterson AFB). The entire operation was conducted under the strictest secrecy.

(7) The material shown in the photographs taken in Gen. Ramey's office was a weather balloon. The weather balloon explanation for the material was a cover story to divert the attention of the press.

(8) I have not been paid or given anything of value to make this statement, which is the truth to the best of my recollection.

_____
(Signature)

_____
(Date)

Signature witnessed by:

_____
Notary Public
State of Florida
County of Orange

153

(1) My name is Walter Haut.

(2) My address is:

(3) I am retired.

(4) In July 1947, I was stationed at the Roswell Army Air Base, serving as the base Public Information Officer. At approximately 9:30 am on July 8, I received a call from Col. William Blanchard, the base commander, who said he had in his possession a flying saucer or parts thereof. He said it came from a ranch northwest of Roswell, and that the base Intelligence Officer, Major Jesse Marcel, was going to fly the material to Fort Worth.

(5) Col. Blanchard told me to write a news release about the operation and to deliver it to both newspapers and the two radio stations in Roswell. He felt that he wanted the local media to have the first opportunity to have the story. I went first to KGFL, then to KSWS, then to the Daily Record and finally to the morning Dispatch.

(6) The next day, I read in the newspaper that General Ramey in Fort Worth had said the object was a weather balloon.

(7) I believe Col. Blanchard saw the material, because he sounded positive about what the material was. There is no chance that he would have mistaken it for a weather balloon. Neither is there any chance that Major Marcel would have been mistaken.

(8) In 1989, Jesse Marcel told me that the material photographed in Gen. Ramey's office was not the material he had recovered.

(9) I am convinced that the material recovered was some type of craft from outer space.

(10) I have not been paid nor given anything of value to make this statement, and it is the truth to the best of my recollection.

_____
(Signature)

5-14-93
(Date)

Signature witnessed by:

_____
(Name)

254

Hier ein Auszug der Aussagen des Presseoffiziers Lt. Walter Haut in einer Vernehmung, die infolge einer Untersuchung des Vorfalls Roswell von Staatssekretär Karl Pflock durchgeführt wurde.

(Abbildung links)

...Es ist unmöglich, daß Oberst Blanchard es nicht erkannt hätte, wenn es ein Wetterballon gewesen wäre. 1980 erzählte mir Jesse Marcel, daß das Material, das in Oberst Rameys Büro fotografiert wurde, nicht das Material gewesen sei, das er geborgen hätte. Ich bin überzeugt, daß das geborgene Material eine Art Raumschiff gewesen ist...

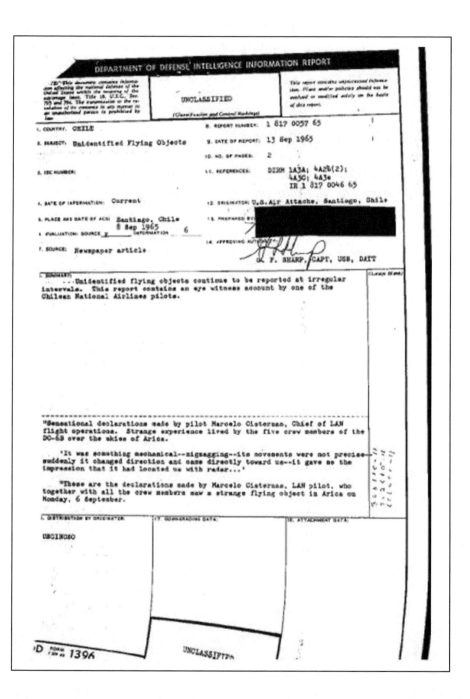

DEPARTMENT OF DEFENSE INTELLIGENCE INFORMATION REPORT

UNCLASSIFIED
(Classification and Control Markings)

1. COUNTRY: CHILE

2. SUBJECT: Unidentified Flying Objects

5. ISC NUMBER:

4. DATE OF INFORMATION: Current

5. PLACE AND DATE OF ACQ: Santiago, Chile
   8 Sep 1965

6. EVALUATION: SOURCE x   INFORMATION 6

7. SOURCE: Newspaper article

8. REPORT NUMBER: 1 817 0057 65

9. DATE OF REPORT: 13 Sep 1965

10. NO. OF PAGES: 2

11. REFERENCES: DIRM 1A3A; 4A2%(2);
    4A3C; 4A3e
    IR 1 817 0046 65

12. ORIGINATOR: U.S. Air Attache, Santiago, Chile

13. PREPARED BY

14. APPROVING AUTHORITY

G. F. SHARP, CAPT, USN, DATT

SUMMARY

.....Unidentified flying objects continue to be reported at irregular intervals. This report contains an eye witness account by one of the Chilean National Airlines pilots.

"Sensational declarations made by pilot Marcelo Cisternas, Chief of LAN flight operations. Strange experience lived by the five crew members of the DC-6B over the skies of Arica.

'It was something mechanical--zigzagging--its movements were not precise--suddenly it changed direction and came directly toward us--it gave me the impression that it had located us with radar...'

"These are the declarations made by Marcelo Cisternas, LAN pilot, who together with all the crew members saw a strange flying object in Arica on Monday, 6 September.

15. DISTRIBUTION BY ORIGINATOR

USCINCSO

16. DOWNGRADING DATA:

17. ATTACHMENT DATA:

DD FORM 1396

UNCLASSIFIED

256

Auszug aus der Übersetzung (linke Abbildung)

RECHTS OBEN:
Dieses Dokument enthält Informationen, welche die nationale Sicherheit (Verteidigung) der Vereinigten Staaten von Amerika betreffen. Es ist unautorisierten Personen nicht gestattet die Inhalte zu veröffentlichen, Zuwiderhandlungen werden rechtlich verfolgt.

LINKS OBEN:
Dieser Bericht enthält unbewiesene Informationen aufgrund dessen Basis sich niemand beeinflussen lassen soll.

7. Quelle: Zeitungsartikel

Zusammenfassung: Weiterhin werden in unregelmäßigen Abständen Sichtungen unbekannter Flugobjekte berichtet. Dieser Report enthält einen Augenzeugenbericht eines Piloten der Nationalen Chilenischen Luftfahrtlinie.

"Es war etwas Mechanisches, sich im Zick-Zack bewegendes, die Bewegungen waren nicht genau, plötzlich änderte es seine Richtung und kam direkt auf uns zu und erweckte bei mir den Eindruck, es hätte uns über Radar geortet."

"Dies waren die Aussagen von Marcelo Cisternas, LAN-Pilot, der zusammen mit allen Mitgliedern seiner Crew am 6. September ein fremdes Flugobjekt bei Arica sichtete."

Britische Regierung gezwungen, UFO-Geheimnisse aufzudecken

London: am 15. Februar 1999 bemerkt ein schottischer Fluglotse auf seinem Radarschirm etwas Merkwürdiges. Er sieht ein sehr großes Objekt bei 3.000 MPH über die schottischen Küstenlinien in südwestliche Richtung kommend. Die Größe der Dokumentenmarke gibt vor, daß der Gegenstand 10 Meilen lang und zwei Meilen breit sein muß. Zwei Minuten später verschwindet das Objekt vom Radarschirm.

Schon drei Monate vorher hat das britische Verteidigungsministerium Ministerium bei einem kommerziellen Übungsfliegen über der Midlandsregion ein ungewöhnliches Flugobjekt registriert, daß "sehr schnell" mit einem sehr hellen Röhrenblitz (einmal blitzen alle 20 Sekunden) fliegt. Die Regierung hat traditionsgemäß Reports von UFO-Sichtungen TOP SECRET eingestuft und die Information zur Öffentlichkeit nach 30 Jahren freigegeben. Aber der parlamentarische Ombudsmann beharrt darauf, daß das Ministerium der Verteidigung diese Informationen zu Colin Ridyard, einen Forschungschemiker vom Wales weiterleitet, der alle Vorfälle in Zusammenhang mit UFO Sichtungen durch Piloten und Fluglosen zwischen Juli 1998 bis Juli 1999 untersuchen soll. Das Ministerium hat zuerst aus Kostengründen abgelehnt. Aber nach der Intervention des Ombudsmannes, stimmt das Ministerium zu, die Informationen als einmalige Übung für $120 freizugeben. Das Ministerium übergibt Ridyard zwei Reports, dennoch schlagen Personen aus den Reihen der Zivilflugfahrt vor, daß es zusätzliche UFO-Sichtungen gibt aus dem Zeitraum, die zur Untersuchung kommen sollen. Während der gleichen Periode sagt das CAA, hat es zwei weitere UFO-Sichtungen gegeben, die das Ministerium nicht frei gibt. In einem amtlichen CAA-Report wird berichtet, daß im gleichen Monat die Registrierung eines riesigen Objektes über Schottland durch den schottischen Fluglotsen erfolgt, wo bei einem Trainingsflug über der Nordsee ein Pilot durch ein "weißglühendes" Licht geblendet wird. Drei andere Flugzeuge im gleichen Bereich berichteten über die Sichtung einer Kugel mit Licht, die sich mit großer Geschwindigkeit bewegt. Die diensthabenden Fluglotsen berichten, ein Operator der Wetterstation registrierte einen schnell bewegenden Gegenstand auf seinem Radar. Das andere Ereignis, dem das CAA das Ministerium berichtet, findet im Juni 1999 statt, als der Pilot einer B757 über der Nordsee über ein nicht identifiziertes, militärisch aussehendes Flugzeug beobachtet, das nahe an seiner Maschine vorbei in die entgegengesetzte Richtung fliegt. Nichts wurde auf das Radar von den Fluglotsen gesehen. Das Ministerium erklärt dem CAA, daß dort kein Militärflugzeug zu der Zeit bekannt wäre.

Militärsprecher bei UFO-Kongreß 2000 in St. Marino

Am 3. und 4. Juni 2000 fand auf St. Marino ein UFO-Kongreß statt. Vom Organisationsleiter Roberto Pinotti wurde schon gar nicht damit gerechnet, daß der Sprecher des italienischen Ministeriums für Sicherheit, Coronel Aldo Olivero, der Einladung folgen würde. Da erschien er in seiner Militäruniform im Kongreß und legte sein Wissen zum Thema UFO offen. Seiner Meinung nach gibt es Beweise für die Existenz von außerirdischen Flugobjekten. Es werden von der italienischen Air Force ca. 200 – 300 unbekannte Flugobjekte jährlich registriert. Nach seinem Wissen arbeiten die Länder bereits zusammen, was die Erforschung der unbekannten Phänomene angeht. Er wünscht sich jedoch eine engere Zusammenarbeit zwischen Militär und UFO-Forschern bzw. Wissenschaftlern und weiß, daß die Aktivitäten in der UFO-Forschung stark zugenommen haben. Er wies auch darauf hin, daß Spanien, Frankreich und Belgien zu den europäischen Ländern gehören, die offener mit dem Thema in der Öffentlichkeit umgehen. Zur realen Existenz von UFOs äußerte sich Frankreich durch ihren Minister Maurice Gallo 1976 öffentlich.

Teil 4

UFO - Glaube

zwischen Phantasie und Wirklichkeit

Piloten-Berichte über UFO-Sichtungen

Gibt es nun wirklich Besucher aus dem Universum? Dieses ist wohl eine der brennendsten Fragen der Menschheit. Immer wieder geben Sichtungsfälle unbekannter Flugobjekte Anlass zu Spekulationen, daß ein gewisser Wirklichkeitsgehalt dahinter zu vermuten ist. Das zeigen gerade die glaubwürdigen Berichte über Piloten. Immer mehr Piloten reden indessen über ihre Begegnung mit einem UFO, auch mit dem Risiko als Spinner verschrien zu werden, lassen sich manche unter ihnen keinen Maulkorb mehr aufzwängen. Eine Erklärung für diese teilweise phänomenalen Erscheinungen lassen sich jedoch in vielen Fällen auf irdische oder atmosphärische Ursprünge zurückführen. Aber wie ist es mit der Glaubwürdigkeit von Beweisen? Wenn es in manchen Fällen sogar zum Militäreinsatz durch die NATO kommt um das UFO abzufangen? Keine physikalische Erklärung für die Leistungsfähigkeit der Objekte im Luftraum? Wie steht es mit den Radaraufnahmen, die ein realistisches Flugobjekt erfaßt haben? Können das dann nur geheime Flugobjekte der Amerikaner gewesen sein? In der Vergangenheit wurden auch Flugzeuge bei der Landung durch UFOs behindert, und Abfangversuche führten bis hin zum tödlichen Ausgang. Personen die heute noch über diese Berichte lachen, können morgen schon selber Zeuge oder Opfer einer Begegnung der 2. Art sein.

Fast vergessen:
Mehrere Flugzeuge im Bermuda-Dreieck verschollen

Mit dem spurlosen Verschwinden von Flugzeugen, Schiffen und deren Besatzungsmitglieder im Bermuda Dreieck, wurden neue Hypothesen aufgestellt. Nachdem am 05. Dezember 1945 (nach Kriegsende) ein Schwarm von 5 Flugzeugen vom Typ TBM AVENGER der amerikanischen Marine samt Besatzung, sowie das am gleichen Tag eingesetzte Suchflugzeug mit 13 Mann Besatzung im Bermuda Dreieck spurlos verschwanden, riß die Kette weiterer mysteriöser Vorfälle in diesem Gebiet nicht mehr ab.

Gleichzeitig häuften sich die UFO-Sichtungen auf der ganzen Welt. Die ergebnislosen Untersuchungen und Suchaktionen nach den verschollenen Flugzeugen hatten die Phantasie vieler Wissenschaftler und Forscher zu verschiedenartigsten Hypothesen kommen lassen. Z.B. eine Raum-Zeit-Verschiebung, die zu einer anderen Dimension überleitet, oder Wirbel im elektromagnetischen Schwerkraftfeld, die Flugzeuge zum Abstürzen oder Schiffe zum Sinken bringt.

Verschollen: 5 dieser Flugzeuge vom Typ TBM AVENGER

Erst 29 Jahre nach dem Vorfall vom 05.12.1945, im Jahre 1974, wurde durch den amerikanischen Reporter Art Ford bekannt, daß der damals leitende Lieutenant Taylor von Flight 19 über Funk gesagt haben soll: „ kommt mir nicht nach....Sie sehen aus, als wenn sie aus dem Weltraum wären." Der Reporter Ford erklärte damals, daß er die Information ursprünglich zum Zeitpunkt des Unfalls von einem Funkamateur erhalten habe, zum damaligen Zeitpunkt dieses aber nicht besonders beachtet habe. Die Nachforschungen von Ford über das Protokoll der Gespräche, zwischen

Kontrollturm und den Piloten von Flight 19, wurden bestätigt. Das geheimgehaltene Gesprächsprotokoll wurde erst auf Druck der Angehörigen der vermißten Besatzungsmitglieder zur teilweisen Einsicht freigegeben.

PILOT MELDET KURZ VOR DER LANDUNG - Alles ok – gutes Wetter – und dann war die DC3 spurlos verschwunden!

Bis heute wurde nicht geklärt, wo die verschollene Maschine abgeblieben ist. Es passierte am 28.12.1948 vor Miami, als ein Passagierflugzeug vom Typ STAR ARIEL DC3 mit 36 Passagieren auf dem Weg von SAN JUAN nach Miami, ca. 50 Meilen südlich vom Flughafen den Funkspruch durchgab: Wir können die Lichter von Miami schon sehen und gehen jetzt in Landeanflug – das Wetter ist ausgezeichnet – wir melden uns gleich wieder – roger - Nach diesem Funkspruch hörte und sah man nie mehr etwas von der DC3. Sie war spurlos verschwunden. Es gab weder Meldungen noch Explosionen, die auf einen Verbleib der Maschine hinweisen, und trotz aufwendigster Sucheinsätze, zu Luft und zu Wasser, gab es keinerlei Fundstücke der verschollenen Maschine. Das Flugzeug verschwand im Bereich Florida Keys, wo das klare Wasser nur sieben Meter tief ist. Ähnliches passierte auch mit Schiffen, die sich in Sichtweite des Hafens befanden.

USAF-Pilot sprach zum ersten Mal über sein UFO-Erlebnis

Der 79-jährige ehemalige USAF Pilot H.H. stellte sich als noch aktiver Flieger und gesundheitlich in bester Verfassung bei mir vor und gab folgendes zu Protokoll:

"Am 02. April 1954 flog ich als damals 34-jähriger Offizier und meinem Co – Piloten eine Transportmaschine von Typ DC 3 C 47 von Alabama nach Miami mit dem Zielflughafen Tampa Clearwater. Wir hatten schlechte Wetterverhältnisse und leichten Regen. Es war um Mitternacht herum und wir waren kurz vor Miami. In einer Höhe von 7000 feet, glaubte ich die Lichter der Stadt unter meiner Maschine zu erkennen, doch alles war anders wie sonst. Die regelmäßig angeordneten pulsierenden Lichter bildeten einen riesigen ovalen Kranz mit grellem Licht und dabei stellte

ich fest, daß unterhalb meiner Maschine wahrhaftig ein riesiges Flugobjekt in der Größe eines Flugzeugträgers flog. Wir befanden uns noch über dem Meer. Ich meldete die Sichtung beim Tower, doch konnte man dort nur unsere Maschine bestätigen. Nachdem das Objekt plötzlich verschwand, habe ich den Vorfall im Bordbuch eingetragen und ein Protokoll erstellt. Ich habe sehr viele Strecken im Bereich des sogenannten Bermuda Dreiecks geflogen und es war uns Piloten bekannt, daß es dort zu mysteriösen Vorfällen gekommen ist, doch wollte damals keiner so recht an UFOs glauben. Ich habe mir die vielen Jahre danach, den Kopf zerbrochen, was es damals wohl war und bin sicher, daß es sich um einen realistischen Flugkörper gehandelt hatte. Ich habe im Laufe der Jahre von meinen Kollegen, (ehemalige Piloten) gehört, daß auch von ihnen selbst oder andren Piloten, UFOs gesehen wurden. Ich habe heute noch das Bordbuch und zeige Ihnen gerne den Original-Eintrag" (Aufgenommen von D. Spalthoff, Oktober 2001)

USA-Piloten beobachten UFO

Am Abend des 14.07.1952 flogen Kapitän William B. Nash und sein Copilot Bill Forenberry eine DC-4 der PANAM von New York nach Miami. Es war ein außergewöhnlich klarer Abend; die Flughöhe betrag etwa 2600 Meter, als sie sich dem Marinehafen Newport News in Virginia näherten. Plötzlich erblickten beide Piloten tief unter sich sechs hell leuchtende Punkte, etwa 10 Meilen von der Stadt entfernt. Diese schienen in etwa 600 – 700 Meter Höhe auf die DC-4 zuzufliegen und glichen orangerot glühenden Metallscheiben. Flugkapitän Nash stand auf und drückte seine Nase ans rechte Kabinenfenster, um die Objekte besser sehen zu können. Zur selben Zeit konnte der Copilot beobachten, wie die Scheiben in ihrem Glühen nachließen, sich in einer abrupten Bewegung schräg stellten und in spitzem Winkel die Flugrichtung änderten. Dann konnten beide Piloten sehen, wie die Scheiben wieder eine horizontale Lage einnahmen. Unmittelbar darauf tauchten unter der rechten Tragfläche zwei weitere Scheiben auf, die sich auf die übrigen zubewegten. Als sie die Formation erreicht hatten, passierte etwas Merkwürdiges. Die ersten sechs wurden plötzlich dunkel, danach die zwei letzten. Ein Stück weiter blinkten alle acht wieder auf. Nach etwa 10 Meilen Flugstrecke stiegen alle Scheiben steil nach oben, wobei sie ihre Flugformationen auflösten. Danach verlöschten in unregelmäßiger Reihenfolge alle ihre Lichter und blieben unsichtbar. Die beiden Piloten hatten den Eindruck, daß die Objekte intelligent gesteuert sein mußten. Ihren Durchmesser schätzten die Piloten auf 30 Meter und die Höhe bei 5 Meter.

Während der Gesamtdauer der Sichtung von gut 12 Sekunden, hatten die UFOs eine Strecke von etwa 50 Meilen (80 Km) zurückgelegt, woraus sich eine Geschwindigkeit der Flugobjekte von 19 000 km pro Stunde ergab. Auch der abrupte Richtungswechsel steht in absolutem Widerspruch zu allen gültigen Gesetzen der Physik, der unsere irdischen Flugzeuge auch heute noch unterworfen send.

UFOs über Washington

Experten sind sich uneinig, was da am Himmel vor 50 Jahren zu sehen war. Der ehemalige Fluglotse Howard Cocklin ist überzeugt, daß er ein Objekt über dem Washington National Airport, am 19. Juli 1952. "Ich sah es auf dem Bildschirm und durch das Fenster", sagt er.

Im Kontrollturm am Washington National Airport sah Ed Nugent sieben hell violette Lichtpunkte auf seinen Radarschirm. Was war das? Keine Flugzeuge - und am wenigsten welche, die dort sein sollten. Er rief seinen Boss, Harry G. Barnes, den Chef der nationalen Fluglotsen. "Hier ist eine Flotte von fliegenden Untertassen für sie", sagte Nugent witzelnd. Im obersten, gläsernen Flur sah der Fluglotse Joe Zacko einen merkwürdigen Lichtpunkt quer über seinen Radarschirm schießen. Es war kein Vogel. Es war kein Flugzeug. Aber was war es? Er schaute aus dem Fenster und sah ein helles Licht, das am Himmel schwebte. Er wandte sich zu seinem Kollegen Howard Cocklin um, der einen Meter entfernt saß. „Schau dir dieses helle Licht an", sagte Zacko. „Wenn man an fliegende Untertassen glaubt, dann könnte das mit Sicherheit eines sein." Das Licht wurde schwächer indem es mit einer unglaublichen Geschwindigkeit weg schoss. „Hast du das gesehen?", fragte Cocklin. „Was um Himmels Willen war das nur?" Es war Samstag Nacht am 19. Juli 1952 - vor 50 Jahren an diesem Wochenende - einer der ungewöhnlichsten Tage in der bizarren Geschichte der UFOs. Noch bevor die Nacht zu Ende war, berichtete ein Pilot von zwei unidentifizierten Objekten. Das Radar von der Air-Force-Bases - Andrews und Bolling - ortete diese Objekte, und zwei Air Force F94 Kampfflugzeuge stiegen in den Himmel über Washington auf, die UFOs zu suchen. Dann, eine Woche später passierte das Gleiche noch einmal - noch mehr UFOs auf den Radarschirmen.

"Pilot bestätigt: 'Untertasse' entkommt Jet", hieß es in der Titelzeile der Washington Post.

"Jets jagen D.C. Himmels-Geister", meldete die New York Daily News.

"Was tut sich da im Himmel von D.C.", meldete die Washington Daily News.

Als sich die Gerüchte ausbreiteten, wollte Präsident Truman wissen, was da über sein Haus flog. Bald darauf bekämpfte die Regierung die UFOs mit den stärksten Waffen, die das Arsenal von Washington zu bieten hatte - Bürokratie, Verschleierung und Geschwafel.

UFO wurde zwei Stunden von Kampf-Jet verfolgt

17.07.1957: (Luftwaffenstützpunkt TOPEKA in Kansas) Die
Crew, bestehend aus 6 Offizieren, eines RB 47 Aufklärungs-Jets,
verfolgte bei einen Navigations-Ausbildungsflug, in den Morgenstunden zwei Stunden lang ein UFO über den US Staaten Missis-
sippi, Louisiana und Texas. Das UFO wurde zeitgleich auf Luft-
und Bodenradar geortet und von zahlreichen Zeugen am Boden
beobachtet. Zudem fing man ein Signal von dem UFO auf. Die
Piloten beschrieben das Objekt, so groß wie eine Scheune mit
hellen blauen Licht, es schien kontrollierte Flugmanöver durchzuführen. Nachdem das Objekt plötzlich verschwand, wurden weiterhin Signale aufgefangen. Noch am gleichen morgen tauchte das
UFO wieder auf, diesmal befand das Objekt sich ca. 1500 Meter
unterhalb eines Jägers. Der Jäger bekam den Befehl das UFO zu
observieren, doch konnte er den Geschwindigkeiten des UFOs
nicht folgen. Auch von der Bodenstation wurde das UFO erfaßt.
Dann blieb das UFO zeitweise am Himmel stehen ohne sich zu
bewegen. Nachdem das UFO plötzlich wieder verschwand,
tauchte es 30 Km weiter nord-östlich wieder auf. UFO-Forscher
Jerome CLARK bezeichnet diese Sichtung als eine der wichtigsten in der Geschichte dieses Phänomens.

Zeugenaussage eines Piloten mit 40-jähriger Flugerfahrung bei Militär sowie ziviler Luftfahrt

Hier die Aussage des 65-jährigen gebürtigen Spaniers und IBERIA AIRLINE - Piloten, Juan Lorenzi Torres, der über seine UFO- Sichtung berichtet, die er bei vierzigjähriger Flugpraxis, u. a. auch bei der Air Force, erfahren mußte. Der Vater dieses Piloten war General bei der Air Force.

Nach seiner Meinung sollen die Menschen erfahren, was er und seine Crew am 4.11.1968 um 18:23 Uhr in Spanien über SAGUNTO-VALENCIA gesehen haben. Torres war damals Kapitän einer CARAVELLE 6 R der IBERIA Flight 249, und befand sich einige hundert km von Barcelona in einer Höhe von 31000 Fuß. Als sie gerade ihr Essen einnehmen wollten, kam es zu unangenehmen Turbulenzen.

Der Kapitän hat seinen Copiloten angewiesen, die Monitore für die Passagiere einzuschalten, damit es bei einem angenehmen Essen bleibt. Der Copilot meldete etwas in Sicht, ein starkes Licht kam auf die Maschine zu. Es befand sich auf Kollisionskurs, nahmen die Piloten an. Die Piloten haben so etwas noch nicht vorher gesehen: Im Abstand von nur 10m ging das Licht rauf und runter und dann von der linken Seite zur rechten Seite, doch immer wieder zum gleichen Ausgangspunkt zurück. Die gesamte Crew war in diesem Moment voller Angst und nahm sofort Kontakt zum Barcelona- Tower auf, um nachzufragen, ob sich Flugverkehr im Gebiet der CARAVELLE 6 R befindet. Da sich die Maschine außerhalb der 60-Meilenzone befand, konnte das Radar keine Flugaktivitäten erfassen. Der Kapitän entschied sich dafür, auf einen anderen Kanal umzuschalten (121,5 channel), damit andere, in der Nähe fliegende Maschinen, sich bei ihm melden können. Der Pilot beschrieb das Phänomen als ein großes Licht und zwei kleine an der Seite, die Sichtungszeit betrug ca. 10 Minuten. Nach der Landung wurden Protokolle erstellt. Ein leitender Controller des Barcelona-Towers bestätigte dem IBERIA-Piloten, auf einem Radar 3 UFOs erfaßt zu heben. Dem Piloten wurde auf Wunsch eine Kopie ausgehändigt. Vier Monate später hatte eine andere CARAVELLE mit dem Kapitän Ordovas eine UFO-Sichtung im gleichem Gebiet, mit dem gleichen Bordingenieur, José Cuenca. Da ein Journalist davon erfuhr und zu recherchieren begann, wollte man die Angelegenheit vertuschen. Lt. Col Ugarte und ein Rechtsanwalt erklärten, die Kopie für ungültig und beschlagnahmten die Kopie. Man versuchte dann die UFO- Sichtungen mit dem Erscheinen des Planeten Venus zu erklären. Nach Aussagen der Piloten konnte es VENUS nicht sein, da VENUS ganz klar separat erkennbar war. Die Piloten sind der Ansicht, daß der Planet Venus immer wieder in Ansatz gebracht wird, wenn keine Erklärungen für UFO-Erscheinungen vorliegen. Dem Piloten wurde ganz klar von Lt. Col. Abreu bestätigt, daß 3 UFOs auf dem Radar erfaßt wurden. Der Kapitän glaubt, das kontrolliert geflogene Objekt stammt nicht von unserer Welt.

UFO löste Militäreinsatz aus...

Am Abend des 8. September 1970 um 20:17 Uhr registrierte die Radarstation SAXA VORD/ Shetland für einige Minuten ein UFO über der Nordsee zwischen Norwegen und den Shetland-Inseln. Es flog in einer Höhe von ca. 11 000 m, mit einer konstanten Geschwindigkeit von ca. 1000 km/h. Dann flog es plötzlich in südlicher Richtung, wobei es seine Geschwindigkeit bis auf 3000 km/h erhöhte. Es ging eine Meldung von SAXA VORD zum QUICK Reaction Flight Staff auf dem RAF-Stützpunkt Leuchers an der Ostküste von Schottland. Innerhalb weniger Minuten starteten zwei Abfangjäger (vom Typ Lightning) der Royal Airforce, mit Kurs auf das UFO.
Bis hierhin nahm man noch an, es handele sich eventuell um eine russische Militärmaschine. Doch plötzlich hatte das Objekt seine Flugrichtung um volle 180 Grad gedreht und ist innerhalb weniger Sekunden vom Radarschirm verschwunden. In den folgenden Stunden wurde das UFO mehrfach registriert. Jedesmal wurden die Lightnings zur Aufklärung an die aktuellen Stellen beordert. Das UFO konnte immer rechtzeitig abdrehen und seine Verfolger abschütteln. Auch der NATO-Stützpunkt Keflavik auf Island war

alarmiert, man schickte zwei Phantom F 4 Jäger der US-Airforce. Per Bordradar spürten die Jäger das UFO auf, doch gelang es auch Ihnen nicht, sich dem mysteriösen Flugobjekt zu nähern.

Phantom F4 USAF

Mittlerweile wurden auch andere NATO-Einrichtungen in Alarmbereitschaft gesetzt, z.B. zwei Raketenabwehrstationen in Großbritannien und Grönland, sowie das North American Air Defense Network in Cheyenne Mountains und das United States Detection and Tracking Center in Colorado Springs. Die Lightnings und die Phantom-Jäger versuchten, sich immer wieder dem UFO zu nähern, doch immer wenn sich die Distanz verringerte, verschwand das UFO von den Radarschirmen. Die Lightning wurde zurückbeordert und die Phantom-Jäger patrouillierten weiter.

Um ca. 21:39 Uhr registrierte man wieder das UFO auf den Radarschirmen. Man registrierte wie das UFO seine Geschwindigkeit auf 2100 km/h drosselte (auch die Grenze für die Phantom- und Lightning-Jäger). Das UFO flog in einer Höhe von ca. 55 km und flog in südwestlicher Richtung über die nördliche Spitze Dänemarks davon. Vom RAF-Stützpunkt Leuchers starteten erneut zwei Lightnings, um an der Nordküste Schottlands zu patrouillieren, außerdem schickte man noch zwei Jäger vom Stützpunkt Coltishall in Norfolk los. Das UFO befand sich jetzt genau zwischen den beiden Linien von Kampfflugzeugen. Jetzt wurde die Sache brenzlig, denn mittlerweile hatte sogar das Strategic Air Command (SAC) Haedquarters in Omaha/ Nebraska mehrere B 52 – Bomber in die Luft beordert.

Die amerikanische Luftverteidigungszentrale NORAD wurde darüber in Kenntnis gesetzt, daß sich zur Zeit ein äußerst erfahrener amerikanischer Pilot, Capt. Schaffner, zu einem Austauschbesuch bei der RAF, in Binbrook aufhielt, einem Stützpunkt bei Grimsby im Norden von Lincolnshire. Capt. Schaffner wurde für den Einsatz um 21:45 Uhr am Stützpunkt Binbrook Air Base beordert. Um 22:06 Uhr startete Capt. Schaffner mit einer vollgetankten F 94 Lightning. Es befanden sich bereits vier Lightnings der RAF, zwei Phantomjäger und drei Tankflugzeuge am Einsatzort als zu ihnen eine Shackleton aus Kinloss Field stieß.

Was geschah mit Capt. Schaffner?

Der vermißte Pilot wurde nie gefunden. Die F 94 Lightning konnte ca. 3 Wochen später auf dem Grund des Meeres ausfindig gemacht werden. Da der Schleudersitz sich noch in der Maschine befand, nahm man an, daß die Leiche Schaffners sich im Flugzeug befindet. Neue Überraschungen gab es, nachdem das Wrack geborgen wurde und Spezialisten feststellten, daß keine Leiche im Flugzeug war und zudem zahlreiche Instrumente fehlten - z.B. der Kompaß, sowie Voltmeter, Richtungsanzeiger, Inverter-Anzeiger und die gesamte Warnleuchtentafel auf der Steuerbordseite.

Sprechfunkverkehr zwischen Capt. Schaffner (F-94) und der Radarstation STAXTON

Schaffner: Ich habe Sichtkontakt. Ich wiederhole: Sichtkontakt. Over.

STAXTON: Können Sie den Flugzeugtyp identifizieren?

Schaffner: Negativ. Nichts Erkennbares, keine klaren Umrisse. Da ist ein bläuliches Licht. Zur Hölle, ist das hell....sehr hell.

STAXTON: Foxtrot 94, funktionieren Ihre Instrumente? Checken Sie den Kompass Over.

Schaffner: Bestätige, Ground Control. Ich bin jetzt längst neben ihm, vielleicht 200 yards (180m) von meiner ... Es hat konische Form ...ist das hell, tut in den Augen weh, wenn ich es länger als ein paar Sekunden ansehe.

STAXTON: Wie nah sind sie jetzt dran?

SCHAFFNER: Etwa 120 m . Es ist immer noch bei 3 Uhr. Hey, wartet mal...da ist noch etwas ...Es ist ein großer Fussball...es sieht aus, als sei es aus Glas.

STAXTON: Ist es Teil des Objektes oder unabhängig davon? Over.

Schaffner: Negativ, nichts. Over

*STAXTON:*Können Sie abschätzen?

Schaffner: Kontakt verliert Höhe, langsam, ich gehe mit ihm....fünfzig, nein etwa siebzig.... es ist wieder ausbalanciert.

STAXTON: Ist das ballförmige Objekt immer noch bei Ihn? Over.

Schaffner: Bestätigt. Es ist nicht wirklich mit ihm verbunden, vielleicht eine magnetische Anziehung zu der konischen Form. Da ist ein Lichtschein . Gelb ... es ist in diesem Schein. Sekunde mal, es dreht sich ...es kommt gerade auf mich zu.....Scheiße .... ich versuche zu fliehen .....ein paar ich kann kaum........

STAXTON: Kommen 94. Foxtrot 94 hören sie mich? Kommen. Over.

...

Der Sprechfunkkontakt mit Capt. Schaffner wurde unterbrochen, als die Bodenkontrolle am Radarschirm, der die Lightning und das Bogey verfolgt hatte sah, wie die beiden Punkte auf dem Schirm langsam zu einem einzigen verschmolzen. Es wurde beobachtet, wie das Objekt innerhalb kurzer Zeit seine Geschwindigkeit und Positionen wechselte und sich dabei wieder teilte. Geschwindigkeiten bis zu 32 000 km die Stunde wurden gemessen. Zur selben Zeit wurde ein Aufklärer vom Typ Shackleton in das Gebiet von Flamborough Head Station befohlen, ganz in der Nähe der immer mysteriöser werdenden Geschehnisse. Dann konnte Staxton Wold wieder Funkkontakt mit Capt. Schaffner aufnehmen.

Schaffner: Ground Control, hören Sie? Over.
STAXTON: Bestätigt, 94. Laut und deutlich. Wie geht es Ihnen? Over.
Schaffner: Nicht besonders. Ich kann mir nicht erklären was passiert ist. Ich fühle mich etwas schwindelig
- ich sehe Sternschnuppen.
STAXTON: Können Sie Ihre Instrumente sehen? Over.
Schaffner: Bestätigt, aber äh...der Kompass ist u/s. (ausgefallen)
STAXTON: Foxtrot 94, drehen Sie auf dreiundvierzig Grad.
Schaffner: Äh, alle Richtungsinstrumente sind aus. Wiederhole: aus. Over.
STAXTON: Roger, 94 . Führen Sie eine Rechtsdrehung aus, schätzungsweise eine Vierteldrehung. Over
Schaffner: Drehe jetzt.
STAXTON: Weiter, 94 Das ist gut. Funktoniert Ihr Höhenmesser? Over.
Schaffner: Bestätigt. GCI.
STAXTON: Gehen Sie auf 1100 m herunter. Over.
Schaffner: Roger, GCI.
STAXTON: Wie ist Ihr Treibstoffstand, 94?. Over.
Schaffner: Etwa 30%, GCI.
STAXTON: Das haben wir auch so berechnet. Können Sie uns sagen, was passiert ist, 94?

Schaffner: Ich weiß es nicht, es kam nahe heran.....ich schloß meine Augen
Ich glaube, ich wurde für ein paar Sekunden lang ohnmächtig.
STAXTON: Okay, 94. Bleiben Sie dran.

Zu diesem Zeitpunkt erreichte die Shackleton, Code Bezeichnung OSKAR 77, die Gegend um Flamborough und begann zu kreisen. Durch die Einwirkung des UFOs waren mehrere Instrumente bei Schaffners Maschine ausgefallen. Die Bodenkontrolle versuchte nun auch, Foxtrot 94 in dieselbe Gegend zu lotsen. Der folgende Funkverkehr wurde zwischen STAXTON Wold Air Base, FOX-TROT und SHACKLETON geführt:

Schaffner: Können sie mich runterbringen – GCI?
STAXTON: Bleiben sie dran, 94...... Foxtrot 94, können Sie die Maschine notlanden? over.
Schaffner: Sie läßt sich gut hantieren. Ich kann sie herunterbringen. Over
STAXTON: Negativ, 94. Ich wiederhole, können sie die Maschine notlanden? Over.
Schaffner: Ja.....ich denke schon.
STAXTON: Bleiben sie dran, 94. Over. Oskar 77 over.
SHACKLETON: Höre. Over.
STAXTON: 94 führt eine Notlandung durch.
Können sie einen weiten Kreis beibehalten? Over.
SHACKLETON: Bestätigt, GCI. Over.
STAXTON: Danke, 77. Over. Foxtrot 94 führen sie die Notlandung nach Ihrem Ernessen aus. Over.
Schaffner: Ich gehe jetzt runter, GCI. Over.

Nach ca. 6 Minuten ohne Funk meldete sich Oscar 77.

SHACKLETON: Er ist unten, GCI. Ein höllischer Platsch .... aber er ist immerhin in einem Stück. Over.
STAXTON: Können sie den Piloten schon sehen?
SHACKLETON: Negativ. Wir drehen noch eine

enge Runde. Over.

Die Shackleton drehte bei niedriger Flughöhe noch eine Rund, über der Wasseroberfläche und hielt Ausschau nach dem Piloten. Es vergingen 2 Minuten ohne Funkkontakt. Danach meldete sich Oscar 77 wieder.

SHACKLETON: Die Kanzel ist offen! sie schwimmt, okay .....ich kann den Piloten nicht sehen, wir brauchen hier draußen einen Helikopter, GCI. Keine Spur vom Piloten, wo zur Hölle steckt der?

STAXTON: Sind sie sicher, daß er nicht im Wasser ist? Bitte checken sie ihre SABRE Signale. Over.

(SABRE = bezeichnet das Such- und Rettungssystem „Search and Rescue Beacon", das alle Flieger der RAF bei sich tragen.)

SHACKLETON: Noch kein SABRE, auch keine Leuchtraketen. Bleiben sie dran, wir drehen noch eine Runde. GCI. Over.

STAXTON: Wir hören sie, 77, Over.

SHACKLETON: Das ist seltsam, GCI. Sie sinkt Schnell, aber die Kanzel ist wieder geschlossen.

STAXTON: Können Sie bestätigen, daß der Pilot das Flugzeug verlassen hat? Over.

SHACKLETON: Er ist nicht drin. Das können wir bestätigen. Er muß irgendwo im Wasser sein. Over.

STAXTON: Irgendwelche Not – oder Leuchtsignale? Over.

SHACKLETON: Negativ, GCI. Wir drehen noch eine Runde. Over.

Nach weiterer vergeblicher Suche nahm die Besatzung wieder Funkkontakt auf.

SHACKLETON: Sie ist gesunken. Wo sie war, ist jetzt ein leichter Sog. Immer noch kein Zeichen vom Piloten. Ich sage es noch mal GCI. Wir brauchen einen Helikopter, aber schnell. Over.
STAXTON: Ein „Whirlwind" aus Leconfield ist bereits unterwegs. Sind Sie sicher, daß Sie kein Zeichen vom Piloten gesehen haben? Over.
SHACKLETON: Nichts, GCI. Als wir sie das Erstemal überflogen, nahmen wir an, er schnallte sich gerade ab. Er muß rausgekommen sein, als wir die zweite Runde gedreht haben, aber warum hat er die Kanzel wieder geschlossen? Over.
STAXTON: Das fragen wir uns auch. Patrouillieren Sie weiter,77, er muß irgendwo da draußen sein.
SHACKLETON: Roger, GCI.

Damit endete der Funkverkehr.

(Quelle: Hartwig Hausdorf "Unheimliche Begegnungen der 5. Art)

Absturzdrama in den Anden

Am 12. Oktober 1972 stürzt eine Maschine vom Typ Fokker Friendship in den Anden ab. Die Passagiere sind Mitglieder einer uruguayischen Rugbymannschaft. Es beginnt ein unbeschreiblicher Überlebenskampf. Immer voll Hoffnung auf Rettung teilen sich die Überlebenden die wenigen Lebensmittel ein. Bis zu dem Tag, an dem sie eine folgenschwere Entscheidung treffen müssen. Entweder in 3500 Metern verhungern, oder durchhalten. Doch womit? Sie entschließen sich nach langen Diskussionen, die toten Kameraden zu essen. Nachdem sie merken, daß die Suche nach ihnen aufgegeben wurde, gehen zwei von ihnen los, um Hilfe zu holen. Und das Unglaubliche passiert. Nach drei Monaten werden 16 der 45 Menschen unter abenteuerlichen Umständen gerettet.

Drei Militärjets trafen in Frankreich auf "Lichtphänomen"

Am 03. März 1976: Auf einen nächtlichen Trainingsflug mit einer T33 über Frankreich sichtete der Luftwaffen-Kampfpilot Oberst Claude Bosc ein helles Licht, das mit hoher Geschwindigkeit in Kollisionskurs auf ihn zuschoß. Sein Jet wurde sekundenlang in ein phosphoreszierend grünes Licht gehüllt, obwohl das Objekt nicht auf dem Radar geortet werden konnte. Die Piloten zweier anderer Kampfjets verfolgten die Begegnung.

20 UFOs über dem IRAN

Iran, 17.07.1978: Das scheibenförmige UFO trat am Nachmittag über der Stadt von Shiras in Erscheinung. Ein 26-jähriger Iraner war einer von vielen Hundert Radiozuhörern und erfuhr die Nachricht von einem UFO. Augenzeugen berichteten, daß sich viele kleine Flugkörper aus dem UFO lösten, sich über die Stadt verteilten und wieder in das rotstrahlende, sechseckige UFO zurückkehrten. Tausende Iraner hörten den Reporter, wie er live dabei berichtete. Auch die Fluglotsen des Flughafens Mehrabad verfolgten das UFO auf dem Radarschirm. Im Anflug befand sich eine DC-10 der LH, dort sahen die Crew, sowie die Passagiere das UFO. Es kam dann zu Störungen und der Sprechfunkverkehr fiel aus. Nachdem 2 Jäger der iranischen Luftwaffe sich dem UFO nähern wollten, verschwand dieses sehr schnell. Dieses war nur der Teil einer weltweiten Sichtungswelle von UFOs. Einige Monate vorher, gegen 1:00 Uhr nachts, registrierten Fluglotsen des gleichen Flughafens 20 flugzeuggroße UFOs in ca. 300m Entfernung. Die UFOs bewegten sich scheinbar mit hoher Geschwindigkeit in einer Höhe von ca. 4700 Fuß. Dann gingen auch die Sichtungsmeldungen verschiedener Piloten der ankommenden Flugzeuge über die riesigen leuchtenden UFOs beim Tower ein.

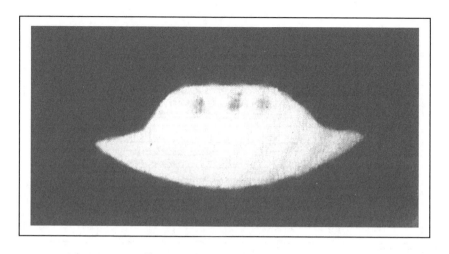

Mysteriöse Begleitererscheinung mit UFO
Flugzeug verschwand spurlos...

Australien, 21.10.1978: Der 20-jährige Pilot Frederick Valentich befand sich bei gutem Flugwetter am 21.10.1978 gegen 19 Uhr mit seiner Cessna 182 auf dem Flug von Melbourn zu den King-Inseln, in der Höhe von ca. 400 Fuß über Cape Otway bemerkte er ein riesiges, langes Flugobjekt mit vier breitstrahlenden Lichtern. Nach 6 Minuten war das Objekt verschwunden. UFO-Sichtungen wurden auch von Personen im Bereich Melbourn gemeldet, z.B. dem Bankkaufmann Colin Morgan. Aus dem Sprechfunkverkehr und dem Untersuchungsbericht des australischen Verkehrsministeriums geht hervor: Lt. Tower kein anderes Flugzeug gemeldet. Das UFO ändert laufend seine Position -mal oben, mal unten, so der Pilot. Nach diversen Beschreibungen des Piloten unterbrach der Sprechfunkverkehr. Seither ist das Flugzeug spurlos verschwunden. Die letzten Worte des Piloten aus dem Sprechfunkverkehr: „es ist kein Flugzeug." Umfangreiche Suchaktion mit Suchflugzeugen und Marine an mehreren Tagen führten zu keinerlei Spuren des Piloten oder seiner Cessna.

COMMONWEALTH OF AUSTRALIA   DEPARTMENT OF TRANSPORT

AIRCRAFT ACCIDENT INVESTIGATION SUMMARY REPORT

Publication of this report is authorised by the Secretary under the provisions of Air Navigation Regulations 283(2)

1. LOCATION OF OCCURRENCE

		Height a.m.s.l.	Date	Time Runoff	Time
Not known		-	21.10.78	Not known	EST

2. THE AIRCRAFT

Make and Model		Registration	Certificate of Airworthiness
Cessna 182L		VH-DSJ	Valid from 14 February 1968

Certificate of Registration owned by	Operated	Degree of damage to aircraft
Cephus Day, 33 Reserve Road, Beaumaris, Victoria	SAS Southern Air Services, Northern Avenue, Moorabbin Airport, Victoria	Not known
Debries Interment		

3. THE FLIGHT

Level or scheduled departure point	Time of departure	Next point of intended landing	Purpose of flight	Class of operation
Moorabbin	1819 hours	King Island	Travel	Private

4. THE CREW

Name	Licence	Age	Class of licence	Hours on type	Total hours	Degree of injury
Frederick VALENTICH	Pilot	20	Private	Not known	150 (Approx.)	Presumed Fatal

5. OTHER PERSONS (All passengers and persons injured on ground)

Name	Status	Degree of injury		Name	Status	Degree of injury

6. RELEVANT EVENTS

The pilot obtained a Class Four instrument rating on 11 May 1978 and he was therefore authorised to operate at night in visual meteorological conditions (VMC). On the afternoon of 21 October 1978 he attended the Moorabbin Briefing Office, obtained a meteorological briefing and, at 1723 hours, submitted a flight plan for a night VMC flight from Moorabbin to King Island and return. The cruising altitude nominated in the flight plan was below 5000 feet, with estimated time intervals of 41 minutes to Cape Otway and 28 minutes from Cape Otway to King Island. The total fuel endurance was shown as 300 minutes. The pilot made no arrangements for aerodrome lighting to be illuminated for his arrival at King Island. He advised the briefing officer and the operator's representative that he was uplifting friends at King Island and took four life jackets in the aircraft with him.

The aircraft was refuelled to capacity at 1810 hours and departed Moorabbin at 1819 hours. After departure the pilot established two-way radio communications with Melbourne Flight Service Unit (FSU).

The pilot reported Cape Otway at 1900 hours and the next transmission received from the aircraft was at 1906:14 hours. The following communications between the aircraft and Melbourne FSU were recorded from this time: (Note: The word/words in brackets are open to other interpretations.)

TIME	FROM	TEXT
1906:14	VH-DSJ	MELBOURNE this is DELTA SIERRA JULIET is there any known traffic below five thousand
:23	FSU	DELTA SIERRA JULIET no known traffic
:26	VH-DSJ	DELTA SIERRA JULIET I am seems (to) be a large aircraft below five thousand

Oben abgebildet: Der amtliche Untersuchungsbericht des australischen Verkehrsministeriums über den Vorfall

Mirage-Pilot: Bodenbeobachtung eines UFOs

Am 09. Dezember 1979: Der Luftwaffenoberst und MIRAGE III-Pilot Jean-Pierre FARTEK wurde zusammen mit seiner Frau Zeuge einer UFO-Nahbegegnung nahe DIJON, Frankreich. Eine 20 Meter breite und 7 Meter hohe Scheibe, metallisch und geformt wie zwei aufeinandergelegte Teller, schwebte um 9:15 Uhr in drei Meter Höhe über eine Gruppe Bäume. Als sie kurz darauf in horizontaler Richtung davon schoss, verspürten die beiden Zeugen eine Turbulenz in der Luft.

Lufthansa-Flugkapitän und ehemaliges Vorstandsmitglied hatte drei Begegnungen mit UFO-Phänomen

Der ehemalige Flugkapitän, Herr W. Utter ist ein sehr erfahrener Pilot und außerdem im Vorstand der LUFTHANSA tätig gewesen. Die Darstellung seiner UFO-Begegnungen wurden über diverse Zeitungen, sowie Fersehanstalten veröffentlicht. Die Glaubhaftigkeit seiner Aussagen bekommt daher einen besonderen Stellenwert. Die letzte UFO-Begegnung hat sich am Himmelfahrtstag 1980 beim Rückflug von NEW YORK ereignet, als ihm gegen Abend ein RIESENDING entgegen fliegt. Außer Herrn Utter befanden sich auch der Copilot und ein Flugingenieur im Cockpit. Es sah aus wie eine Riesenzigarre, und wir befanden uns in einer Flughöhe von 35000 Fuß, so Herr Utter. Für Herrn Utter stand fest: Es war ein UFO. Das Gespräch hatte Herr Utter auf Tonband aufgenommen. Herr Utter machte die Aussage: „ Wenn ich das alleine gesehen hätte, würde man mir es nicht glauben, aber es waren ja die Kollegen dabei." Der Vorfall spielte sich etwa 3 Meilen hinter DOVER ab. Davor hatte er am 21.9.1978 auf dem Flug mit einer Boeing 747 von Frankfurt nach New York, im Bereich Labrador, in einer Flughöhe von 12000 Meter ein Phänomen beobachtet: Eine Maschine der TWA teilte Herrn Utter über Sprechfunk mit, daß man gerade ein LICHT beobachtet hätte, eventuell ein UFO, mit Kurs auf Utters Boeing. Nach wenigen Minuten, gegen 9:55 Uhr, erblickte die gesamte Lufthansa-Crew, eine fliegende Untertasse. Herr Utter nahm die Gespräche auf seinem Diktiergerät auf. Nach seiner Darstellung war es ein sehr helles Objekt und sendete Strahlen in verschiedenen Farben aus, mal rot, dann weiß und violett. Das Objekt sah aus wie eine riesige Spinne.

Die erste UFO-Sichtung hatte Herr Utter in den 50er Jahren, auf einem Flug von Beirut nach Bagdad, in einer Flughöhe von 3000 Meter. Herr Utter befand sich gerade im Bereich des LIBANON bei sternenklarem Himmel, da kam eine Lichterscheinung auf Utters Maschine zu, die erst einmal für Aufregung sorgte. Herr Utter glaubte schon, ein anderes Flugzeug kommt auf ihn zu, und stellte die Bordscheinwerfer an, als plötzlich ein riesiger Feuerball mit einem Durchmesser von ca. 5m zwischen Cockpit und dem Innenmotor auftauchte. Der rötlich erscheinende Feuerball bewegte sich hin und her und Herr Utter hatte dabei keine Angstzustände bekommen. Auch mein Copilot sah den Feuerball und plötzlich verschwand der Ball mit einer enormen Geschwindigkeit. SAT 1 berichtete über diesen Hergang.

Pilot Burghard Woelky

Auch der ehemalige Hapag Lloyd-Pilot und heutiger Fluglehrer B. Woelky versicherte dem Autor die Begegnung mit einem riesigen unbekannten Flugobjekt, das zur gleichen Zeit auch von dem Piloten einer amerikanischen Linienmaschine die in seiner Nähe vorweg flog, bestätigt wurde. Herr B.W. ist u.a. auch unter dem damaligen Chefpiloten Utter als Copilot geflogen. Über Einzelheiten seiner UFO-Begegnung durfte Herr Woelky sich aus bestimmten Gründen jedoch nicht in der Öffentlichkeit auslassen.

Riesiges UFO löste Alarm aus – zwei F15-Jäger im Einsatz
Aktivitäten von niedersächsischem Innenministerium
bestätigt - Foto wurde beschlagnahmt...

Am 13.01.1980: In der Zeit von 22:00 Uhr bis in die frühen Morgenstunden des 14.01.1980 meldeten sich zahlreiche Bewohner aus dem Umland von Bremen bei der Polizei und berichteten über ihre UFO-Sichtungen. Nachdem auch Polizeibeamte sich von der Realität des UFO überzeugten, nahm man die Sache ernst. Das Objekt wird als ein riesiges, untertassenförmiges bzw. ovalförmiges Objekt beschrieben, mit pulsierenden grellem weißen und teilweise blau-roten Lichtern. Das Objekt bewegte sich langsam, teilweise im Zickzack- Kurs von Achim nach Bremen-Nord, und stand dann über dem Nato- Übungsgelände der Amerikaner in der Garlstedter Heide. Auch der Fluglotse, Herr v. Seggern aus Achim, der das Objekt gegen 22 Uhr in Achim sah, ist der Meinung, das kontrolliert gesteuerte UFO könne nicht von dieser Welt sein. Sein Nachbar, Herr Spalthoff, sah das Objekt mit seiner Ehefrau um 21:55 Uhr in Achim und beobachtete, wie das UFO über sein Haus flog, dann zur Raketenabwehr Station Oyten weiterflog und dann mit einer Linkskurve nördlich Bremens im Zickzack-Kurs weiterflog. Heikel wurde dann die Angelegenheit, als das UFO über dem Nato-Übungsgelände Garlstedter Heide stand und das Nato-Hauptquartier informiert wurde, nachdem auch zahlreiche Natobedienstete das UFO wahrgenommen hatten. Später stellte sich auch heraus, daß das Nato-Hauptquartier der Amerikaner die US-Flugabwehreinrichtungen Dänemark in Alarmbereitschaft gesetzt hatte. Erst sehr spät, gegen 4 Uhr morgens, wurden von dem niederländischen Nato-Stützpunkt Brockszeldo an der niederl. Grenze zwei Abfangjäger von Typ F15 zum Einsatzort Garlstedter Heide befohlen, um das Objekt zu observieren.
Als jedoch die Jäger den Bremer Flugraum erreichten, verschwand das UFO plötzlich. Nachdem die Jäger den Flugraum nach ergebnisloser Suche verließen, tauchte das Objekt nochmals für einige Minuten wieder auf. Aus Presseberichten, z.B. der Weser Kurier Bremen, war zu entnehmen, daß es einem Landwirt gelungen war ein Foto vom UFO zu schießen, jedoch wurde der Film von den Behörden beschlagnahmt. Zeugen dieser UFO-Sichtung: Diverse Polizeibeamte, NATO - Angehörige, Fluglotse Herr v. Seggern, Douglas Spalthoff u. Ehefrau, diverse Privatper-

sonen. Bestätigt wurde die Beobachtung durch Polizei u. Militär, vom Pressesprecher des niedersächs. Innenministeriums, von Pressesprecher Kloos. (Quelle: Weser Kurier Bremen).

So sahen Augenzeugen das UFO

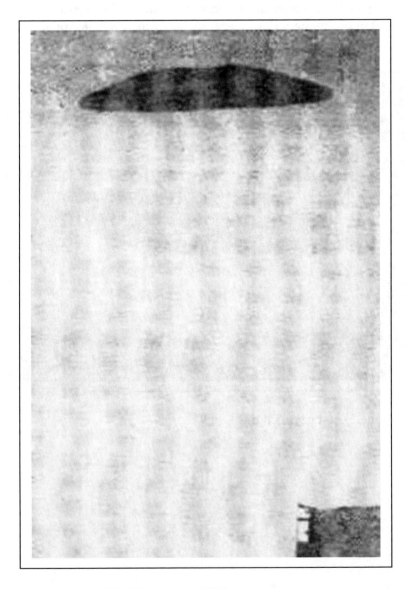

Foto: Weser Kurier Januar 1980

Zwei Passagierflugzeuge von einem Phänomen behindert

Am 07. September 1984, gegen 04:10 Uhr, flog eine Passagierma-
schine von Typ TUPOLEW 135 einer estischen Fluggesellschaft
(Flug Nr. 8352) von der georgischen Stadt TBLISSI nach
TALLIN in Estland, vorgesehene Zwischenlandung in ROSTOV.
Die Bordbesatzung bestand aus Kapitän I. Tscherkaschin, dem
Copiloten Gennadi Lasurin, dem Navigator J. Michailowitsch-
Ognev und dem Bordmechaniker G. Koslow. Zu dieser Zeit befand sich die TU ca. 120 km entfernt von Minsk. Es war eine ster-
nenklare Nacht, bisher ohne weitere Vorkommnisse. Plötzlich sah
der Copilot ein, einem großen Stern ähnliches, gelbes Objekt, daß
seine Position von rechts in sein Blickfeld bewegte. Es schien so,
als wenn sich das Objekt an den Rändern ausdehnen würde. Der
Pilot dachte, es wäre eine Art der Lichtspiegelung, aber nicht an ein
sogenanntes UFO. Nachdem sich aber das Licht in einen Strahl
verwandelte und steil zur Erde einen Strahl aussendete, wurde das
auch aufmerksam vom Bordmechaniker registriert, und man war
sich einig darüber, die Bodenstation darüber zu informieren.
Schon wieder veränderte sich das Objekt, indem sich der Licht-
blitz in einen kegelförmigen Strahl verwandelte. Die Besatzungsmitglieder konnten nicht mehr wegsehen, als sich ein zweiter Kegel bildete, und es folgte dann ein dritter Kegel, der breiter und
heller war. Die Piloten schätzten das Objekt in einer Entfernung
von ca. 50 Km über der Erdoberfläche und wunderten sich darüber, daß die Leuchtkraft Häuser und Straßen taghell erscheinen
ließ. Plötzlich richtete sich das Objekt direkt auf die herannahende
TUPOLEW. Jetzt sahen die Besatzungsmitglieder nur noch einen
grellen, weißen Punkt, der von farbigen, konzentrischen Ringen
eingeschlossen war. Bis zu diesem Zeitpunkt zögerte der Flugkapitän immer noch, seine Beobachtungen der Bodenstation zu melden. Jetzt spitzte sich die Situation zu, als sich der weiße Punkt
entzündete und statt dessen eine grüne Wolke zu sehen war.

Den Piloten schien es, als wenn sich das Objekt mit großer Geschwindigkeit der TUPOLEW bedrohlich nähern würde. Jetzt gab man dem Tower MINSK Meldung, doch konnte man dort keine anderen Flugobjekte bestätigen. Plötzlich blieb das Objekt stehen und die grüne Wolke hatte die TU erreicht. Dann änderte sie laufend die Positionen mal rechts mal links, bis sie dann rechts ihre Position einnahm und die TU bei einer Geschwindigkeit von 800 Km/h begleitete. Dann meldete sich der Tower MINSK, und ein erregter Fluglotse bestätigte, ein Objekt auf dem Schirm ausgemacht zu haben. Nachdem feststand, daß die Position des Objektes übereinstimmt, war man sich darüber einig, daß es eine Art fester Flugkörper sein müsste. Innerhalb der sogenannten Wolke schienen Flammen zu lodern und zu erlöschen, dabei änderte die Wolke innerhalb kürzester Zeit ihre Form, von einer Ellipse in ein Viereck, sogar in eine flugzeugähnliche Form, und bewegte sich im Zick-Zack.

Auch die Passagiere wurden indessen unruhig, selbst die Stewardess wußte nicht, was sie den Passagieren erzählen sollte. Man sagte den Passagieren, es könne sich um das Polarlicht handeln. Indessen befand sich auch eine TU 134 (Flug Nr. 7084) aus Leningrad im Vorbeiflug auf dem entgegengesetzten Kurs nach TBISSI. Besatzungsmitglieder dieser TU waren der Kapitän V. Gotsiridze, der Copilot J. Kabachnikov, der Navigator J. Tomaschwili und der Bordingenieur M. Gvenetadze. Der Fluglotse des Towers Minsk fragte bei Flug Nr. 7084 nach, ob irgend etwas ungewöhnliches zu sehen wäre, doch zu diesem Zeitpunkt erkannte man nur die TU Flug Nr. 8352.

Erst als sie sich bis auf 15 Km der TU näherten, wurden sie von einem grellen Wolkenschiff geblendet, das neben der TU 8352 positioniert war. Unglaublich für die Besatzungsmitglieder, was sie da sahen, und man holte sich beim Tower die Bestätigung zur Kursänderung, um auf eine Distanz von 4-5 Kilometer zum Objekt zu gehen. Jetzt folgten dramatische Aktionen, als ein Strahl von 20 cm Durchmesser aus der Wolke schoss und den gesamten Körper des Flugkapitäns abtastete, sowie den des Copiloten. Die

Piloten versuchten, sich vor dem grellen und heißen Licht zu schützen.

Das Objekt befand sich aber weiterhin bei Flug Nr. 8352 und wurde auch auf dem Radar Riga, sowie Radar Vilnius registriert. Als die TU 8352 dann den Tschudsker und Pskowsker See erreicht hatte, verwandelte sich das Wolkenflugzeug wieder in einen konusförmigen Lichtstrahl und beleuchtete die Erde. Die Größe des Objektes wurde mit 8-10 Km angegeben, das einen Kern von 100-300 m bildete. Am Tower Tallin bestätigten die Fluglosen, auf dem Radar außer der TU 134 auch das Objekt registriert zu haben. Die Maschine konnte ohne weitere Zwischenfälle in Tallin landen. Das Objekt veränderte sich in eine Bumerangform und verschwand Richtung finnischer Meeresbusen.

Die sowjetische Luftfahrtbehörde beauftragte nach diesem Zwischenfall die „Kommission zur Erforschung paranormaler Phänomene " sich an den Untersuchungen zu beteiligen. Der Chefpilot des Fluges 7084, V. Gotsiridze, ist damals nach seiner Landung auf Grund der unbekannten Strahlungen schwer erkrankt. Es konnte keine genaue Diagnose gestellt werden und der Pilot verstarb dann November 1985 in TBLISSI. Kurze Zeit später zeigten sich auch bei dem Copiloten, J. Kabachnikov, erste Auswirkungen der Strahlungen in Form von punktförmigen Verbrennungen des Augenhintergrundes, sowie zunehmende Ohnmachtsanfälle. Der Pilot wurde für fluguntauglich geschrieben und er starb einige Jahre später. Die Todesursache des Piloten wurde von den Medizinern aus TBLISSI am 23. Juni 1986 auf die Einwirkung elektromagnetischer Strahlen unbekannter physikalischer Beschaffenheit zurückgeführt. Die Werte des EKG und des EEG sagten aus, daß ein relativ dünner Strahl Verletzungen an Gehirn und Herzmuskel hervorgerufen hatte. Eine Stewardess, die sich damals im Cockpit aufhielt, litt jahrelang an einer schweren Hauterkrankung. Die Besatzung des Fluges Nr. 8352 hat keinen Schaden davongetragen.

Mehrere UFOs begleiten Japan-Airline-Maschine
Mutterschiff so groß wie ein Flugzeugträger

Auf dem Flug am 17.11.1986 der JAL Airline 1626, einer Frachtmaschine von Typ Boeing 747, von Paris nach Tokio, wurden die beiden Piloten zwischen Kanada und Alaska, um ca. 17:10 Uhr, in einer Höhe von ca. 35 000 Fuß, von einem Flugobjekt mit 2 Lichtern aufmerksam. Nach einigen Minuten wechselte das Objekt die Position von unterhalb der Boeing zur Front mit einem Abstand von ca. 200 – 300 m. Die Piloten erkannten dann 2 rechteckige Objekte, aus denen weiße bernsteinfarbige Lichter schossen. Die pulsierenden Objekte erhellten das ganze Cockpit, und eine Wärme wurde von den Piloten wahrgenommen. Nach einigen Sekunden änderten die Objekte ihr Aussehen in kleine Lichtkreise mit verschiedenen Farben in rot, grün, orange, mal stärker und mal schwächer leuchtend. Die Piloten schätzten die Objekte so groß wie eine DC-8. Wenige Minuten später änderten die Objekte ihre Position und der Crew war klar, daß es hier um etwas Außerirdisches gehen muß. Um ca. 17:20 Uhr kam es dann zu regem Sprechfunkverkehr mit dem Tower von Anchorage. Der Tower bestätigte keine Aktivität einer anderen Maschine und ließ sich vom Piloten die Objekte beschreiben. Der Funkverkehr war schlecht und kam teilweise zum erliegen. Indessen setzte sich der Tower mit dem Elmendorf Regional Operational Control Center (EROCC) in Verbindung, um festzustellen, ob weiterer Flugverkehr registriert ist. Indessen war es 17:23 Uhr und die Piloten erkannten weiter entfernt ein riesiges UFO, so groß wie zwei Flugzeugträger. Auf dem Bordradar erkannte der Pilot ca. 15 km in 11:00 Uhr-Stellung das deutliche Echo eines Objektes.
Auf dem Bordradar erschien das Objekt statt in rot (konventionelle Objekte) in grün (nicht metallische Objekte). Wie man weiß, ist auch der Tarnkappenbomber der Amerikaner (Stealth) mit einer Radar-Abschirmungstechnik versehen. Indessen registrierte auch der Tower von Anchorage um 17:26 Uhr ein Objekt mit einem Abstand von ca. 8 Meilen zur JAL auf dem Schirm. Um 17:30 befand sich die JAL kurz vor Fairbanks (Alaska) und die

Crew hatte nicht mehr mit dem UFO gerechnet, doch da stand es wieder, links hinten, im Schein des Mondes, ein saturnförmiges riesiges UFO in der Größe von zwei Flugzeugträgern. Der Pilot holte sich die Landeerlaubnis und bat um eine Kursänderung, um dem UFO auszuweichen. Um 17:40 Uhr befand sich das UFO immer noch in Sichtweite der JAL und die Radarstation (EROCC) bestätigte, daß keine militärischen Flugzeuge gemeldet sind, aber das UFO registriert wurde. Den Einsatz von Abfangjägern lehnte der Pilot der JAL ab. Um 18:20 landete die JAL ohne weiteren Zwischenfall.

Pilot der Japan-Airline-Maschine, J. Terauchi

The following is a report concerning the incident to aircraft JL1628 on November 18, 1986 at 0230 UTC.

My name is Carl E. Henley (HC) I am employed as an Air Traffic Control Specialist by the Federal Aviation Administration at the Anchorage Air Route Traffic Control Center, Anchorage, Alaska.

During the period of 2030 UTC, November 17, 1986, to 0430 UTC, November 18, 1986 I was on duty in the Anchorage ARTCC. I was working the D15 position from 0156 UTC, November 18, 1986 to 0230 UTC, November 18, 1986.

At approximately 0225Z while monitoring JL1628 on Sector 15 radar, the aircraft requested traffic information. I advised no traffic in his vicinity. The aircraft advised he had traffic 12 o'clock same altitude. I asked JL1628 if he would like higher/lower altitude and the pilot replied, negative. I checked with ROCC to see if they had military traffic in the area and to see if they had primary targets in the area. ROCC did have primary target in the same position JL1628 reported. Several times I had single primary returns where JL1628 reported traffic. JL1628 later requested a turn to heading 210°, I approved JL1628 to make deviations as necessary for traffic. The traffic stayed with JL1628 through turns and descent in the vicinity of FAI I requested JL1628 to make a right 360° turn to see if he could identify the aircraft, he lost contact momentarily, at which time I observed a primary target in the 6 o'clock position 5 miles. I then vectored UA69 northbound to FAI from ANC with his approval to see if he could identify the aircraft, he had contact with the JL1628 flight but reported no other traffic, by this time JL1628 had lost contact with the traffic. Also a military C-130 southbound to EDF from EIL advised he had plenty of fuel and would take a look, I vectored him toward the flight and climbed him to FL240, he also had no contact.

Note: I requested JL1628 to identify the type or markings of the aircraft. He could not identify but reported white and yellow strobes. I requested the JL1628 to say flight conditions, he reported clear and no clouds.

November 19, 1986

DRAFT

Schriftliche Bestätigung des Fluglosen

Auszug aus der Übersetzung zum Inhalt:
"Carl E.Henley, Angestellter der Luftfahrt-Kontrollstation Anchorage, Alaska berichtet über einen Vorfall am 18. November 1986 bei 0230 CTC, betr. Flugzeug JL1628. Als Spezialist war

Mr. Henley während des 17. November 02.30 UTC bis 18.November 04.30 CTC an seinem Arbeitsplatz auf der D15 Position tätig. Das Flugzeug JL1628 fragte um 02.25 nach Flugverkehr. Mr. Henley meldete, es gäbe keinen in dessen Reichweite. Vom Flugzeug kam die Meldung zurück, sie hätten Verkehr auf 12 Uhr. Mr. Henley erkundigte sich nun nach Verkehr durch militärische Flugzeuge und nach evt. gesichteten Zielen beim ROCC. Von dort bekam er die Bestätigung eines Zieles auf der vom Flugzeug gemeldeten Position. JL1628 fragte später um eine Wendung um 210° nach, Mr. Henley schlug ihnen vor alle notwendigen Flugbewegungen zu unternehmen, dann weiterhin, zum Zeitpunkt der Begegnung, eine Rechtswendung um 360°, um das Flugobjekt zu identifizieren, woraufhin der Kontakt augenblicklich verloren ging. Die Positionsdaten wurden von Mr. Henley an PAJ, ein Flugzeug von ANC in Reichweite weitergegeben mit dem Vorschlag, dieses solle eine Identifikation versuchen. PAJ berichtet, er hätte Kontakt mit JL1826, jedoch den Kontakt zum Objekt verloren. Auch eine C-150, die mit genügend Treibstoff in Richtung der angegebenen Position unterwegs war, konnte keinen Kontakt mehr herstellen. „Notiz: Ich fragte JL1628 nach Merkmalen wie Typ oder Kennzeichen des Flugzeugs. Identifizieren konnte er nichts, berichtete aber von weißem und gelben Flackern. Auf die Frage nach den Flugbedingungen berichtete er von klaren Verhältnissen ohne Wolken."

MIG-Jäger am 26. Mai 1987 zum Absturz gebracht

Eine Flotte von sieben UFOs ließ über der Stadt Kiew einen Abfangjäger abstürzen, der ihre Verfolgung aufnahm. Über diesen spektakulären Vorfall berichtete Dr. Vladimir Azhazka - ehemaliger Leiter eines sowjetischen Regierungskomitees - westlichen Journalisten. Tausende von Einwohnern Kiews sollen am 26. Mai 1987 Zeuge geworden sein, wie über ihrer Stadt "ein großer, graublauer, zigarrenförmiger Flugkörper hinwegraste, eskortiert von sechs kleinen unbekannten Flugobjekten - eins vorne, eins hinten und zwei an jeder Seite". Offensichtlich UFOs. Sofort sei

ein MIG-Düsenjäger losgeschickt worden, um sie abzufangen. In einer Höhe von 5000 Metern erreichte er sie. Der Pilot, Leutnant Ivan Chernyshev, sagte später, daß er seinen Augen nicht trauen wolle: Das große Raumschiff war eine fliegende Insel aus fluoreszierendem Metall, ungefähr von der Größe mehrerer Fußballfelder. Plötzlich wurde sein Flugzeug in eine bodennahe Position zurückgeworfen, seine Maschinen setzten aus - die MIG stürzte in einer Spiralbewegung ab. Der Pilot hatte gerade noch Zeit, den Knopf seines Schleudersitzes zu drücken. Auf dem Radar von Kiew seien die UFOs deutlich zu sehen gewesen. 40 Minuten später wurden sie, 530 Kilometer entfernt, auch über der Stadt Donetsk geortet. Und dann verschwanden sie spurlos.
(Quelle: DNZ, Nr.7/87)

MIG 29 verfolgte UFO

21.03.1990: Der diensthabene Offizier des Armeestützpunktes SAGORSK, Major Stroynetzky, bekam zahlreiche UFO- Sichtungsmeldungen einer riesigen schwebenden Scheibe mit farbigen Lichtern, die rotes Licht im Zentrum und weiße pulsierende Lichter ausstrahlten. Nachdem auch Offiziere die UFO-Sichtungen bestätigte und der Kontrollturm das UFO auf dem Schirm registrierte, wurde Startbefehl um ca. 22:00 Uhr erteilt. Der Durchmesser des Objektes lt. Aussage des Stabchefs d. LW der UDSSR, Generaloberst Igor Maltsev, lag bei ca. 100 – 200 m und war scheibenförmig mit pulsierenden Lichtern. Es führte nicht einschätzbare Flugmanöver durch. Zwei MIG 29 starteten, um das in ca. 6000 Fuß Höhe befindliche UFO zu observieren. Gegen

22:05 Uhr dann der erste Sichtkontakt mit dem blitzenden UFO. Das UFO änderte seine Höhe auf 3000 Fuß mit erstaunlichen Flugmanövern in einer Entfernung von ca. 20 km. Innerhalb nur einer Minute sprang das UFO auf ca. 100 km Entfernung. Ein Tempo von ca. 6000 km/h! Dann gelang es der MIG, auf 1500 Fuß Abstand an das UFO heranzukommen. Der Pilot sah die blinkenden Lichter und einen realen scheibenförmigen Flugkörper. Der Pilot erhielt den Auftrag, die Aktion abzubrechen. Dieser Vorfall wurde von den russischen Behörden genauestens untersucht. Die Meldungen gingen damals auch an die Presse. Vielleicht ist es als ein Durchbruch anzusehen, daß der Öffentlichkeit zum erstenmal von Seiten der Behörden deutlich gemacht wurde, daß UFOs existieren.

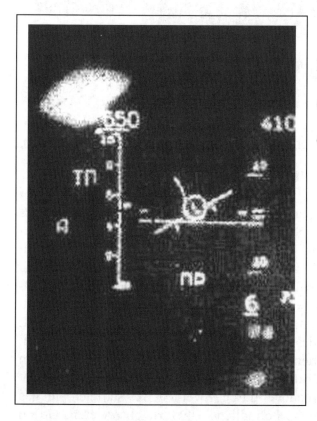

Bordradar

der MIG 29

erfaßt UFO

Drei Passagiermaschinen begegnen einem UFO

Nach den Recherchen des Deutschlandfunk-Journalisten Rudi Schneider kam es im Sommer 1991 zu einer spektakulären UFO-Begegnung über dem französisch-belgischen Grenzgebiet, an der drei deutsche Passagierflugzeuge beteiligt waren. Ein Mitarbeiter der Flugsicherung des Flughafens Köln – Bonn befand sich an diesem Tag auf der Heimreise von Ibiza nach Düsseldorf. Die Crew der LTU Tristar lud den Fluglotsen ein, im Cockpit mitzufliegen. Hinter den Alpen, noch über französischem Gebiet, entdeckte er ein Objekt auf der rechten Seite des Flugzeuges. Es war flach und scheibenförmig, umgeben von einem Rand, der grell wie eine Sonnenkorona leuchtete und hatte auf der Unterseite drei farbige Flächen. Er machte den Kapitän auf den Flugkörper aufmerksam, und schließlich sah die ganze Cockpit-Crew das UFO. „Haben wir irgendwelchen unidentifizierten Verkehr?", fragte der Kapitän bei der französischen Luftüberwachung an. Die Franzosen verneinten, informierten aber das Militär. Kurze Zeit später erklärte der Controler, auch das Militär sehe nichts auf dem Schirm.

Daraufhin meldete sich über Funk eine CONDOR Maschine, die links hinter dem LTU-Flieger auf gleichem Kurs 2000 Fuß (630 m) höher flog. „ Laßt euch nicht für dumm verkaufen ", erklärte deren Kapitän. „Wir sehen das Ding auch." Das wurde gleich darauf vom Kapitän einer LUFTHANSA - Maschine bestätigt, die 4000 Fuß höher als die LTU und rechts von ihr flog. Auch er verfolgte gespannt das Objekt.

„Es ist größer als eure LTU-Tristar." schätzte der CONDOR-Kapitän. „Möglicherweise um die 100 Meter." tippte man im LTU-Cockpit. Inzwischen wechselte das UFO öfter seine Position und spielte Katz und Maus mit den drei Passagiermaschinen. „ Ich kann es mir kaum vorstellen, daß ihr das nicht auf dem Schirm habt.", meinte der LTU-Kapitän noch einmal zur Luftraumüberwachung. „Schon gar nicht beim Militär." (Zivile Radarsysteme filtern oft anormale Radarechos automatisch aus.) Daraufhin der Franzose: „ Sie kennen das Militär........Militär ist Militär."

Kurz darauf verließen die drei deutschen Airliner den französischen Luftraum und mußten sich bei MAASTRICH CONTROL melden. Dort begrüßte man die LTU mit den Worten: „Sie sind identifiziert, und wir haben dieses Objekt auf Radar. " Sekunden später raste es an der Gruppe der drei deutschen Maschinen vorbei, Richtung Süden. Der LUFTHANSA - Kapitän schätzte seine Geschwindigkeit beim Vorbeiflug auf 5000 Knoten (9000 Km/h). Die drei Flugzeuge trennten sich dann und begannen ihren Anflug auf den jeweiligen Zielflughafen. Der Journalist Rudi Schneider wollte noch eine Befragung bei den Crew-Mitgliedern durchführen. (Quelle Magazin2000plus)

Piloten wollen am 1. Juli 1993 UFO gesehen haben

Die Cockpit-Besatzung eines chinesischen Verkehrsflugzeuges will ein unbekanntes Flugobjekt (UFO) gesehen haben. Mehrere chinesische Zeitungen berichteten, beim Flug am 1. Juli 1993 in 11000 Meter Höhe nahe der Stadt Hami (Provinz Xinjiang) sei ein heller Punkt auf das Flugzeug zugeflogen, der sich in einen leuchtenden Ball verwandelt habe. Nach der Erscheinung habe der Kapitän des Flugzeuges der "Xinjiang"- Luftverkehrsgesellschaft eine niedrigere Flughöhe angesteuert. Das UFO sei 2000 bis 3000 Meter höher stehengeblieben, habe sich in zwei Bälle - ohne Licht im Kern verwandelt, um dann wieder zu einem zu verschmelzen, berichtete die Intellektuellenzeitung „Guangming Ribao". Dann sei der Lichtball wieder auf das Flugzeug zugeflogen, habe kurz vorher gestoppt, das Cockpit taghell erleuchtet sei nach links weggetaucht und weggeflogen, in dem er einen Lichtstreifen hinterließ, berichtete das Blatt.

Air France-Passagiermaschine begegnete 1994 einem UFO – von Bodenstation bestätigt

Am 28. Januar 1994: Die Piloten des AIR FRANCE-Fluges 3532 Nizza – London flogen ihren Airbus 320 111 bei hellem Tageslicht in einer Höhe von 13 000 Meter nahe Paris, als sie in 50 km Entfernung und etwas geringerer Höhe ein sehr großes, scheibenförmiges Flugobjekt beobachteten. Das militärische Radar bestätigte die Ortung eines Objektes von 250 Meter Durchmesser. Es war 50 Sekunden lang zu sehen und wurde ebenso lang auf dem Radar geortet, bevor es plötzlich verschwand.

Piloten von vier Flugzeugen sichteten 1995 UFOs über China

Die Besatzungen von gleich vier Flugzeugen wollen nach Presseberichten vom Samstag in diesem Monat in Nordostchina unbekannte Flugobjekte gesichtet haben. Als erster habe der Pilot einer Maschine der Northern Airlines am 4. Dezember gegen 6 Uhr auf dem Flug von Harbin nach Peking über Funk gemeldet, daß er ein ovales weißes UFO sehe, das mit einer Geschwindigkeit von 900 Kilometern in der Stunde neben seiner Maschine herfliege, hieß es unter Berufung auf Angaben der chinesischen Zivilluftfahrtbehörde. Später berichtete der Flugkapitän dann, daß das UFO nunmehr grünlicher sei und seiner Maschine folge. Ein anderer Pilot soll etwa gleichzeitig ähnliche Angaben gemacht haben, während noch zwei weitere über rote Objekte berichteten. Die Luftfahrtbehörde habe darauf hingewiesen, daß im vergangenen Jahr etwa um dieselbe Zeit eine ähnliche Erscheinung beobachtet worden sei.

Beinahe – Kollision mit einem UFO 1996

Am 14.06.1996 gegen 14:40 Uhr flog eine Passagiermaschine vom Typ DORNIER 328 der „ AIR ENGARDINA " mit 24 Personen an Bord auf 3000 Metern Höhe im Gebiet Jungfrau/Eiger über das Berner Oberland, als der Pilot von seinem Bordradar „Kollisionsalarm" erhielt. Da sah er es auch schon: Ein großes, graues und festes Objekt kam frontal auf ihn zu! Für Sekunden blieb ihm das Herz stehen. Erst, als das Objekt in 50 Metern seitlichem und 10 Metern Höhenabstand an der Maschine vorbeiflog, atmete er auf. „ Es war mit Sicherheit kein Flugzeug", erklärte der Pilot. Seine Maschine war die ganze Zeit über vom Radar der Luftüberwachung erfaßt, nicht aber der Unbekannte. Nicht – Flugzeuge werden vom Zivil – Radar automatisch „herausgefiltert", nur das Militär ortet sie. Und tatsächlich erklärte Hans Peter Graf vom Büro für Flugunfalluntersuchungen (laut BZ vom 19.6.1996): „ Auf den militärischen Radaraufzeichnungen waren zur fraglichen Zeit einige nicht identifizierbare Flugobjekte vorhanden gewesen, was jedoch absolut normal ist." Am folgenden Montag (17.6.) fand in Bern eine Pressekonferenz statt, auf der die gesamte Luftwaffenführung anwesend war. Auch dort wurde die Ortung bestätigt, ein Militärflugzeug aber sei „ mit 99,99-prozentiger Wahrscheinlichkeit" nicht an dem Vorfall beteiligt gewesen, wie Luftwaffenkommandant Fernand Carrell erklärte. Der Geschwindigkeit nach aber käme nur ein Militär- oder Jet-Flugzeug als Erklärung in Frage.
(Quelle: Magazin2000plus, Mai 1998)

Weitere Beispiele von UFO-Begegnungen aus den USA

Am 16.11.1996 entdeckte der Copilot einer Boeing 747 der Pakistan Airline ein UFO. Der Pilot Nasir Aziz bemerkte auf dem Flug von New York nach Frankfurt einen hellen Lichtstrahl in einer Entfernung von ca. 5 Km. Auf der einen Seite konnte der Pilot ein dunkles Objekt mit 4 grünen Lichtern entdecken. Eine TWA Maschine flog hinter der Pakistan Airline her, diese sah genau das

300

gleiche und fragte beim Tower an, welche Ursache hier vorläge. Doch der Tower konnte nichts registrieren, so lies die TWA Maschine sich einen neuen Kurs geben und drehte ab. Die Bundesluftfahrtbehörde FAA erklärte, daß sie das UFO geortet haben. Der FBI Sprecher J. Valiquette sagte zu diesem Vorfall, daß sie keine Erklärung dafür hätten.

CNN meldete am 12.12.1996: Die Piloten einer Boeing 747 einer saudiarabischen Fluggesellschaft sahen am Dienstag morgen in der Nähe des Kennedy Airports von New York ein UFO und befanden sich in einer Flughöhe von 12000 feet. Das UFO wurde von den Piloten auf dem Bordradar erfaßt und hatte eine breite Form und flog parallel in höherer Entfernung den Kurs der Boeing mit. Es verschwand nach nur wenigen Sekunden aus dem Blickfeld des Cockpitfensters.

SwissAir-Jumbo flog haarscharf an einem UFO vorbei

Die Crew einer Boeing 747-300 der Schweizer Fluggesellschaft SWISS AIR befand sich am 9. August 1997 auf dem Flug von Philadelphia nach Zürich. Als die Maschine sich im gleichen Seegebiet vor New York aufhielt, wo seinerzeit der TWA-Jumbo Absturz stattfand, meldeten die Piloten ein unbekanntes Flugobjekt. Aus dem dargestellten Sprechfunkverkehr zwischen dem Tower Boston und der Boeing 747-300 geht hervor, daß der Pilot ein entgegenkommendes Objekt (wie eine Rakete) ein paar hundert Fuß bei hoher Geschwindigkeit über das Flugzeug hinweg fliegen sah - für ein Flugzeug zu schnell. Ein anderes Flugzeug, der Eastern Airline 986, bestätigte zur gleichen Zeit dem Tower, eine Swiss Air 127 ausgemacht zu haben, aber nicht das unbekannte Flugobjekt. Drei Personen der Swissair Crew Boeing 747-300 bestätigten dem Tower, ein weißes, sehr schnelles Flugobjekt gesehen zu haben. Der Flugkapitän beschrieb das Objekt als zylindrisch ohne Tragflächen.

Die SIEGENER ZEITUNG berichtete am 27.09.1997 von zwei Piloten einer BOEING 747 der SWISSAIR, als in BORSTON in 7000 m Höhe ein UFO in nur 50 m Entfernung zur Boeing vorbeiflitzte. Nach Aussage des SWISSAIR - Sprechers, Herrn Schärer, wurde von beiden Piloten ausgesagt, das Objekt habe keine Flügel und sei weiß. Nachdem die US-Behörden dieses Objekt als einen Wetterballon identifiziert haben wollten, wurde im schweizer Radio übermittelt, daß die Piloten die Aussage der US Behörden für unhaltbar hielten.

Gleich vier F16-Jäger verfolgten UFO, Bestätigung der Royal AirForce

Aus militärischen Kreisen wurde bekannt, daß am 27.04.1998 ein UFO in der Größe eines Flugzeugträgers und mit der Geschwindigkeit von 30 000 – 40 000 km/h für einen militärischen Einsatz sorgte, an dem sich von der Royal Airforce zwei Jäger von Typ F16 beteiligten, sowie von der niederländischen Luftwaffe ebenfalls zwei Jäger vom Typ F16. Den Jägern gelang es nicht, bei dem Tempo mitzuhalten. Ein Beamter sagte aus: Das Objekt stand ohne Zweifel unter Kontrolle, da es verschiedene Flugmanöver durchführte. Beamte der Royal Airforce stehen bei diesem UFO, das von der Großraumradarbasis des Verteidigungsministeriums Flylingdale Moor in North Yorkshire registriert wurde, vor einem Rätsel. Die britische Tageszeitung DAILY MAIL berichtete umfangreich über diesen Vorfall und veröffentlichte dieses Foto, Herkunft unbekannt. Auch von der Bild Zeitung wurde berichtet. Die Radaraufzeichnungen sollten 1998 bei der Konferenz der RAF Hochschule Cranwell Lincolnshire Militärexperten und Wissenschaftlern der ganzen Welt gezeigt werden.

Zeitungsbericht: Daily Mail London

Japanischer Abfang-Jäger verschwand nach UFO-Begegnung spurlos

Wie die Presseagentur Associated Press am 15.08.1999 meldete, verschwand ein Abfangjäger der japanischen Luftwaffe bei dem Versuch, ein UFO zu verfolgen. Gegen 5:00 Uhr früh starteten zwei F – 4 EJ Phantom Jets mit zwei Mann Besatzung an Bord von der Nyutabaru Luftwaffenbasis, nachdem das UFO von der militärischen Luftraumüberwachung auf dem Radar vor der Süd-küste des Landes geortet wurde. Exakt um 5:15 Uhr brach der Funkkontakt ab. Da Wetter und Sicht schlecht waren, bestand auch zum Partnerflugzeug kein visueller Kontakt. Bei der letzten Ortung auf dem Radar befand sich das vermißte Flugzeug 80 km südlich der Insel Fukue. Selbst eine sofort eingeleitete Suchaktion brachte keine Resultate, teilte am Abend ein Sprecher des japani-schen Verteidigungsministeriums mit. Das UFO wurde weder von den Piloten noch von der Luftraumüberwachung visuell beobachtet. Das war nicht das erste Mal, daß ein Abfangjäger der japanischen Luftwaffe bei der Verfolgung eines UFOs verschwand.

Schottische Fluglotsen registrierten riesiges UFO auf Radar

Die englische Tageszeitung „GUARDIEN" berichtete am 04.06.2000 in einem Sonderbericht über Geheimberichte von UFO-Sichtungen in England. Am 15.02.1999 registrierte ein schottischer Fluglotse auf seinem Radar ein UFO in der enormen Größe von 10 000 x 2000 m und einer Geschwindigkeit von 3000 km/h. Das UFO bewegte sich nach Angaben des Fluglosen südwestlich entlang der schottischen Küste in Richtung Belfast. Das UFO verschwand dann plötzlich nach ca. 2 Minuten.

Bereits 3 Monate vorher ging aus den Unterlagen des Ministerium für Sicherheit (Ministery of Defence- MoD) hervor, daß der Pilot einer bekannten Airline bei seinem Flug über Midland von einem UFO mit hoher Geschwindigkeit überrascht wurde. Das UFO hatte breite grelle Lichter, die im zwanzig-Sekunden-Takt pulsierten. Diese Meldungen werden bei einer speziellen Abteilung des MoD ausgewertet. Diese Informationen bekam der Wissenschaftler Dr. Colin Ridyard, ein Chemiker aus Wales. Dr. Ridyard hat UFO-Sichtungsberichte von Piloten und Fluglotsen aus der Zeit von Juli 1998 bis Juli 1999, die ihm u.a. zur Auswertung vom MoD zur Verfügung gestellt wurden.

Bestätigt wurde vom CAA (Civil Aviation Authority), daß ein UFO auf dem Radar erfaßt wurde. Das UFO wurde auch von mehreren Piloten gesehen. Dabei kam es bei einem Flugzeug zu Störungen der Bordelektronik. Auch andere Lotsen meldeten ein Objekt auf dem Radar. Das Phänomen wurde auch als ein großer Feuerball gesehen. (VAKUUM?)

Von CAA wurde angegeben, daß im Juni 1999 der Pilot einer B 757 über der Nordsee Sichtkontakt zu einem ungewöhnlichen Flugobjekt hatte, das weder vom Bordradar, noch vom Bodenradar erfaßt werden konnte. Auch Militärflugzeuge waren zu der Zeit nicht gemeldet. Eine Sprecherin von CAA begründet die Erscheinungen als Täuschungen und Störungen am Radar. Der Minister von MoD, John Spellar, sagte: „ Wir haben kein Interesse etwas zu verbergen über UFOs oder anderer Lebensformen." Dr. Ridyard ist der Auffassung, daß die Behörden die Öffentlichkeit über ihren Kenntnisstand bezüglich UFOs informieren sollten.

Begegnung mit gigantischem UFO im Juni 2000

Berichtet wurde in der Londoner Zeitschrift THE DAILY STAR von einer interessanten UFO-Sichtung, die sich im Luftraum über der MOJAVE-WÜSTE in Kalifornien zugetragen hat. Der englische Pilot David Hastings erlebte mit seiner Cessna eine sehr enge Begegnung mit einem riesigen UFO, das sich auf nur wenige Meter näherte. Geistesgegenwärtig konnte der Pilot zwei Fotoaufnahmen machen, die er später an die US-Marine weiterleitete. Auf dem ersten Foto ist nur leerer Himmel zu sehen, doch die zweite Aufnahme zeigt ein gewaltiges Objekt, um dessen Ober- und Unterseite herum schwarze Ringe zu sehen sind. Es zog knapp an einem der Flügel von Hastings Cessna vorbei.

Die Navy gesteht ein, völlig überrascht zu sein. Sogar im PILOTS-MAGAZIN wird dem Vorfall Rechnung getragen. David Hasting erklärte: „ Als wir uns der MOJAVE WÜSTE unter Radarkontrolle näherten, geschah es. Wir stellten beide plötzlich fest, daß auf 12 Uhr (direkt in Flugrichtung) etwas sehr schnelles auf uns zukam. Wir drückten den Steuerknüppel nach vorne und duckten uns. Ein Schatten raste über uns hinweg, aber es gab absolut kein Geräusch. Wir hoben unsere Köpfe langsam und fragten uns: „Was zur Hölle war das?" Wir riefen den Tower, um zu überprüfen, ob sie ein anderes Flugzeug auf dem Radar hatten und die Antwort war nein. Wir brachten den Film in ein Foto-Schnell-Labor und da war es dann. Ein Schnappschuß zeigte nichts, aber der zweite lieferte verschwommen ein Bild des UFOs.

Pilot David Hastings, above, and the UFO pictured from his aircraft

Polizei-Helikopter spielte mit Licht-Kugel "Katz und Maus"

Am 14.10.2000 wurde ein Polizeihelikopter über Phönix/Arizona von einer Lichtkugel, die mit ihm Katz und Maus spielte, verfolgt. Der Funkverkehr zwischen dem Hubschrauber und einem anderen Polizisten in der Bodenstation wurde mitgeschnitten und vom Radiosender KFYI gesendet. Darin sagt der Pilot: „Wir sahen, wie es über die Berge kam, Richtung Paradise Valley, und dann kam es auf der rechten Seite runter, es mußte ca. 1000 Meter von uns entfernt sein. Ich wendete und flog direkt darauf zu. Es manövrierte um uns, kreiste um uns herum, ging gerade hoch und gerade runter, nach Osten und dann nach Westen. Ich habe diverse Male Elms-Feuer gesehen, aber das war kein Kugelblitz, das war etwas anderes. Ich versuchte auf die Kugel zuzufliegen, doch sie flog mir aus dem Weg und dann schwebte sie einfach nur auf der Stelle. Das Objekt wurde nicht auf dem Radar geortet." Am selben Abend sahen John Edmonds und seine Frau mindestens „zehn Kugeln", die über Phönix manövrierten, entweder alleine oder in Gruppen von bis zu drei Objekten. Die Sichtung dauerte von 20:44 Uhr bis 21:44 Uhr. Manchmal schwebten sie sieben bis dreizehn Minuten auf einer Stelle. Bereits 1997 und 1998 war es über Phönix zu Massensichtungen leuchtender Kugeln gekommen, die von Dutzenden Zeugen bei ihren Manövern gefilmt wurden.

Schweiz: Phänomene am Flughafen Kloten in Zürich

Am Montag, den 12 Dezember 2000, um 22:45 Uhr, kam es laut: www.kamar.ch zu einer UFO–Sichtung, im Bereich der Kantonsschulstraße in Zürich. Wetterverhältnisse: Vollmond, klarer Himmel. Der Mond war ca. 30 Grad von den Lichtern entfernt. Insgesamt drei Gruppen von Lichtern, in Flugrichtung Süd-Nord. Insgesamt waren es ca. 25 – 30 Stück – in Schlangenlinie. Die Gruppe insgesamt flog aber gerade Flugbahn. Die Farbe der Lichter war goldenes Gelb – seltsam blasses Licht. Größe der Lichter etwa doppelte Venusgröße. Eine zweite Staffel in den Farben Grün – Blau – Rot. Die Dritte Staffel 5 – 6 Objekte, flog unregelmäßig herum, als wäre es nur ein Flugkörper. Die Staffeln flogen genau auf den Flughafen Zürich - Kloten zu.

Luftkampf zwischen Militär und UFO über der Türkei

Am 06.08.2001 Türkei: Zwei türkische Kampfjets von Typ T – 37 verfolgten am Montag- Nachmittag für ca. 30 Min. ein scheibenförmiges, helles und rasend schnelles UFO. Nach der Beschreibung der Piloten hatte die fliegende Scheibe einen Kegel in der Mitte und Standfüße. Meldungen von UFOs und Außerirdischen gab es schon die ganzen letzten Tage aus der Türkei, so die Presse..
Aus dem Funkverkehr geht hervor, daß es fast zu einem regelrechten Luftkampf zwischen dem UFO und den beiden Kampfjets gekommen wäre. Das von den Piloten alarmierte Kriegswarnzentrum konnte auf den Radarschirmen nichts erkennen. Zuletzt entfernte sich das UFO mit rasanter Geschwindigkeit.
Nach Aussagen der Piloten erschien das UFO teilweise auch pyramidenförmig. Die türkische Luftwaffe nahm inzwischen die

Ermittlungen auf. Bei den Ermittlungen soll sich auch die Raumfahrtbehörde NASA eingeschaltet haben. Piloten: Flughafen Candarli DINCER Arda GÜNYER

Ehemaliger RAF-Geheimdienstler David Kingston, interviewte viele Piloten weltweit
BBC 1 berichtete – UFO Flotte am 22.03.2002 gefilmt!

Mike Powell, der wochentags den Wetterbericht 18:30 Uhr bei BBC 1 moderiert, hat sich auf irdische UFO-Spuren begeben und nach Beweisen für außerirdische Aktivitäten gesucht. Als "Wetterfrosch" weiß Mike, welche Tricks einem das Wetter spielen kann, z. B. Nordlichter oder Kugelblitze, zu glauben, daß da UFOs seien. Ein ehemaliger RAF-Geheimdienstler, David Kingston, interviewte viele Piloten weltweit, die glauben, Wesen von "anderen Welten" gesehen zu haben. Das Amateur-Filmmaterial, das er zugänglich machte, zeigt in beiden Fällen Flugobjekte über Dorchester-Dorset bzw. Bridport. Er nahm Mike mit ins ländliche Dorset und sie prüften das Filmmaterial hinsichtlich der Erwartungen, die Wissenschaftler haben, um es als echt zu akzeptieren. Ein weiterer Pilot berichtet von Nahbegegnungen vom 5. Lebensjahr an sowie unerklärliche Zeitrisse. Craig Roberts, College-Dozent, berichtet unter Hypnose über Tests, die Kreaturen an seinem Körper vorgenommen haben. Seine Studenten haben einen Preis für ihre Untersuchungen bekommen, und sie suchen in ihrer Freizeit den Himmel ab. Das faszinierendste Ereignis gab es wohl über Havant. Am 22.03.02 war über Bedhampton/Havant eine UFO-Flotte zu sehen. Zeuge Anthony Woods dokumentierte die Aktivitäten der unbekannten fliegenden Objekte auf Video. Diese Aktivitäten waren so stark, daß sie die Aufmerksamkeit der Militärhubschrauber erregt haben müssen, die hier immer öfter herumfliegen. Leuchtende Kugeln in perfekter Formation führten intelligente Manöver in einer verblüffenden Technologie-Show auf. Er sagte: "Das erste Mal sah ich die Kugel-Flotte gegen Mittag, es waren hunderte! Meine Frau, meine Tochter und ich sahen sie, ich filmte sie 30 Minuten lang. Sie waren in seltsamen Anordnungen verknüpft, einige bewegten sich, andere schwebten, einige berührten einander." Nachdem die Flotte verschwunden war, erschienen einzelne Objekte und Gruppen. Darüber gibt es 40 Minuten Filmaufnahmen. Abschließend erschien ein riesiges, dunkelrot glühendes Objekt, eine rotierende Doppelkugel, das "Kommando-Schiff", definitiv in geringer Höhe und es gab nochmals spektakuläre Arrangements und Manöver.(Quelle: bbc.co.uk)

Flugzeuge beim Landeanflug durch UFO behindert!

31.07.1995: Das flugzeuggroße UFO flog mit ungewöhnlicher und hoher Geschwindigkeit in ca. 3000 m Höhe im Bereich des Flughafens und behinderte dabei mehrfach die Landung der Boeing 727 des Fluges 674 der Aerolienas Argentinas für ca. 15 Minuten. Das UFO mit grellen, weißen und grün- und orangefarbigen Lichtern flog ca. 100 m vor dem Flugzeug und war scheibenförmig. Nach mehrfachem Ausweichen vor dem UFO gelang dem Piloten die Landung. In der ganzen Stadt gab es Stromausfall, auch die Meßinstrumente des Flughafens versagten teilweise. Der Pilot mußte die Landung nach Bordinstrumenten vorzunehmen. Hunderte von Privatpersonen, sowie der Chefpilot des Flugs 674 (J. Polanco) mit seiner Crew und den Passagieren waren Zeugen. Auch die argentinische Luftwaffe, z.b. der Major Jorge Ovicdo, und das Flughafenpersonal bestätigten den Vorfall.

UFO behinderte Flugverkehr – Flughafen 1 ½ Std. gesperrt

26. Januar 2001 UDSSR: UFO behinderte am sibirischen Flughafen BARNAUL den Start von 2 Flugzeugen Typ IL 76 und YAK 40, da es über dem Flughafen schwebte. Der Chef der Luftraumüberwachung, Sergey Kureno, bestätigte auch, durch sein Fernglas ein reales Objekt mit verschiedenen Lichtern in rot, grün und violett an der Unterseite gesehen zu haben. Dann flog das UFO sehr langsam auf den Ort Beresoka zu und änderte den Kurs. Der Flughafen wurde für ca. 1 ½ Std. gesperrt. Auch 1984 – 1985 und 1990 wurden UFOs in Barnaul registriert und auf dem Radar erfaßt. Der Direktor der Fluggesellschaft ALTAI, Ivan Kamarov, bestätigte den Vorfall der Presse mit dem Hinweis, daß es sich bei dem UFO um ein realistisches Flugobjekt gehandelt habe, welches kontrollierte Flugmanöver vorgenommen habe. Das UFO mit stark pulsierenden Lichtern wurde auch von Piloten anderer Fluggesellschaften gesehen. (Quelle: INTERFAX und Veröffentlichungen in verschiedenen Tageszeitungen)

Sind Außerirdische die Urheber der grausamen Tierverstümmelungen?
CIA und FBI ermitteln seit 1967

BUENOS AIRES, Juli 2002: Argentinien entsendet seine eigenen Wissenschaftler, um tote Tiere, die ungewöhnlich zugerichtet, verstümmelt und blutleer sind, in die entlegenen Pampa Plains. Die öffentlichen Fernsehanstalten melden, daß mindestens 70 Tiere in den vergangenen Wochen getötet wurden, einige mit chirurgisch herausgeschnittenen Genitalien und Zungen, aber ohne Blutspuren. Im Huf eines Pferdes war einen Kreis eingebohrt. "Es ist schon sehr eigenartig. Wir schicken ein Wissenschaftler-Team, um Proben zu nehmen und die notwendigen Untersuchungen durchzuführen, um eine Wissenschaftliche Erklärung für die Vorfälle zu finden", sagte ein Sprecher der Tier-Gesundheits-Vereinigung Senasa, die Veterinäre zum Durchführen von Autopsien schickte. Ängstliche Bauern in den weiten Ebenen Argentiniens, sagten, daß es keine Anzeichen für eine erklärbare Todesursache gebe. Einige Einheimische der La Pampa Provinz sagten, daß sie helle Lichter im Nachthimmel sahen, die sich in der Nähe der Verstümmelten Tiere befanden. "In diesem Fall muß ich mich auf die Seite des Paranormalen stellen. Es muß sich um etwas nicht irdisches handeln", sagte Felipe, ein Farmer nördlich der Hauptstadt Santa Rosa." Die Art und Weisen wie die Innereien durch einen verbrannten Einschnitt im hinteren Teil des Rindes entfernt wurde ist schon sehr eigenartig.", fügte er hinzu. Nach mehreren Berichten seien hier einige Entwicklungen zusammengefaßt. Ohne Unterbrechung halten die Viehverstümmelungen in Argentinien an und erreichten jetzt eine Gesamtzahl von 170, alle mit den bekannten Merkmalen wie aus den polizeilichen und tierärztlichen Untersuchungen erkennbar ist. Im Sommer 2002 hatte Argentinien mit einer UFO-Welle zu tun, die begleitet ist von Humanoiden-Sichtungen und Tierverstümmelungen.

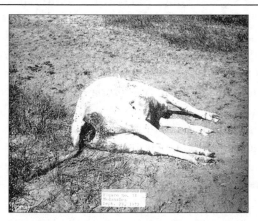

Vergleich März 2002
(oben)

mit einem Vorfall im
September 1979
(unten)

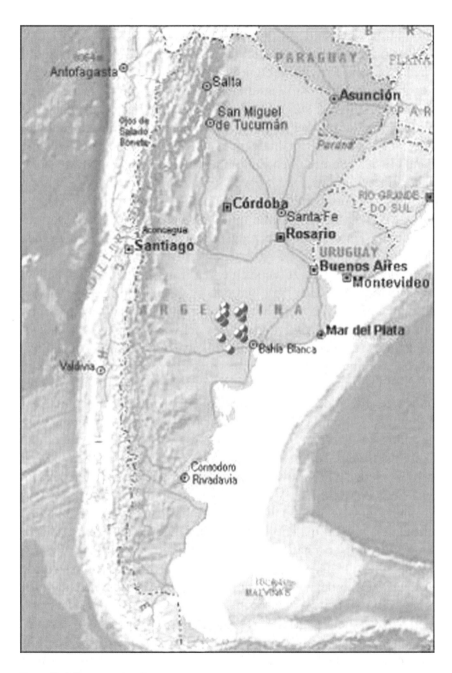

Das Gebiet von La Pampa

Mutilationsfälle sind mit Punkten gekennzeichnet

Ein besonders bizarrer Vorfall hat sich im Juni 2002 in der südlichen Cordoba-Provinz ereignet. Insgesamt 19 Tiere wurden innerhalb eines großen Wassertanks gefunden! Neun Tiere waren tot, die restlichen aufgrund der Winterkälte fast erfroren. Was niemand erklären konnte, ist, wie die 19 Tiere in diesen Tank gelangt sind. Zum einen hätte man eine elektrische Barriere und dann ein 1,5 Meter hohen Zaun überwinden müssen, um dann die Tiere einzeln in den Tank zu wuchten.

Ebenso erstreckt sich die Welle auch auf die benachbarten Länder Paraguay – Uruguay – Chile und Brasilien. Keine Aasfresser gehen an die Tiere, keine Fahrzeugspuren daneben. Es geschieht fast täglich. Auch aus Nord-Amerika werden die gleichen Vorfälle gemeldet. Ein Tierarzt versuchte die Einschnitte nachzustellen, ohne Erfolg. Manche Tiere wurden erst nach 5 Tagen gefunden, aber ihr Fleisch war "frisch wie im Laden". Erstmalig wurde auch ein mutiliertes Schaf gefunden. Das schwangere Tier war ausgehöhlt, die Zunge und ein Auge fehlten. Keine Reifen- oder Fußspuren konnten gefunden werden und die restliche Herde war in großer Entfernung. Von einer weiteren Pferdeverstümmelung wird berichtet. Ein Erklärungsversuch, die fehlenden Teile und Aushöhlungen wären das Ergebnis eines Wespenangriffs, mußte ausgeschlossen werden. Die Wissenschaftler dazu: „Unmöglich, daß Tiere nach dem Tod in einem solchen Zustand verbleiben." Auch gab es wieder UFO-Sichtungen in zwei argentinischen Provinzen. Mir liegt ein aktuelles VIDEO eines argentinischen TV Senders vor und zeigt, es ist unglaublich, aber über Nacht wurden 30 Kühe mit gleichen Merkmalen verstümmelt – und blutleer vorgefunden. Es waren Wissenschaftler anwesend, die dem argentinischen TV Sender die typischen Merkmale erklärten. In Argentinien wurde das VIDEO landesweit ausgestrahlt. UFO Sichtungen und Mutilationsfälle sind in Argentinien keine Seltenheit. In Deutschland dagegen versucht sich die Presse vor diesem grausamen, fast unglaublichen und ominösen Thema zurückzuhalten. Von den Regierungen werden diese Vorfälle sehr ernst genommen, wie aus diesem Bericht zu entnehmen ist. Die Diskussion über die möglichen „Täter" hält so lange an, wie das Phänomen seine „Ernte" einbringt. In der Vergangenheit wurden die unterschiedlichsten Hypothesen vorgebracht und wieder verworfen – doch, so fortschrittlich die Verstümmler auch sein mögen, so ganz unbeobachtet waren sie bei ihren Aktionen nicht immer. Es gibt zahlreiche Zeugenaussagen, die ziemlich eindeutig sind und so fing alles mal an:

Am 9. September 1967 wurde in Almosa eine dreijährige Stute namens „Lady" tot aufgefunden

Schon die ersten einlaufenden Mutilations-Fälle waren sehr merkwürdig und ließen sich kaum natürlich erklären. Am 9. September 1967 wurde in Almosa eine dreijährige Stute namens „Lady" tot aufgefunden. Sie lag auf der Seite und war vom Hals aufwärts nur noch ein Skelett, Blutspuren waren nicht zu finden. Ein Pathologe aus Denver stellte fest, daß das Fleisch mit einer derartigen Präzision vom Skelett getrennt worden war, daß die Verwendung eines Messers ausgeschlossen werden mußte. Dieses Pferd, das unter „mysteriösen Umständen" verendet war, wurde auf radioaktive Strahlung hin untersucht. Man stellte tatsächlich messbare Werte fest. Doch das war bei weitem nicht das einzig seltsame an dem Fall.

Bei einer Untersuchung des Areals um das getötete Tier fand man heraus, daß 30 Meter von der toten Stute entfernt ihre Hufspuren abrupt endeten. Weiter fand man etwa 15 Meter vom Kadaver entfernt einen flachgedrückten Chico-Busch, umgeben von einem etwa 90 Zentimeter breiten Kreis von sechs oder bis zu acht Zentimeter tiefen, in den Boden gedrückten Löchern, die jeweils zehn Zentimeter breit waren. Einige Wochen später wurden die Spuren von Wissenschaftlern der Universität von Colorado untersucht und erhöhte Radioaktivität durch einen Geigerzähler gemessen. Außerdem wurden in unregelmäßigen Abständen Brandspuren gefunden, die ebenfalls erhöhte Radioaktivität aufwiesen.

Foto aus dem Jahr 1967:

Zum Vergleich
ein Foto aus dem Jahr 2000:

Dieses Bild stammt von den Untersuchungen 2002

Chronologie von Horror-Szenarien

Am 1. Dezember 1974 berichtete ein Farmer in Meeker County, eines seiner Kälber sei verstümmelt worden. Forscher stellten fast, daß die Schnauze des Kalbes von einem Zoll über der Nase bis hinter das Ende des linken Kieferknochens abgeschnitten war. Die Zunge war entfernt und die Halsader aufgeschnitten worden. Interessanterweise befand sich am Boden nur etwa der Inhalt einer Tasse Blut, was darauf schließen ließ, daß jemand den Rest aufgefangen haben muß. Die Spitze des linken Ohrs und die Fortpflanzungsorgane waren ebenfalls entfernt worden. Es habe keine Anzeichen für das Betreten oder Verlassen des Geländes gegeben und im Schnee sei nur ein runder, kahler Fleck entdeckt worden. Es ereigneten sich immer neue Vorfälle und das Phänomen erstaunte mit der Zeit sogar Veterinäre. Der Veterinärmediziner Dr. Gary France aus Pea Ridge, Arkansas, der 1978 Kadaver untersuchte, wunderte sich, wie das Blut entfernt werden konnte, denn er fand an dem Tier keine Punktierlöcher! Sein Kollege L. Hoepper stellte im September 1980 fest, daß die Wundränder einer getöteten Kuh weder durch einen Schnitt noch durch einen Laserstrahl hätten erzeugt werden können, denn es fanden sich keine zerstörten Zellen, auch nicht durch Brand. Die Trennung der Fleischpartien verlief zwischen den Zellen. Im April 1980 berichtete ein Farmer, er habe zwei "nichtmenschliche" Kreaturen beobachtet, die ein Kalb trugen. Die Wesen waren etwa 120 cm groß und hatten überproportional große Köpfe. Erschreckt lief der Farmer wieder zurück ins Haus. Zwei Tage später kehrte er in das betreffende Gebiet zurück und fand die Reste des Kalbs, von dem nur noch der Kopf, die Füße und Hufe vollständig übrig blieben, der Rest fehlte.

Mitte der siebziger Jahre erhöhte sich das Vorkommen der Mutilationsfälle in einigen amerikanischen Bundesstaaten drastisch und hielt die Sherifs in Atem. Aus Couchran County untersuchte Sheriff Richards eine verstümmelte blutleere Kuh, die in der Mitte eines verbrannten Kreises lag. Laut Bericht war auch dieses Fleisch unberührt und wie in den anderen Fällen gab es auch wieder keine Blutspuren im Bereich des Kadavers. Diesem Tier wurden ein Ohr, ein Auge und die Geschlechtsteile entnommen. Am gleichen Tag fand man noch einen verstümmelten Stier in der Nähe, der auch im Zentrum eines verbrannten Kreises lag. Auffällig war, daß auch die Pflanzen in diesem Kreisel verbrannt waren. Dieses Tier hatte allerdings keinerlei Verletzungsmerkmale. Die Messungen mit einem Geigerzähler hatten radioaktive Strahlungen angezeigt. Der Sheriff meldete die Ergebnisse der Reese-Luftwaffenbasis, es erschienen einige Beamte, die mit ihrem Geigerzähler die Werte bestätigten. Da es sich nur um geringe Strahlungswerte handelte, gab es keinen Anlass zur Sorge. Aber die zunehmenden UFO-Sichtungen und zunehmenden Viehverstümmlungen gaben ihm sehr zu denken.. So meldete am 28.8.1975 die Zeitung Ranchland News, daß in Colorado inner-

318

halb kürzester Zeit 70 Rinder verstümmelt vorgefunden wurden. Jetzt spielte auch der Leiter des Rinderzuchtverbandes verrückt und machte Druck bei der Regierung. Da aber keine Aktivitäten durch das FBI erkennbar wurden, waren die Farmer sehr beunruhigt. und wollten dem Täter selber nachstellen. Indessen gab es in 21 Staaten gleichartige Mutilationsfälle und eigentlich genug Anlaß, daß die Behörden ernsthafte Ermittlungen aufzunehmen hätten. Da man den Täter einfach nicht fassen konnte, drehte die Journalistin Linda Moulton Howe im Auftrag von dem TV Sender CBS einen Dokumentarfilm: Am 25. Mai 1987 wurde in den USA der Film A STRANGE HARVEST bundesweit gesendet. Der Grund aus dem diese Produktion und anschließend das Buch an AN ALIEN HARVEST veröffentlicht wurden, waren eine Reihe mysteriöser Tierverstümmelungen in den USA, Kanada, Westeuropa, Australien und Japan. Nahm Linda M. Howe zu Beginn ihrer Dreharbeiten noch an, daß hinter den Verstümmelungen ein Umweltskandal verborgen sei bzw. Experimente durch die Regierung, mußte sie ihre Meinung jedoch recht bald ändern, den die Vorfälle waren fremdartiger als zuerst gedacht. Als sie die ersten Verstümmelungsopfer sah, erkannte sie schnell, daß immer wieder die typischen Eigenschaften zu finden waren, die Körperteile mit laserähnlichen Instrumenten behandelt wurden und vergleichbare Fälle indessen auch aus anderen Ländern bekannt wurden. Außerdem gab es immer mehr UFO Sichtungen im Zusammenhang mit den Tatorten die auf eine höhere Intelligenz hinwiesen. Immer mehr Mutilationsfälle wurden von der Journalistin ermittelt. Indessen lagen ihr hunderte von Berichten und Fotos vor, die Journalistin wollte erst nicht aussprechen was sie dachte. Auf Druck der Bevölkerung und besonders der geschädigten Farmer wurde dann Senator Harrison Schmitt tätig, indem er beantragte, daß ein Untersuchungsausschuss für Tierverstümmlungen gegründet wird.

United States Senate
WASHINGTON, D.C. 20510

December 21, 1978

The Honorable Griffin B. Bell
Attorney General
Department of Justice
10th and Constitution Avenue, N.W.
Washington, D.C.   20530

Dear Mr. Attorney General:

During the past several years, ranchers throughout the West including my home state of New Mexico, have been victimized by a series of cattle mutilations. As a result, these ranchers have as a group and individually suffered serious economic losses.

These mysterious killings have been the subject of at least two articles in national publications, copies of which are enclosed. Mr. Cockburn's article in the December 1975 issue of Esquire states that there had been a federal investigation into this matter, but it was dropped. Mr. Cockburn implies the investigation may have been terminated because cattle mutilation per se is not a federal offense.

While an individual cattle mutilation may not be a federal offense, I am very concerned at what appears to be a continued pattern of an organized interstate criminal activity. Therefore, I am requesting that the Justice Department re-examine its jurisdiction in this area with respect to the possible reopening of this investigation.

Enclosed are copies of my files on this subject. While awaiting what will hopefully be a favorable reply, I shall continue to gather materials that could be of help in such an investigation. If you need further information in studying this matter, please do not hesitate to contact me.

Sincerely,

Harrison Schmitt

HS:jri
Enclosures

RECEIVED

CRIMINAL DIVISION

320

Dokument: An das FBI gerichteter Antrag für einen Untersuchungsausschuß über Tierverstümmelungen: am 21.12.1979 von dem amerikanischen Senator Harrison Schmitt
(links abgebildet)

Nach dem Beschluß sollte nun das FBI tätig werden, aber die Sheriffs stellten fest, daß die Fälle unaufgeklärt blieben und scheinbar kein Interesse an Ermittlungen bestand. Sogar die Vermutung, daß die Ermittlungen durch das FBI blockiert wurden, äußerten die Sheriffs. Für diese Vermutung gab es auch Anhaltspunkte, den man wollte von Regierungsseite keinen Zusammenhang zwischen den Mutilationsfällen und UFOs aufkommen lassen. Im Mai 1978 berichtete die mexikanische Zeitung Amarillo Globe News über die Entdeckung einer metallischen Substanz auf einem Rind, durch den Wissenschaftler Dr. Howard Bugess. Auch in dem Gebiet des Wissenschaftlers kam es zu vermehrten Mutilationsfällen, unter anderen bei einem Farmer, der 15 Bullen verstümmelt vorfand. Diese Opfer wurden von Dr. Bugess untersucht mit einem verblüffenden Ergebnis. Durch einen Test mit ultraviolettem Licht konnte der Wissenschaftler nachweisen, daß auf der Haut verschiedener Kadaver eine metallische Substanz sichtbar wurde. 4 Tage vor der Untersuchung, beobachteten verschiedene Bewohner im gleichen Gebiet, wie ein UFO eine metallische Substanz verlor. Einer der Augenzeugen sammelte ein Teil dieser Substanz ein. Der Sheriff und Dr. Bugess ließen die teflonähnliche Substanz im Schoenfeld Laboratoies in Albuqueque untersuchen mit dem Ergebnis, daß es die gleiche war, wie auf den verstümmelten Rinderhäuten.

Der FBI Spezialagent Kenneth M. Rommel jr. erfuhr von diesem Ergebnis und ließ eine Probe im FBI Hauptquartier Washington überprüfen.

Das folgend abgebildete FBI-Memorandum über Viehverstümmlung von Agent K. Rommel Jr. an das FBI Labor in Washington D.C. vom 5.3.1980 –bestätigt einen Zusammenhang zwischen den Mutilationsfällen und der Vertuschung von UFO-Sichtungen.

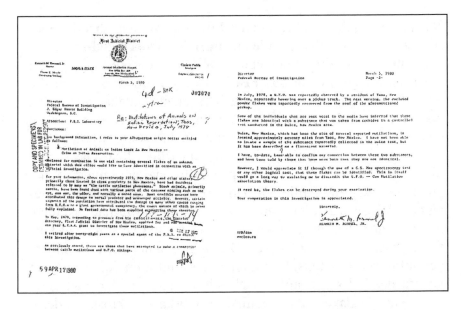

Nach dem Inhalt des Schreibens soll das FBI Labor im Falle, daß sich die Substanzen (Flocken) gleichen, diese zerstören.

Ein Sicherheitsmann aus Denver – Colorado, der sich bei einem Patrouillengang auf einem Gelände am Stadtrand befand, berichtete von seinem Lastwagen aus, einen großen hellen Lichtkreis am nächtlichen Himmel gesehen zu haben. Das Licht schien unbeweglich nur ein paar hundert Meter vom Beobachtungspunkt über einer Weide zu schweben. Er traute sich nicht, daß unidentifizierte fliegende Objekt zu melden, da eine UFO-Sichtung ihn lächerlich gemacht hätte und er Angst hatte seine Arbeit zu verlieren. Aber er füllte sich irgendwie schuldig, als er am nächsten Morgen erfuhr, daß der Farmer auf seiner Weide mehrere Kühe mit Verstümmelungen gefunden hatte, gerade an der Stelle, wo er das Licht beobachtet hatte. Während der Sichtung hörte er kein Geräusch und sah keinen Lichtstrahl, absolut nichts. Wir wissen bisher zwar nicht genau, wer oder was für die Verstümmelungen verantwortlich ist, doch manchmal gewinnt man den Eindruck, daß die „Täter" nicht sehr darauf bedacht sind unauffällig zu arbeiten. So finden sich oftmals Kadaver und noch lebende Tiere an den merkwürdigsten Orten wieder, so als ob sie aus großer Höhe „abgesetzt" wurden:

Im Januar 1997 zum Beispiel wurde ein schwarzer Angus-Bulle auf einer Ranch in Kalifornien tot und verstümmelt aufgefunden. Bei einer Untersuchung stellte man fest, daß sich im Fell des Tieres merkwürdige, kunststoffartige Partikel befanden, die zu einer Analyse an Dr. W.C. Levengood geschickt wurden. Das Ergebnis der Untersuchung war mehr als nur „strange": es handelte sich bei den Proben um extrahiertes Hämoglobin des Bullen! Um an dieses zu gelangen bedarf es medizinischer Geräte, ein natürlicher Gerinnungseffekt ist ausgeschlossen. Ein ähnlicher Fall ereignete sich auch in Alabama: Dort fanden sich solche Spuren an einer verstümmelten Kuh. Daneben fand sich nun auch in einem dritten Verstümmelungsfall, diesmal in Kanada, extrahiertes Hämoglobin, daß in dieser Form lediglich in einem Labor gewonnen werden kann. Es scheint so zu sein, daß die „Verstümmler" mit einem eigenen Labor unterwegs sein müssen, anders lassen sich solche Funde nicht erklären. Gerade die Tatsache, daß den Tieren das Blut völlig fehlt, legt nahe, daß die Verstümmelungen nicht an dem Ort stattfinden, an dem die Tiere entdeckt werden.

Im Ocale National Forest, Illinois, USA, häufen sich im Jahr 2000 die Berichte über scheibenförmige Flugkörper und Tierverstümmelungen. Der wohl sicherlich bizarrste Vorfall betraf ein Pferd, daß im Geäst eines Palmetto–Baumes auf einer Höhe von rund fünf Metern tot aufgefunden wurde. Wie das Pferd im Wald auf den Baum gelangte, ist unbekannt, jedoch schließen die Bewohner des Gebietes nicht aus, daß es aus großer Höhe abgeworfen wurde!

In West Virginia ereignete sich am 1. August 2001 gegen 6h morgens höchst Merkwürdiges: Ein Farmer betrat seine Scheune, die er wegen der besseren Luftzirkulation über Nacht offen gelassen hatte, um seine Tiere zu versorgen. Dabei entdeckte er ein sehr fremdartiges, quadratisches, schwarzes Objekt, daß über einer seiner Kühe in der Luft „hing". Es war ca. 20 cm dick und rund 90 cm breit, pechschwarz und hatte graue „Markierungen" auf seiner Oberfläche. Als sich der Farmer dem „Eindringling" näherte, steuerte dieser zielsicher und lautlos aus der Scheune nach draußen und verschwand spurlos. Nun überprüfte der Mann das betroffene Tier und stellte fest, daß an einem Ohr eine blutige Einstichstelle zu sehen war, und ein Auge wies ein geplatztes Blutgefäß auf. Die Technologie, die diesen Unbekannten zur Verfügung steht, ist auf jeden Fall sehr beachtlich, wenn man einen Fall aus Montana näher betrachtet:

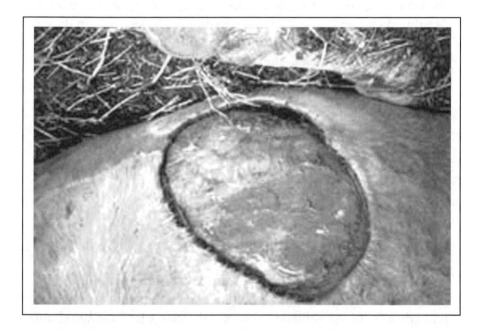

Verstümmelungsfall vom März 2002

Zum Vergleich ein Foto vom August 1979

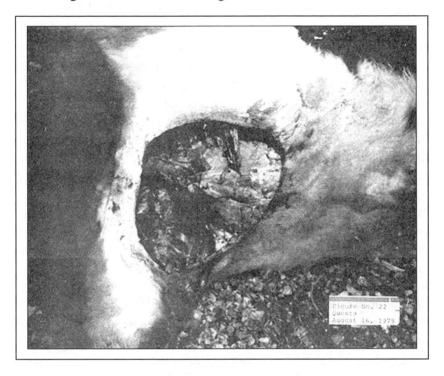

Am 31. August 2001 entdeckte man auf dem Lande des Farmers Gerald Miller bei Conrad, Montana, USA, eine verstümmelte Kuh. Neben den „bekannten" Merkmalen, tauchte bei diesem Fall eine Besonderheit auf, denn das Tier war völlig dehydriert, also ganz und gar ausgetrocknet. So als ob es monatelang in der Sonne gelegen hätte, obwohl es noch vor einem Tag lebend gesehen wurde. Das Fell war hart wie Stein. Im US-Bundesstaat Montana kam es seit Oktober 2001 wieder vermehrt zu mysteriösen Tier-verstümmelungen. Gerade diese Fälle enthalten sehr fremdartige Aspekte. So, fiel zum Beispiel einem Farmer auf, daß Aasfresser die verstümmelten Kadaver mieden, ein Umstand der schon in der Vergangenheit immer wieder erwähnt wurde. Daneben gibt es nicht nur die „klassischen" Schnitte und Organentnahmen, zum Teil wurde auch nur die Haut des Tieres entfernt.

Bei einer Kuh lag der gesamte Bauch und Beinbereich frei, sie wurde praktisch „professionell" gehäutet. Im Regelfall fehlten den Tieren die Zunge, Augen, Geschlechtsorgane, der Anus und in einem Fall sogar die Zähne. Die Einschnitte sind zumeist oval oder rund und wurden offensichtlich mit hoher Präzision durchgeführt. Obwohl schon seit den 60er Jahren immer wieder bewaffnete Nachtwachen unterwegs sind, gelang es nie, die Täter zu erwischen – auch dieses mal in Montana nicht. Kurioserweise finden sich auch keine Spuren – weder im Schnee noch im Schlamm. Statt dessen entdeckte man an den Tieren Verbrennungen, Quetschungen und „Würgemale" – was auf „mechanische" Einwirkung schließen lassen würde, was aber aufgrund des latenten Spurenmangels nicht verifizierbar ist. Man weiß bis dato auch nicht genau, wie die Tiere seziert werden, jedoch entdeckt man immer wieder unerklärliche Veränderungen am Gewebe. So hatte eine Kuh an ihrer Schulter eine „Verhärtung" – die Haut an der betreffenden Stelle hatte eine Konsistenz, die an „Plastik" erinnerte.

Ein besonders mysteriöser Aspekt ist nun die Frage, weshalb sich die Tiere so „leicht" verstümmeln lassen. Im wesentlichen haben wir es bei den „Opfern" ja mit ausgewachsenen Huftieren zu tun, etwa mit 2000 Pfund schweren Bullen, die „einfach so" in ihrem Gehege getötet wurden, ohne Kampfspuren zu hinterlassen. Offensichtlich wird also auf die Tiere „eingewirkt" womit kaum mit Gegenwehr zu rechnen ist.

Ein besonders signifikanter Fall in diese Richtung ereignete sich am 16. August 2001 in Mantarino, Saskatchewan, Kanada: Ein Farmer namens Bill Francis fand eine seiner Färsen stoisch auf seinem Land stehen. Die Augen geschlossen und den Kopf gesenkt, reagierte das Tier auch auf Zurufe nicht. Er informierte seinen Tierarzt und dieser meinte, daß das Tier dehydriert sein könnte und empfahl die Zuführung von Wasser. Der Farmer tat wie ihm geheißen und nahm ein Rohr das er dem Tier ins Maul schob und füllte so einige Gallonen Wasser ein – ohne jede Gegenwehr oder gar einen Fluchtversuch des Tieres.

Kurz vorher fand er auf seinem Grundstück eines seiner Tiere verstümmelt vor – es befand sich im umzäunten Gehege, was den Einsatz „schweren Gerätes" ausschließt. An Ort und Stelle fanden sich weder Kampfspuren noch Blut. Der Färse wurden die Lippen, die Zunge, die Genitalien und der Uterus entfernt – dort klaffte nur noch ein sauberes Loch. Kurios an dem Kadaver war auch, daß das Maul noch geöffnet war, was bei einer toten Färse nie der Fall ist. Spuren auf die Täter fanden sich nicht, der Farmer konnte sich auch nicht vorstellen, welche natürliche Ursache in Frage käme.

Doch damit waren die Kuriositäten des 16. August nicht beendet. Bei der Wartung des Zauns ereignete sich ebenfalls merkwürdiges: Francis hielt sich mit seinem Sohn bei besagtem Zaun auf, als beide plötzlich bemerkten, daß ihnen die rund 160 Tiere entgegenliefen und dabei einen nervösen, verängstigten Eindruck machten, während sie alle den Kopf verzogen und in Richtung Himmel zu blicken schienen – ein dergestalt „verrücktes" Verhalten hatte der Mann an seinen Tieren noch nie beobachten können.

Die Tiere blieben auch die kommenden Tage auffällig unruhig. Eine Woche später mußte der Farmer die Nacht durcharbeiten und bemerkte gegen 4h morgens in einiger Entfernung einen „fallenden Stern", recht groß und hell leuchtend, der seinen „Sinkflug" kurz vor dem Boden aufhielt und plötzlich anfing pulsierend zu leuchten um dann hinter einem Hügel zu verschwinden. Womöglich waren in dem „fallenden Stern" die „Täter" an Bord? Ähnlich außergewöhnlich war auch ein Fall der sich am 24. August 2001 in Depuyer, Montana, USA, abspielte: Einem fünf Jahre alten und 2000 Pfund schweren Bullen wurde in seinem Gehege der Schweif abgeschnitten.

Das erstaunliche an dem Fall war, daß sich zum einen keinerlei Kampfspuren fanden und auch an der völlig sauberen und trockenen Schnittstelle weder Blut noch Wundsekret zu finden waren. Als der Farmer, dem das Tier gehörte, am Morgen den Bullen fand, wirkte dieser apathisch und konnte für den Zeitraum von rund einer Woche nichts mehr sehen – auch seine Augen waren blau verfärbt! Es stellt sich tatsächlich die Frage, wem es möglich ist in ein Gehege einzudringen und einem ausgewachsenen Bullen „einfach so" eine solche Verletzung beizubringen!

1989 ereigneten sich überproportional viele Mutilations-Vorfälle in dem amerikanischen US-Bundesstaat Idaho, die von Linda Moulton Howe untersucht worden sind. Sie schrieb hierzu folgenden interessanten Bericht: 1989 gab es so viele Viehverstümmelungen im Süden von Idaho, daß Bear Lake County Sheriff Brent Bunn mir sagte: "Wir haben hier noch nie so etwas gesehen wie das hier, seit den 70ger Jahren". Sheriff Bunn schickte mir 16 ordentlich getippte Untersuchungsberichte über Viehverstümmelungen, die alle in seinem Zuständigkeitsbereich zwischen Mai und Dezember sich zugetragen haben.

Über die Hälfte der Vorfälle trugen sich in einem Gebiet namens Nounan zu. Es leben da nur acht Menschen. Landwirtschaft ist deren Haupteinnahmequelle und das Vieh spielt dabei die Hauptrolle. Krankheit und Tierverluste durch Raubtiere sind hier in der Gegend wohl bekannt. Doch die Vorkommnisse von 1989 wurden von den Farmern hier nicht verstanden. Unblutige und präzise Schnitte – das war, was die Menschen hier verstörte.

Officer Greg Athay schrieb in seinem Bericht über die Verstümmelungen: "Es gibt keinen sichtbaren Grund für den Tod der Tiere. Es stellte sich heraus, daß nur die Weichteile der Tiere [Nase, Lippen und Zunge] und die Euter herausgeschnitten waren. Und es war weder Blut auf dem Fell der Tiere noch auf dem Untergrund."

Es wurden keine veterinärmedizinischen Gutachten über die Tiere verfaßt. Aber einen Monat früher, untersuchte Dr. Charles Merrel am Bear Lake Animal Hospital eine tote Kuh. Dr. Merrel schrieb nach seiner Untersuchung: „Irgendwann im Zeitraum zwischen 20h abends und 7h morgens am 1. September 1989 wurden dem Tier der After, die Vagina samt Gebärmutter und alle vier Zitzen [eine nur aufgeschnitten, die restlichen wurden abgeschnitten] mit einem Messerschnitt aus dem Gewebe geschnitten.

Es wurden weder Anzeichen einer Verletzung noch Blut auf dem Untergrund gefunden. Eine Nachbarin, Bernice Laughter, sagte aus, daß sie Lichter in diesem Gebiet um etwa 2h morgens gesehen hätte.

Einige Hypnose-Regressionen mit UFO-Entführten haben ergeben, daß die außerirdischen Besucher das Gewebe und das Blut für genetische Experimente und als Nahrung nutzen sollen. Eine Frau aus Missouri, die mehrmals von Aliens, die klein waren und große schwarze Augen besaßen, entführt wurde, sagte unter Hypnose, daß die Außerirdischen ihr gesagt hätten, daß sie einige Substanzen von Kühen für wichtige biochemische Prozesse zum überleben bräuchten.

1989 wieder Zunahme der Viehverstümmlungen, über die Hälfte der Fälle in Idaho betraf junge Kälber.

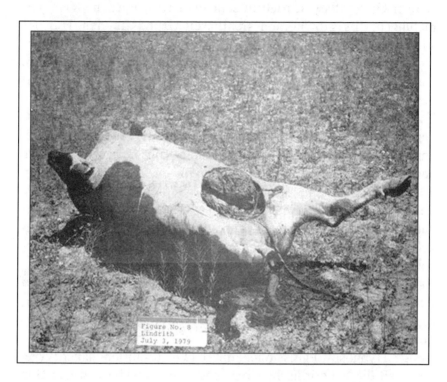

Eines der Tiere, das am 24. Dezember im Norden von Downey, Idaho, gefunden wurde, wurde der Nabel und die Genitalien messerscharf herausgetrennt, ohne daß auch nur die kleinste Spur von Blut auf seinem weißen Fell zu sehen war. Dieses Stierkalb wurde zu einer Autopsie zu Dr. Chris Oats ins Hawthorne Animal Hospital gebracht.

Dr. Oats untersuchte alle Organe und konnte die Todesursache nicht bestimmen! Während der Autopsie stellte Dr. Oats fest, daß die Hauptarterie im rechten Brustkasten zerschnitten war. Er war darüber sehr verwundert, daß das Stierkalb zwar eine Menge Blut verloren hatte, er sich jedoch nicht vorstellen konnte, wohin es gekommen war. Es war weder Blut am Stierkalb noch auf dem Untergrund. Er stellte weiter fest, daß das Tier weder am Genick noch an den Beinen getragen wurde. Die Bewohner von Süd-Idaho waren mit ihrer Angst und ihrer Unsicherheit über die Tierverstümmelungen alleine gelassen worden.

William Veenhuizen wachte am 17. Juli 1989 auf und fand seine beste Kuh ungefähr 200 Yards entfernt von seiner Farm verstümmelt auf Maple Valley, Washington, südwestlich von Seattle. Die sechs Jahre alte Kuh sollte in Kürze kalben. Die Verstümmelungen betrafen einen ovalen Bereich am Mund des Tieres – es wurde ein Teil des Kinnbackens mit Zähnen entfernt, die Zunge und das gesamte Euter des Tieres, die Vagina und Teile im Gesäßbereich. Herr Veenhuizen konnte sich erinnern, daß ihn irgendetwas um ungefähr 1h nachts aufweckte. Er zog daraufhin seine Schuhe an und ging nach draußen, konnte aber nichts Verdächtiges feststellen. Nach dem Vorfall war er so aus seiner Ruhe gebracht, daß er daraufhin alle seine Tiere im Stall hielt. Eine weitere, wichtige Frage ist: Wurde das Blut bei den Tieren vor der eigentlichen Verstümmelung abgesogen? Falls außerirdische Lebensformen möglich sind und diese Aliens Blut für ihr Überleben brauchen – haben sie dann eine Technologie entwickelt um aus lebenden Organismen Blut zu transferieren und danach die mysteriösen Kadaver zurückzulassen? Die gleiche Frage stellt sich bei den Hunderten toten Pferden, die 1989 in Nevada aufgefunden wurden. Im November 1989 fand der Rancher Ron Barels in Red Cloud, Nebraska, eine 1000 Pfund schwere chinesische Kuh verstümmelt auf. Das Franklin County Sheriff Department untersuchte den Fall und der Tiermediziner Carl Cuthrie, wurde gefragt, ob er ein veterinärmedizinisches Gutachten anfertigen könnte.

In seinem Bericht führt er auf, daß ein 4 Inch großer Schnitt entlang der Luftröhre beim Tier gemacht wurde. Hinter dem Schnitt wurden insgesamt 8 Inch der Luft- und Speiseröhre chirurgisch entfernt, daß kein Muskel verletzt wurde – bemerkte er in seinem Bericht. Ebenfalls wurde die Vagina herausgenommen, samt Geburtskanal. Dr. Guthrie schließt Raubtiere als Verursacher eindeutig aus.

Wie sind nun die Schnitte gemacht? In meinem Buch AN ALIEN HARVEST, erschienen 1989, zeigte ich zum ersten Mal, daß die Gewebeschnitte von verstümmelten Kühen in Arkansas [11-03-1989], alle unter einer mikroskopischen Analyse folgende Merkmale zeigen:

1. Die Schnittfläche ist hauchdünn.
2. Die Schnittlinie wurde unter hoher Temperatur ausgeführt, vielleicht 300F oder höher und hinterläßt eine scharfe, dunkle Kante.
3. Die Schnitte wurden extrem schnell ausgeführt, wahrscheinlich innerhalb von zwei Minuten oder weniger, weil keine Zellverbrennungen auftreten. Diese treten typischerweise nach ein paar Minuten auf, wenn das Gewebe solchen Temperaturbelastungen ausgesetzt ist.

Weitere Fälle von Tierverstümmelungen traten auf in Idaho, Washington, Nebraska, Arkansas, Colorado, Oklahoma, Missouri, Florida. Weiter aufzuführen ist der Tod von 800 Wildpferden in Nevada.
Die Massive Zunahme von Viehverstümmlungen im Jahre 2002, besonders im südamerikanischen Raum, hat einige deutsche Wissenschaftler veranlaßt zusammen mit Kollegen aus Südamerika Untersuchungen neuester Mutilationsfälle nachzugehen.
Anfang des Jahres 2003 wird voraussichtlich das Magazin2000plus ein VIDEO bzw. CD produzieren, auf dem die verschiedenen Mutilationsfälle mit den Aussagen der Wissenschaftler zu sehen sind.

Teil 5
Irdische Verbrechen an der Menschheit:
Experimente für biologische und chemische Waffen

Eine ARD-Dokumentation enthüllt die menschenverachtenden Methoden der CIA

Eric Olson war im 28. November 1953 neun Jahre alt, als ihn die Nachricht vom Tod seines Vaters, dem Armee-Bakteriologen Frank Olson erreichte. Es sei Selbstmord gewesen, wurde der Familie mitgeteilt. Frank Olson habe sich aus einem geschlossenen Fenster des 13. Stocks, vom New Yorker Hotel „ Pennsylvania" gestürzt, wo auch ein CIA Agent anwesend war, der Olson bewachen sollte, dieser schlief aber angeblich zum Zeitpunkt des „ Selbstmordes". Obwohl noch ein Kind, glaubt der Sohn nicht an die Version vom Freitod. Denn sein Vater war alles andere als ein depressiver Selbstmordkandidat. Dr. Frank Olson Senior galt als erfüllter Familienvater und renommierter Wissenschaftler in der Biologie für biologische Waffen und arbeitete damals für das

B-Waffenzentrum der US Army in Fort Detrick, außerdem war er Geheimnisträger ersten Ranges mit einem Rang als Capt. der US Armee insgesamt 10 Jahre dort tätig. Für den Sohn wurde es zur Lebensaufgabe, die Todesumstände zu rekonstruieren. Er will erfahren, womit sich sein Vater beschäftigte, er will aufdecken, wer welches Interesse an seinem Tod gehabt und wie sich der vermeintliche Selbstmord tatsächlich abgespielt haben könnte.

Zeitungsbericht zum Tod Olsons

Die Anthrax Briefe aus dem Herbst 2001, bei denen 5 Menschen ums Leben kamen, lassen Eric keine Ruhe. Könnte es eine Verbindung geben zwischen den Tod seines Vaters vor fünf Jahrzehnten und den Terroranschlägen von heute? Die tödliche Seuche, die Amerika nach dem 11.9.2001 Amerika in Angst und Schrecken versetzte, stammte wahrscheinlich aus den US-Laboratorien in Fort Detrick. Olson fragte sich, ob der Antrax-

Terrorist aus den eigenen Reihen kam und deshalb nicht dingfest gemacht werden konnte, weil er etwas wissen könnte was in keinem Fall bekannt werden sollte. Ein Geheimnis was auch sein Vater kannte, mit denen Olson beschäftigt war. Die biologische Waffenschmiede wurde 1943 gegründet. Damals befürchteten die Amerikaner, daß Hitlers Wehrmacht die alliierten Truppen mit Viren und Bazillen angreifen könnte. In aller Eile wurden Gasmasken entwickelt und Anthrax-Kampfstoffe fabriziert um gegebenenfalls mit gleicher Waffe zurückzuschlagen.

Bei der Obduktion kamen Gerichtsmediziner der George Washington Universität zu dem Ergebnis, daß Olson wahrscheinlich einem Gewaltverbrechen zum Opfer fiel. Die bereits 1953 vorgenommene Obduktion war manipuliert. Der Obduktionsbericht entsprach in vielen Punkten nicht der Wahrheit. Da war von Schnittwunden die Rede, verursacht durch das geschlossene Fenster und das zersplitterte Glas.

Es gab aber keinerlei Schnittwunden. Als sicher gilt, Olson wurde außer Gefecht gesetzt, so daß er sich nicht wehren konnte, als man ihn aus dem offenen Hotelfenster warf. Wenige Monaten vor dem Mord Olsons gab die CIA eine Gebrauchsanweisung in Umlauf, ein Ratgeber für Agenten, wie man ohne Spuren zu hinterlassen, Menschen töten kann. In dem Dokument hieß es: "Die effizienteste Methode ist ein Fall aus mindestens 25 Meter Höhe auf einen harten Boden, gewöhnlich wird es nötig sein das Opfer vorher zu betäuben oder unter Drogen zu setzen. Diese Methode paßte genau zu der Vorgehensweise im Falle Olsons. Eric Olson erfuhr über einen ehemaligen CIA-Mann und Mitarbeiter der Drogenpolizei mehr über die Hintergründe des mysteriösen Todes von seinem Vater. Dem zu Folge waren damals alle CIA Agenten und New Yorker Polizeibeamten der Meinung, daß es Mord war. In Geheimdienstkreisen eine klare Sache, wenn jemand zu viel weiß und Staatsgeheimnisse ausplaudert, muß er zum Schweigen gebracht werden.

Am Ende brachte Eric Olsons Wühlarbeit Licht in ein besonders dunkles Kapitel des US-Geheimdienstes CIA: Die suche nach den mysteriösen Umständen von Dr. Frank Olson begann 1945 bei der

Befreiung des Konzentrationslagers Dachau. Die amerikanischen Truppen stießen auf hunderte von Leichen ermordeter oder verhungerter Insassen. Viele der Überlebenden berichteten den US Medizinern von grausamen Experimenten der KZ Ärzte mit Krankheitserregern und Drogen. Wenige Wochen später wurde auch die wissenschaftliche Elite NAZI-Deutschlands inhaftiert und von amerikanischen Offizieren verhört, die Hochburg befand sich in Schloß Karlsberg, nördlich von Frankfurt.

Die Amerikaner wollten die Erkenntnisse der deutschen Kriegsforschung auswerten und nutzen. Unter den Gefangenen in Karlsberg befanden sich auch jene Experten für biologische Kriegsführung, die in Dachau die Wirkung der tödlichen Keime an Menschen erprobt hatten. Unter den Häftlingen befand sich auch der ehemalige stellvertretende Reichsärzteführer und in der deutschen B-Forschung tätige Prof. Kurt Blome. Auf dem Militärtribunal gegen die KZ-Ärzte wurde Blome 1947 freigesprochen, obwohl es Beweise gegen ihn gab. Die Amerikaner hatten noch etwas mit ihm vor! Die Amerikaner waren an allen Experten interessiert, die sich mit biologischen Waffen auskannten. Die Amerikaner bewahrten Blome vor der Todesstrafe, als Gegenleistung gibt er den Amerikanern Auskunft über das B-Waffenprogramm der Nazis. Unter den Spezialisten, die Blome befragten, war auch ein Kollege von Olson, namens Donald F. Donald F. war für die mit Anthrax gefüllten Bomben zuständig. Donald F. lebt heute, 50 Jahre später, in einem Sanatorium in den USA. Eric Olson hatte sich schon öfter mit Donald F. getroffen, in der Hoffnung, von ihm das entscheidende Geheimnis über seinen Vater zu erfahren, aber Donald F. schwieg. Bei Durchsicht privater Filmaufnahmen seines Vaters, stieß Olson auf Darstellungen, die offenbar geheime Sprühflüge im Jahr 1947 zeigten. Mit Hilfe der Erkenntnisse von Blome und anderen Naziwissenschaftlern experimentierten die Amerikaner an künstlichen Seuchen, mit denen Ernten vernichtet werden können.

In Fort Detrick fand unterdessen eine massive Aufrüstung mit bakteriologischen Waffen statt, unter anderen mit Anthrax-Sporen, die sehr widerstandsfähig und deshalb sehr gut für die

biologische Kriegsführung geeignet waren. Frank Olson war damals
häufig mit der Air Force unterwegs um mit seinen Mitarbeitern
Freiversuche mit Kriegskeimen durchzuführen.

Familienfoto: Olson mit Frau und Kinder

Bei den Tests sollten die Ausbreitung von Seuchen unter sehr realistischen Bedingungen erprobt werden. Bei den meisten Experimenten in der Karibik und im tiefverschneiten Alaska arbeiteten Olsons Leute mit weniger gefährlichen Bazillen, manchmal aber auch mit „HOT STAFF", d.h. "heißen" Krankheitserregern. Ein Zeuge berichtete: "Es wurden keine Anthraxsporen eingesetzt, sondern nur Anthrax-ähnliche Bazillen, wir machten damals Dinge, die nicht ganz koscher waren." Dr. Frank Olson und sein Team sollten ein nicht ganz ungefährliches Experiment über der San Francisco Bay vorbereiten, es war vorgesehen dort Spuren freizusetzen, um zu testen, wie verletzlich die Stadt bei einem russischen Sabotageakt wäre. Im Oktober 1949 geriet Olson in den Verdacht des Geheimnisverrats und wurde durch die amerikanische Abwehr verhört.

Dr. Frank Olson war eher als ein sehr unkomplizierter und offener Mensch bekannt, der sagte was er denkt, was möglicherweise ein Grund war, daß man hinter ihm her war, denn er war immerhin der verantwortliche Wissenschaftler und einer der wichsten Geheimnisträger für B- Waffenexperimente Experimente. 1950 erhält Dr. Frank Olson einen Diplomatenpaß, dieses konnte man für einen Armee-Wissenschaftler als eher ungewöhnlich ansehen. In den folgenden Jahren unternahm er diverse Reisen nach Europa, u.a. auch nach Deutschland. Zu diesem Zeitpunkt war er auch als Mitarbeiter des CIA tätig und arbeitete an Projekten, die nichts mehr mit biologischen Waffen zu tun hatten. Er war auch zu Besuch bei der CIA-Zentrale im IG-Farbenhaus der Frankfurter Innenstadt und traf sich dort mit wichtigen CIA-Offizieren, um dort wichtige Gespräche zu führen. Welchen Auftrag hatte er?

So wurde Olson vom CIA 1953 in das neue geheime Projekt eingeführt unter dem Codenamen "Unternehmen Artichoke". Der Kalte Krieg wurde gerade ausgerufen, als ein Forschungsprogramm das kriegerische Potenzial von LSD eruieren sollte. Als Geständnisdroge, so die Idee, könnte LSD Doppelagenten enttarnen und Gehirnwäschen ermöglichen, mit Drogen, bei denen den oft nichts ahnenden Versuchskandidaten Substanzen in teilweise unverantwortlichen Dosierungen verabreicht wurden. Nicht selten brachten diese Versuche nachhaltige psychische Deformationen und mitunter den Tod.

Ohne Skrupel stellten die Amerikaner sogar einem einschlägig erfahrenen ehemaligen KZ-Arzt die Zusammenarbeit an. In Oberursel (Taunus) besaß die US-Armee damals ein verschwiegenes Verhörzentrum, untergebracht in alten Fachwerkhäusern am Rande der Stadt Kronberg, die ehemalige „Villa Schuster", die heute "Haus Waldhof" heißt. Dieses Haus wurde kurz nach der Jahrhundertwende als Sommerresidenz von einer jüdischen Bankiersfamilie aus Frankfurt erbaut. Man hatte dort vornehmlich

338

sowjetische Agenten und DDR-Übersiedler inhaftiert, die von der CIA für verkappte kommunistische Spione gehalten wurden. Der ehemalige SS Mann Franz Gajdosch ist gleich nach dem Krieg von den Amerikanern als Barkeeper der Offiziersmesse von Camp King verpflichtet worden. Irgendwann im Jahre 1952 lief Gajdosch im streng geheimen Verhörlager ein anderer Deutscher über den Weg, nämlich Prof. Kurt Blome. Bestätigt wurde, daß Blome in Camp King als Arzt tätig war.

Camp King im Taunus

Die amerikanischen Offiziere von Kap King störte Blomes Vergangenheit nicht. In dem seit September 1951 vorbereiteten Geheimprojekt „Artichoke" ging es um die Wirkungsweise der vorgesehenen Drogen, es sollten auch Substanzen verwendet werden, die zu Gedächtnisverlust führen können. Im Jahre 1952 begann man mit den ersten CIA Versuchen zur Gehirnwäsche mit verschiedenen Drogen, Hypnose und wahrscheinlich auch mit Foltern. Geheime Protokolle sollen dokumentieren, wie die russischen Agenten mit Medikamenten voll gepumpt werden. Ziel der Experimente ist es den menschlichen Verstand zu manipulieren und den Opfern Geheimnisse zu entlocken und um hinterher ihr Gedächtnis auszulöschen, damit sie sich nicht daran erinnern was mit ihnen passiert ist. Dr. Frank Olson kommt am 12.6.1952 in Frankfurt an und verließ die Stadt wieder am 15.6.1952. Am 13.6.1952 fand das Experiment mit Patient Nr. 2 statt, einem mutmaßlichen Doppelagenten. Als Olson dann in USA seinen Freund und Mitarbeiter Norman traf, offenbarte er ihm den Inhalt der Experimente.

Mit ihren Menschenversuchen setzt die CIA skrupellos jene Drogenexperimente der Nazis fort, von denen sie bei der Befreiung in Dachau erfahren hatten. Bei den Experimenten verwendete man Häftlinge und Russen, dabei kam es nicht darauf an, ob Menschen dabei drauf gingen. Bei der US Armee laufen zur gleichen Zeit Experimente mit der neuen Wunderdroge LSD. Die Filmaufnahmen in WDR zeigten einen Soldaten, der unter Einfluß von LSD ein Gewehr zusammensetzen sollte. Der CIA experimentierte in einem als Bordell getarnten Apartment, indem Prostituierte heimlich LSD in die Getränke mischten, um dann Geheimnisse aus den Personen herauszubekommen. Im Frühjahr 1953 herrschte seit fast drei Jahre ein erbitterter Krieg amerikanischer und alliierter UN-Truppen gegen Nord-Korea, es war die erste lange befürchtete militärische Auseinandersetzung des Westens mit dem Kommunismus. Zu diesem Zeitpunkt arbeitete Frank Olson noch in Fort Detrick im Zentrum für biologische Waffen sowie für den CIA. Zu den Aufgaben der Abteilung für „schmutzige Tricks" im Gebäude 1412 zählen Gehirnwäsche – Drogen – und Folter sowie Mordanschläge mit Giften und Bazillen. Am 17.7.1953 feierte Olson seinen 43. Geburtstag.

Einige Tage später bricht er zu seiner letzten Reise auf, seine Filmkamera hat er im Gepäck. Der Film zeigte: Erste Station ist Paris, dort sitzt er mit CIA-Kollegen in einem Straßencafé. Paris-London-Stockholm stand auf der Kasette. Sohn Eric Olson sah sich den Film zum ersten Mal genau an, dann kam überraschend der zerstörte Reichstag ins Bild mit dem Brandenburger Tor. Danach war Frank Olson auch Anfang August 1953 in Berlin. In der gleichen Woche wurden einige hochkarätige russische Agenten vernommen. Ist Olson auf einer geheimen "Artichoke"-Mission? Vermutlich war Olson in Berlin Zeuge brutaler Verhörmethoden. Olson machte die Andeutung auszusteigen und die CIA zu verlassen. Zu dieser Zeit wurden aus Korea die ersten amerikanischen Kriegsgefangenen freigelassen. Einigen davon drohten Verfahren wegen Hochverrats, weil sie ihr eigenes Land der biologischen Kriegsführung bezichtigten.

Reisepaß von: Frank Olson

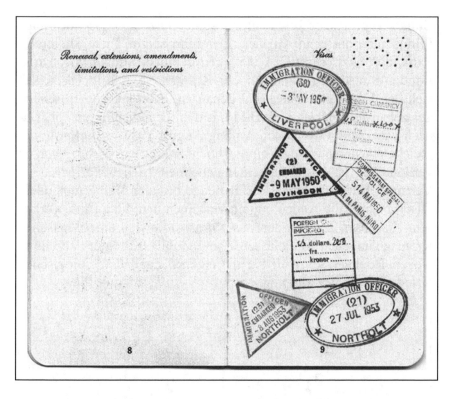

... mit den entsprechenden Einreisestempeln

So wurden die geständigen Soldaten erneut verhört und wurden, mit Drogen und Folter von den eigenen Leuten behandelt. Der Inhalt eines streng geheimen CIA-Dokuments in dem Bericht des WDR zeigt, daß diese Soldaten einen idealen Anwendungsbereich für die "Artichoke"-Methode boten. Nach Anwendung dieser Verhörmethode widerriefen die Soldaten ihre Bekenntnisse. So hieß es dann nach der Behandlung, man wurde durch die chinesischen Kommunisten gefoltert. Stellt sich die Frage: Wurden im Korea Krieg B-Waffen eingesetzt? Der Sohn Olsons: „Ein ehemaliger Kollege meines Vaters hatte mir offenbart, daß mein Vater herausgefunden hatte, daß biologische Waffen in Korea zum Einsatz kamen."

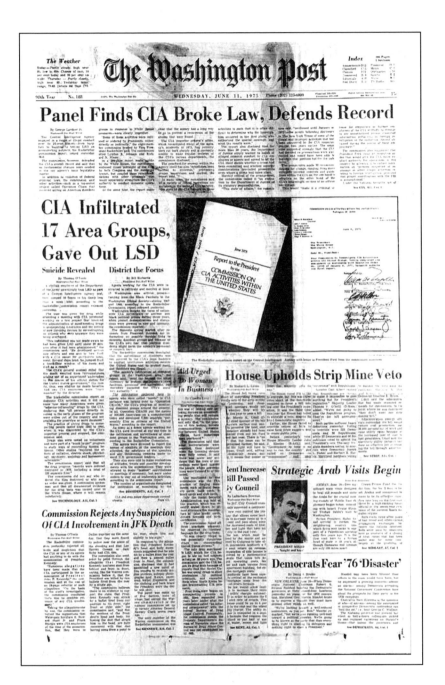

Bericht in der Washington Post vom 11. Juni 1975

(This is the paper in which the first news about the death of Frank Olson arrived, twenty-two years late. The Frank Olson story, "Suicide Revealed," is on the left side, about half-way down. The word "revealed" in the headline is ironic in that no name is provided.)

Im Bundesstaat Maryland, in einem Haus am See, lud die CIA im November 1953 zehn ihrer Wissenschaftler zu einem Treffen ein. Dieses Treffen ist unter dem Tarnmantel „ Treffen von Sportjournalisten" gelaufen, mit dem wahren Hintergrund, daß die Teilnehmer, darunter Frank Olson, unter LSD gesetzt wurden. So wurde einer der Drinks präpariert, später hieß es der CIA hätte einen Selbstversuch unternehmen wollen, allerdings ohne Wissen der Beteiligten. Ein Zeuge dazu: „Frank Olson wurde unter Drogen gesetzt, weil er zu viel geredet hatte". Als Olsen erfuhr, was man mit ihm veranstaltet hat, wußte er, daß man ihn aushorchen wollte. Gegenüber der Mutter seines Freundes deutete Olson an, daß er einen großen Fehler gemacht habe. Die CIA bringt Olson in Begleitung eines Agenten nach NEW YORK, im Hotel stieß ein Vertrauensarzt des Geheimdienstes hinzu und verabreicht Olson LSD, danach fand der Mord statt.

Die amerikanische Regierung setzte im Sommer 1975 schon einmal alles daran, daß die Wahrheit nicht ans Licht kam. Die Verschwörung wurde damals "ganz oben" im Weißen Haus angezettelt, von **Donald Rumsfeld** und **Richard Cheney**. Präsident Gerald Ford entschuldigte sich bei Franks Familie im Namen des Volks der Vereinigten Staaten. Nach einer außergerichtlichen Einigung erhielten die Olsons $ 750.000 als Entschädigung... Allerdings nährten die Umstände von Olsons Tod auch Zweifel an der Version der CIA. So äußerte der irische Geheimdienstexperte Gordon Thomas den Verdacht, Olson sei ermordet worden. Olson soll dem britischen Psychiater und Geheimdienstberater in Sachen Gehirnwäsche, William Sargant, mitgeteilt haben, daß er etwas Schreckliches beobachtet habe, nämlich tödlich endende Menschenversuche der CIA mit Drogen, wie Thomas vermutete.

344

US-Regierung sucht nach effektivem Schutz
gegen biologischen oder chemischen Terrorismus

Am 24. Sept. 2001 berichtete NBC NEWS:
In einer Zeit, in der das Undenkbare Realität wird, untersucht die US-Regierung, ob das Land Ziel eines noch verheerenderen Angriffs werden könnte — möglicherweise mit biologischen oder chemischen Waffen.

Obgleich Regierungsbeamte weiterhin behaupten, es gäbe keine Hinweise auf die Unabwendbarkeit solcher Angriffe, zeichnen Berichte von Geheimdienstmitarbeitern und Experten für militärische und zivile Verteidigung ein anderes Bild der Lage: die USA sei nicht einmal auf relativ einfache biologische Angriffe vorbereitet. NBC NEWS verfügt über ein nicht geheimes Exemplar einer CIA-Studie von 1998 mit dem Titel "The Biological and Chemical Warfare Threat" ("Die Bedrohung durch biologische und chemische Kriegsführung"), einer Zusammenstellung von Informationen, Warnungen und möglichen Szenarien für die Art von Angriffen, die entschlossene Terroristen-Gruppierungen entwerfen könnten.

Der Bericht ist nur eine von Dutzenden von Untersuchungen der letzten Jahre, die die Notwendigkeit hervorheben, die Vorbereitung auf Katastrophen, die Forschung sowie die vorbeugende Informationssammlung deutlich zu verbessern. Besondere Bedeutung widmet der Bericht der Problematik, wie ein geplanter Einsatz einiger dieser Waffen aufgedeckt werden kann, bevor es zu spät ist. Laut Ausführungen der CIA-Studie liegt "ein Vorteil der biologischen Waffen gegenüber chemischen oder nuklearen Waffen darin, daß es dagegen zur Zeit keine verlässlichen Aufklärungsgeräte gibt und auch die menschlichen Sinne keine erkennbaren Hinweise erhalten.

Die Verzögerung, bis die ersten Symptome auftreten, kann es schwierig machen, den Zeitpunkt und Ort des Angriffs festzustellen. Und außerdem könnte ein biologischer Angriff auch leicht als natürlich verursachter Ausbruch der Krankheit interpretiert werden." Trotz dieser alarmierenden Befunde wiegeln Experten und Politiker jede Panik ab. So erklärte zum Beispiel Dr. Jonathan Tucker vom Monterey-Institute kürzlich in einem Interview mit "Dateline NBC", daß die Amerikaner "wahrscheinlich auf den Autobahnen einem größeren Risiko ausgesetzt sind, als durch die Möglichkeit einer Infektion mit Milzbranderregern", und wies darauf hin, daß die Terroristen, die etwa ein Sprühflugzeug steuern könnten, eine Tonne einer Chemikalie wie Sarin erwerben müßten, um nur ein Gebiet von zehn Quadratkilometern vergiften zu können.

Senator Joe Biden — der nur sechs Tage vor den Angriffen auf das World Trade Center und das Pentagon den Vorsitz bei einer Anhörung des Auswärtigen Ausschusses zu biologischen Waffen innehatte — erklärte gegenüber "Dateline NBC", der menschliche Körper könne bereits durch eine einfache Papiermaske im Wert von 6 US$ gegen 98 Prozent aller in der Luft enthaltenen Krankheitserreger geschützt werden.

Das schreckliche Erbe des "Kalten Krieges"

Biologische Waffen und ihre engen Verwandten, die chemischen Waffen, sind eine Folge des gewaltigen Wettrüstens während des Kalten Krieges, als die Vereinigten Staaten, die Sowjetunion und andere Staaten sich gegenseitig darin überboten, so schreckliche Waffen herzustellen, daß ihre bloße Existenz in den eigenen und den Arsenalen ihrer Feinde schon ausreichte, daß niemand es wagte, sie anzuwenden. Tatsächlich wurde, mit wenigen Ausnahmen, keine der hochentwickelten chemischen oder biologischen Waffen aus dem US-amerikanischen oder sowjetischen Bestand jemals eingesetzt. Im vergangenen Jahrhundert setzten die europäischen Mächte im Ersten Weltkrieg Senfgas ein - mit so verheerenden Folgen, daß sein Einsatz nach Kriegsende durch ein internationales Abkommen verboten wurde.

Japan setzte im Zweiten Weltkrieg chemische Wirkstoffe und biologische Waffen über Teilen Chinas ein und der Irak verwendete sie in den späten 80er Jahren gegen die aufständische kurdische Bevölkerung im eigenen Land. Im Großen und Ganzen aber blieben die chemischen und biologischen Kampfstoffe ungenutzt in den Lagern, denn ihr kontrollierter Einsatz ist schwerlich sicher zu stellen, und in den Augen der Weltöffentlichkeit stellen sie weiterhin ein absolutes Tabu dar.

Zum Ende des Kalten Krieges vereinbarten die USA und Russland, alle Waffen dieser Art schrittweise zu zerstören, und beide Großmächte verpflichteten zur Beendigung von Forschungsvorhaben und Produktion in diesem Bereich. Doch die zunehmende technische Ausgereiftheit der internationalen terroristischen Bewegungen ließ viele befürchten, daß die Befreiung der Welt von diesen Waffen nicht so einfach werden würde. Laut Aussagen von US-Beamte sind bisher keine Fälle bekannt, in denen ein Staat eine terroristische Gruppe mit biologischen oder chemischen Waffen versorgt hätte. Aber mindestens eine Terror-Organisation, die japanische Weltuntergangssekte Aum Shinryko, war in der Lage, den Wirkstoff Sarin herzustellen und in dem Terror-Anschlag auf das Tokioter U-Bahnsystem 1995 einzusetzen.

Bei diesem Angriff starben zehn Personen und mehr als 5.000 wurden verletzt. Die japanische Polizei erklärte später, daß die Sekte, bevor sie sich für Sarin entschied, sogar mit noch tödlicheren biologischen Kampfstoffen, einschließlich Milzbranderregern und dem Nervengift Botulinum experimentiert hatte, allerdings ohne Erfolg. Nach Einschätzungen von Tucker trug die Verwendung von Sarin durch die Aum Shinryko-Sekte dazu bei, daß die Terrorattacke nicht noch mehr Opfer forderte, denn zur Herstellung des Mittels in größeren Mengen sei eine enorme chemische Ausrüstungen erforderlich, und ein unerfahrener Terrorist könne im Labor schnell ums Leben kommen.

Die Liste der Staaten, die neben den Vereinigten Staaten und Russland zurzeit als "bio-chem"-fähig angesehen werden, ist ziemlich klein: China, Irak, Iran, Israel, Taiwan, Ägypten, Syrien, Nordkorea, Indien, Pakistan und möglicherweise Libyen, Kuba und Südkorea.

Von dieser Gruppe stehen sechs auf einer Liste des US-Außenministeriums für Staaten, die den Terrorismus unterstützen. Ein Bericht des Kongresses aus dem Jahr 1994 kam zu dem Schluß, daß 100 Staaten in der Lage seien, mit ihrer zivilen Bio-technologie-Industrie auch biologische Waffen zu entwickeln, und bemerkte, daß die Biowaffenkonvention, die solche Waffen verbietet, zwar umfangreicher als die Verträge zum Verbot chemischer oder nuklearer Waffen sei, zugleich aber über die schwächsten Durchsetzungsmechanismen verfüge. Die Vereinigten Staaten lehnten es vor kurzem ab, an Verhandlungen über eine Verbesserung dieser Mechanismen teilzunehmen.

Die Natur gerät außer Kontrolle

Die biologische Kriegsführung setzt die Pervertierung der Natur voraus. Sie bedarf der wissenschaftlichen Manipulation existierender Viren, Krankheitserregern oder anderer Organismen, um diese noch giftiger, schwerer aufspürbar und wirkungsvoller zu machen, als alles, was die Natur selbst hervorbringen könnte. Ein überlegter, technisch ausgereifter Angriff mit einem solchen Kampfstoff — die Art von Angriffen, die sich die Einheiten für strategische Kriegsführung der USA und der Sowjetunion vorgestellt haben — würde es erforderlich machen, das Mittel in Artilleriegranaten, Bomben oder sogar Raketen zu laden.

Die CIA hat 39 Organismen und 10 Toxine auf ihrer "Kernliste der Organismen mit potenziellen Anwendungen als biologische Waffen". Auf ihrer Liste der "tierischen Krankheitserreger mit potenziellen Anwendungen als biologische Waffen" stehen 14 Tierviren — wie Cholera, Pest und Milzbrand — und ein tierischer Krankheitserreger. Und auf ihrer "Warnliste" anderer Organismen, die als biologische Waffen eingesetzt werden könnten, führt die CIA acht Viren, fünf Bakterienarten und vier Toxine auf. Die meisten sind selten und schwer zu handhaben, besonders wenn man sie als Waffen einsetzen will.

Warnsignale

Der Angriff der Aum-Sekte auf das Tokioter U-Bahnsystem 1995 wird von vielen Experten für biologische und chemische Waffen als Warnung angesehen. Seither beobachten das FBI und andere Behörden all jene Aktivitäten intensiver, die Indizien dafür aufweisen, eine ähnliche Terrorattacke sei auch in den Vereinigten Staaten in Vorbereitung. Etwa drei Monate nach diesem Angriff unterzeichnete Präsident Bill Clinton eine präsidentielle Weisung, die die zuständigen Bundesbehörden aufforderte, einen Aktionsplan für die Prävention und das Vorgehen bei biologischen oder chemischen Terror-Anschlägen in den Vereinigten Staaten auszuarbeiten. Die Anweisung betonte dabei den Vorrang der Bekämpfung des Terrorismus sowohl in den Vereinigten Staaten als auch im Ausland. Seit der ersten Reagan-Administration hat jede Regierung der Vereinigten Staaten Anweisungen zum Thema möglicher terroristischer Angriffe herausgegeben, doch Clinton war der erste, der dem Terrorismus mit biologischen und chemischen Waffen eine besondere Priorität einräumte. Eine Arbeitsgruppe, die aus Vertretern von mindestens sieben Bundesbehörden zusammengesetzt ist, trifft sich regelmäßig in der Bundesnotstandsbehörde FEMA (Federal Emergency Management Agency).

Das FBI dient als Hauptbehörde für das Krisenmanagement, einschließlich der Untersuchungen und die Armee als Hauptbehörde zur Ausbildung lokaler "erster Reaktionskräfte". Die beteiligten Behörden sind: die CIA, das Außenministerium, das Justizministerium mit dem FBI, das Gesundheitsministerium mit dem US-Gesundheitsdienst und Zentren zur Krankheitskontrolle und -vorsorge, das Verteidigungsministerium mit Spezialeinheiten von Armee und Navy und verschiedenen chemischen und biologischen Reaktionskräften an Orten wie Fort Detrick, dem Aberdeen-Testgelände und dem Edgewood-Arsenal in Maryland sowie das Energieministerium mit den nationalen Waffenlaboratorien und der Umweltbehörde.

In den vergangenen sieben Jahren hat das FBI sechs rechtsgerichtete Aktivisten wegen des Erwerbs solcher Mittel ohne Aufsehen festgenommen und strafrechtlich verfolgt. Vier von ihnen waren Mitglieder einer rechtsgerichteten Gruppe in Minnesota mit dem Namen "The Patriots Council". Ein weiterer war ein Mitglied der "Aryan Nation" in Ohio und ein sechster Mann ein "Survivalist" aus Arkansas. Alle wurden wegen Verstößen gegen den "Biological Weapons Terrorism Act" festgenommen. Die Männer aus Minnesota sowie der Aktivist aus Arkansas wurden wegen des Besitzes des tödlichen Giftstoffes Rizin angeklagt, der Mann aus Ohio wegen Postbetrugs in Verbindung mit dem Erwerb von Beulenpesterregern, die er bei einem Labor im Bundesstaat Maryland bestellt hatte. Alle, außer dem Aktivisten aus Arkansas, kamen hinter Gitter. In den Tagen nach den Terrorattacken in New York und Washington haben das FBI und die Zentren für

Krankheitskontrolle ihre Aufsichts- und Überwachungsaufgaben verstärkt und die lokalen Behörden aufgefordert, gegenüber möglichen Bedrohungen der Wasserversorgungssysteme und bei einer Häufung von Krankheitsfällen mit ähnlichen, ungewöhnlichen Symptomen besonders achtsam zu sein. Und die Bundesluftfahrtbehörde hat allen Sprühflugzeugen Flugverbot erteilt, da die Befürchtung besteht, daß sie von Entführern für chemische oder biologische Angriffe genutzt werden könnten.
(Quelle: Robert Windrem und Michael Moran / NBC NEWS)

Weshalb schützt die Regierung der USA den Anthrax-Attentäter?

Erste Verdächtigungen, wer ist Mr. Z? Am Dienstag, den 3.7.2002, brachte ein Kommentar der *New York Times* die bemerkenswerte Meldung, daß sich das FBI weigere, den Hauptverdächtigen der Anthrax-Anschläge vom letzten Herbst, die fünf Menschen das Leben kosteten, zu verhaften oder auch nur ernsthafte Ermittlungen gegen ihn aufzunehmen.
Die Anschuldigungen, die Nicholas Kristof in seiner Kolumne erhob, sind so schwerwiegend, daß sie eigentlich auf der Stelle Gegenstand einer gründlichen öffentlichen Untersuchung werden müssten. Doch bislang schweigen sich die Bush-Regierung und die Medien aus, obwohl es sich ganz ohne Zweifel um einen der denkwürdigsten Artikel handelt, der je in einer großen amerikanischen Zeitung erschienen ist.
Kristof wirft dem FBI "aus Desinteresse rührendes Versagen bei der Verfolgung des Anthrax-Killers" vor. Er schreibt: "Nahezu jeder, der mit den Anthrax-Ermittlungen des FBI in Berührung gekommen ist, zeigt sich entsetzt über die Lethargie der Behörde. Bei den Leuten, die mit dem Verteidigungsprogramm gegen Biowaffen befaßt sind, glaubt man den wahrscheinlichen Schuldigen zu kennen. Man nennt ihn hier Mr. Z.
Obwohl das FBI Mr. Z. an einen Lügendetektor anschloß, zwei Hausdurchsuchungen bei ihm vornahm und ihn vier Mal verhörte, läßt es ihn nicht überwachen und zog auch keinen unabhängigen

Graphologen heran, um seine Handschrift mit derjenigen der Anthrax-Briefe zu vergleichen."
Kristof unterstreicht, daß die Identität des Hauptverdächtigen in
den informierten Kreisen der Medien und der Regierung bekannt
ist, ohne selbst einen Namen zu nennen. "Wenn Mr. Z arabischer
Staatsangehöriger wäre", meint Kristof, "dann wäre er schon
längst verhaftet worden. Er ist aber ein waschechter Amerikaner
mit engen Verbindungen zum Verteidigungsministerium, zur CIA
und zum amerikanischen Biowaffenprogramm."
Der Kolumnist stellt die Nachlässigkeit des FBI in diesem Fall in
einen größeren Zusammenhang, der ein gewisses Muster ergibt.
So wurde bewußt die Genehmigung erteilt, Anthrax-Vorräte der
Iowa State University zu vernichten, bevor sie getestet werden
konnten. Das FBI verzögerte den Test der Anthrax-Sporen in dem
ungeöffneten Brief an Senator Leahy bis zum Dezember und hat
die Tests der übrigen Anthrax-Proben, die es aus privaten, staatli-
chen und ausländischen Laboratorien erhalten hat, immer noch
nicht abgeschlossen. Der Einsatz von Lügendetektoren bei Bio-
waffen-Spezialisten in den Forschungszentren von Ft. Detrick
(Maryland) und Dugway Proving Ground (Utah) wurde erst im
Juni 2002 angeordnet.
Kristof schließt seine Kolumne mit einer Reihe unverblümter Fragen an das FBI. Er schreibt:
"Wissen Sie, über welche Anzahl Identitäten und Pässe Mr. Z.
verfügt, und überwachen Sie seine internationale Reisetätigkeit?
Ich habe zumindest einen seiner Decknamen gefunden, und er
unternimmt nach wie vor im Auftrag der Regierung Reisen ins
Ausland, sogar nach Zentralasien.
Weshalb wurde im August, weniger als einen Monat vor Beginn
der Anthrax-Anschläge, seine Sicherheitsbescheinigung der höch-
sten Stufe aufgehoben? Er war außer sich vor Wut über diese
Maßnahme. Sind die CIA und die militärischen Geheimdienste in
vollem Umfang an diesen Ermittlungen beteiligt?
Haben Sie das abgelegene Haus durchsucht, zu dem er im letzten
Herbst Zugang hatte? Das FBI wußte bereits zu diesem Zeitpunkt
von dem Gebäude und weiß, daß Mr. Z. Besuchern dort (das ge-

gen Anthrax wirksame Antibiotikum) Cipro aushändigte. Dieses Anwesen ist wie viele andere auf den Namen eines Freundes von Mr. Z. eingetragen, es könnte sich bei diesem aber um den geheimen Stützpunkt eines amerikanischen Geheimdienstes handeln. Diese ungewöhnlich detaillierte Schilderung macht deutlich, daß die Identität des Urhebers der Anthrax-Briefe in den Washingtoner Regierungskreisen bekannt ist. Hunderte Menschen in der Bush-Regierung, im Kongress und in den Medien müssen Zugang zu diesen Informationen haben, dennoch wurden sie der amerikanischen Bevölkerung bewußt vorenthalten. Das FBI hat eine Erklärung nach der anderen veröffentlicht, in denen behauptet wurde, daß die Ermittlungen wenig Fortschritte machen würden. Es hieß, daß es noch keine bestimmten Verdächtigen gebe, und man forderte die Öffentlichkeit auf, "Hinweise" zu liefern, die vielleicht zu einem Terroristen führen könnten - dessen Namen die Behörde offenbar seit letztem Oktober kannte.

Kristofs zentraler Vorwurf lautet, daß die Anthrax-Ermittlungen nicht wegen fehlender Beweise in eine Sackgasse geraten sind, sondern weil der Hauptverdächtige einflußreiche Freunde in hohen Ämtern hat und von oben offiziell beschützt wird. "Mr. Z." kann nicht verhaftet werden, weil er zu viel weiß und weil seine Beschützer im Militär und im Geheimdienst der USA es nicht zulassen. Seine Verhaftung würde ans Tageslicht bringen, daß die amerikanische Regierung selbst in furchtbare Verbrechen im In- und Ausland verwickelt ist, einschließlich der bewußten Tötung amerikanischer Bürger. Kristofs Fragen lassen außerdem darauf schließen, daß "Mr. Z." immer noch im aktiven Dienst der Bush-Administration steht und "im Auftrag der Regierung" nach Zentralasien reist, obwohl er im Verdacht steht, fünf Menschen in den USA ermordet zu haben. Ein echter "Unberührbarer".

Der Anthrax-Terrorist hat die Führung der Demokratischen Partei im Senat, der zweiten Kammer des amerikanischen Parlaments ins Visier genommen. Er schickte zwei Briefe mit tödlichen Dosen Anthrax an den Führer der Demokratischen Mehrheit, Thomas Daschle, und den Vorsitzenden des Justizausschusses Patrick Leahy. Kristofs Argumentation läuft unabweislich darauf hinaus, daß das Verhalten der Bush-Regierung den Tatbestand der Beihilfe nach (wenn nicht schon vor) der Tat bei einem gegen die parlamentarische Opposition gerichteten Mordanschlag erfüllt.

Allein die Tatsache, daß ein solcher Vorwurf in den Kommentarspalten der führenden Tageszeitung der USA erscheinen kann, ist ein Maßstab für den Verfall der "normalen" demokratischen Prozesse und Gepflogenheiten in Amerika. Die *Times* ist eine bedeutende Institution der herrschenden Elite in Amerika und ein altgedientes Sprachrohr für bestimmte Teile des nationalen Sicherheitsapparats der USA. Wenn sie eine solche Kolumne veröffentlichen konnte, dann nur deshalb, weil innerhalb des Staates ein heftiger verborgener Kampf ausgetragen wird - in dem das amerikanische Volk nichts zu sagen hat.

Kristofs Kolumne ist einer jener seltenen Einblicke in eine Art Paralleluniversum, das normalerweise von den Medien verschwiegen und nicht beachtet wird. Hohe Vertreter der US-Regierung - Präsident Bush, Vizepräsident Cheney, Justizminister Ashcroft, CIA-Direktor Tenet, FBI-Direktor Mueller - alle haben sie Verbindungen zu einer kriminellen Verschwörung, die dem Schutz eines vom Staat ausgebildeten militärischen Killers dient. Und ihre Gegner unter den Demokraten, die offenkundigen Ziele des Attentäters, sind so eingeschüchtert, daß sie in der Öffentlichkeit nichts sagen - wenn man sich auch leicht ausmalen kann, welche Äußerungen in den privaten Diskussionen unter den Kongressabgeordneten und Senatoren fielen, als sie am Dienstagmorgen auf dem Kapitol die *Times* lasen. Kein Costa-Gavras-Film, sondern Amerika anno 2002.

Die New York Times berichtetet am 03.07.2002:

Tatverdächtiger für Antrax-Anschläge jetzt bekannt:
- ein amerikanischer Mikrobiologe -

Dabei gibt es längst sehr viel konkretere Hinweise. Die "Washington Post" berichtet, daß das Anthrax-Puder in den Briefen wahrscheinlich aus dem US Army Medical Research Institute of Infectious Diseases (USAMRIID) in Fort Detrick stammte. Die 60 Kilometer außerhalb von Washington liegende Einrichtung ist das wichtigste Biowaffenlabor des Landes. Eine genetische Analyse des Puders aus den Briefen hat diese Vermutung inzwischen bestätigt. Der Erreger stimme im wesentlichen mit dem Ames-Stamm überein, der vom USAMRIID verwendet wird, berichteten die Forscher am 10. Mai im Wissenschaftsmagazin "Science". Dazu kommt: Zumindest die Forscher von Fort Detrick hatten nicht nur das entsprechende Know-how, sondern wohl auch die Gelegenheit, die Bakterien aus dem Labor zu schmuggeln. Ehemalige Mitarbeiter haben in den Medien von laxen Sicherheitsvorkehrungen berichtet. Das grenzt den Kreis der möglichen Täter auf wenige hundert, manche sagen, ein Dutzend Personen ein. "Die Arbeit an offensiven Biowaffen ist in diesem Land seit Jahrzehnten verboten, daher kennen sich nur wenige amerikanische Forscher damit aus", schreibt die "New York Times".
Am 16.8.2002 berichtet Die Welt: Wer ist der Absender der tödlichen Milzbrand-Briefe? Das FBI nennt erstmals einen Namen: Steven Hatfill, Biowaffenexperte. Zum ersten Mal hat die US-Bundespolizei FBI jetzt den Namen eines Mannes genannt, dessen Haus sie durchsucht und den sie zum Lügendetektortest geladen hatte: Steven J. Hatfill. Der Biowaffenexperte, der als Angehöriger der Privatfirma SAIC bis März für das Pentagon tätig war, ist nach wie vor auf freiem Fuß, aber die Profiler dürften ihre Freude an der Vielzahl einschlägiger Hinweise in der Biografie gehabt haben. das FBI habe einen Wissenschaftler aus dem Umfeld des Verteidigungsministeriums im Visier.

Dennoch fragten sich am Wochenende die Zeitungen, warum die Behörden Namen veröffentlichen, ohne Verhaftungen vorzunehmen - und vor allem angesichts der Weigerung, Hatfill ausdrücklich als Verdächtigen zu bezeichnen. Eine vermutete Erklärung: Der Druck aus dem Parlament, insbesondere zweier Abgeordneter, die Adressaten von Anthrax-Briefen waren, hätte zu öffentlichkeitswirksamem Aktionismus geführt. Ebenso gut kann es sein, daß das FBI Druck von Hatfill nehmen wollte, den Insider seit einiger Zeit verdächtigen. Hatfill hatte 1999 für seine Zuarbeit für das Pentagon eine Studie in Auftrag gegeben: Wie und mit welchem Erfolg können Anthrax-Sporen per Briefpost verschickt werden - in einem normalen Briefumschlag, etwa so groß wie die späteren Milzbrandbriefe. Der Autor der Expertise, die der Zeitung "Baltimore Sun" auszugsweise bekannt ist, konnte nicht kompetenter sein: William J. Patrick, prominenter Veteran des US-Biowaffen-Programms aus den sechziger und siebziger Jahren und Freund Hatfills. Auch Patrick wurde intensiv verhört, anschließend aber als Sachverständiger ins Fahndungsteam aufgenommen.

Barbara Rosenberg, anerkannte Expertin für biologische Kampfstoffe, brachte gar die Überlegung ins Spiel, ob im Zusammenhang mit der Studie nicht auch Feldversuche mit tatsächlichem Briefversand durchgeführt wurden - mit Anthrax-Attrappen zwar, aber einer der teilnehmenden Forscher könnte ja aus dem Gleis gesprungen sein. Experimente mit Nachbildungen biologischer oder chemischer Waffen in und über Metropolen wurden in den USA früher mehrfach durchgeführt. Hatfill, der in den neunziger Jahren mit der Unscom im Irak das dortige Biowaffenprogramm aufspürte, ist seit Jahrzehnten mit dem Thema Anthrax befaßt. Er ist gegen Milzbrand geimpft, was ihm einen etwas unbefangeneren Umgang mit den Erregern erlaubt. In den späten siebziger und frühen achtziger Jahren studierte der heute 48-jährige an der Godfrey Huggins Medical School in Rhodesien, dem späteren Simbabwe. Sein damaliger Aufenthalt ist für Beobachter heute in zweifacher Weise interessant.

1979 und 1980 war Rhodesien Ort der größten bekannten Milzbrandepidemie der Geschichte. Schätzungsweise 10 000 Menschen fielen ihr zum Opfer. Schnell war seinerzeit ein böses Gerücht im Umlauf, das bis heute nicht verstummt ist: Die Epidemie wurde im Zuge des Bürgerkriegs zwischen der Armee und der Guerilla als taktische Waffe eingesetzt. Diese Lesart war nicht auf des Volkes Stimme beschränkt, auch Experten sahen Anhaltspunkte dafür.

Ein zweites Detail aus Rhodesien bringt Hatfill in Erklärungsnot: Seinerzeit wohnte er in der Hauptstadt Harare nahe einer Greendale-Schule. Dieser Name tauchte vergangenen Herbst als Absender auf einigen vermeintlich von Kinderhand beschrifteten Briefumschlägen mit den Milzbranderregern auf: "Greendale School, New Jersey" - eine Lehranstalt, die in diesem Ort unbekannt ist.

Von 1997 bis 1999 arbeitete Hatfill im medizinischen Forschungszentrum der US-Armee, USAMRIID in Fort Detrick. Seit Monaten gehen Experten auf Grund genetischer Analysen davon aus, daß von dort die Milzbranderreger abgezweigt wurden, die im vergangenen Herbst fünf Menschen per Post töteten.

Seit 1999 bis vor drei Monaten schließlich arbeitete Hatfill in der Privatfirma SAIC, die allerdings auch die Sicherheitsstandards des Verteidigungsministeriums einhalten muß. Dazu gehört unter anderem ein sehr exklusiver Zugang einzelner Forscher zu den sensibelsten Bereichen. Und hier passierte etwas, das jeden Kriminologen, insbesondere den Motivforscher, im nachhinein aufhorchen läßt: Ende August, also nur wenige Tage vor dem 11. September und kurz vor dem Versand der Milzbrand-Briefe, entzog das Pentagon Hatfill die Lizenz zum Forschen: Die Hochsicherheitszonen im SAIC-Komplex durfte er fortan nicht mehr betreten. Im März schließlich flog er aus der Firma. Zu der interessanten Frage nach dem Grund für das Berufsverbot wollte sich die US-Regierung bislang nicht äußern. Hatfill ist seit einigen Tagen für die Presse nicht zu erreichen, ein Kollege teilte sogar mit, er sei ins Ausland verreist.

Wenn heute die Experten davon ausgehen, daß der Täterkreis im Umfeld der US-Biowaffenforschung zu suchen sei, so setzt dies die Fahnder unter zusätzlichen Druck. Infrage kommen insgesamt nicht mehr als ein paar Dutzend Wissenschaftler, nach eingehender Prüfung bleiben nicht viel mehr als zehn übrig. Sie alle wurden mindestens einmal verhört. Daß dennoch immer noch kein Erfolg zu verzeichnen ist, mag man im US-Kongress nicht recht verstehen, in den Zeitungen des Landes schon gar nicht. Senator Tom Daschle, der im Oktober knapp einem Milzbrandanschlag entkam, drängt nun auf eine neue Parlamentsanhörung: "Ich habe eine Menge Fragen."

Dauert die Tätersuche noch länger, wird es nur eine Frage der Zeit sein, bis Verschwörungstheorien entwickelt werden. Insbesondere könnte hierbei die Frage aufkommen, wie weit etwaige offizielle Versuche für die Milzbrandpost-Studie gegangen sind.

(Quelle: Die Welt)

USAMRIID (US Army Infectious Diseases) in Fort Detrick, Maryland, ist das Zentrum der medizinischen B-Waffen-Defensivforschung in den USA

Seltsame Todesserie: von 13 führenden Mikrobiologen innerhalb von fünf Monaten

Aus den USA, Australien, England und Russland wurden innerhalb fünf Monaten (November 2001 – März .2002) 11 Mikrobiologen ermordet oder starben unter mysteriösen Umständen. Alle waren Experten für Biowaffen oder Seuchen, experimentierten mit hochgefährlichen Erregern. Stecken ausländische Geheimdienste hinter den Todesfällen? Die ersten drei Mikrobiologen starben im Zeitraum einer Woche im November 2001. Tot: *Dr. Benito Que*, 52 J., er war ein Experte für ansteckende Krankheiten und in der zellularen Biologie an der medizinischen Hochschule Miamis. Die Polizei vermutete ursprünglich, daß er am 12. November 2001 in einem Parkhaus der Hochschule erschlagen wurde. Es wurden bisher allerdings keine Spuren für den Tathergang ermittelt oder dafür gefunden. Gerade vier Tage nachdem Dr. Que tot aufgefunden wurde kam es zum geheimnisvollen Verschwinden von *Prof. Dr. C. Wiley*, 57 J., einer der prominentesten Biologen in den Vereinigten Staaten. Dr. Wiley war tätig bei dem medizinischen Institut Howard Hughes an der Harvarduniversität, war ein Experte für Immunsystem- und Virenangriffe, und wußte, wie die klassische doomsday-Pest , HIV, Ebola und Grippe funktionieren. Die Polizei fand sein Mietauto auf einer Brücke außerhalb Memphis, Tenn. Sein Körper wurde später am 16.11.2002 im Mississippifluss gefunden. Das gerichtsmedizinische Institut kam zu der Auffassung, daß er von der Brücke gefallen sein muß. Das FBI verdächtigte Wileys, den Milzbranderreger in Umlauf gebracht zu haben. Dazu die Aussage eines britischen Regierungsmitglieds: "Wir glauben, Wiley wurde von US-Behörden ermordet." Gerade fünf Tage später, am 21.11.2001, erwischte es den russischen Biologen *Dr. Vladimir Pasechnik*, 64 J., der ebenfalls an den Folgen eines Anschlags starb.

Bild Zeitung vom 07.05.2002

Er forschte im Bereich der biologischen Massenvernichtung. Nach der Lossagung von der UDSSR und Wechsel nach Großbritannien 1989 von Vladimir Pasechnik, wurde zum ersten Mal dem Westen die kolossale Skala des heimlichen biologischen Kriegsführungsprogramms der UDSSR nähergebracht. Seine Enthüllung über die Skala der Produktion der Sowjetunion solcher biologischer Mittel wie Anthrax, Pest, Tularämie und Pocken lieferten eine Übersicht von einem der bestgehütendsten Geheimnisse des kalten Krieges. Nach seiner Lossagung arbeitete er für 10 Jahre im Vereinigten Königreich, Abteilung Gesundheit für angewandte Mikrobiologieforschung vor der Formung seiner eigenen Firma, Regma Biotechnics, die sich auf Therapien gegen Krebs, neurologische Krankheiten, Tuberkulose und andere ansteckende Krankheiten konzentrierte.

Dr. Robert M. Schwartz, Mikrobiologe, wurde am 14.12.2001 ermordet im USA Bundesstaat Virginia in der Nähe seines Bauernhauses in Leesberg mit durchgeschnittener Kehle aufgefunden. Auf seinem Körper wurde mehrfach mit einer Klinge die Bezeichnung „ X „ eingeritzt. Das Mordopfer war als nationaler führender Forscher für DNN-Analysen und Biometrie bekannt. Es kam zur Festnahme von drei Tatverdächtigen. Vier Tage später, am 14.12.2002,ist *Nguyen Van Set*, 44 J., bei der Arbeit in Geelong, Australien, in einem Laborunfall zu Tode gekommen. Er betrat ein Speicherlabor und starb durch Freisetzung von Stickstoff. Andere Wissenschaftler am Tierkrankheit-Service der Organisation der wissenschaftlichen und Industrieforschung des Commonwealth waren gerade zu Ruhm für die Erfindung einer giftigen Belastung durch Mäusegift gekommen, die geändert werden könnte, um Pocken zu beeinflussen.

Dann am 9.02.2002, wurde der russische Biologe *Victor Korshunov*, 56 J., ein Experte für intestinale Bakterien in der Nähe seines Hauses in Moskau heftig zusammengeschlagen und erlag seinen Verletzungen, Im Januar 2002 wurde der russische Wissenschaftler *Ivan Glebov* in Petersburg bei einen Überfall ermordet, sowie sein Kollege, *Alexi Brushlinski* (Mitglied in der Akademie der Wissenschaften) in Moskau getötet. Am 14.02.2002 wurde der britische Biologe *Ian Langford*, 40 J., tot an seinem Wohnsitz in England gefunden . Er war ein Experte für Klimagefahren - Mord oder Selbstmord?

In der Nacht vom 27.2.2002 fand man im amerikanischen San Francisco den 32-jährigen, chinesischen Mikrobiologen *Guyang Huang* auf der Strasse sowie die 46-jährige Mikrobilogin *Tanya Holzmayer* im Hause erschossen vor. Über den Tathergang berichteten die Behörden, daß in der Nacht des 27.2.2002 ein Pizza-Bringdienst bei Frau T. Holzmayer klingelte und sie den Lieferanten abwies, da sie nichts bestellt hätte. Bei dieser Gelegenheit wäre der Tatverdächtige Guyang Huang in das Haus eingedrungen und hätte Holzmayer erschossen, anschließend habe sich Guyang Huang selbst erschossen .Beide Mordopfer studierten an der Universität in Chigago und wurden als hochgradig begabt geschildert. Sie arbeiteten beide im gleichen pharmazeutischen Unternehmen. Frau Holzmayer nahm eine führende Stellung bei dem Unternehmen ein. Zum Zeitpunkt der Morde war der Tatverdächtige nicht mehr in dem Unternehmen beschäftigt.

Die abschließenden zwei Todesfälle kamen einen Tag danach am 24. März 2002: **David Wynn-Williams**, 55 J., ein angesehener Astrobiologist mit der britischen antarktischen Übersicht, der die Gewohnheiten von Mikroben studierte, die im Weltraum überleben konnten, starb in einem ungewöhnlichen Verkehrsunfall nahe seinem Haus in Cambridge, England. Er arbeitete für die amerikanische Raumfahrtagentur der NASA, um Ausrüstung für einen Marslander zu entwickeln und auszuwerten und beriet Forscher in Großbritannien. Er wurde auch in ein Biologieexperiment miteinbezogen. 1980 empfing er eine polare Medaille für seinen hervorragenden Beitrag zur polaren Wissenschaft.

Am 24.03.2002 kam ebenfalls **Dr. Steven Mostow**, 63 J., ums Leben, bekannt als Dr. Flu für seine Sachkenntnis in behandelnder Grippe und tat sich als anerkannter Experte im Bioterrorismus nhervor, als das Flugzeug nahe Denver abstürzte und zerschmetterte.

Was geschah wirklich am 4. Oktober 2001?

Ein sibirisches Linienflugzeug, unterwegs von Tel Aviv, Israel, nach Novosibirsk, Sibirien, wurde über dem Schwarzen Meer durch einen "errant" ukrainischen Boden-Luftflugkörper abgeschossen, wobei alle Insassen ums Leben kamen .Aus Israel gab es die Information, daß sich unter den Passagieren vier oder fünf Biologen befanden, um in einem der wissenschaftlichen Labors 50-plus in Novosibirsk zu arbeiten. Israelische Journalisten behaupteten, daß zwei israelische Biologen von den Terroristen vor dem Absturz ermordet wurden...

Doch damit noch nicht genug ...

Am 24. November 2001 stürzte eine Crossair von Berlin nach Zürich kommend, während des Landevorganges ab. Unter den 33 Passagieren überlebten nur 9 Passagiere das Unglück. An Bord befand sich auch ein Team israelischer Biologen, einschließlich des Kopfes der Hämatologieabteilung am Krankenhaus Ichilov (Israel) und Direktoren der Tel Aviv Öffentlichkeits-Gesundheitsabteilung und der hebräischen Hochschulschule für Medizin, es waren *Dr. Avishai Berkman, Dr. Amiramp Eldor* und **Prof. Yaacov Matzner,** führende Biologen in Israel. Unter den 24 Opfern war auch Jerusalems Vize-Bürgermeister *Avishai Berkman*. Noch bevor Datenschreiber und Stimmrekorder ausgewertet wurden, stand fest, daß die Maschine leicht von der Flugroute abkam, zu niedrig flog und mit großer Wahrscheinlichkeit Baumwipfel streifte.

... geben Sie sich keinen Illussionen hin... es geht weiter...

ANHANG

Die MAJESTIC 12 - Dokumente

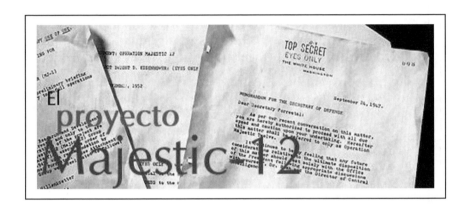

Die geheimen MAJESTIC 12 Dokumente deren Echtheit umstritten ist.

TOP SECRET / MAJIC
EYES ONLY

National Security Information

```
...............
. TOP SECRET .
...............
```

EYES ONLY   COPY ONE OF ONE

BRIEFING DOCUMENT: OPERATION MAJESTIC 12

PREPARED FOR PRESIDENT-ELECT DWIGHT D. EISENHOWER: (EYES ONLY)

18 NOVEMBER, 1952

WARNING! This is a TOP SECRET - EYES ONLY document containing compartmentalized information essential to the national security of the United States. EYES ONLY ACCESS to the material herein is strictly limited to those possessing Majestic-12 clearance level. Reproduction in any form or the taking of written or mechanically transcribed notes is strictly forbidden.

```
...............
```

TOP SECRET / MAJIC
EYES ONLY

EYES ONLY   T52-EXEMPT (E)

(1-8)

Streng Geheim
Nur zur Einsichtnahme
Ausfertigung Eins von Eins
Erstellt für den designierten Präsidenten Dwight D. Eisenhower
(nur zur Einsichtnahme)

18.11.1952

Warnung: Dieses Dokument ist streng Geheim – nur zur Einsicht-
nahme und enthält abteilungsinterne Informationen, die für die
nationale Sicherheit der Vereinigten Staaten von entscheidender
Bedeutung sind. Der Zugang zur Einsichtnahme zu dem darin
enthaltenen Material ist streng auf diejenigen beschränkt, die eine
Unbedenklichkeitsbescheinigung für MAJESTIC 12 haben. Re-
produktion jeglicher Art oder die Anfertigung geschriebener oder
mechanisch übertragener Notizen ist streng verboten.

Streng Geheim / nur zur Einsichtnahme
T52 - Exempt

* TOP SECRET *
****

EYES ONLY   COPY ONE OF ONE.

SUBJECT: OPERATION MAJESTIC-12 PRELIMINARY BRIEFING FOR
         PRESIDENT-ELECT EISENHOWER.

DOCUMENT PREPARED 18 NOVEMBER, 1952.

BRIEFING OFFICER: ADM. ROSCOE H. HILLENKOETTER (MJ-1)

NOTE: This document has been prepared as a preliminary briefing
only. It should be regarded as introductory to a full operations
briefing intended to follow.

                    * * * * * *

OPERATION MAJESTIC-12 is a TOP SECRET Research and Development/
Intelligence operation responsible directly and only to the
President of the United States. Operations of the project are
carried out under control of the Majestic-12 (Majic-12) Group
which was established by special classified executive order of
President Truman on 24 September, 1947, upon recommendation by
Dr. Vannevar Bush and Secretary James Forrestal. (See Attachment
'A'.) Members of the Majestic-12 Group were designated as follows:

              Adm. Roscoe H. Hillenkoetter
              Dr. Vannevar Bush
              Secy. James V. Forrestal*
              Gen. Nathan F. Twining
              Gen. Hoyt S. Vandenberg
              Dr. Detlev Bronk
              Dr. Jerome Hunsaker
              Mr. Sidney W. Souers
              Mr. Gordon Gray
              Dr. Donald Menzel
              Gen. Robert M. Montague
              Dr. Lloyd V. Berkner

The death of Secretary Forrestal on 22 May, 1949, created
a vacancy which remained unfilled until 01 August, 1950, upon
which date Gen. Walter B. Smith was designated as permanent
replacement.

              ****
              * TOP SECRET *

TOP SECRET / MAJIC

EYES ONLY

EYES ONLY   TS2-EXEMPT (5)

                                                     002

Ausfertigung Eins von Eins
Betrifft: Operation MAJESTIC – 12 vorläufige Information für den designierten Präsidenten Eisenhower –
Dokument erstellt am 18.11.1952
Informierender Offizier: ADM. ROSCOE/H. Hillenkoetter (MJ- 1)
Dieses Dokument ist lediglich als vorläufige Information gedacht. Es ist als Einführung zu einer umfassenden Unterrichtung zu verstehen, die noch folgen soll. Die Operation MAJESTIC 12, ist ein streng geheimes Forschungs- und Entwicklungs-/ Aufklärungsprojekt, das unmittelbar und ausschließlich dem Präsidenten untersteht. Unternehmungen des Projekts unterstehen der Aufsicht, der Gruppe MAJESTIC 12 (MAJIC 12), die auf Empfehlung von Dr. Vannevar Bush und Minister James Forrestal, durch geheime Sonderverfügung Präsident Trumans vom 24. 09.1947 eingerichtet wurde. (dazu Anhang A) Mitglieder der Gruppe:
MAJESTIC 12:
Adm. ROSCOE. HILLENKOETTER
DR. JEROME HUNSACKER
DR. VANNEVAR BUSH
HERR SIDNEY W. SOUERS
HERR James V. Forrestal
HERR GORDON GRAY
HERR GEN: NATHAN F. TWINING
DR. DONALD MENZEL
GEN. HOYT S. VANDENBERG
GEN. ROBERT M. MONTAGUE
DR. DETLEV BRONK
DR. LLOYD V. BERKNER
Durch den Tod von Minister Forrestal, am 22.05.1949, wurde ein Sitz frei, der bis zum 01.08.1950 unbesetzt blieb; zu diesem Zeitpunkt wurde General Walter B. Smith zum Permanenten Mitglied berufen.

EYES ONLY   COPY ONE OF ONE.

On 24 June, 1947, a civilian pilot flying over the Cascade
Mountains in the State of Washington observed nine flying
disc-shaped aircraft traveling in formation at a high rate
of speed. Although this was not the first known sighting
of such objects, it was the first to gain widespread attention
in the public media. Hundreds of reports of sightings of
similar objects followed. Many of these came from highly
credible military and civilian sources. These reports res-
ulted in independent efforts by several different elements
of the military to ascertain the nature and purpose of these
objects in the interests of national defense. A number of
witnesses were interviewed and there were several unsuccessful
attempts to utilize aircraft in efforts to pursue reported
discs in flight. Public reaction bordered on near hysteria
at times.

In spite of these efforts, little of substance was learned
about the objects until a local rancher reported that one
had crashed in a remote region of New Mexico located approximately seventy-five miles northwest of Roswell Army Air
Base (now Walker Field).

On 07 July, 1947, a secret operation was begun to assure
recovery of the wreckage of this object for scientific study.
During the course of this operation, aerial reconnaissance
discovered that four small human-like beings had apparently
ejected from the craft at some point before it exploded.
These had fallen to earth about two miles east of the wreckage
site. All four were dead and badly decomposed due to action
by predators and exposure to the elements during the approximately one week time period which had elapsed before their
discovery. A special scientific team took charge of removing
these bodies for study. (See Attachment "C".) The wreckage
of the craft was also removed to several different locations.
(See Attachment "B".) Civilian and military witnesses in
the area were debriefed, and news reporters were given the
effective cover story that the object had been a misguided
weather research balloon.

Streng Geheim / Nur zur Einsichtnahme

Ausfertigung Eins von Eins

Am 24. Juni 1947 beobachtete ein Zivilpilot auf dem Flug über Cascade Mountains, im Bundesstaat Washington, 9 diskusförmige Flugobjekte, die mit hoher Geschwindigkeit in Formation flogen. Dieses war nicht die erste Beobachtung solcher Objekte, wie bekannt wurde, aber die Erste, die in den Massenmedien große Aufmerksamkeit erregte. Hunderte Meldungen von Beobachtungen ähnlicher Objekte folgten. Vielen davon stammen aus äußerst glaubwürdigen militärischen und zivilen Quellen. Diese Meldungen führten zu unabhängigen Bemühungen verschiedener militärischer Stellen, im Interesse der nationalen Sicherheit, Art und Absicht dieser Objekte festzustellen. Es wurden eine Reihe von Zeugen vernommen und einige erfolglose Versuche unternommen, gemeldete Flugobjekte mit Flugzeugen zu verfolgen. Die Reaktionen der Öffentlichkeit grenzte gelegentlich an Hysterie. Trotz dieser Bemühungen ergab sich nur wenig stichhaltiges über die Objekte, bis ein Farmer meldete, daß in einer abgelegenen Gegend von New Mexiko, etwa 120 KM nordwestlich der ROSWELL ARMY AIR BASE (heute Walker Field) ein Objekt abgestürzt sei. Am 7. Juli 1947, lief ein Geheimeinsatz an, um Bergung dieses Objektes zu wissenschaftlichen Untersuchungszwecken sicherzustellen. Im Verlauf dieser Operation, entdeckten Luftaufklärer, daß anscheinend vier kleine menschenähnliche Wesen aus dem Flugobjekt ausgestiegen waren, kurz bevor es explodiert war. Sie waren gut drei Kilometer östlich der Absturzstelle auf den Boden aufgeschlagen. Alle vier waren tot und stark entstellt durch Raubtiere und Witterungseinflüsse, denen sie etwa eine Woche lang ausgesetzt waren, ehe man sie fand. Eine spezielle Wissenschaftlergruppe besorgte den Abtransport dieser Leichen zur Untersuchung. (Siehe Anhang C) Auch die Wrackteile des Flugobjektes wurden an verschiedene Orte gebracht. (siehe Anhang B) Es fand eine abschließende Besprechung mit zivilen und militärischen Zeugen statt, und den Reportern wurde zur Tarnung die wirkungsvolle Geschichte erzählt, bei dem Objekt habe es sich um einen abgetriebenen Wetterballon gehandelt.

A covert analytical effort organized by Gen. Twining and
Dr. Bush acting on the direct orders of the President, res-
ulted in a preliminary consensus (19 September, 1947) that
the disc was most likely a short range reconnaissance craft.
This conclusion was based for the most part on the craft's
size and the apparent lack of any identifiable provisioning.
(See Attachment "D".) A similar analysis of the four dead
occupants was arranged by Dr. Bronk. It was the tentative
conclusion of this group (30 November, 1947) that although
these creatures are human-like in appearance, the biological
and evolutionary processes responsible for their development
has apparently been quite different from those observed or
postulated in homo-sapiens. Dr. Bronk's team has suggested
the term "Extra-terrestrial Biological Entities", or "EBEs",
be adopted as the standard term of reference for these
creatures until such time as a more definitive designation
can be agreed upon.

Since it is virtually certain that these craft do not origin-
ate in any country on earth, considerable speculation has
centered around what their point of origin might be and how
they got here. Mars was and remains a possibility, although
some scientists, most notably Dr. Menzel, consider it more
likely that we are dealing with beings from another solar
system entirely.

Numerous examples of what appears to be a form of writing
were found in the wreckage. Efforts to decipher these have
remained largely unsuccessful. (See Attachment "E".)
Equally unsuccessful have been efforts to determine the
method of propulsion or the nature or method of transmission
of the power source involved. Research along these lines
has been complicated by the complete absence of identifiable
wings, propellers, jets, or other conventional methods of
propulsion and guidance, as well as a total lack of metallic
wiring, vacuum tubes, or similar recognizable electronic
components. (See Attachment "F".) It is assumed that the
propulsion unit was completely destroyed by the explosion
which caused the crash.

****
* TOP SECRET *
****

EYES ONLY TOP SECRET / MAJIC   TS2-EXEMPT (E)
                   EYES ONLY

004

372

Eine von General Twining und Dr. Bush auf direkte Anweisung des Präsidenten eingeleitete geheime Untersuchung erbrachte (am 19.09.1947) das vorläufige Ergebnis, daß es sich bei dem Projekt höchstwahrscheinlich um ein Kurzstrecken-Aufklärungsflugzeug handelte. Diese Schlußfolgerung basiert größtenteils auf der Größe des Flugzeugs und dem offensichtlichen Fehlen jeglichen erkennbaren Proviants. (siehe Anhang D) Dr. Bronk leitete eine ähnliche Untersuchung für die vier toten Besatzungsmitglieder ein. Die Untersuchungsgruppe kam zu dem vorläufigen Schluß (30.11.1947), daß zwar die äußere Erscheinung dieser Wesen menschenähnlich sei, daß sich jedoch die biologischen und evolutionären Prozesse, die für ihre Entwicklung verantwortlich sind, erheblich von jenen unterschieden, die beim Homo sapiens beobachtet oder angenommen werden. Dr. Bronks Team schlug vor, für diese Wesen den Begriff „EXTRATERRISTISCHE BIOLOGISCHE ENTITÄTEN" (oder EBE) als Standardbezeichnung einzuführen, bis eine Festlegung auf eine definitive Bezeichnung möglich ist. Da praktisch gesichert ist, daß diese Flugobjekte nicht aus einem Land der Erde stammen, haben sich umfassende Überlegungen auf die Frage gerichtet, woher sie kommen und wie sie hierher kommen. Der Mars war und ist eine Möglichkeit, obwohl manche Wissenschaftler, vor allem Dr. Menzel, es für wahrscheinlicher halten, daß wir es mit Wesen aus einem völlig anderen Sonnensystem zu tun haben. In dem Wrack wurden viele Proben einer mutmaßlichen Art von Schrift gefunden. Versuche, sie zu entschlüsseln, blieben bislang weitgehend ohne Erfolg (siehe Anhang E). Ebenso ohne Erfolg blieben Versuche, die Art des Antriebs oder Art der Transmissionsweise der verwendeten Energiequelle festzustellen. Die Ermittlungen in dieser Richtung wurden erschwert durch das völlige Fehlen erkennbarer Tragflächen, Propeller, Düsentriebwerke, oder anderer konventioneller Antriebs- und Steuersysteme, sowie auch durch das völlige Fehlen von Verkabelungen, Rohren oder ähnlicher erkennbar elektronischer Bauteile. Siehe Anlage F. Es ist anzunehmen, daß das Antriebssystem bei der Explosion, die zum Absturz führte, völlig zerstört wurde.

```
••••••••••••••
* TOP SECRET *
••••••••••••••
```

A need for as much additional information as possible about
these craft, their performance characteristics and their
purpose led to the undertaking known as U.S. Air Force Project
SIGN in December, 1947. In order to preserve security, liason
between SIGN and Majestic-12 was limited to two individuals
within the Intelligence Division of Air Material Command whose
role was to pass along certain types of information through
channels. SIGN evolved into Project GRUDGE in December, 1948.
The operation is currently being conducted under the code name
BLUE BOOK, with liason maintained through the Air Force officer
who is head of the project.

On 06 December, 1950, a second object, probably of similar
origin, impacted the earth at high speed in the El Indio -
Guerrero area of the Texas - Mexican boder after following
a long trajectory through the atmosphere. By the time a
search team arrived, what remained of the object had been almost
totally incinerated. Such material as could be recovered was
transported to the A.E.C. facility at Sandia, New Mexico, for
study.

Implications for the National Security are of continuing im-
portance in that the motives and ultimate intentions of these
visitors remain completely unknown. In addition, a significant
upsurge in the surveillance activity of these craft beginning
in May and continuing through the autumn of this year has caused
considerable concern that new developments may be imminent.
It is for these reasons, as well as the obvious international
and technological considerations and the ultimate need to
avoid a public panic at all costs, that the Majestic-12 Group
remains of the unanimous opinion that imposition of the
strictest security precautions should continue without inter-
ruption into the new administration. At the same time, contingency plan MJ-1949-04P/78 (Top Secret - Eyes Only) should
be held in continued readiness should the need to make a
public announcement present itself. (See Attachment "G".)

```
••••••••••••••
```

Die Notwendigkeit, so viele weitere Erkenntnisse wie möglich über diese Fahrzeuge, ihre Flugeigenschaften und ihre Absichten zu gewinnen, führte im, Dezember 1947 zu dem als US AIR FORCE Projekt SIGN, bekannten Unternehmen. Um Geheimhaltung zu wahren, beschränkte sich die Verbindung zwischen SIGN und MAJESTIC 12 auf zwei Abwehroffiziere im AIR Material Command, welche die Aufgabe hatten, gewisse Informationen auf dem Dienstweg weiterzuleiten. Im Dezember 1948 ging SING in das Projekt GRUDGE über. Derzeit läuft das Unternehmen unter dem Decknamen BLUE BOOK, der AIR FORCE-Offizier, der die Projektleitung innehat, ist gleichzeitig als Verbindungsmann tätig.

Am 6. 12 1950 schlug im Gebiet EL INDIO GUERRERO, an der texanisch-mexikanischen Grenze ein zweites Objekt vermutlich gleicher Herkunft mit hoher Geschwindigkeit auf die Erde auf, nachdem es zuvor eine lange Flugbahn durch die Atmosphäre beschrieben hatte. Als ein Suchtrupp an der Absturzstelle eintraf, waren die Überreste des Objekts fast verkohlt. Das Material, das noch geborgen werden konnte, wurde zur Untersuchung in die Anlage der Atomenergiekommission nach Sandia, New Mexiko, gebracht. Auswirkungen auf die nationale Sicherheit sind auch weiterhin insofern bedeutend, als die Motive und Absichten dieser Besucher völlig im Unklaren bleiben. Zudem hat ein erheblicher Anstieg der Aufklärungsflüge dieser Flugobjekte, der im Mai dieses Jahres begann und bis in den Herbst hinein anhielt, Anlaß zu ernsthafter Sorge gegeben, ob sich vielleicht neue Entwicklungen anbahnen. Aus diesen Gründen sowie aus naheliegenden internationalen und technologischen Erwägungen und der unbedingten Notwendigkeit, eine öffentliche Panik um jeden Preis zu verhindern, bleibt die Gruppe MAJESTIC 12 weiterhin einstimmig bei der Ansicht, daß die strengsten Sicherheitsvorkehrungen ohne Unterbrechung auch unter der neuen Regierung fortbestehen sollten. Zugleich sollte der Eventualplan MJ 1949- 04/78 (Streng Geheim) weiterhin einsatzbereit gehalten werden, falls sich die Notwendigkeit ergeben sollte, eine öffentliche Erklärung abzugeben (siehe Anhang C)

****
* TOP SECRET *
****

COPY ONE OF ONE.

ENUMERATION OF ATTACHMENTS:

*ATTACHMENT "A".........Special Classified Executive
                        Order #092447. (TS/EO)

*ATTACHMENT "B".........Operation Majestic-12 Status
                        Report #1, Part A. 30 NOV '47.
                        (TS-MAJIC/EO)

*ATTACHMENT "C".........Operation Majestic-12 Status
                        Report #1, Part B. 30 NOV '47.
                        (TS-MAJIC/EO)

*ATTACHMENT "D".........Operation Majestic-12 Preliminary
                        Analytical Report. 19 SEP '47.
                        (TS-MAJIC/EO)

*ATTACHMENT "E".........Operation Majestic-12 Blue Team
                        Report #5. 30 JUN '52.
                        (TS-MAJIC/EO)

*ATTACHMENT "F".........Operation Majestic-12 Status
                        Report #2. 31 JAN '48.
                        (TS-MAJIC/EO)

*ATTACHMENT "G".........Operation Majestic-12 Contingency
                        Plan MJ-1949-04P/78: 31 JAN '49.
                        (TS-MAJIC/EO)

*ATTACHMENT "H".........Operation Majestic-12, Maps and
                        Photographs Folio (Extractions).
                        (TS-MAJIC/EO)

****
* TOP SECRET *
****
TOP SECRET / MAJIC
              EYES ONLY   T52-EXEMPT (E)
                                            006

Anhang A Geheime Sondervorführung 092447 (TS/EO)
Anhang B Operation MAJESTIC 12 Lagebericht 1 Teil
A – 30 – November 1947 NR 1 TS MAJIC/EO

Anhang C Operation MAJESTIC 12 Lagebericht 1 Teil
B – 30 – November 1947 (TS MAJIC/EO)

Anhang D Operation MAJESTIC 12 vorläufiger Unter-
suchungsbericht 19.09.1947 TS MAJIC/EO

Anhang E Operation MAJESTIC 12 Blue Team Bericht
5 30.06.1952 (TS MAJIC/EO)

Anhang F Operation MAJESTIC 12 Lagebericht 2
31.01.1948 (TS- MAJIC/EO)

Anhang G Operation MAJESTIC 12 Eventualplan
MJ 1949 04P/78 31.01.1949 (TS-;AJIC/EO)

Anhang H Operation MAJESTIC 12 Karten und Foto –
Filmmaterial Auszüge (TS MAJIC/EO)

MEMORANDUM FOR GENERAL TWINING

The President expects you to attend the Extraordinary
Meeting of the National Security Council in the Broadcast
Room of the White House, Thursday, July 16, at 9:00 A.M.
The program will be explained in detail at the meeting.
It is advisable not to plan any other engagements before
6:00 P.M. on that day.

Due to the nature of the Meeting, it is necessary to
take special security precautions and to maintain absolute
secrecy regarding participation in, as well as the substance
of, the Meeting. It is requested that you enter the White
House grounds via the Southeast Entrance not later than
8:45 A.M. and descend from your car at the South (Diplomatic)
Entrance of the Mansion. Your car should be discharged and
not wait anywhere in the vicinity of the White House.

The President expects you to lunch with him at the
White House at 12:30 P.M.

In order to avoid communication on this subject, it is
understood that in the absence of contrary word your concur-
rence in the above arrangements is assumed.

ROBERT CUTLER
Special Assistant
to the President

378

Streng Geheim / Nur zur Einsicht / Sicherheits-Informationen 13.Juli 1954 / Verschlußsache.

Memorandum für General Twining / Bezug: NSC/MJ-12

Sonderstudienprojekt - Der Präsident hat beschlossen, daß die Informationsrunde über MJ 12 während des bereits terminierten Treffens im Weißen Haus am 16.07. stattfinden soll und nicht im Anschluß daran, wie ursprünglich beabsichtigt. Bei ihrer Ankunft werden Ihnen die genaueren Abläufe erläutert werden. Bitte richten Sie Ihre Pläne entsprechend darauf ein. Von Ihrer Mitwirkung bei der oben erwähnten Programmänderung wird ausgegangen. Beachten Sie, daß dieser letzte Satz mit dem Wortlaut eines weiteren Cutler-Twining-Memorandums übereinstimmt, das sich in der Bibliothek des Kongresses unter den Twining Papieren befand.

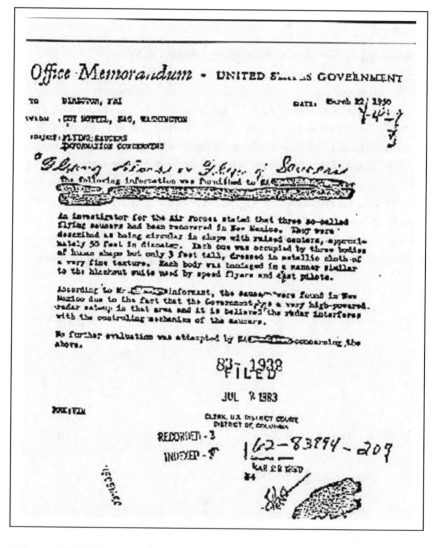

Dieses FBI-Memorandum an FBI Direktor J. Edgar Hoover beweist: Die US-Luftwaffe war bis 1950 in Besitz dreier abgestürzter "UFOs". Dieses Papier wurde erst am 07.07.1983 auf Gerichtsanweisung freigegeben.

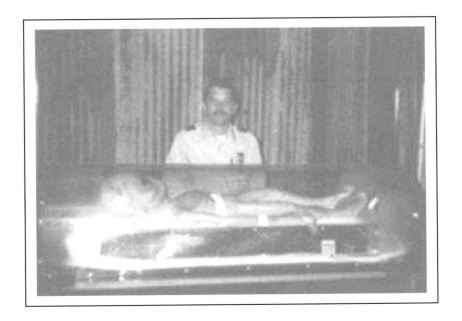

Foto: Herkunft unbekannt

(So könnten die beschriebenen Ausserirdischen aussehen?)

Quellenverzeichnis

Kapitel	Quelle
Flugzeugkatastrophen Statistik	www.Flugzeug-Absturz.de
Flugzeugkatastrophen Jan-August 2002	Neue Presse – Hannover 01.08.2002 S.008
Flugunfall Statistik 1990 – 2001	BFU Bundesstelle für Flugunfalluntersuchungen
Deutsche Flughäfen ohne Bodenradar	Neue Presse – Hannover 05.08.2002
Schwerstes Flugzeug- unglück der Welt	www.Flugzeug-Absturz.de
Flugzeugabsturz 25.10.2000	INTERFAX UDSSR
Skyguide Panne schon im Mai 2001 über Bern	Zeitung „BLICK" u. sda
Russische Reg.-maschine Putins /Fastzusammen- stoß in Berlin	Russische Zeitung / Kommersant und russi- scher INFO Dienst (AiF) / Der Landbote FOCUS-Online: 28.09.2001/29.09.2001
Beinahezusammenstoß 2 Flugzeuge über GB	Newsletter. Yahoo.de 23.06.2001
Bodensee-Absturz	Bild Zeitung vom 07.08.2002
Karlruher Fluglotse beinahe Absturz über Bodensee verhindert	DFS Deutsche Flugsicherung GmbH – Karlruhe
Der Sprecher der Piloten- vereinigung Cockpit	Fachjournal: Pilot & Zeitung 08/2002
Meinung von „Flieger Revue"	Fachjournal Flieger Revue 08/2002
Pro Woche ein Crash	ZDF Interview vom 04.07.2001
Sicherheitsabstand reduziert	Europäische. Flugaufsicht Eurocontrol Brüssel
Der tödliche Flugunfall 25.01.01 bei Augsburg	Südwest Presse

Kapitel	Quelle
Brüssel: Mehr Flugsicherheit über Europa	Zeitung: Die Welt 05.08.2002
Absturz eines Airbus A300 der China Airlines bei Nagoya / Japan am 26.04.1994 durch Strömungsabriß	Quelle: Aircraft Accident Investigation Report 96-5, China Airlines, Airbus Industrie A300B4-622R, B1816, Nagoya Airport, April 26,1994, Aircraft Accident Investigation Commission, Ministry of Transport, Japan, July 15, 1996 (Offiz. Unfallbericht)
Absturz einer Boeing B 757 durch Strömungsabriß bei Puerto Plata, Dominikanische Republik am 06.02.96	Abschlußbericht über den Flugzeugabsturz der Boeing 757-225, TC-GEN, Birgenair, Flug-Nr. ALW-301, Puerto Plata, 06.02. 1996, Generaldirektion für Zivilluftfahrt, Dominik. Republik. (Offiz. Unfallbericht)
Luftlöcher sind gefährliche Fallen...	www.focus.de/D/DR/DRW/DRWS/DRWSA/drwsa.htm
Notlandungen in Kopenhagen	Bild Zeitung 29.07 2001
2 Flugzeuge in Not... Triebwerke brennen	Tageszeitung: Neue Presse 01.09.2001
Französischer Airbus muß notlanden	Dpa 19.97.2002
Wenn die Bordelektronik versagt...	Frankfurter Allgemeine 13.07.2002
Chaos-Strahlen von der Sonne zu erwarten	Weltraumwetterwarte GREIFSWALD 06.11.2001/ Astrophysiker Dr. Frank Jansen SPACE FLIGHT CENTER der NASA Solar und Heliospheric Observatory (SOHO) / Welt am Sonntag 12.5.2002
Rätselhafte Zeit- und Ortsmuster bei Unfällen	Grazyna Fosar und Franz Bludorf, Berlin http://www.fosar-bludorf.com/tlr2.htm
Unglücke im Einflußbereich des TLR-Faktors	Grazyna Fosar und Franz Bludorf, Berlin Auf ihrer Homepage
Flugzeugabsturz Eastern Airline am 24.06.1975	Buchtitel „Aviation Disaster USA"/Autor David Gero aus der englischen Darstellung
Gefährliche Eisbildung an den Tragflächen	Thomas Hauf, Meteorologie-Professor an der Universität Hannover

Kapitel	Quelle
Absturz einer ATR 72 der American Eagle	Bulletin of the American Metorological Society, No 1, 1997; NTSB-Report
Absturz in Kuba	www.pilotinnen.de
Orkan üb. Deutschland	Bild Zeitung 12.07.2002 u. 16.07.2002
Lichtbälle und Plasmen Boten einer ... Welt?	Der Forscher Wolfgang Schöppe Magazin2000plus
Großeinsatz	WZ – Mönchengladbach 08.05.2000
Gänse gefährden den Flugverkehr!	British Trust for Ornithology (BTO) und (nz / wsa) /Fliegermagazin 08/2002
HAARP - Projekt Experiment durch Ge-heimdienst und Militär -eine Gefahr im Flug-verkehr?	Anand Rajivas Homepage "PM "- Magazin in einer Ausgabe des Jahres 1999 u. des amerikanisch-kanadischen Auto-renteams Begich & Manning WHOOPEE NEWS / Welt am Sonntag 4.8.2002
Drei Flugkatastrophen mit unbekannter Ursache	Grazyna Fosar und Franz Bludorf Fachzeitschrift: Raum & Zeit/ Nr.112 S.67
US-Militär Schuld am Absturz der SWISSAIR ?	"New York Review of Books" Elaine Scarry an der Harvard Universität
MD-11-Kapitän verrät...	Zeitung: BLICK 03.09.2001
Elain Scarry/ Stellung-nahmen des National Transp. Safety Boards	E.Scarry: Swissair 111,TWA800, and Elec-tromagnetic Interference, The New York Review of Books Vol. XLVII, No.14 vom 21.09.00 & Vol. XLVII, No. 15 / 5. 10.00.
Ehemaliger Pressesekre-tär der US Regierung hat vielleicht die Erklärung?	http://members.aol.com/fl800/ zu finden. Das FBI blockierte NTSB Forscher bei den Interviews / worldNetDaily von 1998
FBI läßt TWA-Beweise verschwinden	Magazin2000plus / 1997 in der Juli-Ausg.
Absturz SwissAir 111	http://www.fosar-bludorf.com/tlr2.htm
John F. Kennedy jr. Unfall - oder Mord?	John de Verdale Magazin2000plus / Ausgabe Nr. 142
Ustica – Verschwörung Abschuß Zivilflugzeug	Andy Niklaus / world socialst Web 22. September 1999
Abschuss der Boeing 747-230B der Korean Air Lines 1.9.1983	Buchtitel „Aviation Disaster USA" Autor David Gero aus der englischen Darstellung

Kapitel	Quelle
Barschels mysteriöser Tod im Hotel – war es Mord?	A. Förster 3.1.1995 und Autor Udo Ulfkotte: Verschlußsache BND. Verlag Koehler & Amelang,
Flugzeugabsturz auf das Konto der STASI??	http://www.radiobremen.de/rb2 archiv/feature/1997/971013.shtml
Der mysteriöse Absturz von Cessna „D-Cash" am 19.02.1996 ein ungeklärter Kriminalfall	Angaben von Feuerwehr Freilassing ARD-Bericht:Der mysteriöse Absturz von Cessna „D-Cash" von E. R. Koch vom 9.9.2002 um 21:45 Uhr, Berliner Zeitung vom 20.06.1996 Berliner Zeitung vom 26.02.1996 Berliner Kurier am 22/23.2.1996
Welche Einflüsse ...?	INTERFAX UDSSR und PRAWDA
A300-Absturz 12.11.01	CNN Bericht
Flugverbot für Airbus	Illustrierte Stern / 22.01.2002
Abstürze 07.05.02	Neue Presse / 8.5.2002 / S.8
Löste Blitz Raketen-fehlalarm aus?	Neue Presse Hannover Quelle: Yahoo.de
Jumbo mit brennendem Triebwerk notgelandet	Zeitung "El País",
Gleich 3 Flugzeugun-glücke an einem Tag 30.08.2002	Brasilianische Presse: Tageszeitung: Correio Da Bahia Tageszeitung: DIARIO vom 31.8.2002
16 Tote in Russland	Prawda vom 31.8.2002
Zukunftstechnologie	Magazin2000plus Ausgabe Juli/2002
Robert Lazar-Interview	Magazin2000 2/1995
Russland baute UFO für Spionagezwecke	Daily Mail, London / England | - March 31 2001 / UDSSR: Zeitung Izvestia
UFO Welle über Belgien von Militär bestätigt! Oder geheime Technolo-gie der Amerikaner?	MUFON-CES; (Central European Society): The Administrator of the Association COMETA, M. Algrin, Mysteriet om UFO'er / af Kim Møller Hansen. – København
Licht ins Dunkel der „Schwarze Dreiecke"	Space com 05.08.2002 / „National Institute for Discovery Science" (NIDS)
Tarnkappen-Bomber B-2	Bill Gunston USA
Wassermotorerfinder tot	Magazin2000plus 11/1998 S.9

Kapitel	Quelle
Wird Antischwerkraft – Maschine unsere Welt auf den Kopf stellen? -	Natur Kosmos P.M. vom September 2002 Nachrichtendienstes BBC
Flugzeug soll mit Luft fliegen!	emreisch@t-online.de wyocomi@juno.com
Roboter Fliege als Kampf-Jet	ZDF: Abenteuer Forschung am 20.03.02 http://www.icra-iros.com/iros2001/
Ferngesteuerter Helikopter	web.mit.edu/news/office/nr/2002/ robochopper.html
Nasa will Gedanken anzapfen	Washington Times und 18.08.2002 11:28:36: / spiegel.de
Enthüllungspresse Konferenz 2001	CSETI / Magazin2000plus / Ausgabe 2001 *Boston Globe*, USA)
Roswell - Geheimnis der US-Regierung	Aus dem Inhalt diverser VIDEOS Archiv Magazin2000plus
Wiener knackt „Gehei-nisse des PENTAGON	Wiener „ Kronen Zeitung 1.6.2002 Magazin2000plus / Ausgabe 09/2002
Lt. Col. W.C. Stevens / General du Bose	Quelle: Magazin2000 / 09.1995 S.36 – 42 Autor: Victor Farkas
Britische UFO-Geheimn.	Mtn/CoIBis zum Antony Barnett/4.6.2000
UFO-Kongreß S. Marino	Revista OVNI Brasilien 8/2001
USAF-Pilot UFO-Erlebnis	Interview Douglas Spalthoff mit Piloten auf Tonband festgehalten / November 2001
USA Piloten...UFO	UFO Nachrichten
UFOs über Washington	Washington Daily News/Washington Post.
Kampfjet verfolgt UFO	Magazin2000plus, Ausgabe 8/2000
Aussage Piloten zu UFOs	Magazin2000 8/2000
UFO löste Militäreinsatz aus / Was geschah mit Capt. Schaffner?	Autor: Hartwig Hausdorf aus dem Buch: Unheimliche Begegnung der 5. Art S.126 UN – Zeitung Bericht Hartwig Hausdorf
Mysteriöse Begleiter-scheinungen mit UFOs	Michael Hesemann: Buchtitel "Geheimsache U.F.O"
Lufthansa-Flugkapitän - 3 UFO-Begegnungen	SAT 1 Bericht M. Hesemann: Buch "Geheimsache U.F.O "
ehemalige Hapag Lloyd Pilot und Fluglehrer	Interview: Douglas Spalthoff mit B.W. Pilot in USA

Kapitel	Quelle
Riesiges UFO löste NATO-Alarm aus / Zwei F 15-Jäger im Einsatz	Bremer Tageszeitung / Weser Kurier Achimer Kreisblatt /Fluglotse: v. Seggern (Zeuge Achim)/Sendung: Bei Fliege 1998
2 Flugzeuge behindert	M. Hesemann, Buch: "Geheimsache UFO"
UFOs begleiten Japan Airline	www.ac.wwu.edu/~vawter/StudentSites/UFOSite/1628.htm
3 Maschinen + UFO	R. Schneider / Sommer 1991 (Magazin2000)
Fast-Kollision mit UFO	Bild Zeitung, 19.6.96/Mag. 2000 05/1998
Piloten einer Boeing 747	Die Piloten einer Boeing 747
Swissair-Jumbo + UFO	Siegener Zeitung am 27.09.1997
Vier F16 folgen UFO	Daily Mail 27.4.1998 und Bild Zeitung
Schottland - UFO...	Tageszeitung „GUARDIN" am 04.06.2000
Begegnung UFO 06/00	THE DAILY STAR / PILOTS MAGAZIN
Flughafen Zürich	**www.kamar.ch**
Luftkampf zwischen Militär und UFO	Alle türkischen Tageszeitungen 07.08.2001 Magazin2000plu / Ausgabe 9/2000
RAF-Geheimdienstler interviewte viele Piloten	BBC 1 berichtet – **bbc.co.uk**) ehemaliger RAF-Geheimdienstler, David Kingston
UFO behinderte Boeing	INTERFAX am 31.07.1995
Flughafen gesperrt...	INTERFAX am 25.01.2001
Regierung entsendet Gruppe um Tierverstümmelungen zu untersuchen.	www.ufowatchdog.com/hemoglobin.html www.earthfiles.com/earth276.htm www.earthfiles.com/earth314.htm www.greatfallstribune.com/news/stories/20020103/topstories/1410092.html http://www.earthfiles.com/earth291.htm http://www.earthfiles.com/earth269.htm „UFO", Vol.5, No.4, 1990 Lars A. Fischinger Buchtitel: „Begleiter aus dem Universum" ufoinfo.com/roundup/v07/rnd0731.shtml Illobrand von Ludwiger, MUFON-CES Band No. 10, Eigenverlag www.msatech.com/nuforc/webreports/S18763.html parascope.com/articles/0597/romindex.htm

Kapitel	Quelle
Eine ARD-Dokumentation enthüllt die menschenverachtenden Methoden der CIA	WDR1/12.08.2002 Der Fall Olson. Das Bildmaterial bzw. Dokumente wurden dem Autor von der Familie Olsons zur Veröffentlichung freigegeben.
Zeitungsseite Olson	Washington Post, 11.Juni, 1975
US-Regierung sucht nach Schutz gegen biolog. od. chemischen Terrorismus	Robert Windrem und Michael Moran NBC NEWS am 24. Sept. 2001 New York Times 03.07.2002
Tatverdächtiger - ein amerik. Microbiologe	Washington Post New York Times
Absender der tödlichen Milzbrand-Briefe?	Am 16.8.2002 in Die Welt
Seltsame Todesserie: von 13 führenden Mikrobiologen innerhalb von fünf Monate	Magazin2000plus /09/2002 /D. Spalthoff http://www.frankolsonproject.org/Documents/Passport.html kurzmeldungen.de/guestbook_2001.htm
Piloten haben am 1.Juli 1993 UFO gesehen	(Quelle: "Weser Kurier", 6.7.93) Intellektuellenzeitung "Guangming Ribao"
MIG-Absturz 26.5.87	Quelle: DNZ, Nr.7/87
Vier Piloten sichteten am 4.12.95 UFO über China	Sonntag Aktuell vom 31. Dezember 1995

Danksagung

Zugegeben, ohne die Hilfe verschiedener Freunde und Kollegen aus Forscher-Organisationen, die mich bei meinen Recherchen unterstützt haben, hätte ich dieses Wissen nicht weitergeben können. Ich möchte mich insbesondere für die Unterstützung der Herausgeberin des Magazin2000plus, Frau Ingrid Schlotterbeck, bedanken und für das Vertrauen an meiner Federführung in diesem Buch. Nicht zuletzt sind es Autoren wie Hartwig Hausdorf, die mit ihrem Wissen einen Meilenstein in der Grenzwissenschaft gesetzt haben. Das Wissen dieses guten Freundes hat mich motiviert. Ohne die Forschungsergebnisse des Physikerpaares Grazyna Fosar und Franz Bludorf aus Berlin, der Organisation „National Institute for Discovery Science" (NIDS), Linda Howe USA, Francisco Fazio Argentinien, Wolfgang Schöppe, Dr.Nick Begich, Elaine Scarry von der Harvard Universität, Journalist Egmont R. Koch, Central European Society: MUFON Illobrand von Ludwiger, CSETI, Victor Farkas, weitere Namen wären zu nennen, würde es in der Landschaft der Grenzwissenschaft arm aussehen. Allen schulde ich meinen höchsten Respekt und bedanke mich auf diesem Wege recht herzlich für die Informationen. Das gleiche gilt für die zahlreichen Informanten aus Kanada, USA, Südamerika und der UDSSR. Aus dem Bereich der Menschenrechtsverletzungen möchte ich mich für die Unterstützung bei Dr. Till Baerninghausen und dem Sohn des Armee-Bakteriologen Frank Olson, Herrn Eric Olson aus den USA für die Zusammenarbeit bedanken.

Douglas Spalthof, Dezember 2002

Kurzbiographie des Autors

Der Journalist und Autor Douglas Spalthoff wurde am 27.07.1951 in Bremen geboren. Dort absolvierte er eine Ausbildung als Außenhandelskaufmann. Seine weitere Tätigkeit führte er in der Unternehmensberatung und Immobilienbranche fort.

Mit seiner Ehefrau kam es am 13. Januar 1980 zu einer unvergesslichen UFO-Sichtung über seinem Haus, die sein weiteres Leben

nachhaltig veränderte. Das Interesse an unbekannten Phänomenen steigerte sich im Laufe der Jahre und führte zu immer mehr Verständnis und Kenntnis in den Grenzwissenschaften.

Über seine Verbindung in eine andere Welt wollte er sich bisher in der Öffentlichkeit nicht äußern. Herr Spalthoff vertritt die Meinung, daß man erst gewisse Kenntnisse und Erlebnisse hinter sich bringen muß, um Spuren zu erkennen, die dann zu neuen unglaublichen Ergebnissen führen und das Puzzle vervollständigen können.

Der Autor beschäftigt sich vorwiegend mit Phänomenen und Hintergründen von Flugzeugabstürzen, die im Zusammenhang mit geheimer Technologie oder unbekannten Flugobjekten stehen. Zahlreiche Auslandsbesuche in Nord- und Südamerika führten ihn auf neue Spuren. Sein Wissensdurst machte auch vor den mysteriösen Cattle-Mutilationen (Viehverstümmlungen) nicht halt.

Douglas Spalthoff wurde immer wieder von verschiedenen Zeitschriften und TV-Sendern gebeten, seine Erkenntnisse journalistisch umzusetzen. Er schreibt u.a. für das Magazin2000plus, die UN-Nachrichten und nahm an verschiedenen Talkshows deutscher TV-Sender teil.

Kommerzielle Aspekte sind für ihn zweitrangig, da er seine Forschungen bisher vorwiegend aus der Motivation der Wissenserweiterung durchführte. Nach redaktionellen Beiträgen und Reiseberichten veröffentlicht er nun mit diesem Werk sein erstes Buch.

Ihre Begleiter durch das Jahr:
Galaxien & Satelliten, Kornkreise und der Mondbuchkalender

Der Mondkalender 2003 hilft Ihnen als täglicher Begleiter bei allen wichtigen Entscheidungen und beweist sich immer wieder als nützlicher Ratgeber in vielen Lebenslagen. Erfahren Sie viele Einzelheiten über Ernährung, Hausarbeiten, Körperpflege oder Gesundheit und planen Sie so Ihren persönlichen optimalen Tagesablauf!

Format DIN A4 quer,
ca. 180 Seiten farbig, Preis: 25,– EUR

In diesem großformatigen Kalender finden Sie faszinierende Aufnahmen von unseren Trabanten, den Satelliten und von verschiedenen Galaxien.
Format DIN A3 hoch,
4farbig, 13 Blätter
Preis: 20,00 EUR

Die Kornkreise haben wahrscheinlich einen viel tiefgründigeren Hintergrund, als bisher angenommen wurde. Zweifellos stellen die Piktogramme im Korn nicht nur eine Augenweide an Harmonie und Präzision sondergleichen dar, sie entspringen sicher auch einer uns noch unbekannten Intelligenz. Es ist an der Zeit, daß wir dies würdigen, denn der Kosmos ist groß und voll von geheimnisvollem Leben.

Argo

Format DIN A3 hoch, 4fbg.,
13 Blätter, Preis: 20,00 EUR

Bestellen im Internet: www.magazin2000plus.de

Themen, die die Welt bewegen...

Johannes Jürgenson, Das Gegenteil ist wahr, Argo, Euro 23,00

Band 2 kann vorbestellt werden

Jürgenson zeigt, daß die Bewußtseinskontrolle durch Drogen, Subliminals und ELF-Wellen seit den 50er Jahren erforscht und seit 1980 eingesetzt wird. Entführungen, Menschenversuche und Viehverstümmelungen, getarnt als die Tat "Außerirdischer", gehören zum Repertoire der Geheimdienste. Der Autor präsentiert eine Fülle von Fakten leicht lesbar und mit ironischerDistanz. Ein etwas anderes Sachbuch.

Guido Moosbrugger, Flugreisen durch Zeit und Raum – Reale Zeitreisen, Argo, EUR 22,00

Dieses Buch befaßt sich mit wichtigen Grundbegriffen, die zum Verständnis der Raumfahrt notwendig sind. Ferner kommen interessante Themen wie „exotische Flugobjekte irdischer Herkunft", „außerirdische Flugobjekte und Warnungen", „Bermudarätsel", „der wahre Untergang von Atlantis" und „Gürtelaufbau unseres Universums" zur Sprache.

Leicht verständlich geschrieben und eine Fülle von Informationen und Fakten enthaltend, bietet Moosbruggers Buch eine unterhaltsam-spannende Lektüre auch für Leser, die seine Theorien und Ansichten nicht teilen, aber offen für unkonventionelle Betrachtungen von Raum- und Zeitreisen sind.

Peter Krassa: Die Macht aus dem Dunkeln Argo, EUR 20,40

Die beiden Freunde Ron Clark und Pete Valley werden mit einer geheimnisvollen Gruppierung konfrontiert, die vor allem bei UFO-Forschern als "Men in Black" große Unruhe zu verbreiten vermochte. Die Identität der "Männer in Schwarz", "MIBs" genannt, liegt völlig im Dunkeln...

Peter Krassa reiht in seinem Horror-Thriller ein dramatisches Ereignis an das andere. Die abwechslungsreiche Story lässt bis zu ihrem glücklichen Ende niemanden aus ihrem Bann. Hochspannung und Lesegenuss von der ersten bis letzten Zeile...

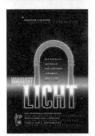

Siegfried Lindwurm: Vorsicht Licht Argo, EUR 22,00

Dieser jährlich aktualisierte Almanach bring Licht in viele Bereiche bis hin zur aktuellen Politik und Wirtschaftslage. Der Autor studierte hierzu nicht nur hunderte von Quellen, sondern war auch jahrelang im internationalen Managment eines Weltkonzerns tätig, wodurch er einen persönlichen Eindruck gewinnen konnte, was sich wirklich „hinter den Kulissen" abspielt.

Ein verständliches Weltbild der Schöpfung und der Entwicklungsweg des Menschen werden hier gezeichnet, womit Brücken zwischen Überlieferung und Forschung, Offenbarung und Religion sowie Vision und Wissenschaft gebaut werden. Ein umfangreicher Prophezeiungsteil zeigt auf, was die Menschheit bis zum Jahr 2012 erwartet.

Viktor Farkas, VERTUSCHT – Wer die Welt beherrscht, Argo, Euro 22,00

Geschehen Entwicklungen zufällig oder gibt es unsichtbare Mächte, die dafür verantwortlich sind und hinter der Weltbühne geheime Langzeitpläne verfolgen? Ist es nicht verlockend, die berühmte Aussage des US-Präsidenten Franklin Delano Roosevelt beim Wort zu nehmen: „In der Politik geschieht nichts zufällig. Wenn etwas geschieht, kann man sicher sein, daß es auch auf diese Weise geplant war."

Der Autor bringt Verborgenes ans Licht und geht der alles entscheidenden Frage auf den Grund: Wie sieht die Welt hinter den Kulissen aus, und was könnte uns alle erwarten?

Bestellen im Internet: www.magazin2000plus.de

Themen, die die Welt bewegen...

Franz Bätz, Indische Geisterstädte, Argo, Euro 22,00

In British-India stießen Tiefbau-Ingenieure im 19. Jahrhundert auf die Anzeichen einer bis dahin vollkommen unbekannten, mindestens 5000 Jahre alten Hochkultur auf dem indischen Subkontinent.

Erst viele Jahrzehnte später wurde die Wissenschaft auf diese Entdeckung aufmerksam. Forscher legten Ruinen frei, die den Eindruck erweckten, als seien sie einst am Reißbrett entworfen worden.

Über keine indische Geisterstadt wurde mehr Mysteriöses, Merkwürdiges und Fantastisches berichtet als über diesen Ort...

Reinhold Lutzmann, ENERGIEQUELLE TESLA, Argo, Euro 26,00

Ein umfassend recherchierter Roman, der es sich zur Aufgabe macht, seinen Leser in unterhaltsamer und leicht verständlicher Form an das selbstlose und geniale Wirken eines außergewöhnlichen Ingenieurs, an die Fülle seiner Entdeckungen und Erfindungen und an die Auswirkungen seines Lebenswerkes auf die heutige Gegenwart heranzuführen.

Grazyna Fosar / Franz Bludorf, Zaubergesang, Argo, Euro 23,00

Die globale Klimaentwicklung und die immer ungenierteren Eingriffe in die Privatsphäre der Bürger gehören zu den dringendsten Themen kurz vor Ende des Jahrtausends. Die Gefahren werden zumeist entweder heruntergespielt oder maßlos übertrieben.

In ihrem neuen Buch gehen Grazyna Fosar und Franz Bludorf diese Bereiche erstmals in sachlicher und wissenschaftlich fundierter Weise an. Ihre Schlußfolgerungen sind mehr als überraschend: Die neuesten Technologien zur Wetter- und Gedankenkontrolle basieren auf den gleichen Grundlagen!

Johannes v. Buttlar, Das Alpha Fragment, Argo, Euro 14,90

Im heißen Sand der Wüste nimmt der Journalist Terence Lansburgh die Suche auf nach einem Fragment, das Aufschluß über eine neue, noch unbekannte Energiequelle geben könnte – ein unbekanntes Flugobjekt ist nach vertraulichen Angaben über dem Golf von Bahrain explodiert.

Doch auch die Geheimdienste aus Ost und West setzen ihre besten Männer auf das Alpha-Fragment an, das vielleicht das Energieproblem und die Abhängigkeit der Erde vom Öl der Scheichtümer lösen könnte.

So beginnt ein ein packender Wettlauf auf Leben und Tod...

Reinhold Lutzmann, Schlaf schön, Liebling, Argo, Euro 15,00
52 Betthupferl-Krimis und Skurrilis

Lassen Sie sich vom Autor in dieses kleine Paradies entführen, das nur Ihnen alleine gehört! Versuchen Sie es mit einem Betthupferl der besonderen Art, und sagen Sie einfach zu sich selbst: „Schlaf' schön, Liebling...“

Bestellen im Internet: www.magazin2000plus.de

Themen, die die Welt bewegen...

Thomas H. Fuss: **Spezies Adam** Argo, EUR 22,00

Ägyptische Herrscherlisten datieren den Beginn des „Pharaonenreiches" auf 25.000 Jahre vor Christus und setzen keine Menschen, sondern göttliche Könige wie Re oder Osiris an den Anfang dieser sagenhaften Kultur. Die Lehrmeinung will es nicht wahrhaben, doch die einstmalige Ankunft dieser Herrscher auf der Erde ähnelt dem ersten Vers des Alten Testaments auf verblüffende Weise.

ilia Papa, **DAS GRÖSSTE GEHEIMNIS GOTTES**, Argo, EUR 22,00,
Teil 2 und 3 können vorbestellt werden

Was Sie schon immer über die größten Geheimnisse zu den Themen Kirchen, Politik, GOTT, Physik, UFOs, Prophezeiungen,... wissen wollten. Viele andere, Rätsel der Welt und unserer Geschichte sind Themen, die durch Fakten und Hintergrundbeleuchtung ganz andere Facetten bekommen. So steht nach umfangreichen Recherchen und Überlegungen fest, daß es irgendeine gewaltige Macht, nennen wir sie "MACHT X", geben muß, die starken Einfluß auf unser Leben und Denken nimmt. Lassen Sie sich also in dieser Buchtrilogie überraschen, wie einfach ein weitaus schärferes Bild unserer Geschichte, Gegenwart und Zukunft zeichnen läßt, als das, welches in der offiziellen Literatur zu finden ist.

H. Hausdorf: **Unheimliche Begegnungen der 5. Art** Argo, EUR 22,00

Ein äußerst bedrohlicher Aspekt des UFO-Phänomens wurde bislang von jenen, die sich mit der Erforschung der Thematik auseinandergesetzt haben, geflissentlich übersehen oder gar ignoriert. Sonst wäre die Tatsache, daß das Phänomen bis auf den heutigen Tag ungezählte Opfer gefordert hat, nicht so konsequent tabuisiert worden. Damit das Thema dem üblichen Schemendenken untergeordnet werden konnte, wurden uns brisante Fakten vorenthalten, mit denen wir erst noch umzugehen lernen müssen.

Eines ist klar: Wir stehen einer latenten Gefahr gegenüber, die jeden von uns zu jeder Zeit an jedem Ort treffen kann!

Hartwig Hausdorf: **Geheime Geschichte** Argo, EUR 22,00

Gagarin war nicht der erste Mensch im All. Mitschnitte verzweifelter Funksprüche von früheren Kosmonauten beweisen, daß schon vor dem 12. April 1961 Weltraumversuche durchgeführt wurden. Diese namenlosen Helden jener verunglückten Unternehmen wurden bis zum heutigen Tage verschwiegen. Im Frankreich des 13. Jahrhunderts nutzte ein Rabbiner bereits die Elektrizität und bediente sich eines Wissens aus vorchristlicher Zeit.

Diese und viele andere brisante Fakten verschweigen uns die Historiker. Sind sie sich doch der dramatischen Konsequenzen bewußt: Alle Geschichtsbücher müssen neu geschrieben werden.

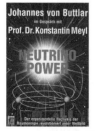

J. v. Buttlar/Prof. Dr. K. Meyl: **Neutrinopower** Argo, EUR 22,00

Dem Verlag ist es gelungen, zwei bedeutende Buchautoren und Visionäre zu einem Gespräch zusammenzubringen, die ganz unterschiedlichen Leserkreisen bekannt sind. In dem Spannungsfeld zwischen Sachbuch und Fachbuch, zwischen Lehrbuchkritik und neuen physikalischen Ansätzen, zwischen Sackgassen und neuen Wegen, eröffnen sie dem Leser den Blick in eine neue physikalische und zugleich vereinheitlichte Sicht der Welt. Die angesprochenen Probleme werden analysiert, wobei sich das aus den Lösungen abzeichnende Weltbild als ausgesprochen einfach und überzeugend erweist.

Bestellen im Internet: www.magazin2000plus.de